敦煌与丝绸之路研究丛书

郑炳林 主编

"十三五"国家重点图书出版规划项目
教育部人文社会科学重点研究基地兰州大学敦煌学研究所项目

彼得罗夫斯基西域活动考
（1883—1903）

郑丽颖 著

甘肃文化出版社

甘肃·兰州

图书在版编目（CIP）数据

彼得罗夫斯基西域活动考：1883—1903 / 郑丽颖著. -- 兰州：甘肃文化出版社，2024.10
（敦煌与丝绸之路研究丛书 / 郑炳林主编）
ISBN 978-7-5490-2859-7

Ⅰ.①彼… Ⅱ.①郑… Ⅲ.①西域—文化史—研究资料 Ⅳ.①K294.5

中国国家版本馆CIP数据核字(2024)第041485号

彼得罗夫斯基西域活动考（1883—1903）
郑丽颖｜著

策　　划	郧军涛
项目负责	甄惠娟
责任编辑	刘　燕
封面设计	马吉庆

出版发行	甘肃文化出版社
网　　址	http://www.gswenhua.cn
投稿邮箱	gswenhuapress@163.com
地　　址	兰州市城关区曹家巷1号｜730030（邮编）

营销中心	贾　莉　王　俊
电　　话	0931-2131306

印　　刷	天津睿和印艺科技有限公司
开　　本	787毫米×1092毫米　1/16
字　　数	370千
印　　张	32.25
版　　次	2024年10月第1版
印　　次	2024年10月第1次
书　　号	ISBN 978-7-5490-2859-7
定　　价	128.00元

版权所有　违者必究（举报电话：0931-2131306）
（图书如出现印装质量问题，请与我们联系）

敦煌与丝绸之路研究丛书编委会

主　编

郑炳林

副主编

魏迎春　张善庆

编　委

（按姓氏笔画排序）

王晶波　白玉冬　吐送江·依明
朱丽双　刘全波　许建平　杜　海
李　军　吴炯炯　张丽香　张善庆
陈于柱　陈光文　郑炳林　赵青山
段玉泉　敖特根　黄维忠　敏春芳
　　　　黑维强　魏迎春

国家科技支撑计划国家文化科技创新工程项目"丝绸之路文化主题创意关键技术研究"
（项目编号：2013BAH40F01）

中国博士后科学基金第 71 批面上项目"俄藏喀什总领事彼得罗夫斯基信札档案整理与考释"
（项目批准号：2022M710695）

兰州大学中央高校基本科研业务费专项资金重点研究基地建设项目"甘肃石窟与历史文化研究"
（项目编号：2022jbkyjd006）

总　序

　　丝绸之路是东西方文明之间碰撞、交融、接纳的通道，丝绸之路沿线产生了很多大大小小的文明，丝绸之路文明是这些文明的总汇。敦煌是丝绸之路上的一个明珠，它是丝绸之路文明最高水平的体现，敦煌的出现是丝绸之路开通的结果，而丝绸之路的发展结晶又在敦煌得到了充分的体现。

　　敦煌学，是一门以敦煌文献和敦煌石窟为研究对象的学科，由于敦煌学的外缘和内涵并不清楚，学术界至今仍然有相当一部分学者否认它的存在。有的学者根据敦煌学研究的进度和现状，将敦煌学分为狭义的敦煌学和广义的敦煌学。所谓狭义的敦煌学也称之为纯粹的敦煌学，即以敦煌藏经洞出土文献和敦煌石窟为研究对象的学术研究。而广义的敦煌学是以敦煌出土文献为主，包括敦煌汉简，及其相邻地区出土文献，如吐鲁番文书、黑水城出土文书为研究对象的文献研究；以敦煌石窟为主，包括河西石窟群、炳灵寺麦积山陇中石窟群、南北石窟为主的陇东石窟群等丝绸之路石窟群，以及关中石窟、龙门、云冈、大足等中原石窟，高昌石窟、龟兹石窟以及中亚印度石窟的石窟艺术与石窟考古研究；以敦煌历史地理为主，包括河西西域地区的历史地理研究，以及中古时期中外关系史研究等。严格意义上说，凡利用敦煌文献和敦煌石窟及其相关资料进行的一切学术研究，都可以称之为敦煌学研究的范畴。

　　敦煌学研究是随着敦煌文献的发现而兴起的一门学科，敦煌文献经斯坦因、伯希和、奥登堡、大谷探险队等先后劫掠，王道士及敦煌乡绅等人为流散，现分别收藏于英国、法国、俄罗斯、日本、瑞典、丹麦、印度、韩国、美国等国家博物馆和图书馆中，因此作为研究敦煌文献的敦煌学一开始兴起就是一门国际性的学术研究。留存中国的敦煌文献除了国家图书馆之外，还有十余省份的图书馆、博物馆、档案馆都收藏有敦煌文献，其次台北图书馆、台北"故宫博物院"、台湾"中央研究院"及香港也收藏有敦煌文献，敦煌文献的具体数量没有一个准确的数字，估计在五万卷号左右。敦煌学的研究随着敦煌文献的流散开始兴起，敦煌学一词随着敦煌学研究开始在学术界使用。

敦煌学的研究一般认为是从甘肃学政叶昌炽开始，这是中国学者的一般看法。而20世纪的敦煌学的发展，中国学者将其分为三个阶段：1949年前为敦煌学发展初期，主要是刊布敦煌文献资料；1979年中国敦煌吐鲁番学会成立之前，敦煌学研究停滞不前；1979年之后，由于中国敦煌吐鲁番学会的成立，中国学术界有计划地进行敦煌学研究，也是敦煌学发展最快、成绩最大的阶段。目前随着国家"一带一路"倡议的提出，作为丝路明珠的敦煌必将焕发出新的光彩。新时期的敦煌学在学术视野、研究内容拓展、学科交叉、研究方法和人才培养等诸多方面都面临一系列问题，我们将之归纳如下：

第一，敦煌文献资料的刊布和研究稳步进行。目前完成了俄藏、英藏、法藏以及甘肃藏、上博藏、天津艺博藏敦煌文献的刊布，展开了敦煌藏文文献的整理研究，再一次掀起了敦煌文献研究的热潮，推动了敦煌学研究的新进展。敦煌文献整理研究上，郝春文的英藏敦煌文献汉文非佛经部分辑录校勘工作已经出版了十五册，尽管敦煌学界对其录文格式提出不同看法，但不可否认这是敦煌学界水平最高的校勘，对敦煌学的研究起了很大的作用。其次有敦煌经部、史部、子部文献整理和俄藏敦煌文献的整理正在有序进行。专题文献整理研究工作也出现成果，如关于敦煌写本解梦书、相书的整理研究，郑炳林、王晶波在黄正建先生的研究基础上已经有了很大进展，即将整理完成的还有敦煌占卜文献合集、敦煌类书合集等。文献编目工作有了很大进展，编撰《海内外所藏敦煌文献联合总目》也有了初步的可能。施萍婷先生的《敦煌遗书总目索引新编》在王重民先生目录的基础上，增补了许多内容。荣新江先生的《海外敦煌吐鲁番文献知见录》《英国国家图书馆藏敦煌汉文非佛经文献残卷目录（6981—13624）》为进一步编撰联合总目做了基础性工作。在已有可能全面认识藏经洞所藏敦煌文献的基础上，学术界对藏经洞性质的讨论也趋于理性和全面，基本上认为它是三界寺的藏书库。特别应当引起我们注意的是，甘肃藏敦煌藏文文献的整理研究工作逐渐开展起来，甘肃藏敦煌藏文文献一万余卷，分别收藏于甘肃省图书馆、甘肃省博物馆、酒泉市博物馆、敦煌市博物馆、敦煌研究院等单位，对这些单位收藏的敦煌藏文文献的编目定名工作已经有了一些新的进展，刊布了敦煌市档案局、甘肃省博物馆藏品，即将刊布的有敦煌市博物馆、甘肃省博物馆藏品目录，这些成果会对敦煌学研究产生很大推动作用。在少数民族文献的整理研究上还有杨富学《回鹘文献与回鹘文化》，这一研究成果填补了回鹘历史文化研究的空白，推动了敦煌民族史研究的进展。在敦煌文献的整理研究中有很多新成果和新发现，如唐代著名佛经翻译家义净和尚的《西方记》残卷，就收藏在俄藏敦煌文献中，由此我们可以知道义净和尚在印度巡礼的情况和遗迹；其次对《张议潮处置凉州进表》拼接复原的研究，证实敦煌文献的残缺不但是在流散中形成的，而且在唐五代的收藏中为修补佛经就已经对其进行分割，这个研究引起了日本著名敦煌学家池田温先生的高度重视。应当说敦煌各类文献的整理研究都有类似的发现和研究成果。敦煌学论著的出版出现了一种新的动向，试图对敦煌学进行总结性的出版计划正在实施，如2000年甘肃文化出版社出版的《敦煌学百年文库》、甘肃教育出版社出版的"敦煌学研究"丛书，但都没有达到应有的目的，所以目前还没有一部研究丛书能够反映敦煌学研究的整个进展情况。随着敦煌文献的全部影印刊布和陆续进行的释录工作，将敦煌文献研究与西域出土文献、敦煌汉简、黑水城文献及丝绸之路石窟等有机结合起来，进一步拓展敦煌学研究的领域，才能促生标志性的研究成果。

第二，敦煌史地研究成果突出。敦煌文献主要是归义军时期的文献档案，反映当时敦煌政治经济文化宗教状况，因此研究敦煌学首先是对敦煌历史特别是归义军历史的研究。前辈学者围绕这一领域做了大量工作，20世纪的最后二十年间成果很多，如荣新江的《归义军史研究》等。近年来敦煌历史研究围绕归义军史研究推出了一批显著的研究成果。在政治关系方面有冯培红、荣新江同志关于曹氏归义军族属研究，以往认为曹氏归义军政权是汉族所建，经过他们的详细考证认为曹议金属于敦煌粟特人的后裔，这是目前归义军史研究的最大进展。在敦煌粟特人研究方面，池田温先生认为敦煌地区的粟特人从吐蕃占领之后大部分闯到粟特和回鹘地区，少部分成为寺院的寺户，经过兰州大学各位学者的研究，认为归义军时期敦煌地区的粟特人并没有外迁，还生活在敦煌地区，吐蕃时期属于丝棉部落和行人部落，归义军时期保留有粟特人建立的村庄聚落，袄教赛神非常流行并逐渐成为官府行为，由蕃部落使来集中管理，粟特人与敦煌地区汉族大姓结成婚姻联盟，联合推翻吐蕃统治并建立归义军政权，担任了归义军政权的各级官吏。这一研究成果得到学术界的普遍认同。归义军职官制度是唐代藩镇缩影，归义军职官制度的研究实际上是唐代藩镇个案研究范例，我们对归义军职官制度的探讨，有益于这个问题的解决。归义军的妇女和婚姻问题研究交织在一起，归义军政权是在四面六蕃围的情况下建立的一个区域性政权，因此从一开始建立就注意将敦煌各个民族及大姓团结起来，借助的方式就是婚姻关系，婚姻与归义军政治关系密切，处理好婚姻关系归义军政权发展就顺利，反之就衰落。所以，归义军政权不但通过联姻加强了与粟特人的关系，得到了敦煌粟特人的全力支持，而且用多妻制的方式建立了与各个大姓之间的血缘关系，得到他们的扶持。在敦煌区域经济与历史地理研究上，搞清楚了归义军疆域政区演变以及市场外来商品和交换中的等价物，探讨出晚唐五代敦煌是一个国际性的商业都会城市，商品来自内地及其中亚南亚和东罗马等地，商人以粟特人为主并有印度、波斯等世界各地的商人云集敦煌，货币以金银和丝绸为主，特别值得我们注意的是棉花种植问题，敦煌与高昌气候条件基本相同，民族成分相近，交往密切，高昌地区从汉代开始种植棉花，但是敦煌到五代时仍没有种植。经研究，晚唐五代敦煌地区已经开始种植棉花，并将棉花作为政府税收的对象加以征收，证实棉花北传路线进展虽然缓慢但并没有停止。归义军佛教史的研究逐渐展开，目前在归义军政权的佛教关系、晚唐五代敦煌佛教教团的清规戒律、科罚制度、藏经状况、发展特点、民间信仰等方面进行多方研究，出产了一批研究成果，得到学术界高度关注。这些研究成果主要体现在《敦煌归义军史专题研究续编》《敦煌归义军史专题研究三编》和《敦煌归义军史专题研究四编》中。如果今后归义军史的研究有新的突破，主要体现在佛教等研究点上。

第三，丝绸之路也可以称之为艺术之路，景教艺术因景教而传入，中世纪西方艺术风格随着中亚艺术风格一起传入中国，并影响了中古时期中国社会生活的方方面面。中国的汉文化和艺术也流传到西域地区，对西域地区产生巨大影响。如孝道思想和艺术、西王母和伏羲女娲传说和艺术等。通过这条道路，产生于印度的天竺乐和中亚的康国乐、安国乐和新疆地区龟兹乐、疏勒乐、高昌乐等音乐舞蹈也传入中国，迅速在中国传播开来。由外来音乐舞蹈和中国古代清乐融合而产生的西凉乐，成为中古中国乐舞的重要组成部分，推进了中国音乐舞蹈的发展。佛教艺术进入中原之后，形成自己的特色又回传到河西、敦煌及西域地区。丝绸之路上石窟众多，佛教艺术各有特色，著名的有麦积山石窟、北石窟、南石窟、大象山石窟、水帘洞石窟、炳灵寺石窟、天梯山石窟、马蹄寺石窟、金塔寺石窟、文殊山石窟、榆林窟、莫高窟、西千佛洞等。祆教艺术通过粟特人的墓葬石刻表现出来并保留下来，沿着丝绸之路和中原商业城市分布。所以将丝绸之路称之为艺术之路，一点也不为过，更能体现其特色。丝绸之路石窟艺术研究虽已经有近百年的历史，但是制约其发展的因素并没有多大改善，即石窟艺术资料刊布不足，除了敦煌石窟之外，其他石窟艺术资料没有完整系统地刊布，麦积山石窟、炳灵寺石窟、榆林窟等只有一册图版，北石窟、南石窟、拉梢寺石窟、马蹄寺石窟、文殊山石窟等几乎没有一个完整的介绍，所以刊布一个完整系统的图册是学术界迫切需要。敦煌是丝绸之路上的一颗明珠，敦煌石窟在中国石窟和世界石窟上也有着特殊的地位，敦煌石窟艺术是中外文化交融和碰撞的结果。在敦煌佛教艺术中有从西域传入的内容和风格，但更丰富的是从中原地区传入的佛教内容和风格。佛教进入中国之后，在中国化过程中产生很多新的内容，如报恩经经变和报父母恩重经变，以及十王经变图等，是佛教壁画的新增内容。对敦煌石窟进行深入的研究，必将对整个石窟佛教艺术的研究起到推动作用。20世纪敦煌石窟研究的专家特别是敦煌研究院的专家做了大量的工作，特别是在敦煌石窟基本资料的介绍、壁画内容的释读和分类研究等基本研究上，做出很大贡献，成果突出。佛教石窟是由彩塑、壁画和建筑三位一体构成的艺术组合整体，其内容和形式，深受当时、当地的佛教思想、佛教信仰、艺术传统和审美观的影响。过去对壁画内容释读研究较多，但对敦煌石窟整体进行综合研究以及石窟艺术同敦煌文献的结合研究还不够。关于这方面的研究工作，兰州大学敦煌学研究所编辑出版了一套"敦煌与丝绸之路石窟艺术"丛书，比较完整地刊布了这方面的研究成果，目前完成了第一辑20册。

第四，敦煌学研究领域的开拓。敦煌学是一门以地名命名的学科，研究对象以敦煌文献和敦煌壁画为主。随着敦煌学研究的不断深入，敦煌学与相邻研究领域的关系越来越密切，这就要求敦煌学将自身的研究领域不断扩大，以适应敦煌学发展的需要。从敦煌石窟艺术上看，敦煌学研究对象与中古丝绸之路石窟艺术密切相关，血肉相连。敦煌石窟艺术与中原地区石窟如云冈石窟、龙门石窟、大足石窟乃至中亚石窟等关系密切。因此敦煌学要取得新的突破性进展，就要和其他石窟艺术研究有机结合起来。敦煌石窟艺术与中古石窟艺术关系密切，但是研究显然很不平衡，如甘肃地区除了敦煌石窟外，其他石窟研究无论是深度还是广度都还不够，因此这些石窟的研究前景非常好，只要投入一定的人力物力就会取得很大的突破和成果。2000年以来敦煌学界召开了一系列学术会议，这些学术会议集中反映敦煌学界的未来发展趋势，一是石窟艺术研究与敦煌文献研究的有力结合，二是敦煌石窟艺术与其他石窟艺术研究的结合。敦煌学研究与西域史、中外关系史、中古民族关系史、唐史研究存在内在联系，因此敦煌学界在研究敦煌学时，在关注敦煌学新的突破性进展的同时，非常关注相邻学科研究的新进展和新发现。如考古学的新发现，近年来考古学界在西安、太原、固原等地发现很多粟特人墓葬，出土了很多珍贵的文物，对研究粟特人提供了新的资料，也提出了新问题。2004年、2014年两次"粟特人在中国"学术研讨会，反映了一个新的学术研究趋势，敦煌学已经形成多学科交叉研究的新局面。目前的丝绸之路研究，就是将敦煌学研究沿着丝绸之路推动到古代文明研究的各个领域，不仅仅是一个学术视野的拓展，而且是研究领域的拓展。

第五，敦煌学学科建设和人才培养得到新发展。敦煌学的发展关键是人才培养和学科建设，早在1983年中国敦煌吐鲁番学会成立初期，老一代敦煌学家季羡林、姜亮夫、唐长孺等就非常注意人才培养问题，在兰州大学和杭州大学举办两期敦煌学讲习班，并在兰州大学设立敦煌学硕士学位点。近年来，敦煌学学科建设得到了充分发展，1998年兰州大学与敦煌研究院联合共建敦煌学博士学位授权点，1999年兰州大学与敦煌研究院共建成教育部敦煌学重点研究基地，2003年人事部博士后科研流动站设立，这些都是敦煌学人才建设中的突破性发展，特别是兰州大学将敦煌学重点研究列入国家985计划建设平台——敦煌学创新基地得到国家财政部、教育部和学校的1000万经费支持，将在资料建设和学术研究上以国际研究中心为目标进行重建，为敦煌学重点研究基地走向国际创造物质基础。同时国家也在敦煌研究院加大资金和人力投入，经过学术队伍的整合和科研项目带动，敦煌学研究呈现出一个新的发展态势。随着国家资助力度的加大，敦煌学发展的步伐也随之加大。甘肃敦煌学发展逐渐与东部地区研究拉平，部分领域超过东部地区，与国外交流合作不断加强，研究水平不断提高，研究领域逐渐得到拓展。研究生的培养由单一模式向复合型模式过渡，研究生从事领域也由以前的历史文献学逐渐向宗教学、文学、文字学、艺术史等研究领域拓展，特别是为国外培养的一批青年敦煌学家也崭露头角，成果显著。我们相信在国家和学校的支持下，敦煌学重点研究基地一定会成为敦煌学的人才培养、学术研究、信息资料和国际交流中心。在2008年兰州"中国敦煌吐鲁番学会"年会上，马世长、徐自强提出在兰州大学建立中国石窟研究基地，因各种原因没有实现，但是这个建议是非常有意义的，很有前瞻性。当然敦煌学在学科建设和人才培养中也存在问题，如教材建设就远远跟不上需要，综合培养中缺乏一定的协调。在国家新的"双一流"建设中，敦煌学和民族学牵头的敦煌丝路文明与西北民族社会学科群成功入选，是兰州大学敦煌学研究发展遇到的又一个契机，相信敦煌学在这个机遇中会得到巨大的发展。

第六，敦煌是丝绸之路上的一颗明珠，敦煌与吐鲁番、龟兹、于阗、黑水城一样出土了大量的文物资料，留下了很多文化遗迹，对于我们了解古代丝绸之路文明非常珍贵。在张骞出使西域之前，敦煌就是丝绸之路必经之地，它同河西、罗布泊、昆仑山等因中外交通而名留史籍。汉唐以来敦煌出土简牍、文书，保留下来的石窟和遗迹，是我们研究和揭示古代文明交往的珍贵资料，通过研究我们可以得知丝绸之路上文明交往的轨迹和方式。因此无论从哪个角度分析，敦煌学研究就是丝绸之路文明的研究，而且是丝绸之路文明研究的核心。古代敦煌为中外文化交流做出了巨大的贡献，在今天也必将为"一带一路"的研究做出更大的贡献。

由兰州大学敦煌学研究所资助出版的《敦煌与丝绸之路研究丛书》，囊括了兰州大学敦煌学研究所这个群体二十年来的研究成果，尽管这个群体经历了很多磨难和洗礼，但仍然是敦煌学研究规模最大的群体，也是敦煌学研究成果最多的群体。目前，敦煌学研究所将研究领域往西域中亚与丝绸之路方面拓展，很多成果也展现了这方面的最新研究水平。我们将这些研究成果结集出版，一方面将这个研究群体介绍给学术界，引起学者关注；另一方面这个群体基本上都是我们培养出来的，我们有责任和义务督促他们不断进行研究，力争研究出新的成果，使他们成长为敦煌学界的优秀专家。

前　言

1883—1903年，俄国人尼古拉·费多洛维奇·彼得罗夫斯基（Н.Ф. Петровский，1837—1908）任俄国驻新疆喀什（总）领事期间，利用自己的身份想尽一切办法开展考察和古文献文物收集工作。他是早期对喀什古城做出研究并进行南疆古代手稿收集的欧洲官员，所获收集品数量多、种类丰富、语言多样、内容涵盖面宽。无论是梵文手稿还是其他未定名手稿都具有非常高的史料价值。他建立了完整的古文书搜集网络，完成了中国南疆考古地图的绘制，为英国探险家斯坦因、俄国探险家奥登堡、瑞典探险家斯文·赫定、法国探险家伯希和等提供了便利。利用哥萨克骑兵每月往来奥什和喀什的便利条件，彼得罗夫斯基轻而易举地将古文献经中亚大铁路运回俄国，使俄国成为西域古文献艺术品重要收藏地之一。在沙皇政府和俄国半学术组织的指令下，作为古文书发出者与接收者的彼得罗夫斯基与俄国科学院院士罗曾、古文书研究者奥登堡院士三者之间建立了牢固的西域古文书收集研究网络，并在英、俄考古之争中保持明显优势。

现存于俄罗斯科学院东方文献研究所的彼得罗夫斯基收集品有梵文文献、印度文献、藏文文献、吐火罗文文献等。据不完全统计，彼得罗夫斯基收集品中古文物有3000余件，最早的文物已有1500多年的历史，古代手稿及残片有7000余件，含梵文、佉卢文、婆罗谜文和未比定写本，造成了我国珍贵手稿文物的大量流失。

  本书研究材料来自俄罗斯国家档案馆、俄罗斯国家古文献档案馆、俄罗斯地理协会档案馆、俄罗斯科学院东方文献研究所、俄罗斯科学院圣彼得堡档案馆、俄罗斯对外政策档案馆、俄罗斯民族博物馆、俄罗斯国家文化艺术档案馆所藏19世纪末20世纪初俄国驻新疆喀什（总）领事彼得罗夫斯基给俄国外交部官员、俄国军官、历史学家、考古学家、东方学家、地理学家的信函及密件200余封以及俄国探险家考察报告、俄国皇家科学院会议纪要，还有彼得罗夫斯基发表在《俄国皇家考古协会东方部学报》上的考察报告等原版资料。

目 录

绪 论 …………………………………………………………… 1
 研究旨趣 ……………………………………………………… 1
 国内外研究现状和史料概述 ………………………………… 17

第一章 彼得罗夫斯基考察动机研究 ……………………… 41
 第一节 从塔什干到喀什 ……………………………… 41
 第二节 彼得罗夫斯基的"学者"身份 ………………… 59
 第三节 俄国学术组织的指令 ………………………… 76
 本章小结 …………………………………………………… 95

第二章 彼得罗夫斯基的新疆考察活动 ……………………… 97
 第一节 彼得罗夫斯基对喀什及其周边古迹的考察 …… 97
 第二节 彼得罗夫斯基在喀什、库车、库尔勒收获的珍宝及其外流过程
     ………………………………………………… 117
 第三节 彼得罗夫斯基在和田收集的珍宝及其外流过程 …… 142
 本章小结 …………………………………………………… 167

第三章 彼得罗夫斯基对俄国探险队的协助 ………………… 173
 第一节 彼得罗夫斯基对普尔热瓦尔斯基的协助 ……… 173

第二节　彼得罗夫斯基对格鲁姆·格尔日麦洛的协助 …………… 191

　　第三节　彼得罗夫斯基对探险家格罗姆切夫斯基的协助及评价 …… 214

　　本章小结 ……………………………………………………………… 238

第四章　彼得罗夫斯基对欧洲探险家的协助 ………………………………… 241

　　第一节　彼得罗夫斯基对法国探险家杜特雷依和德国探险家施拉格什
　　　　　　维特死因的追查 …………………………………………… 241

　　第二节　彼得罗夫斯基对斯文·赫定探险的协助及评价 …………… 261

　　第三节　彼得罗夫斯基对斯坦因的协助 ……………………………… 285

　　本章小结 ……………………………………………………………… 299

第五章　彼得罗夫斯基与俄国学者关于新疆考察的讨论 …………………… 301

　　第一节　罗曾对彼得罗夫斯基的指导 ………………………………… 301

　　第二节　彼得罗夫斯基与奥登堡关于新疆考察的探讨 ……………… 327

　　第三节　奥登堡对彼得罗夫斯基收集品的研究 ……………………… 347

　　本章小结 ……………………………………………………………… 363

第六章　19 世纪末 20 世纪初的英俄考古之争 ……………………………… 365

　　第一节　英俄在中国新疆的考古之争——以彼得罗夫斯基书信为中心
　　　　　　 …………………………………………………………………… 365

　　第二节　伊斯拉姆·阿訇伪造"未知文字"古文书再考 ……………… 387

　　本章小结 ……………………………………………………………… 404

第七章　彼得罗夫斯基考察活动的特点、影响及其收集品的价值 ………… 407

　　第一节　彼得罗夫斯基新疆考察活动的特点 ………………………… 407

　　第二节　彼得罗夫斯基考察活动的影响 ……………………………… 419

　　第三节　彼得罗夫斯基手稿收集品的价值 …………………………… 431

　　本章小结 ……………………………………………………………… 440

第八章　结论 …………………………………………………… 443
中文参考文献 …………………………………………………… 451
外文参考文献 …………………………………………………… 467

绪　论

研究旨趣

一、选题缘起

（一）彼得罗夫斯基的特殊身份

彼得罗夫斯基是第一位不间断收集西域史料的俄国外交官员。一直以来，学术界尚存这样的看法，国外学者对新疆古代手稿的发现和研究主要是英国探险家斯坦因、法国探险家伯希和、德国探险家格伦威德尔及勒柯克。其实，在斯坦因到达新疆之前，俄国驻喀什总领事彼得罗夫斯基就已开展这项研究了。[①] 在彼得罗夫斯基到达喀什之前，很少有人知道在中国新疆，特别是中国南疆地区的古代废墟和手稿。只有英国探险家福赛斯（T.D.Forsyth）等少数探险家在和田发现了几枚古代硬币，但这只是偶然现象，没有一个人尝试过系统收集并研究古代手稿。彼得罗夫斯基在塔什干（1870—1882）任职时就有收集古代钱币的爱好。1882年，彼得罗夫斯基到喀什后，他继续收集古钱币和文书，陆续将收集的手稿运回俄国交由皇家考古协会副主席、俄国科学

---

① Кузнецов. В.С. *Первооткрыватель кашгарских древностей* // Весник НГУ. Серия: История, филология. 2014. Том 13. выпуск 4. с. 88.（库兹尼措夫：《喀什噶尔古代遗迹的首位发现者》，《西伯利亚大学学报》2014年第4期，第88页。）

院院长奥登堡研究,部分研究成果发表于《俄国皇家考古协会东方部学报》。1891年,彼得罗夫斯基在中国新疆发现了公元1000年前的印欧文明遗迹,并向俄国皇家考古协会提交了《研究新疆古代遗迹的必要性》报告,引起了俄国学界的高度重视。尽管领事工作繁杂,但彼得罗夫斯基从未间断过对古文书文物的收集,他用20年时间收集喀什、库尔勒、阿克苏、和田、莎车等地古遗迹、废墟的写本和佛像,包括民间的古代手稿和文物。彼得罗夫斯基的秘书柳特什、继任者科洛科洛夫在他的影响下,延续了驻华外交官收集西域古文书的做法。彼得罗夫斯基是俄国驻新疆历任领事中任职时间最长、所获古文书最多的外交官员。

俄国考古学家奥登堡对彼得罗夫斯基个人及其活动的总体评价是这样的,他是一个容易让人记住的大人物。在彼得罗夫斯基任喀什(总)领事期间,因为他经常要处理政治事件,所以他给人留下了"冷静的政治家"的印象,也正是在他任职期间,俄国在中国新疆喀什的贸易量急速增长,这是所有去过喀什的探险家、旅行家亲身感受到的。博格亚夫列斯基认为,"在彼得罗夫斯基的不断努力下,俄国在喀什噶尔的贸易从零开始发展起来"[①]。彼得罗夫斯基促进了俄国对中国西域研究的发展,他收集的物品奠定了俄国对中国西域研究的基础。奥登堡、巴托尔德、克拉奇科夫斯基等俄国东方学家认为"他是将东方

---

① Богоявленский Н.В. Западный Застенный Китай.Западный Застенный Китай : Его прошлое, настоящее состояние и положение в нем рус. подданных // Ник. Вячеслав. Богоявленский, б. консул в Зап. Китае.СПб. 1906. с. 359.(博格亚夫列斯基:《紫禁城的西部,过去和当下》,圣彼得堡,1906年,第359页。)

学者的注意力吸引到中国新疆文献文物的第一位外交官员"[1]。

彼得罗夫斯基在英、俄考古竞争中扮演着关键角色。19世纪下半叶至20世纪初，英、俄在经济贸易、政治、考古等方面展开激烈竞争。1890年年初，英属印度军队侦察员鲍尔中尉在中国库车获得了一件书写在白桦树皮上的古代梵文文书。1891年年末，俄国皇家考古协会（Императорское Русское археологическое общество）东方部召开例会，听取了奥登堡关于加尔各答亚洲协会展出鲍尔中尉在中国库车所获白桦树皮手稿的报告，俄国考古学界感受到来自英国探险家的强大压力。尽管喀什偏居一隅，但在收集情报方面确是理想之地，加之其处于繁忙的商道上，喀什便成为英、俄争霸的重要据点。1892年，奥登堡提请俄国皇家考古协会东方部向喀什领事彼得罗夫斯基问询中国南疆剩余古代手稿情况及向中国新疆派出俄国考察队的可行性。此后，彼得罗夫斯基不但将收集的古文书寄给俄国皇家考古协会研究，还协助协会派出的考察队完成西域考察，严密监视英国探险家在疆动态。彼得罗夫斯基任喀什总领事期间，他依靠在南疆建立的古文书搜集网络，完成了俄国学界提出的搜罗中国南疆重要古代手稿和文物的任务，极大地提升了俄国探险家在西域的影响。

彼得罗夫斯基是第一位对喀什以北三仙洞石窟、喀什东北方向25公里的汗诺依古城，以及内部的"鸽子窝"废墟进行考察和研究的俄国外交官员。在俄国皇家考古协会组织大规模考察之前，彼得罗夫斯基

---

[1] Ольденбург С.Ф. Памяти Николая Фёдоровича Петровского 1837–1908 // ЗВОРАО. СПб. 1910. T. XX. c. 8.（奥登堡：《纪念尼古拉·费多洛维奇·彼得罗夫斯基（1837—1908）》，《俄国皇家考古协会东方部学报》1910年第20卷，第8页。）

自己就组织了几次考察活动。他从建筑特色、内部结构、民间传说、用途等方面对这几处古迹做了研究，虽然他的记述不够完整，内容稍有偏差，但作为研究喀什噶尔古城的外文原始材料显得弥足珍贵，这些资料也为研究伊斯兰教入驻新疆、佛教在喀什的衰败提供了线索。①

彼得罗夫斯基是斯坦因、奥登堡、伯希和等欧洲探险家在西域考察的协助者和见证者。1892年，《俄国皇家考古协会东方部学报》上刊登了"彼得罗夫斯基收集品中的喀什噶尔文献"，奥登堡首次向世界公布了彼得罗夫斯基在中国库车发现的文物古迹照片，文献用从未见过的字母书写，后来被鉴定为吐火罗语B或者库车语。自此，英、法等国的欧洲探险家蜂拥至神秘的西域进行考古探险。彼得罗夫斯基不仅为俄国皇家考古协会、俄国皇家地理协会组织下的奥登堡探险队、普尔热瓦尔斯基探险队、格罗姆切夫斯基探险队提供长期协助，还为英国探险家斯坦因、法国探险家伯希和、瑞典探险家斯文·赫定、法国探险家杜特雷依等多位欧洲探险家提供帮助。

（二）喀什的地理位置

喀什位于帕米尔高原脚下，它北通吉尔吉斯大草原，西通中亚、西亚，南到印度，东与阳关、玉门关相连，扼中西交通要冲。"它是两千一百多年前张骞凿空西域时经过的地方，是西域三十六国中的大国之一，班超曾以此地的盘橐作为经营西域的大本营；也是唐代安西四镇之一，玄奘法师西游礼佛求法途经之地；元代时意大利著名旅行家

---

① Петровский Н. Ф. Ответ консула в Кашгаре Н.Ф. Петровского на заявление С.Ф. Ольденбурга //ЗВОРАО. 1893. Т. 7. Вып. I-IV. с. 19.（彼得罗夫斯基：《俄国驻喀什领事彼得罗夫斯基对奥登堡所提问题的答复》，《俄国皇家考古协会东方部学报》1893年第7卷，第19页。）

马可·波罗经由这里进入忽必烈大汗的宫廷；喀喇汗王朝曾以喀什为首府，大清王朝也于此设立参赞大臣……这里从古至今，始终是一个多民族的聚集地，也是多种文化交流、融合与共存的地方，更是中外政治、经济、文化交流的要塞。"①作为古丝绸之路上极为重要的驿站，绝大多数到过新疆的欧洲探险家都将喀什作为探险的必经之地。

（三）彼得罗夫斯基鲜为人知的考察方式

19世纪末20世纪初俄国对西域进行考察的方式主要有三：其一，以奥登堡等历史学家或考古学家为代表的西域探险队，其主要目的是考察古代废墟和遗址，挖掘、搜罗散落在西域各地的古文献资料；其二，以普尔热瓦尔斯基等军官为代表的军事考察团，主要在中国新疆、西藏活动，以地理测绘、勘探地形地貌为目的；其三，以彼得罗夫斯基为代表的俄国外交官员进行的考察活动。方式三也是学术界非常容易忽略的一点，他们常年盘踞在中国新疆喀什噶尔（今喀什）、迪化（今乌鲁木齐）、塔城等地，利用工作和职务之便，长年累月搜罗散落在新疆各地的古代手稿和文物并将其运到欧洲。和大规模的俄国探险队相比，驻疆外交官员考察活动隐蔽性强，不为人知，但所获文献数量巨大。彼得罗夫斯基所进行的考察活动，造成了我国珍贵文物文书的大量外流。

（四）考察活动隐蔽，学术界关注度不够

因外交官员的特殊身份和"大角逐"时期的特殊使命，彼得罗夫斯基在新疆考察活动中获取的很多原始资料未公布或用俄语在《俄国皇家考古协会东方部学报》以《会议纪要》形式刊发，国内学术界受语言限制关注度不足。彼得罗夫斯基的考察工作非常隐蔽，1886年，他在圣彼

---

① 耿昇：《西方人视野中的喀什》，《西北第二民族学院学报》2007年第1期，第3页。

得堡《亚洲地理学、地形学和统计学选集》上发表了《喀什噶尔报告》①，其缩减版《俄国探险家眼中的新疆》②于1988年在阿拉木图刊登，66页的俄文报告中完全没有谈及彼得罗夫斯基在西域的考察。连同时期英国驻喀什代表马继业（George Macartney）对彼得罗夫斯基收集古文书的工作都一无所知，误以为俄国外交官受语言限制很少离开领事馆。

事实上，在俄国外交部、皇家考古协会等半学术机构的指导下，彼得罗夫斯基盘踞在喀什的20余年间从未间断过考察活动。彼得罗夫斯基所获收集品数量巨大，单艺术品部分计3000余件，现存于俄罗斯国家艾尔米塔什博物馆。古代手稿计7000余件，目前已整理出的彼得罗夫斯基收集品中的新疆古文献资料计有582件，含251件梵文写本，23件梵文木板文书（其中2件佉卢文木牍，1件婆罗谜文和佉卢文混写的文献），297件于阗文献（其中59件佛教文献，238件世俗文书），3件龟兹文残卷，4件藏文写本，4件未比定文书③，其中不乏《法句经》《波罗提木叉》《妙手莲花经》《陀罗尼》等重要写本。文献部分语言最为丰富，有梵文、粟特文、吐火罗文、和田—萨基文及不知名语言。彼得罗夫斯基在收集1—9世纪文献和艺术品上"贡献"了不小的力量，也造成了我国历史文献文物的大量外流。

至于彼得罗夫斯基考察活动不为外人知的原因，笔者认为主要有

---

① Петровский. Н.Ф. *Отчёт о Кашгарии* // Сборник географических, топографических и статистических сведений по Азии. СПб. 1886. Вып. XX. с. 1-61.（彼得罗夫斯基：《喀什噶尔报告》，《亚洲地理学、地形学和统计学选集》1886年第10卷，第1—61页。）

② Кляшторный С.Г. Колесников А.А. *Восточный Туркестан глазами русских путешественников*. Алма-Ата. 1988. с. 181-188.（科梁什托尔恩，科列斯尼科夫：《俄国探险家眼中的新疆》，阿拉木图，1988年，第181—188页。）

③ 荣新江：《敦煌学十八讲》，北京：北京大学出版社，2015年，第114页。

二：作为外交官的彼得罗夫斯基，对外发表的任何言论即被认为代表国家发声。特别是在1884年俄国外交部"不允许外交官在报纸杂志轻易发表文章"的命令下达后，外交官发表文章受到更严格限制，需经层层审核。笔者在俄罗斯图书馆、档案馆、博物馆未查阅到彼得罗夫斯基在1882—1890年公开发表的文章。1884年1月31日，彼得罗夫斯基给柯别克①的信中谈道："新命令下达后，我担心上面不同意我在报纸或杂志上发表文章，认为我提供给《新时代》关于喀什噶尔的文章过于轻率。另外一篇关于苏克南的文章比较严肃，或许可以发表在彼得堡的法语报纸或者其他杂志上，具体由您决定。下次有机会，我托人把文章捎给您。您见到兹诺维耶夫②的时候能否问一下，我的文章，包括喀什噶尔那篇，可否允许发表。"③为了这篇文章的刊登，彼得罗夫斯基向曾经的财政部同事柯别克求助，请他和兹诺维耶夫求情，几经周折后，1884年4月15日，彼得罗夫斯基的这篇关于喀什的文章最终以笔名"穆萨菲尔"（Мусафир）在《新时代》上发表。1891年年初，彼得罗夫斯基希望在《新时代》上发表一篇评论，但受外交官身份限制不得不授权评论家布列宁发表自己的文章："所提供的评论准备发表在《新时代》报刊，但我不便作为作者出现，所以授权与您。您曾在《彼得堡消息》上发表了一些关于俄属中亚领地的文章，我认为您会接收

---

① 柯别克（Д.Ф. Кобеко,1837—1918），历史学家，社会活动家，贵族官员，1856年毕业后在俄国财政部就职。
② 兹诺维耶夫（И.А. Зиновьев,1922—2006），作家，社会学家，哲学家，评论员。
③ Отв. ред. акад. В.С. Мясников. сост. В.Г. Бухерт. Петровский Н.Ф. Туркестанские письма // М. Памятники исторической мысли. 2010. с. 139.（米斯尼科夫编：《彼得罗夫斯基，新疆书信》，圣彼得堡：历史古迹出版社，2010年，第139页。）

这篇评论的。"①我们不知道布列宁是否答应了彼得罗夫斯基的请求，但此后直到1891年，彼得罗夫斯基未用真名公开发表过关于喀什古文书文物的文章。原因之二是领事工作繁杂。彼得罗夫斯基谈到喀什领事工作时写道：

> 喀什噶尔领事馆的事务越来越多，而且事情远比其他领事馆紧急重要。这5年来，我们忍受了太多责难，单单和俄属中亚七河地区各机构和重要人物的通信，一年就有1000封左右，包括遗产纠纷、债务问题、吉尔吉斯牧民的迁徙等各种问题，亚洲司应该充分考虑此事。领事馆本可以只做业务范围之内的工作，不该带有警察局的职能，这长期影响了我们本职工作的完成：每天都要处理包括索赔、争吵、抢劫、边境区访问证明、为当地居民签发通行证（目前已经为1780名喀什噶尔居民签发了俄国签证）等各种琐事，这些耗费了我们大量的时间。②

除了为往来喀什和俄属中亚领地的居民签发通行证外，彼得罗夫斯基凭借强硬的外交手腕掌握了喀什重要事务的处理权，俄商俄侨愿意投靠领事馆解决商贸问题。凭借彼得罗夫斯基在俄属中亚领地的任职经历和人脉，经其之手的民事纠纷、遗产纠纷甚至牧民迁徙等问题，均能让俄商或俄侨受益。在日常事务的束缚下，彼得罗夫斯基很难离

---

① Мясников. В.С.В.Г. Бухерт. Н.Ф.Петровский Туркестанские письма. с. 219.（米斯尼科夫编：《彼得罗夫斯基，新疆书信》，第219页。）

② Мясников. В.С.В.Г. Бухерт. Н.Ф.Петровский Туркестанские письма. с. 212.（米斯尼科夫编：《彼得罗夫斯基，新疆书信》，第212页。）

开喀什到更远的地方考察，鲜有时间及时公布古文书收集成果。

二、研究思路

彼得罗夫斯基在喀什期间陆陆续续给俄国外交官、考古学家、历史学家写了200余封书信。笔者有幸拿到2010年俄罗斯科学院整理的189封俄文信件（含4封密件），以及2020年俄罗斯科学院档案馆联合东方文献研究所整理的60余封散落在俄罗斯其他档案馆及彼得罗夫斯基家人手中的俄文书信，大量篇幅反映了彼得罗夫斯基在喀什的工作和生活。这些外文资料具有珍贵的史料价值，对于了解喀什的历史有重要的参考价值。其中涉及考察类书信计81封，与彼得罗夫斯基常年保持书信往来的有俄国皇家科学院东方学家罗曾院士、奥登堡院士等东方学泰斗，历史学家柯别克、俄国军事部军官叶尔马科夫、经济学家聂伯利兴、俄国外交部亚洲司司长奥斯丁·萨肯、外交官和社会活动家斯特列莫乌霍夫等，这些书信还原了1882—1903年英、俄在中国新疆考察活动真相，最重要的是真实记录了彼得罗夫斯基在中国新疆的考察活动和古代手稿收集活动[1]、欧洲探险家在中国新疆的活动及英、俄考古之争细节[2]。这些遗失在海外的珍贵资料，可以作为正史的补充，为研究中国新疆近代史和俄国在中国西北考察提供新的视角。

---

[1] Мясников В.С. *Из истории российской политики в Центральной и Средней Азии* (*XVIII-XXвв.*) // Постников А.В. Становление рубежей России в Центральной и Средней Азии (XVII-I-XIXвв.). 2007. с. 5.（米斯尼科夫：《18至20世纪俄国的中亚政策》，《俄国在中亚边界的确立》，2007年，第5页。）

[2] Мясников В.С. *К читателю* // Постников А.В. Схватка на 《Крыше Мира》. 2001. с. 3.（米斯尼科夫：《致读者》，《攻占世界屋脊》，2001年，第3页。）

身为俄国驻喀什（总）领事，彼得罗夫斯基在喀什工作生活长达21年之久。他为何将领事工作之余的大部分精力用于考察，原因何在？他收集了哪些古文献文物？在何地对哪些遗址进行了考察？以何种方式进行古遗迹考察和古文书收集？面对英国在西域的考察活动，彼得罗夫斯基如何应对？彼得罗夫斯基以何种方式寄出古文书文物？寄到哪些部门？研究成果有哪些？他对英、俄、瑞、法考古队和考察队提供了哪些帮助？原因何在？对欧洲探险家的评价如何？笔者以彼得罗夫斯基在喀什21年间的俄文书信及俄国皇家考古协会会议纪要等俄文材料为中心，结合中外文史资料勾勒出彼得罗夫斯基西域考察的基本线条，阐明彼得罗夫斯基的考察动机，以及和俄国皇家考古协会、俄国委员会、皇家地理协会的联系，对彼得罗夫斯基在喀什及其周边古遗迹的考察和研究成果进行爬梳；对彼得罗夫斯基在喀什、库车、库尔勒、和田所获古代写本和文物的时间、内容、获取珍宝的方式、对俄英法德欧洲探险家的协助、寄回俄国的文书文物、彼得罗夫斯基书信中反映的英俄考古之争做一系统梳理。

本书将研究范围界定为西域考察，一是本着课题设计不宜过于宽泛，避免大而全的原则，凸显考古活动和文献文物发掘在外交官彼得罗夫斯基工作生活中的重要分量，揭示俄国窃取我国珍宝的一种极为隐蔽方式——以盘踞在新疆的驻地官员为杠杆、以领事馆为大本营，长年累月将我国西域珍宝运出境外。形式上虽然没有大规模考察团，但在结果上远超俄国派出的考察探险队。笔者将目光集中于彼得罗夫斯基西域考察俄文资料的整理与研究，进一步增强和提高我国学者在相关学术领域的国际影响力。

绪论部分点明学术界对俄国西域考察的关注点主要集中在以历史学

家和有军官背景的探险家为主的大规模考察团，身为俄国驻喀什（总）领事的彼得罗夫斯基在中国新疆期间的考察和对古文书收集起步早、持续时间长、数量多、成果丰富，但因其考察和搜集方式的隐蔽，加之原始书信、报告等史料封藏了100余年未予公开，导致学术界对其关注度不高，由此过渡到本书的研究重点和创新之处——以俄罗斯科学院2010—2020年整理的俄文书信和报告为中心，辅以国内外重要史料，收集整理考订俄国外交官彼得罗夫斯基的西域考察及其与欧洲探险家的微妙关系。

第一章"彼得罗夫斯基考察动机研究"交代彼得罗夫斯基从塔什干到喀什的时代背景、政治背景及自身原因，俄国驻喀什领事馆的建立及发展过程，彼得罗夫斯基及俄国领事馆在喀什的地位变化、彼得罗夫斯基考察的缘起，以及彼得罗夫斯基的"学术"态度。笔者认为喀什领事馆的设立是英、俄大博弈和俄国对外扩张的产物，彼得罗夫斯基为当时在"大角逐"中的俄国做了诸多工作，彼得罗夫斯基的考察活动是在俄国皇家考古协会和外交部指令下进行的秘密活动，是俄国应对"大角逐"的策略和表现形式。此外，彼得罗夫斯基对考察活动的热爱是其坚持考察的重要原因，特别是1895年后俄国领事馆为彼得罗夫斯基的西域考察提供了保障和支撑，是彼得罗夫斯基领事工作之余完成考察任务的必要条件。彼得罗夫斯基以考察之名义严密监视英国在中国的新疆动态，极力扩展俄国在喀什的影响和利益。

第二章"彼得罗夫斯基的新疆考察活动"收录彼得罗夫斯基在喀什、库车、和田搜罗古文书期间留下的大量书信并为国内首次公布。本篇章分为四部分，第一部分整理并阐述彼得罗夫斯基对喀什及其周边古遗迹的考察，彼得罗夫斯基对三仙洞石窟、汗诺依古城、莫尔佛塔及鸽子窝废墟的描述及绘制的库车考古地图为欧洲探险家提供了宝贵的研究资料。伯希和和斯坦因在彼得罗夫斯基研究的基础上完善了对喀什古城的研究。第二部分梳理彼得罗夫斯基在喀什、库车、库尔勒收获的珍宝及其外流过程，尝试对彼得罗夫斯基收集新疆珍宝的方式、特点做出归纳。第三部分对彼得罗夫斯基在和田所收集的珍宝及其流失过程进行整理和爬梳。第四部分为本章小结。

第三章"彼得罗夫斯基对俄国探险队的协助"分三部分阐述彼得罗夫斯基通过协调当地政府官员为探险队争取考察权限、提供考察路线和物资等，以及对普尔热瓦尔斯基、格鲁姆·格尔日麦洛和格罗姆切夫斯基等俄国探险家进行协助的全过程。笔者以1886—1894年彼得罗夫斯基寄给俄国探险家的书信为中心、辅之以俄文报告等材料，梳理和论述俄国考古队在华期间的活动及影响，特别是彼得罗夫斯基对探险队的评价学术界未见相关探讨。在彼得罗夫斯基的配合下，俄国探险队以考察为掩饰，收集当地地理地貌信息，对争夺地区进行测绘，以此对抗英国，最后在英、俄谈判中赢得主动权。彼得罗夫斯基对上级安排的考察队并没有卑躬屈膝无条件辅助，而是以俄国利益为重，以外交官的高度通盘考虑利害关系。

第四章"彼得罗夫斯基对欧洲探险家的协助"爬梳1891—1899年彼得罗夫斯基对瑞典探险家斯文·赫定3次西域探险的协助及评价、对法国探险家杜特雷依及法国探险家阿道夫死因的追查、对1910年英国探险家斯坦因中国新疆探险的协助。继1899年奥登堡在罗马会议上做了《喀什噶尔文献情况的报告》后，中国新疆作为多种文化的交会地，是欧洲探险家、考古家向往并研究的重地。而喀什是乌鲁木齐通向库车、和田的必经之地，俄国驻喀什领事馆自然成为欧洲探险家落脚点。笔者认为彼得罗夫斯基对欧洲探险队的协助是借探险家之口，探寻地理测绘信息，搜集竞争对手英国人在帕米尔地区的政治和科研考察情况。

第五章"彼得罗夫斯基与俄国学者关于新疆考察的讨论"以彼得罗夫斯基和罗曾院士、奥登堡院士的学术往来为主线，较为全面地整理了彼得罗夫斯基和圣彼得堡考古学家、探险家等13年间的书信。笔者根据书信内容将其分为三大类，即"关于新疆古文书的探讨""西域古代珍宝的运送""彼得罗夫斯基对奥登堡西域考察的协助"，具体涉及对喀什梵文文献、佉卢文佛教文献、婆罗谜文文书、吐火罗文文书的探讨。19世纪90年代，奥登堡对北传佛教的研究兴趣集中体现在彼得罗夫斯基从中国新疆带回的印度佛教文献上，彼得罗夫斯基为奥登堡科研工作的顺利开展提供了源源不断的古文献文书资料。奥登堡是彼得罗夫斯基新疆收集品的主要负责人和研究者。1900年前后，奥登堡先后在《俄国皇家考古协会东方部学报》上刊登了40页梵语文献及残片。彼得罗夫斯基是奥登堡新疆考察的主要促成者，他为奥登堡的新疆之行提供了路线等重要信息。

第六章"19世纪末20世纪初的英俄考古之争"是19世纪下半叶至20世纪初英、俄大角逐的表现形式之一。本章分两部分，第一部分以英、俄在新疆考古竞争最为激烈的15年（1890—1904）为例，以彼得罗夫斯基、马继业、奥登堡和霍恩勒为主要研究对象，以保存在俄罗斯科学院档案馆圣彼得堡分馆和大英博物馆的彼得罗夫斯基与俄国官员的书信、密函，以及马继业及其夫人的日记、官方记录[①]为主要材料，揭示

---

① 和英国其他外交官和驻地代表一样，马继业必须每隔两周向上级上报所在地每日情况记录及公文日记。

19世纪末20世纪初英、俄在中国新疆特别是南疆的考古竞争细节，真实还原我国新疆珍贵古文书的外流情况。第二部分讲述彼得罗夫斯基对阿訇伪造文书的调查并查获阿訇伪造文书的刻字模板全过程。现存彼得罗夫斯基收藏品中仍有伪造文献存在，为古文书的辨读带来了很大困难。

第七章"彼得罗夫斯基考察活动的特点、影响及其收集品的价值"总结了彼得罗夫斯基的考察成果、收集品的保存和研究情况，以及彼得罗夫斯基收集品的史料价值、学术价值。19世纪末20世纪初，常驻我国边疆地区外交官员所进行的考察活动造成我国文物流失的负面影响不容小觑。

第八章为本书的结论部分。

三、研究难点和创新之处

（一）研究难点

1.除书信中大量口语难以辨识外，奥登堡新疆考察日记、格罗姆切夫斯基考察报告、格鲁姆·格尔日麦洛考察记录等原始俄文材料中使用了古代俄语。与现代俄语相比，古代俄语没有辅音硬软对应，往往一个音节对应多个字母，除字母写法发生变化外，个别词义也发生了变化，必须仔细辨别，避免生错。

2.彼得罗夫斯基在书信中使用大量的民间口语或用俄语转写的突厥语，笔者常常为了一个单词查阅大量资料，请教俄罗斯科学院档案馆圣彼得堡分馆馆长伊琳娜·弗拉基米罗夫娜院士、俄罗斯科学院东方文献研究所所长伊琳娜·波波娃院士等东方学专家以确定其准确释义。如1893年彼得罗夫斯基给罗曾的信中谈到阿帕克和卓麻扎墙壁下方发现了大量古代硬币，其中"阿帕克和卓麻扎"一词使用了口语中不常用的缩写"Абах-Ходжа"，且彼得罗夫斯基在信中误把"Абах"写成"Аппак"，笔者在俄文字典和英文字典未能查到释义，最终根据单词发音并在学生的帮助下查到中文对应译名。再如地名"巴达赫尚"（Бадахшан）一词的翻译，俄文没有对应中文翻译，笔者先由俄语查到该词的维吾尔文"بدخشان"和英文译名"Badakhshan"，再由维吾尔语和英语译为汉语并根据书信中的描述反复确认，确保翻译准确无误。

3. 资料分散，收集难。19世纪末20世纪初，彼得罗夫斯基在喀什与俄国外交部官员、俄国科学院成员、俄国皇家考古协会成员、俄国皇家地理协会成员之间，以及与欧洲探险家之间的官方书信和私人书信分散保存在俄罗斯科学院档案馆圣彼得堡分馆、俄罗斯科学院东方文献研究所和俄罗斯国家历史档案馆等十几所档案馆，沉睡了一百年之久。尽管2010—2020年俄罗斯科学院档案馆圣彼得堡分馆、东方文献研究所、俄罗斯国家档案馆陆续公布了彼得罗夫斯基的200余封书信，但绝非全部书信内容。外交官彼得罗夫斯基与其文献接收者俄国皇家考古协会罗曾院士及其文献研究者俄国科学院院长奥登堡院士的书信是笔者研究彼得罗夫斯基在中国新疆考察的重要资料，这些书信保存在俄罗斯科学院档案馆的不同分部，或存于俄国皇家考古协会资料，或存于俄国科学院常务主席奥登堡院士的个人资料，或存于外交官彼得罗夫斯基书信资料，如1904年6月28日奥登堡就新疆考察征求彼得罗夫斯基意见的书信保存在俄罗斯科学院东方文献研究所奥登堡档案中，而彼得罗夫斯基给奥登堡的回信保存在俄罗斯科学院档案馆圣彼得堡分馆的彼得罗夫斯基档案中。这些书信至今没有很好的归类或完整的目录可查询，给笔者的研究带来了很大困难。

(二) 创新之处

在英、俄大角逐的背景下，英、俄两国外交官员、探险家在中国新疆明争暗斗。在英国人的自传和游记中对俄国驻喀什总领事彼得罗夫斯基的评价免不了带有主观偏见。英国学者眼中的俄国驻喀什总领事彼得罗夫斯基不仅无知自负，还脾气暴躁。1898年，马噶特尼（中文名马继业）成为英国驻喀什噶尔代表，其著作《马继业与喀什噶尔》及其夫人凯瑟琳1931年完成的回忆录《外交官夫人的回忆》记录了英国驻喀什噶尔代表马继业及其夫人在中国新疆的生活，其中不乏有对彼得罗夫斯基的偏见和负面描写。"彼得罗夫斯基是不需要哥萨克兵一个人就能征服喀什噶尔的铁腕外交官。他妄自尊大，专横又无礼。"① 到过喀什的英国使团对彼得罗夫斯基如此评价。英国学者达姆（Э. Тамм）提到彼得罗夫斯基时直言，在对英策略上彼得罗夫斯基是反英并提倡对英作战的坚决拥护者。彼得罗夫斯基没留下任何日记或回忆录，在欧洲，英国学者对彼得罗夫斯基的负面评价和刻板印象口口相传。彼得罗夫斯基在中国新疆的考察及其建立文献收集网络更鲜为人知，加上国内外资料有限，长期以来这一课题涉足者甚少。

笔者以存于俄罗斯科学院档案馆圣彼得堡分馆、俄罗斯国家历史档案馆、俄罗斯科学院东方文献研究所、俄罗斯古文献国家档案馆的彼得罗夫斯基档案及探险家报告、会议纪要为中心，用三年多时间翻译整理了俄文文献约30万字，将其中涉及西域考察探险的内容归纳整理形成研究成果，使外交官彼得罗夫斯基在中国新疆考察发现的细节浮

---

① [英]凯瑟琳·马噶特尼、戴安娜·西普顿著，王卫平、崔延虎译：《外交官夫人的回忆》，乌鲁木齐：新疆人民出版社，2010年。

出水面。与此同时，以总领事彼得罗夫斯基第一人称叙述19世纪末20世纪初欧洲各国探险家在西域的竞争。书中以全新的视角和方式重述彼得罗夫斯基在喀什的21年，以望略改学术界对彼得罗夫斯基的"蛮横、不学无术、足不出户、故步自封"之印象，抛砖引玉，以促进研究深入发展。

国内外研究现状和史料概述

一、国内外研究现状

（一）国内研究现状

第一，学术专著。关于新疆考古史和欧洲探险家在西域的探险考察活动的专著有：杨建新、马曼丽的《外国考察家在我国西北》[1]一书阐述了英、法、瑞、德、俄等国的探险家在西域的探险和考察活动，作者认为欧洲探险家的这些活动按目的分为间谍情报活动、文物掠夺活动和地理考察活动；许新江主编的《近代外国探险家新疆考古档案史料》收录新疆档案馆历史档案467件，记录了外国探险家在新疆考古和考察活动的概貌[2]；丁笃本的《中亚探险史》[3]对欧洲探险家与发现者的介绍占很大比重；曾问吾的《中国经营西域史》详细叙述从汉代到民国期间历代政府在西域的经营情况，是本书研究的基本背景材料。由兰州大学、西北大学、新疆民族研究所、新疆大学、西北师范大学

---

[1] 杨建新、马曼丽：《外国考察家在我国西北》，郑州：河南人民出版社，1983年。
[2] 许新江主编，中国新疆维吾尔自治区档案馆、日本佛教大学尼雅遗址学术研究机构编：《近代外国探险家新疆考古档案史料》，乌鲁木齐：新疆美术摄影出版社，2002年。
[3] 丁笃本：《中亚探险史》，乌鲁木齐：新疆人民出版社，2009年。

联合编写的《沙俄侵略中国西北边疆史》①详细阐述了17世纪至20世纪初俄国对我国西北边疆的侵略。潘志平的专著《中亚浩罕国与清代新疆》讲述了浩罕国与清政府之间错综复杂的政治关系，也是本书使用的基础材料之一。

第二，学位论文。关于英、俄在新疆的游历和考察的博士学位论文有：中国社会科学院许建英的博士论文《近代英国和中国新疆（1840—1911）》中第六章"英国对新疆的探察和游历"中涉及英、俄考古之争；南开大学张艳璐的《1917年前俄国地理学会的中国边疆史地考察与研究》对19世纪末20世纪初俄国到中国西北的十余支考察队进行了系统梳理；兰州大学妥超群的博士论文《汉藏交界地带的徘徊者——近现代在安多的西方人及其旅行书写》详细论述了俄、英、美探险队的考察动机、支持机构及影响；华中师范大学艾买提江·阿不力米提的博士论文《英国人在中国新疆的探察活动研究（19世纪中叶至20世纪中叶）》对19世纪中叶以来英国人在新疆的商贸探察、地理探察和考古探察活动进行了详细的梳理和研究。关于俄国外交官在中国新疆活动的论文有兰州大学何卫的硕士论文《彼得罗夫斯基在新疆的活动》，主要从政治、经济和文化三方面叙述了彼得罗夫斯基在新疆的活动，文章用俄文书写，因语言限制等因素影响，内容阐述上不够透彻和完整，也未涉及彼得罗夫斯基西域考察活动。此外陕西师范大学郝建英的博士论文《民国时期关于中国新疆对外关系的研究》对民国时期新疆的政治、贸易关系等进行了梳理。

第三，期刊文章。关于驻疆英俄领事馆的文章有：纪大椿《沙俄驻

---

① 沙俄侵略中国西北边疆史编写组：《沙俄侵略中国西北边疆史》，北京：人民出版社，1979年。

新疆各领事馆的建立年代》①对沙俄自1847年起在伊犁、塔城、喀什、吐鲁番、乌鲁木齐等地建立领事馆的前因后果进行了梳理。房建昌《近代俄苏英美三国驻新疆总领事馆考》②对历任喀什总领事及工作人员做了梳理。赵剑锋《晚清俄国驻新疆领事馆考述》③阐述了晚清俄国驻新疆领事馆对新疆的政治、经济领域的侵略和渗透。许建英《英国驻迪化领事馆的建立及活动述论》④较为系统地梳理了英国驻迪化领事馆建立的最初构想和详细过程，以及迪化领事馆与喀什总领事馆的关系。袁澍《英国驻新疆领事馆始末》⑤阐明英国驻新疆领事馆是英国在中亚争夺的工具和后方力量。关于欧洲探险队在新疆探察活动的文章有：马大正的《外国探险家新疆探险考察的档案文献资料整理与研究》，文章集中论述了欧洲探险家在新疆的探察活动的档案文献，反映了地方政府对欧洲探险家西域考察的态度和政策。依明江·塔吉的《近代外国人士在喀什噶尔科学考察活动及影响研究》对各国探险队在喀什的探察活动进行了研究，此外还有王冀青《奥莱尔·斯坦因的第四次中央亚细亚考察》⑥《伯希和1909年北京之行相关日期辨正》⑦《斯坦

---

① 纪大椿：《沙俄驻新疆各领事馆的建立年代》，《新疆社会科学》1982年第4期，第75—78页。
② 房建昌：《近代俄苏英美三国驻新疆总领事馆考》，《新疆大学学报》1995年第2期，第43—50页。
③ 赵剑锋：《晚清俄国驻新疆领事馆考述》，《新疆大学学报》(哲学·人文社会科学版)2014年第3期，第64—67页。
④ 许建英：《英国驻迪化领事馆的建立及活动述论》，《中国边疆史地研究》2008年第3期，第147—168页。
⑤ 袁澍：《英国驻新疆领事馆始末》，《新疆师范大学学报》2001年第4期，第52—58页。
⑥ 王冀青：《奥莱尔·斯坦因的第四次中央亚细亚考察》，《敦煌学辑刊》1993年第1期，第98—110页。
⑦ 王冀青：《伯希和1909年北京之行相关日期辨正》，《敦煌学辑刊》2011年第4期，第139—144页。

因探访锁阳城遗址时间考》[1]三篇文章对欧洲探险家的新疆考察进行了论述。关于俄国西域探险队的文章有张艳璐的《沙俄天山研究第一人——谢苗诺夫》[2]，文章对欧洲进入天山中心地带第一位探险家谢苗诺夫的探险经历进行了梳理和研究，指出其探险活动为俄国跻身西域研究重要行列作出了贡献，但不可否认的是为俄国进行中国新疆侵略活动收集了情报。关于国外所藏新疆古代写本的文章有：荣新江《欧洲所藏西域出土文献闻见录》[3]，胡静、杨铭《英藏新疆麻札塔格、米兰出土藏文写本选介——武内绍人〈英国图书馆藏斯坦因收集品中的新疆出土古藏文写本〉部分》[4]，高启安《京都"丝绸之路古文字巡礼——俄国探险队收集文物"展走笔》[5]，郭峰《大英图书馆藏未经马斯伯乐刊布之斯坦因第三次中亚探险所获汉文文书》[6]，齐陈骏、王冀青《马·奥·斯坦因第一次中亚探险期间发现的绘画品内容总录》[7]，任

---

[1] 王冀青：《斯坦因探访锁阳城遗址时间考》，《敦煌学辑刊》2016年第1期，第1—9页。

[2] 张艳璐：《沙俄天山研究第一人——谢苗诺夫》，《黑龙江史志》2014年第2期，第50—53页。

[3] 荣新江：《欧洲所藏西域出土文献闻见录》，《敦煌学辑刊》1986年第1期，第119—133页。

[4] 胡静、杨铭：《英藏新疆麻札塔格、米兰出土藏文写本选介（三）——武内绍人〈英国图书馆藏斯坦因收集品中的新疆出土古藏文写本〉部分》，《敦煌学辑刊》2007年第3期，第44—52页；胡静、杨铭《英藏新疆麻札塔格、米兰出土藏文写本选介（四）——武内绍人〈英国图书馆藏斯坦因收集品中的新疆出土古藏文写本〉部分》，《敦煌学辑刊》2008年第2期，第43—51页；胡静、杨铭《英藏新疆麻札塔格、米兰出土藏文写本选介（五）——武内绍人〈英国图书馆藏斯坦因收集品中的新疆出土古藏文写本〉部分》，《敦煌学辑刊》，2009年第1期，第34—43页。

[5] 高启安：《京都"丝绸之路古文字巡礼——俄国探险队收集文物"展走笔》，《敦煌学辑刊》2009年第4期，第184—186页。

[6] 郭峰：《大英图书馆藏未经马斯伯乐刊布之斯坦因第三次中亚探险所获汉文文书》，《敦煌学辑刊》1990年第2期，第112—126页。

[7] 齐陈骏、王冀青：《马·奥·斯坦因第一次中亚探险期间发现的绘画品内容总录》，《敦煌学辑刊》2009年第1期，第91—101页。

曜新《新疆库车佛塔出土鲍威尔写本骰子占卜辞跋》[1]，任曜新《新疆库车出土鲍威尔写本中的印度阿输吠陀药物理论》[2]，王冀青《库车文书的发现与英国大规模搜集中亚文物的开始》[3]，王冀青《拉普生与斯坦因所获佉卢文文书》[4]，颜福《高昌故城摩尼教绢画中的十字架与冠式——以勒柯克吐鲁番发掘品中的一幅绢画为例》[5]，哲雄《读斯坦因所获吐鲁番文书研究》[6]，杨铭《英藏新疆麻札塔格、米兰出土藏文写本选介——武内绍人〈英国图书馆藏斯坦因收集品中的新疆出土古藏文写本〉部分》[7]等文章。关于新疆考察和研究的文章有董华锋《2005年吐鲁番学研究概述》[8]，魏文斌《焉耆七个星毗卢遮那佛法界身图像研究》[9]，朱英荣《关于新疆克孜尔千佛洞的几个问题》[10]，朱建军《新疆龟兹石窟及佛教遗址考察报告》[11]，朱英荣《试论库车石窟壁画》[12]，傅

---

[1] 任曜新：《新疆库车佛塔出土鲍威尔写本骰子占卜辞跋》，《敦煌学辑刊》2011年第3期，第123—133页。
[2] 任曜新：《新疆库车出土鲍威尔写本中的印度阿输吠陀药物理论》，《敦煌学辑刊》2016年第4期，第2—28页。
[3] 王冀青：《库车文书的发现与英国大规模搜集中亚文物的开始》，《敦煌学辑刊》1991年第2期，第64—73页。
[4] 王冀青：《拉普生与斯坦因所获佉卢文文书》，《敦煌学辑刊》2000年第1期，第14—28页。
[5] 颜福：《高昌故城摩尼教绢画中的十字架与冠式——以勒柯克吐鲁番发掘品中的一幅绢画为例》，《敦煌学辑刊》2016年第3期，第168—175页。
[6] 哲雄：《读斯坦因所获吐鲁番文书研究》，《敦煌学辑刊》1995年第1期，第98—100页。
[7] 杨铭：《英藏新疆麻札塔格、米兰出土藏文写本选介——武内绍人〈英国图书馆藏斯坦因收集品中的新疆出土古藏文写本〉部分》，《敦煌学辑刊》2002年第1期，第22—37页；杨铭《英藏新疆麻札塔格、米兰出土藏文写本选介（二）——武内绍人〈英国图书馆藏斯坦因收集品中的新疆出土古藏文写本〉部分》，《敦煌学辑刊》2003年第1期，第18—28页。
[8] 董华锋：《2005吐鲁番学研究概述》，《敦煌学辑刊》2006年第4期，78—89页。
[9] 魏文斌：《焉耆七个星毗卢遮那佛法界身图像研究》，《敦煌学辑刊》2020年第1期，第112—123页。
[10] 朱英荣：《关于新疆克孜尔千佛洞的几个问题》，《敦煌学辑刊》1982年第1期，第123—128页。
[11] 朱建军：《新疆龟兹石窟及佛教遗址考察报告》，《敦煌学辑刊》2018年第4期，第167—172页。
[12] 朱英荣：《试论库车石窟壁画》，《敦煌学辑刊》1987年第2期，第119—128页。

振伦《西北科学考查团在考古学上的重大贡献》[①]，郭峰《唐代流外官试探——兼析敦煌吐鲁番有关流外文书》[②]，侯灿《吐鲁番学与吐鲁番考古研究概述》[③]，吉田豊、田卫卫《有关和田出土8—9世纪于阗世俗文书的札记（三）》[④]，李树辉《"克孜尔尕哈"语源、语义考——兼论新疆的相关维吾尔语地名》[⑤]，赵莉《克孜尔石窟分期年代研究综述》[⑥]，宗德曼、杨富学《吐鲁番文献所见摩尼的印度之旅》[⑦]等文章。韩莉的《俄国驻喀什领事彼得罗夫斯基与新疆文物外流》一书勾勒了彼得罗夫斯基考察活动概貌，但因其所获资料均为俄罗斯2013年公布内容，且文中观点多为俄罗斯学者观点的译文，未建立在中文史料深入研究基础之上，得出的结论略有偏颇。

因材料和语言限制，国内关于俄国外交官彼得罗夫斯基西域考察的研究落后于国外学术界。目前，国内学术界缺乏一套关于彼得罗夫斯基西域考察的综合性整理成果。

（二）国外研究现状

1.俄罗斯学者对彼得罗夫斯基的研究以20世纪为界，20世纪之前的

[①] 傅振伦：《西北科学考查团在考古学上的重大贡献》，《敦煌学辑刊》2016年第2期，第1—4页。
[②] 郭峰：《唐代流外官试探——兼析敦煌吐鲁番有关流外文书》，《敦煌学辑刊》1986年第2期，第45—55页。
[③] 侯灿：《吐鲁番学与吐鲁番考古研究概述》，《敦煌学辑刊》1989年第1期，第48—62页。
[④] 吉田豊、田卫卫：《有关和田出土8—9世纪于阗世俗文书的札记（三）上》，《敦煌学辑刊》2012年第1期，第143—158页；吉田豊、田卫卫《有关和田出土8—9世纪于阗世俗文书的札记（三）中》，《敦煌学辑刊》2012年第2期，第165—176页；吉田豊、田卫卫《有关和田出土8—9世纪于阗世俗文书的札记（三）下》，《敦煌学辑刊》2012年第3期，第148—161页。
[⑤] 李树辉：《"克孜尔尕哈"语源、语义考——兼论新疆的相关维吾尔语地名》，《敦煌学辑刊》2016年第3期，第80—91页。
[⑥] 赵莉：《克孜尔石窟分期年代研究综述》，《敦煌学辑刊》2002年第1，第147—156页。
[⑦] 宗德曼、杨富学：《吐鲁番文献所见摩尼的印度之旅》，《敦煌学辑刊》1996年第2期，第97—101页。

工作集中体现为对彼得罗夫斯基收集品中重要文献及残片的辨读，也包括对部分文书残片的整理和修复工作；20世纪后的工作主要是对彼得罗夫斯基档案的整理。

第一，彼得罗夫斯基收集品研究始于19世纪80年代。1887年起，彼得罗夫斯基开始陆续将文献残片和资料寄给罗曾院士，罗曾委托年仅28岁的圣彼得堡大学东方学语言系的编外教授，即1914年劫取我国敦煌遗书的俄国探险家奥登堡完成对彼得罗夫斯基收集品的研究。[1]19世纪90年代起，奥登堡对北传佛教的研究集中体现在彼得罗夫斯基从中国新疆带回的印度佛教文献研究上。1892年，奥登堡在《俄国皇家考古协会东方部学报》上刊登了彼得罗夫斯基发现的一页喀什古文献[2]，奥登堡认为这一文献使用的是印度婆罗谜文字。这种说法到现在也没有被确定。同年，奥登堡首次向世界公布了在中国库车发现的文书及古迹照片影印本，文书用从未见过的字母书写，将此种从未见过的语言称为吐火罗语B或者库车语，属于印度北部地区行书，这种语言至今只有在中国新疆发现过。俄罗斯东方学者波波娃认为奥登堡公布彼得罗夫斯基收集品中的影印本文献是吐火罗语作为一门独立学科的标志。[3]

---

[1] Тункина И. В. Под ред.акад. В.С. Мясникова. *Н.Ф.Петровский как собиратель древних памятников письменности в Восточном Туркестане* （по материалам писем к В.Р. Розену и С.Ф. Ольденбургу)// Восток–Запад:Диалог цивилизаций. Историко-литературный альманах.Наука. Восточная литература. 2013. c. 105–123.（图金娜：《彼得罗夫斯基在新疆的收集品——以彼得罗夫斯基给罗曾院士和奥登堡院士的书信为中心》，《东西方文明对话》，圣彼得堡：科学出版社，2013年，第105—123页。）

[2] Ольденбург С.Ф. *Кашгарская рукопись Н.Ф. Петровского* // ЗВОРАО. 1893. Т.VII. c. 81–82.（奥登堡：《彼得罗夫斯基在喀什的手稿收集》，《俄国皇家考古协会东方部学报》1893年第7卷，第81—82页。）

[3] Краузе К.*Тохарский язык*//Тохарские языки / Под ред. Иванова. В.В. Издательство иностранной литературы. 1959. c. 59.（克拉乌兹：《吐火罗语》，圣彼得堡：外国文学出版社，1959年，第59页。）

1892—1893年冬,奥登堡收到了彼得罗夫斯基寄去的从库车、库尔勒、阿克苏发现的100多页文献残片,其中有纸质文献,也有写在桦树皮和动物皮上的文献。奥登堡把文献拿去做化学分析得知,文献主要成分是丝织品和树叶。1892年,奥登堡首次向圣彼得堡大学和科学院提出了到中国西部考察的申请,然而考察并没有成行,原因是喀什领事彼得罗夫斯基觉得最好把这一计划先放一放。[1]奥登堡继续做彼得罗夫斯基收集品的研究工作。1893—1904年,奥登堡在《俄国皇家考古协会东方部学报》上先后发表了《彼得罗夫斯基的喀什噶尔收集品》[2](1893年学报第7卷)、《再谈喀什噶尔的佛教手稿》[3](1894年学报第8卷)、《对喀什噶尔佛教文献的研究》[4](1894年学报第8卷)、《彼得罗夫斯基收集品中的喀什噶尔梵语文献残片》[5](1894年学报第8卷)、《彼得罗夫斯基收集品中的梵语佛教文献简记》《彼得罗夫斯基收集品中的吐火罗文佛教手稿》[6](1897年)、《法国高校中的东方学研究》(1898年)和《中

---

[1] 俄罗斯科学院档案馆圣彼得堡分馆,档案编号:Ф. 208, оп. 1, ед. хр. 167. Л. 2。

[2] Ольденбург С.Ф. Кашгарская рукопись Н.Ф. Петровского // ЗВОРАО. 1893. Т.VII. с. 81-82.(奥登堡:《彼得罗夫斯基的喀什噶尔收集品》,第81—82页。)

[3] Ольденбург С.Ф. Еще по поводу кашгарских буддийских текстов // ЗВОРАО. 1894. Т.VIII. с. 349-351.(奥登堡:《再谈喀什噶尔的佛教手稿》,《俄国皇家考古协会东方部学报》1894年第8卷,第349—351页。)

[4] Ольденбург С.Ф. К кашгарским буддийским текстам // ЗВОРАО. 1894. Т.VIII. с. 151-152.(奥登堡:《对喀什噶尔佛教文献的研究》,《俄国皇家考古协会东方部学报》1894年第8卷,第151—152页。)

[5] Ольденбург С.Ф. Отрывки кашгарских санскритских рукописей из собрания Н.Ф. Петровского // ЗВОРАО. 1894. Т.VIII. Вып.1-2. с. 47-67.(奥登堡:《彼得罗夫斯基收集品中的喀什噶尔梵语文献残片》,《俄国皇家考古协会东方部学报》1894年第8卷,第47—67页。)

[6] Ольденбург С.Ф. Предварительная заметка о буддийской рукописи,написанной письменами kharosthi..СП6.1897.с. 6. Ольденбург С.Ф. Востоковедение в новых французских университетах // ЖМНП. 1898. No 7. с. 1-4.(奥登堡:《彼得罗夫斯基收集品中的吐火罗文佛教手稿》,《俄国国民教育文化部学报》1898年第7期,第1—4页。)

国新疆文化古迹研究》①（1904年）8篇文章，文献大部分是从拉丁文转译的影印本，只有一小部分内容被翻译出来。1897年，奥登堡在考古协会例会上做了《关于新疆收集品中两封书写在白桦树皮上的印度书信》的研究报告。②1909年2月26日，在俄国皇家考古协会分会上，奥登堡做了《彼得罗夫斯基收集品的科学意义》③的报告。1910年，奥登堡在《俄国皇家考古协会东方部学报》第20卷发表了《纪念尼古拉·费多洛维奇·彼得罗夫斯基（1837—1908）》④，对彼得罗夫斯基在中国新疆所做的考察工作给予了"高度评价"。第一次西域考察前，奥登堡对彼得罗夫斯基收集品中的古代文书部分做了大量的标注、复制和保存工作。此外，奥登堡也对喀什领事馆秘书柳特什收集的古文书进行研究，他尽力把彼得罗夫斯基和柳特什1883—1894年收集的文献片段拼接到一起，形成一篇完整的文献。⑤奥登堡去世后，卫国战争爆发，俄国形势严峻，彼得罗夫斯基收集品研究止步不前。1954年，苏联东方学者弗拉基米尔·斯维托思拉沃维奇·沃洛维耶夫·杰夏托夫斯基（В. С. Воробьев

---

① Ольденбург С.Ф. Исследование памятников старинных культур Китайского Туркестана. I. Южная часть Китайского Туркестана（По поводу книги: M.A. Stein. Landburied Ruins of Khotan. London, 1893）// ЖМНП.1904. No 6. с. 366-397.(奥登堡:《中国新疆文化古迹研究》,《俄国国民教育文化部学报》1904年第6期,第366—397页。)

② Археологические известия и заметки. Московское археологическое общество. 1897. Т. 5. с. 92-93.(莫斯科考古协会编:《考古消息报》1897年第5卷,第92—93页。)

③ Ольденбург С.Ф. О научном значении коллекции Н.Ф. Петровского // ЗВОРАО. 1909. Т. 19. Вып. 4. с. 22-28.(奥登堡:《彼得罗夫斯基收集品的科学意义》,《俄国皇家考古协会东方部学报》1909年第19卷,第22—28页。)

④ Ольденбург С.Ф. Памяти Николая Федоровича Петровского 1837-1908 // ЗВОРАО.1910. Т. 20. Вып. I. с. 34.(奥登堡:《纪念尼古拉·费多洛维奇·彼得罗夫斯基（1837—1908）》,第34页。)

⑤ 原件藏于俄罗斯科学院档案馆圣彼得堡分馆,档案编号:Ф.725, оп. 4, ед. хр. 54. Л. 96。

Десятовский，1927—1956) 完成了彼得罗夫斯基收集品的目录概览，与此同时，他还研究彼得罗夫斯基收集品中的梵文文献、于阗文献和藏文文献。不幸的是沃洛维耶夫·杰夏托夫斯基英年早逝，留下的都是年轻且没有经验的学生。尽管如此，彼得罗夫斯基文献残片的研究仍在继续，1919年，汉学家米洛霍夫对彼得罗夫斯基在和田最重要的发现《妙法莲华经》和梵语文献残片进行了研究。1985年和1990年在苏联相继出版了《中亚印度文献古迹》三卷本，其中用大量篇幅对彼得罗夫斯基收集品进行了描述，完成这一工作的三位重要学者是保加尔·莱维（Г.М. Бонгард-Левин）、吉奥姆金（Э.Н. Темкин）和瓦洛比耶娃·杰夏托夫斯卡娅（М.И. Воробьева-Десятовская）。日本学者也加入了研究。1999年，瓦洛比耶娃·杰夏托夫斯卡娅对《俄罗斯科学院东方文献研究所藏彼得罗夫斯基收集品》①进行了较为详细的梳理。

第二，20世纪以来对彼得罗夫斯基西域考察进行梳理和研究的俄罗斯学者主要有俄罗斯科学院档案馆圣彼得堡分馆馆长伊琳娜·弗拉基米罗夫娜院士、俄罗斯科学院东方文献研究所研究员瓦洛比耶娃·杰夏托夫斯卡娅、俄罗斯科学院东方文献研究所研究员吉奥姆金②。2004年，吉奥姆金再次出版了奥登堡在《俄国皇家考古协会东方部学报》上发表的3篇文章，即《中亚的梵语文献及残片》《对奥登堡研究的补充说明》《中亚的印度文书和遗迹》，再版文章中对相应文献在俄罗斯科学

---

① Vorobyova-Desyatovskaya M. Sanskrit Manuscripts from the N. F. Petrovsky Collection in the St Petersburg Branch of the Institute of Oriental Studies // Manuscripta Orientalia. Vol. 5. No 4. December 1999. p. 36-39.

② 2019年12月13日，吉奥姆金在圣彼得堡逝世。

院东方文献研究所的具体存放位置做了标注。①2008年，瓦洛比耶娃·杰夏托夫斯卡娅发表了《和田的古文书》②《俄罗斯科学院东方文献研究所藏彼得罗夫斯基收集品》③，后者叙述了彼得罗夫斯基收集品中的文献部分流入东方文献研究所的几个阶段并对其中一份梵文手稿进行了解读。2013年，伊琳娜·弗拉基米罗夫娜院士在俄罗斯科学院主办的《东方·西方》学报上发表了《西域古文书的收集人：彼得罗夫斯基》一文，文章将重点放在喀什领事馆与俄国皇家考古协会的学术联系、彼得罗夫斯基对俄国皇家考古协会派出的考察队的协助、彼得罗夫斯基寄给协会的古文书三方面。

第三，对俄国在西域考察进行解读的文章主要有俄罗斯科学院东方文献研究所所长波波娃院士的《19世纪末20世纪初俄国的中亚考察——奥登堡首次西北考察活动（1909—1910）》④，文章对1909—1910年奥登堡赴新疆的考察原因、准备过程、途径路线、成果进行了梳理，文中首次

---

① Публикации С.Ф. Ольденбурга санскритских фрагментов из Центральной Азии. Пояснения к публикации С.Ф. Ольденбурга // Памятники индийской письменности из Центральной Азии. Вып. ИФ《Восточная литература》РАН. 1970, с. 34–74.（奥登堡：《中亚的梵语文献及残片》，《中亚的印度文书和遗迹》1970年，第34—74页。）

② Воробьева-Десятовская М.И. Памятники письменности из Хотана // Пещеры тысячи будд: Российские экспедиции на Шелковом пути: к 190-летию Азиатского музея: каталог выставки. СПб. 2008. с. 47–117.（瓦洛比耶娃·杰夏托夫斯卡娅：《和田的古文书》，《千佛洞：俄国在丝绸之路上的活动——亚洲博物馆成立190周年》2008年，第47—117页。）

③ Воробьева-Десятовская М.И. Материалы Н.Ф. Петровского в ИВР РАН // КОЛЛЕКЦИИ И АРХИВЫ. 2011.（瓦洛比耶娃·杰夏托夫斯卡娅：《俄罗斯科学院东方文献研究所藏彼得罗夫斯基收集品》，第480页。）

④ Попова И.Ф. Первая Русская Туркестанская экспедиция С.Ф. Ольденбурга（1909—1910）// Российские экспедиции в Центральную Азию в конце XIX - начале XX века / Сборник статей. Под ред. И.Ф. Поповой. СПб. Славия. 2008. с. 148–157.（波波娃：《19世纪末20世纪初俄国的中亚考察——奥登堡首次西北考察活动（1909—1910）》，第148—157页。）

提到俄国驻迪化（今乌鲁木齐）领事对奥登堡考察的协助。2009年，瓦洛比耶娃·杰夏托夫斯卡娅发表的文章《俄国学者在中亚的地理大发现》①中提到了彼得罗夫斯基向俄国皇家科学院提交的《研究新疆古代遗迹的必要性》报告。2010年，瓦洛比耶娃·杰夏托夫斯卡娅发表了《大角逐中的俄国探险队》②，其中对外交官彼得罗夫斯基在中国新疆发现了公元1000年前的印欧文明遗迹只一笔带过。2011年，瓦洛比耶娃·杰夏托夫斯卡娅发表了《俄国学者在中亚的巨大发现》③对彼得罗夫斯基在新疆考察有简要概述。俄罗斯科学院院士米丝尼科夫在《俄国科学院在新疆研究中的角色》④中指出在时任科学院主席奥登堡的倡议下，科学院接纳了彼得罗夫斯基提出的"中国新疆考察是俄国科学界最重要最迫切需要解决的问题"的建议，制订了研究中国新疆古文书的方案。研究俄国西域考察的专著有2011年出版的《1859—1959年俄国中亚和西伯利亚考古研究》。⑤2011年，瓦洛比耶娃·杰夏托夫斯卡娅

---

① Воробьева-Десятовская М.И. *Великие географические открытия русских ученых в Центральной Азии* // Вестник Русской христианской гуманитарной академии. 2009. Т. 10. Вып. 3. с. 7–22.（瓦洛比耶娃·杰夏托夫斯卡娅：《俄国学者在中亚的地理大发现》，《俄罗斯基督教人文学院学报》2009年第10卷，第7—22页。）

② Воробьева-Десятовская М.И. Российские ученые на тропах Центральной Азии（открытие забытых письменных культур）// Письменные памятники Востока. 2010. с. 237–253.（瓦洛比耶娃·杰夏托夫斯卡娅：《大角逐中的俄国探险队》，《东方古迹》2010年第10卷，第237—253页。）

③ Воробьева-Десятовская М.И. Великие открытия русских ученых в Центральной Азии. СПб.: Издательство А. Голода. 2011. с. 248.（瓦洛比耶娃·杰夏托夫斯卡娅：《俄国学者在中亚的巨大发现》，第248页。）

④ Мясников. В.С. *О роли Российской академии наук в исследовании Восточного Туркенстана* // ТАНГУТЫ в центральной Азии. 2012. с. 45–79.（米丝尼科夫：《俄国科学院在新疆研究中的角色》，《中亚的西夏研究》2012年，第45—79页。）

⑤ Г.В.Длужневская. АРХЕОЛОГИЧЕСКИЕ ИССЛЕДОВАНИЯ В ЦЕНТРАЛЬНОЙ АЗИИ И СИБИРИ В 1859-1959 ГОДАХ. ИНСТИТУТ МАТЕРИАЛЬНОЙ КУЛЬТУРЫ РАН СПб ГОСУДАРСТВЕННЫЙ УНИВЕРСИТЕТ. 2011. с. 89.（德鲁日涅夫斯卡娅：《1859—1959年俄国中亚和西伯利亚考古研究》，《圣彼得堡大学学报》，2011年，第89页。）

对《俄罗斯科学院东方文献研究所藏彼得罗夫斯基收集品》①部分内容做了修订。同年，瓦洛比耶娃·杰夏托夫斯卡娅在其专著《俄国学者在中亚的巨大发现》②中收录了彼得罗夫斯基的《英俄在中国新疆的手工业竞争》报告内容。2019年，为纪念俄国东方学家巴托尔德（В.В.Бартольд,1869—1930）诞辰150周年，俄罗斯科学院东方文献研究所整理了东方学家巴托尔德和外交官彼得罗夫斯基的25封书信，详细阐述了二人1893—1908年的学术交流。

2.英国外交官及其夫人个人传记中的彼得罗夫斯基形象。欧美学术界尚没有一本研究彼得罗夫斯基对西域考察的专著，但在英、法探险家的游记和英国驻喀什外交官（代表）的日记中可以找到彼得罗夫斯基考察活动的影子。马继业的夫人凯瑟琳1931年完成的《外交官夫人的回忆》③描写的多是喀什市井生活，关于英、俄考古竞争一笔带过，书中只提到马噶特尼是如何发现藏于沙漠中的古文书文物的。2013年出版的《马继业在喀什噶尔——1890—1918年间英国、中国和俄国在新疆活动真相》④是英国驻喀什代表马继业记录19世纪末20世纪初喀什社会及英、俄在喀什活动的著作，以马继业在华日记为中心，其中对俄国总领

---

① Воробьева-Десятовская М.И. Материалы Н.Ф.Петровского в ИВР РАН // Письменные памятники Востока. 2011. с. 184-196.（瓦洛比耶娃·杰夏托夫斯卡娅：《俄罗斯科学院东方文献研究所藏彼得罗夫斯基收集品》，第184—196页。）
② Воробьева-Десятовская М.И. Великие открытия русских ученых в Центральной Азии. СПб.: Издательство А. Голода. 2011. с. 248.（瓦洛比耶娃·杰夏托夫斯卡娅：《俄国学者在中亚的巨大发现》，第248页。）
③ [英]凯瑟琳·马噶特尼、戴安娜·西普顿著，王卫平、崔延虎译：《外交官夫人的回忆》，乌鲁木齐：新疆人民出版社,2010年。
④ [英]斯克莱因、南丁格尔著，贾秀慧译：《马继业在喀什噶尔——1890—1918年间英国、中国和俄国在新疆活动真相》，乌鲁木齐：新疆人民出版社,2013年。

事彼得罗夫斯基的描述不免带有个人偏见。马继业认为彼得罗夫斯基"因为不懂汉语，连喀什噶尔都不敢离开"，其实在欧洲考察队对西域进行大规模考察前，彼得罗夫斯基自己就组织了几次对喀什古城、三仙洞石窟、汗诺依古城、鸽子窝废墟等古遗址的考察。书中关于彼得罗夫斯基多为负面描写，带有主观偏见甚至不实。比如马继业误以为彼得罗夫斯基受语言限制，很少离开领事馆。实际上彼得罗夫斯基在塔什干工作期间就学习了突厥语，通过与当地居民的交流获取最接近事实的情报。

3.《伯希和西域探险记》①中简要记录了彼得罗夫斯基对喀什噶尔周边遗迹的考察。1901年伯希和实地察看卡普塔尔罕（鸽子窝）遗址后，认为彼得罗夫斯基"所说的20俄丈的高度是错误的……我所看到的完整的人类骸骨数目很少，而不是撒托勒夫斯克（彼得罗夫斯基）和斯坦因所看到的大批小残片""撒托勒夫斯克（彼得罗夫斯基）和斯坦因都未曾发现任何令人满意的东西。撒托勒夫斯克（彼得罗夫斯基）对此一无所知，仅仅找到了一枚带古阿拉伯文字铭文，却又无法释读的钱币"②。实际上，彼得罗夫斯基单在汗诺依遗址附近发现的硬币就有100余枚。彼得罗夫斯基给俄国皇家考古协会东方部主席罗曾院士的书信中保存了彼得罗夫斯基1893年未发表的文章《喀什噶尔附近发掘的钱币宝藏》③，文中对喀什周边废墟发现的古钱币样式和数量进行了详细描述，这篇文章现存于俄罗斯科学院东方文献研究所，于2019年年底

---

① [法]伯希和著，耿昇译:《伯希和西域探险记》，昆明：云南人民出版社，2001年。
② [法]伯希和著，耿昇译:《伯希和西域探险记》，昆明：云南人民出版社，2001年，第243页。
③ 俄罗斯科学院档案馆圣彼得堡分馆档案，档案编号：СПбФ АРАН. Ф. 777. Оп. 2. Д. 339. Л. 14–15 об。

整理公布。

二、史料概述

19世纪末至20世纪初是俄国西域考察的时期，也是英、俄大角逐最激烈的时期。彼得罗夫斯基作为俄国驻华外交官，1883—1903年劫取了我国大量珍贵文献资料和古文物。关于彼得罗夫斯基和西域考察活动，既有少量国内方志、官方、学者的研究，更有俄罗斯档案、纸质俄文报告、个人游记、官方报告和私人书信等重要资料作参考。

（一）中文史料和文献

"历史研究非常注重档案史料，它是最直接、最可靠的一手资料。"[1]

《清实录》是清朝皇帝谕旨的编年史汇编，计四千四百八十四卷，涉及清政府对新疆的管理及重大历史事件，是了解晚清内政外交最基本的史料。

《新疆图志》是记载清朝新疆地区的政治、经济、军事、文化等的百科全书。

《新疆通志·外事志》是首部记录新疆外事的方志，全书共86卷，主要记录了领事、外侨、外事往来、边界口岸等内容，涵盖了外事活动的主要方面。

《喀什年鉴》《喀什市地名图志》，《喀什年鉴》收载喀什地方政治、经济、社会发展的基本情况，是了解喀什历史的必备工具书。《喀什市地名图志》记录了喀什各乡镇街道的地名演变，是核对外国探

---

[1] 许建英：《近代英国和中国新疆（1840—1911）》，中国社会科学院研究生院博士论文，2002年，第13页。

险家笔下喀什地名的基础资料。

《清季外交史料》是反映清末外交的重要文献资料。附以西巡大事记、清季外交年鉴、清季外交史料索引等部分，是研究清末外交关系不可或缺的重要文献。

《近代外国探险家新疆考古档案史料》由许新江主编，中国新疆档案馆和日本佛教大学尼雅遗址研究机构编写的反映19世纪90年代至20世纪30年代俄、英、德、瑞、日、美等国考察队在中国新疆考古考察的活动概况。

《钦定皇舆西域图志》清傅恒等纂，共四十八卷，记录嘉峪关以西直至新疆，涵盖军事、边防等方面的地方通志，也是清朝新疆第一部官修通志。

《新疆黑汗朝钱币》，蒋其祥著，其中对萨图克·布格拉汗麻扎、汗诺依等古遗址的实地考察有助于我们了解喀喇汗王朝钱币的流通范围，尽力还原彼得罗夫斯基对上述遗址考察时所做的钱币调查。

《回疆通志》又名《回疆事宜》，是喀什噶尔参赞大臣和宁编纂，新疆师范大学孙文杰整理的反映回疆八城及哈密、吐鲁番两城，共十城的地方性通史。此书记录了该地区的政治制度、经济发展、文化交融等情况，对喀什的沿革、疆域、古迹有详细记录，具有极高的文献价值。

需要说明的是晚清政府内忧外患，无暇顾及新疆。地方政府对彼得罗夫斯基在南疆的活动档案记录几乎没有。相比而言，彼得罗夫斯基在南疆的活动档案在俄罗斯得以完整保存。这些档案资料对于我们了解外交官彼得罗夫斯基20余年间在中国新疆的领事工作与中国官员的交往、带领哥萨克兵考察喀什周边遗迹细节、收集古代写本的方式、文物流失的具体日期，以及对斯坦因、斯文·赫定的协助等大有益处。

(二) 俄文史料、书信和考察报告

涉及彼得罗夫斯基和西域考察的俄文档案保存在：第一，俄罗斯科学院档案馆圣彼得堡分馆（СПб. ФА РАН）。第二，俄罗斯国家历史档案馆（РГИА）。第三，俄罗斯科学院东方文献研究所（ИВ РАН）。第四，俄罗斯古文献国家档案馆（РГАДА）。彼得罗夫斯基档案中的绝大部分内容涉及彼得罗夫斯基和俄国外交部、皇家考古协会、地理协会的官方书信，以及与历史学家、东方学家、考古学家、探险家、地理学家、军官的私人通信。彼得罗夫斯基从喀什寄出的最早一封书信是1870年11月24日，最后一封1907年12月19日。这些书信是"站在当事人的角度"了解彼得罗夫斯基在俄属中亚和中国新疆喀什工作、生活、考察的唯一史料，对研究俄国西域探险史和中国新疆考察史具有重要的史料价值。

1.俄罗斯科学院档案馆圣彼得堡分馆的相关史料

该馆已有300多年历史，保存着非常丰富的东方学史料和书信档案，彼得罗夫斯基与俄国学者、官员、上司、友人的私人书信，以及与俄国科学院、俄国皇家考古协会、俄国地理协会的官方信函绝大部分存于此，是笔者研究该选题的主要资料来源。这些史料既是俄国对新疆进行文物掠夺的证明，也为我们研究晚清时期俄国驻疆外交官的特殊使命提供了丰富的原始材料。

第一，关于考察新疆南部古代遗迹的记录。1892年，彼得罗夫斯基给考古协会的回信中对萨图克·布格拉汗麻扎群做了详细描述；1892年，彼得罗夫斯基与俄国皇家考古协会罗曾主席的书信中谈到麻扎周围发现大量刻有阿拉伯铭文的硬币；同年，彼得罗夫斯基与奥登堡的书信中谈到喀什噶尔古城中的汗诺依废墟、三仙洞和莫尔佛塔。1895年，彼得罗夫斯基给奥登堡的信中谈到自己派伯克到下阿图什村拍麻扎建筑群的照片以便考古协会研究等细节。

第二，关于帕米尔问题的记录。彼得罗夫斯基给外交部的工作汇报（每周一次）中常提到帕米尔实时情况和英国人在帕米尔的活动，了解英、俄在帕米尔地区的侵略活动为研究英、俄以考古为掩饰的探察活动提供背景资料。

第三，关于伊斯拉姆·阿訇伪造古文书的记录。1898年彼得罗夫斯基与奥登堡的书信、1898—1900年彼得罗夫斯基与罗曾的书信中均谈到来自和田的伪造文书。这是英、俄考古之争的表现。当地居民为了获取最大利益，伪造了一批古文书并高价兜售给彼得罗夫斯基和马继业，为新疆古文书的辨读和研究增加了难度。

第四，关于英国探险家在中国新疆的考察、探险的记录。彼得罗夫斯基书信中大量的篇幅反映了英、俄考古之争，包括彼得罗夫斯基对英国军官荣赫鹏到莎车考察的监视、英国中尉鲍尔在库车南部的发现之俄国考古界的反应、彼得罗夫斯基对英国探险家凯利在中国南疆活动的监视。

第五，关于奥登堡对彼得罗夫斯基收集品研究的记录。俄罗斯科学院档案馆圣彼得堡分馆保存的谢尔巴茨基院士的资料中，一个名为"奥登堡资料"的文件夹中存有奥登堡未发表的印刷字盘《彼得罗夫斯基收集品中的喀什噶尔梵语文献残片（第四部分）》。

2.俄罗斯国家历史档案馆

该馆是欧洲非常大的档案资料存储地之一，共有700多万件档案资料。

第一，关于彼得罗夫斯基在塔什干工作的记录。彼得罗夫斯基任俄属中亚财政部驻地代表时对中亚总督考夫曼对外扩张政策不满，为彼得罗夫斯基申请到喀什领事馆工作埋下了伏笔。

第二，关于俄国驻喀什领事馆和喀什社会生活的记录。1888年，彼得罗夫斯基给俄国参议员聂伯利西的信中详细叙述了喀什领事馆的选址考虑和配备，以及喀什的民族文化。

第三，关于喀什使用语言的记录。彼得罗夫斯基在书信中提到在喀什可以使用突厥语与当地伯克直接交流，这也是彼得罗夫斯基虽不懂汉语但获得大量古文书的有利条件。

3.俄罗斯科学院东方文献研究所

俄罗斯科学院东方文献研究所是俄罗斯汉学研究的学术重镇，是俄国考古队所获中国西北考察资料的主要收藏机构，在中亚考古、敦煌文献的收藏与整理等方面尤为国际学术界所关注。该所所藏手稿和早期印刷书籍超过10万件，东方学书籍超80万册，是欧洲最大的东方学书库。

第一，关于彼得罗夫斯基寄回俄国的新疆古文书的记录。时任考古协会副主席和俄国科学院亚洲博物馆馆长的奥登堡负责古文书的接收和研究，这批文书现存于俄罗斯科学院东方文献研究所。

第二，关于喀什近郊佛教废墟三仙洞的记录。彼得罗夫斯基给奥登堡的书信中对三仙洞做了细致描写，并对三仙洞的名字由来做了语言学分析。

第三，关于彼得罗夫斯基对奥登堡新疆考察协助的记录，包括考察路线、考察许可、文献运输等细节，彼得罗夫斯基在书信中明确指出"只要有总理衙门签发的护照，各地官员不会阻挠奥登堡的西域之行",为俄国探险队提供了重要信息。

4.俄罗斯古文献国家档案馆

第一,关于英、俄商人之争的记录。1884年10月,彼得罗夫斯基与奥斯丁·萨肯公爵的信中谈到库车的英国商人贿赂中国政府官员清查俄商。

第二,关于英国在中国新疆间谍活动的记录。英国人达格利什被彼得罗夫斯基安插的密探灌醉后说出英属印度政府想要阻止俄国人通过萨雷阔勒打入印度。

第三,关于俄国在喀什领事馆工作的记录。1885年,彼得罗夫斯基给奥斯丁·萨肯公爵的信中谈到领事馆的行政、司法及政治活动。

第四,关于彼得罗夫斯基对瑞典探险家斯文·赫定协助的记录。彼得罗夫斯基与外交部官员的10余封书信(1891年1月—1899年2月)中详细叙述了协助斯文·赫定完成西域探险的过程。

5. 其他档案馆

俄罗斯对外政策档案馆(АВПРИ)主要存放俄外交部历史档案资料(1720—1917),此外还收藏了1537—1917年俄国参与签订的条约文件,十月革命推翻临时政府后的一些档案,以及临时政府外交部驻外机构继续活动的档案资料。

该馆存有彼得罗夫斯基与外交官斯特列莫乌霍夫(П.Н. Стремоухов)关于中亚贸易的书信。俄罗斯国家文化艺术档案馆(РГАЛИ)存有彼得罗夫斯基与社会活动家科尼(А.Ф. Кони)关于英、俄贸易之争的书信。俄罗斯古文献档案馆(РГАДА)存有彼得罗夫斯基与上司奥斯丁·萨肯公爵关于英国在帕米尔活动的书信。俄罗斯民族博物馆(ОР РНБ)存有彼得罗夫斯基与军官叶尔马科夫关于喀什领事馆的建立和完善的书信。此外，俄罗斯地理协会保存了彼得罗夫斯基与协会会员、探险家普尔热瓦尔斯基的书信和普尔热瓦尔斯基的四次中亚考察报告。

(三) 英文游记和考察报告

欧洲探险家撰写的游记是我们了解西域考察活动的重要素材，英国探险家斯坦因、瑞典探险家斯文·赫定、法国探险家杜特雷依的日记或报告中多次提到彼得罗夫斯基总领事对他们的协助。

斯坦因的《沙埋和阗废墟记》记录了1900—1901年斯坦因第一次到中国新疆考察探险的经过，书中多次提到彼得罗夫斯基协助自己将古文书从新疆经俄属中亚运回英国的事实，其中专设章节谈到伊斯拉姆·阿訇伪造的古文书对欧洲考古学家辨识文书带来的困扰，可作为彼得罗夫斯基谈伪造文书的对照参考。

《我的探险生涯》是斯文·赫定的一部自传，讲述了斯文·赫定1885—1914年的亚洲探险活动，书中第十二章《布哈拉和撒马尔罕》、第十六章《吉尔吉斯人》、第二十三章《帕米尔高原》、第二十六章《返回一千二百里》、第二十七章《塔里木河流域的最后几星期》、第三十一章《到北京去》、第三十二章《回到沙漠中》、第三十六章《罗布里的古城》等十余个章节提到斯文·赫定如何在彼得罗夫斯基的协助下获得进入中国新疆的许可证，以及得到交通、物资保障。在俄国总领事彼得罗夫斯基的提议下，斯文·赫定对欧洲探险家未关注的慕士塔格山脉进行了考察，这让斯文·赫定一举成名。

《伯希和西域探险日记》的第四、五、六章中描写了伯希和对喀什周边古遗迹鸽子窝、三仙洞、汗诺依遗址的考察，其中穿插了对彼得罗夫斯基考察的负面评价。随着彼得罗夫斯基档案资料的公布，逐渐印证了伯希和因时间、地域、俄国考察信息未公开等原因导致的对彼得罗夫斯基评价的不客观。

　　从上面叙述可以看出，关于对彼得罗夫斯基和西域考察的研究，外文史料特别是俄文原始史料更为丰富。近十年，随着彼得罗夫斯基档案资料的整理公布，认真梳理和综合研究彼得罗夫斯基西域考察，无论作为中亚探险史的一部分，还是作为中国边疆史地研究的一部分，都显得十分必要和富有价值。从史料价值而言，彼得罗夫斯基考察过的喀什古城汗诺依、三仙洞、"鸽子窝"、麻扎建筑群等遗迹，至今已难以见到原貌，本文使用的彼得罗夫斯基考察书信成为还原一百年前这些遗迹面貌仅有的珍贵资料。在学术观点方面，彼得罗夫斯基有其创新之处，彼得罗夫斯基研究古代遗址时，民间传说和故事是其探寻古迹的背景和线索，从语言学角度分析某一地点是否有古代遗迹和何种遗迹是其特有的判断方式。这种方式至今值得我们借鉴和学习。此外，彼得罗夫斯基对西域古文书的收集引发新疆探险热潮，以英国探险家斯坦因、法国探险家伯希和、俄国探险家普尔热瓦尔斯基、法国探险家杜特雷依、瑞典探险家斯文·赫定为首的欧洲探险家蜂拥到中国新疆进行考察，客观上促进了边疆史地研究的发展及交叉学科等新的研究领域的产生。外交官员彼得罗夫斯基在华考察活动有其现实意义，对我们研究中国南疆的地理环境、气候变化提供了丰富的外文史料和新的研究视角，但彼得罗夫斯基作为外交官员，利用工作之便将重要古文书艺术品运回俄国，造成我国文物的外流，应以史为鉴，引起我们的警醒。

　　限于时间和地域原因，有以下几点需要做以说明。

　　第一，本书最初研究定为"外交官彼得罗夫斯基和喀什（1883—

1903)"，拟从政治、经济、文化、外交等方面对彼得罗夫斯基在喀什的活动和所见、所闻、所感做一系统整理和研究，为此，笔者用了三年多时间搜罗并翻译了彼得罗夫斯基书信、俄国探险家的考察报告和日记等原始俄文资料近30万字。研究工作从笔者最感兴趣的"彼得罗夫斯基西域考察"专题开始，在对此专题的研究过程中，笔者发现仅此一个专题足以完成一篇体系相对完整、内容相对充分的博士论文。鉴于论文主题宜深入不宜宽泛及篇幅等多方面考虑，笔者将论文主题缩小为外交官员彼得罗夫斯基西域考察活动整理和研究，从彼得罗夫斯基的考察动机，以及和俄国皇家考古协会、皇家地理协会的关系建立入手，对彼得罗夫斯基在喀什及周边的考察，对库车、和田、库尔勒等地古文书的收集、彼得罗夫斯基对英法日俄考察队的协助、彼得罗夫斯基考察的成果和收集品的价值进行深入系统的梳理研究。

第二，尽量兼顾中俄文资料并用，章节中所触问题尽力查阅相关中文资料，而对中文档案中没有记载或尚未解密的问题，只能以俄文书信等原始材料为主，这些遗失在海外的中国史资料为研究俄国西域考察活动提供了他者视角。

第三，关于英、俄考古之争，以往研究多以英、俄探险队在西域的活动为主线，笔者尝试以彼得罗夫斯基相关书信为中心，其中关于英、俄考古之争的细节阐述，包括未执行的新疆考察方案的揭晓，更有新意和史料价值。

第一章 彼得罗夫斯基考察动机研究

第一节 从塔什干到喀什

一、俄国驻喀什领事馆的成立

位于帕米尔高原脚下的喀什，北通蒙古和吉尔吉斯大草原，西通中亚西亚，南到印度，东与阳关、玉门关紧密相连，扼中西交通要冲，是古代丝绸之路上极为重要的陆路交通驿站之一。"它是两千一百多年前张骞凿空西域时经过的地方，是西域三十六国中的大国之一，班超曾以此地的盘橐作为经营西域的大本营；也是唐代"安西四镇"之一，玄奘法师西游礼佛求法途经之地；元代时意大利著名旅行家马可·波罗曾经由这里进入忽必烈大汗的宫廷；喀喇汗王朝曾以喀什为首府，大清王朝也于此设立参赞大臣——这里从古至今，始终是一个多民族的聚集地，也是多种文化交流、融合与共存的地方，更是中外政治、经济、文化交流的要塞"[1]。《钦定西域同文志》释为："喀什，谓各色；噶尔，谓砖房。其地富庶，多砖房，故名。"[2]喀什自古就是重要的军事

---

[1] 耿昇：《西方人视野中的喀什》，《西北第二民族学院学报》（哲学社会科学版）2007年第1期，第5页。

[2] [清]傅恒等撰：《钦定西域同文志》，乌鲁木齐：新疆美术摄影出版社、新疆电子音像出版社，2016年，第68页。

贸易据点，汉朝时喀什西域都护府正式设立；唐朝廷于675年将喀什列为安西四镇之一；乾隆时期喀什为"总理南八城事宜"及参赞新疆事务大臣的主要驻地。《西域图志》中记载："惟《元史》所谓合失合尔，及《明史》旧称哈实哈儿，与今喀什噶尔，音义相同，寻声求之，固当非此不属。"[1]英、俄为瓜分中亚夺取出海口而在喀什展开争夺，向喀什输入本国政治、军事力量，以达到牵制对方的目的。此外，喀什丰富的自然资源也是英、俄觊觎的重点。

　　早在19世纪中叶，俄国就盯住了喀什，俄国一旦控制喀什，便可以南下威胁英国在印度的统治。1867年，巴尔托拉茨基上尉[2]和奥斯丁·萨肯公爵开始了中亚考察之行，考察的主要任务是测量纳伦村以南的距离。考察报告显示，如果能够测到某个重要的地理位置，比如喀什，他们将会取得重大成果。队员们绕过天山，取道南疆图鲁噶尔特山口前行。他们本以为沿着这条路就可以抵达喀什，从远处看到那座城市[3]。1867年7月31日，考察队到达喀什西北方向约32公里的塔什（今乌兹别克斯坦境内）岗哨。在此之前，巴尔托拉茨基上尉以个人名义给阿古柏去了信，阿古柏派部下将回信带到巴尔托拉茨基面前，正如巴尔托拉茨基预料的一样，信中阿古柏表示哲德沙尔王国定效忠俄国，"效果等同于在喀什噶尔设立了领事馆"[4]。巴尔托拉茨基上尉虽然没有掌握阿古

---

[1] 钟兴麒、王豪、韩慧校注：《西域图志》，乌鲁木齐：新疆人民出版社，2002年，第289页。

[2] 巴尔托拉茨基·弗拉基米尔·亚历山大洛维奇（1830—1886），军事指挥官。

[3] Остен-Сакен Ф.Р. Поездка в Занарынский край летом 1867 года // ИРГО. 1869. Т. 5. № 4. с. 144.（奥斯丁·萨肯：《1867年纳伦要塞之行》，《俄国皇家地理协会学报》1869年第5卷，第144页。）

[4] Моисеев С.В. Взаимоотношения России с уйгурским государством Йэттишар（1864–1877）. Барнаул. 2006. с. 182.（莫一谢耶夫：《俄国与哲德沙尔政权（1864—1877）的关系》，巴尔瑙尔，2006年，第182页。）

柏政权在新疆的情况①，但在某种程度而言取得了胜利。1868年10月19日，俄属中亚七河省省长科尔帕科夫斯基派使者雷达利大尉前往喀什两次与阿古柏见面。②因此，雷达利曾一度被考虑任命为俄国驻喀什噶尔领事候选人。③虽然科尔帕科夫斯基有意占领喀什，俄国政府清醒地认识到占领喀什事实上很难实现，科尔帕科夫斯基也承认很难找到替换阿古柏的合适人选。此时，与俄国南部边疆安全同样重要的是恢复俄国在喀什中断已久的贸易，保护俄商在华利益。因此科尔帕科夫斯基进攻喀什的计划没有被通过。1879年为收复被俄国占领的伊犁地区，清政府代表崇厚与俄国签订《中俄条约十八条》《陆路通商章程》。该条约中俄国可在嘉峪关、乌里雅苏台、科布多、吐鲁番、乌鲁木齐、古城、哈密七处，各设领事一员。④条约的签订，被骂丧权辱国，清政府为挽回局面，1880年，又派曾纪泽前往俄国对条约重新进行修订。1881年，曾纪泽代表清政府与俄国签订《伊犁条约》《改订陆路通商章程》，新定条约仅允许俄国在嘉峪关、吐鲁番设领事馆。⑤

1881年2月，清政府外交官和俄国官员在圣彼得堡签订了《伊犁条约》（俄称《圣彼得堡条约》），根据条约及其子约，中国收回了伊犁九城及特克斯河流域附近的领土，但仍丧失了塔城东北和伊犁、喀什

---

① Моисеев С.В. *Взаимоотношения России с уйгурским государством Йэттишар*（1864–1877）. c. 182.（莫一谢耶夫：《俄国与哲德沙尔政权（1864—1877）的关系》，第182页。）

② Рейнталь П.Я. *Из путевых записок о Нарыне и Кашгаре* // Военный сборник.1870. No 8. c. 384–388.（雷戈利：《纳伦、喀什噶尔考察日记》，《军事文集》1870年第8期，第384—388页。）

③ Сост. М.К. Басханов. *Русские военные востоковеды до 1917 года*. 2005. c. 202.（巴斯哈诺夫编：《1917年前俄国的军事东方学》，第202页。）

④ 王树楠：《新疆图志》，《天津东方学会》，1923年卷，第545页。

⑤ 赵剑锋：《晚清俄国驻新疆领事馆考述》，《新疆大学学报》（哲学·人文社会科学版）2014年第2期，第92页。

以西7万多平方公里的领土。最重要的是俄国获得在喀什建立领事馆的权利，"俄国照旧约在伊犁、塔尔巴哈台、喀什噶尔、库伦设立领事官外，亦准在肃州（今嘉峪关）及吐鲁番两城设立领事"①。1881年8月19日，中、俄双方代表在圣彼得堡正式交换条约。而早在4月，俄国迫不及待地在喀什回城开设领事馆，暂借民房数间办公。11月25日，清政府与俄国在喀什签订《喀什噶尔界约四条》②，1882年，俄国在喀什建立领事馆，以此抗衡英国在中国新疆边界的活动，限制英国政治、经贸影响。俄国领事馆是喀什的第一个领事馆，是俄国侵略南疆地区的据点和情报基地。正如巴尔亚夫连斯基所说："喀什噶尔还具有某种政治意义，因为在这里可以观察地方政权和居民与印度的关系，观察英国人在土耳其及与其相邻国家内的活动。"③

二、从塔什干调任的喀什领事彼得罗夫斯基

1837年11月30日，彼得罗夫斯基生于莫斯科一个军人家庭。1858年，彼得罗夫斯基完成学业，从莫斯科第二中等军事学校毕业后，被分配到阿斯特拉罕十二军团。④1859—1861年，彼得罗夫斯基在亚历山大军事学校孤儿院⑤教授俄语课，之后由于家庭原因退伍。他对文学、经济学、民族学、考古学及政治学产生了浓厚的兴趣。1862年7月16

---

① 许同莘等编：《光绪条约》，台北：文海出版有限公司，2017年，第5卷，第22—29页。
② 王彦威、王亮辑编：《清季外交史料》，1987年31卷，第12—40页。
③ Мясников. В.С.В.Г. Бухерт. Н.Ф.Петровский Туркестанские письма. с. 59.（米丝尼科夫编：《彼得罗夫斯基，新疆书信》，第59页。）
④ Поливанов А.Н. Пятидесятилетие 2-го Московского императора Николая I кадетского корпуса. 1899. с. 19.（波利瓦诺夫：《莫斯科第二武备中学50周年校庆日》，第19页。）
⑤ 亚历山大军事孤儿院成立于1951年，1863年更名为亚历山大军事学校，此后一直沿用至1901年。

日，退伍上尉军官彼得罗夫斯基由于卷入"伦敦宣传员政治事件"而被关押在彼得保罗要塞。1863年12月9日①，彼得罗夫斯基的朋友达什科夫②担保其出狱。③根据法院的最后判决在案件未调查清楚前，彼得罗夫斯基无法获得人身自由，这样彼得罗夫斯基一直被关押到1865年3月30日才得以释放。1865年5月28日，彼得罗夫斯基和上尉军官的女儿索菲亚·阿列克谢耶夫娜·萨合诺夫斯卡娅完婚，同年进入国家监察机关工作，因为工作地点主要在塔什干，彼得罗夫斯基把家人也带了过去。1870年，彼得罗夫斯基被任命为俄国财政部驻中亚代表远赴塔什干工作，他的主要任务是了解这个遥远属地的工业和贸易状况。

彼得罗夫斯基认为俄属中亚总督考夫曼（Константи́н Петро́вич фон Ка́уфман）沉迷于战争，军事花销巨大，造成塔什干商业发展滞后，耗费的国库资金足以购买20个希瓦汗国。政府苛捐杂税沉重，军事活动大于民生，加之政府办事不利，限制了当地经济的发展，致使贸易落后于英国。长期不得志和看不惯俄属中亚总督考夫曼的做法是彼得罗夫斯基决定离开塔什干的重要原因。

1870年11月24日，彼得罗夫斯基给财政部司长尼古拉·安德烈耶维奇·叶尔马科夫④的信中写道：

  地方行政机构耗费了国家大量财政经费，却只拿到了少得可怜

---

① 俄罗斯国家档案馆藏，档案编号：Ф. 109 (III Отделение Собственной е.и.в. канцелярии). 1862 . Д. 230. Ч. 73. Л. 20。
② 达什科夫·德米特里·德米特里耶维奇(1831—1901)，社会活动家。
③ 俄罗斯国家历史档案馆藏，档案编号：Ф. 1630(Дашковы). Оп. 1. Д. 450. Л. 9。
④ 叶尔马科夫(Ермаков Николай Андреевич, 1824—1897)，1879—1886年任俄国财政部手工业贸易司司长。

的一点资料和信息,如果这些经费用在发展地方经济和获取利润上,那么我无话可说。可惜的是,我们的经费并没有用在需要的地方。此外,他们竟然通过官方公报向社会传递虚假消息,虚报地方经济发展实况……我认为主要过失在当地政府官员,他们来这当官是为了获取私利。①

全部胡作非为的案件都在我们掌控之中,考夫曼近期的行为简直失去了理智,令人发指,但是他无处可逃。说句实话,我对刚刚建立的秩序也不是很满意,这里就不讲了。好在我马上就是喀什人,再不是塔什干人了。否则我可要对看不惯的事情一一絮叨了。②

1870年,彼得罗夫斯基访问了布哈拉汗国,并在《欧洲公报》上发表《我的布哈拉之行》③,回到塔什干后彼得罗夫斯基向财政部提交了《俄属中亚边疆区贸易统计资料》报告。1871年2月11日,彼得罗夫斯基给外交部亚洲司司长彼得·尼古拉耶维奇·斯特列莫乌霍夫④的信中更加详尽地汇报了俄国在中亚的贸易情况和存在的问题。他指出交通不便是制约俄属中亚经贸发展的直接原因,提出通过建驿站发展贸易。"如果俄属中亚政府能够将通讯和贸易通道连接的话,建一些驿站(距离

---

① Мясников. В.С.В.Г. Бухерт. Н.Ф.Петровский Туркестанские письма. с. 59.(米丝尼科夫编:《彼得罗夫斯基,新疆书信》,第59页。)

② Мясников. В.С.В.Г. Бухерт. Н.Ф.Петровский Туркестанские письма. с. 120.(米丝尼科夫编:《彼得罗夫斯基,新疆书信》,第120页。)

③ Петровский Н.Ф. Моя поездка в Бухару // Вестник Европы. 1873. Т. II.Кн. 3. с. 209–248.(彼得罗夫斯基:《我的布哈拉之行》,《欧洲导报》1873年第2卷,第209—248页。)

④ 斯特列莫乌霍夫(Стремоухов Пётр Николаевич, 1823–1885),1864—1875年任俄国外交部亚洲司司长。

间隔要一样）用于存放货物，路人休息，我们的贸易或许能取胜。"①1873年，彼得罗夫斯基在塔什干发表文章《中亚的丝绸贸易》。②1874年1月，在圣彼得堡休假结束后，彼得罗夫斯基提前报请外交部③，打算绕经印度、阿富汗和布哈拉汗国返回塔什干，获取印度和布哈拉汗国的贸易概况，但未获批准。1875年，彼得罗夫斯基在《欧洲公报》上发表《浩罕汗国随笔》。④1878年10—12月，彼得罗夫斯基为了完成俄国在外高加索地区的贸易情况调研任务先后去了第比利斯、巴统、波季和卡尔斯，考察报告发表在《古罗斯与新俄罗斯》第三期上。⑤1880年，彼得罗夫斯基听从上议员莎姆什命令，圆满完成了萨拉托夫斯基省和撒马尔斯基省的巡视工作。彼得罗夫斯基杰出的工作才能和完美的工作表现得到了外交部内务司司长奥斯丁·萨肯（Остен-Сакен Фёдор Романович，1832—1916）的赏识，这使他成为喀什领事的不二人选。

1882年，彼得罗夫斯基受上级指示再次加入切尔尼耶夫组织的针对俄属中亚各省省长的稽查工作。1884年5月15日，彼得罗夫斯基给历史

---

①Мясников. В.С.В.Г. Бухерт. Н.Ф.Петровский Туркестанские письма. с.71.（米丝尼科夫编：《彼得罗夫斯基，新疆书信》，第71页）。

②Петровский Н.Ф. О шелководстве и шелкомотании в Средней Азии. Ташкент. 1873.с.45-64.（彼得罗夫斯基：《中亚的丝绸贸易》，塔什干，1873年，第45—64页。）

③俄罗斯对外政策档案馆藏，档案编号：Ф. 161（С.Петербургский главный архив МИД）. Разряд IV-2. Оп. 119.1870-1874 гг. Д. 4. Л. 27-28, 31-31 об.

④Петровский Н.Ф. Очерки Коканского ханства // Вестник Европы. 1875. Кн. 10. с. 722-757.（彼得罗夫斯基：《浩罕汗国随笔》，《欧洲公报》1875年第10卷，第722—757页。）

⑤Петровский Н.Ф. По Закавказью и новопокорённым областям // Древняя и новая Россия. 1879. № 3. с. 177-186.（彼得罗夫斯基：《外高加索之行》，《古罗斯与新俄罗斯》1879年第3期，第177—186页。）

学家柯别克（Д.Ф. Кобеко）①的信中写道：

> 我非常高兴您加入了俄属中亚委员会，不是我把您拖到这件事上来的，您终究无法摆脱中亚事务，这就是命运。阿布拉莫夫②是个办事拖拉的人；库尔巴特金③爱慕虚荣，没头脑；库恩④就是个骗子；博拉采科⑤是个两面派；谢尔宾斯克⑥对俄属中亚的了解等同于对奥地利的了解。⑦

1882年11月29日，在奥斯丁·萨肯的推荐和彼得罗夫斯基的个人申请下，俄国原驻中亚领地财政部代表彼得罗夫斯基正式调任新疆喀什噶尔领事馆领事。自此彼得罗夫斯基开始了二十年之久的外交生涯。1882年12月，彼得罗夫斯基翻越天山到达喀什，尽管路途艰辛，但他对即将面对的领事工作充满了希望。1883年3月14日，不喜欢贪图安逸的彼得罗夫斯基给柯别克的信中表达了对喀什和新职位的满意：

---

① 柯别克·德米特里·弗米奇（1837—1918），历史学家，俄国财政部办公室主任（1865—1879）；俄国财政部某司司长（1887—1892）；财政部委员会委员（1879—1887，1892—1901）；俄国科学院通讯院士（1891）。
② 阿布拉莫夫（Абрамов Александр Константинович, 1836—1886），费尔干纳州军事长官。
③ 库尔巴特金（Куропаткин Алексей Николаевич, 1848—1925），外里海州州长（1890—1898），军事部长（1898—1904）。
④ 库恩·亚历山大·柳德维戈维奇（Кун Александр Людвигович, 1840—1888），俄国东方学家。
⑤ 博拉采科·亚历山大·彼得洛维奇（Проценко Александр Петрович, 1836—?），七河州军事总督（1878—1883），图尔干州军事总督（1883—1887），总司令部亚洲司司长（1891—1898）。
⑥ 谢尔宾斯克·尼古拉·斯杰巴洛维奇（Щербинский Николай Степанович），俄属中亚总督管家。
⑦ Мясников. В.С.В.Г. Бухерт. Н.Ф.Петровский Туркестанские письма. с. 151.（米丝尼科夫编：《彼得罗夫斯基，新疆书信》，第151页。）

我对目前的状况很满意。哪怕是在荒无人烟、被破坏殆尽的喀什噶尔，我也觉得满足……我厌倦了圣彼得堡的生活，他削弱了人的意志力，离开它是我的必然选择……这些经历一辈子都难以忘记，比安逸的圣彼得堡生活有趣得多……很快，等春天一过，我就去喀什噶尔常驻了。①

三、喀什领事馆的建设

我翻过天山，跨过纳伦要塞和吉尔吉斯的天池（11000英尺），在吐尔尕特（12000英尺）山口，我们遭遇了暴风雪，差点儿没死在那里。我们用双手开出了一条路。②

1882年12月，彼得罗夫斯基第一次到访喀什，此时的他并没有常驻喀什的打算，首次到达喀什的主要目的是确定领事馆的位置。彼得罗夫斯基停留一个月后于1883年2月返回费尔干纳州首府马尔吉兰。其间彼得罗夫斯基向外交部申请俄国驻喀什领事馆开馆和在喀什设立贸易长官。③1883年3月14日，彼得罗夫斯基从马尔吉兰给外交部内务司司长奥斯丁·萨肯的信中写道：

---

① Мясников. В.С.В.Г. Бухерт. Н.Ф.Петровский Туркестанские письма. с. 119.（米丝尼科夫编：《彼得罗夫斯基，新疆书信》，第119页。）

② Мясников. В.С.В.Г. Бухерт. Н.Ф.Петровский Туркестанские письма. с. 119.（米丝尼科夫编：《彼得罗夫斯基，新疆书信》，第119页。）

③ Мясников. В.С.В.Г. Бухерт. Н.Ф.Петровский Туркестанские письма. с. 33.（米丝尼科夫编：《彼得罗夫斯基，新疆书信》，第33页。）

我的住所还没有完全安置好,办公经费实在太少了,护卫队人数也不多。这些需求我会和孟什科夫①提出,我还打算给外交部新任亚洲司司长写封信。虽然我还未曾使用护卫队和办公设备,还是感谢您把这些留给了我。我已经解决了通信问题,我的邮递员每月从奥什来两次喀什,但是如果不支付报酬的话,可能也无法继续用下去。最主要的问题是我没有专职翻译,我只能求助于既不懂俄语又不懂汉语的东干族人,好在张莱山每次都提供萨尔塔语翻译,要不然,这些信只能寄给帕杰林②翻译了。③

奥斯丁·萨肯既是彼得罗夫斯基的好友也是上司,彼得罗夫斯基将喀什领事馆建设面临的问题和需要的资源向他做了汇报。1875年,奥斯丁·萨肯由外交部亚洲司副司长升任内务司司长,在他的推荐下,彼得罗夫斯基调任喀什。奥斯丁·萨肯向彼得罗夫斯基提供了由10名哥萨克兵组成的护卫队和部分办公设备。彼得罗夫斯基自己解决了通信问题,邮递员每两周往返一次喀什与奥什。彼得罗夫斯基提出的领事馆翻译问题也在当年得到解决。1883年,彼得罗夫斯基向外交部亚洲司提出让雅科夫·雅科夫列维奇·柳特什(Яков Яковлевич Лютш)任喀什领事馆秘书④,1883年年末,柳特什正式上任。

---

① 孟什科夫·亚历山大·亚历山大洛维奇(1827—1913),1875—1883年任俄国外交部亚洲司副司长。

② 帕杰林·伊诺肯金·瓦西里耶维奇(?—1893),俄国驻伊宁领事馆总领事(1882—1885);俄国驻天津领事馆总领事(1885—1892);俄国驻塔城领事馆总领事(1892—1893)。

③ Мясников. В.С.В.Г. Бухерт. Н.Ф.Петровский Туркестанские письма. с. 122.(米丝尼科夫编:《彼得罗夫斯基,新疆书信》,第122页。)

④ Nesterova. ЕЛ. ДЕЯТЕЛЬНОСТЬ Я.Я. ЛЮТША В ТУРКЕСТАНЕ И КАШГАРЕ (1878—1894). с. 98.(涅斯特洛娃:《柳特什在中亚和喀什的考察活动(1878—1896)》,第98页。)

彼得罗夫斯基在喀什见到的第一位中国官员是张莱山（音译），张不但设宴款待了彼得罗夫斯基，还为领事馆提供了一名翻译。返回马尔吉兰后，彼得罗夫斯基给前财政部同事、经济学家聂伯利西①的信中谈到对中国官员的初始印象：

政府官员张莱山（音译）是个友善的人，做事规矩，像其他中国人一样，爱喝酒。②

从彼得罗夫斯基1882—1883年的书信落款地点可以看出，1883年7月28日后，彼得罗夫斯基一直在塔什干作俄属中亚各省省长的稽查工作，直到1884年才正式入驻喀什。1884年1月，彼得罗夫斯基在50名哥萨克兵的陪护下再次访问喀什。③领事馆坐落在曾长年用于军事训练的一片区域，彼得罗夫斯基向外交部提交了办公用房申请。1884年1月，彼得罗夫斯基给柯别克的信中写道：

喀什噶尔的天气还算不错，我这一年都在请求部里在这儿再建一所房子。④

---

① 聂伯利西·格里戈里·巴弗洛维奇（Небольсин Григорий Павлович，1811—1896）经济学家，俄国《商业报》主编（1830—1859），财政部职员（1862—1866）。

② Мясников. В.С.В.Г. Бухерт. Н.Ф.Петровский Туркестанские письма. с. 89.（米丝尼科夫编：《彼得罗夫斯基，新疆书信》，第89页。）

③ 俄罗斯对外政策档案馆藏，档案编号：Ф. 1438（Штаб войск Ферганской области）. Оп. 1. Д. 66. Л. 12。

④ Мясников. В.С.В.Г. Бухерт. Н.Ф.Петровский Туркестанские письма. с. 137.（米丝尼科夫编：《彼得罗夫斯基，新疆书信》，第137页。）

俄国驻喀什领事馆最初在喀什旧城。1884年1月31日，彼得罗夫斯基给奥斯丁·萨肯的信中谈到自己对领事馆选址旧城的几点考虑。

疏勒县的兵营离旧城有8俄里的距离。殷勤的中国人让我挑选一个兵营。在新城，只有满眼的士兵，而旧城热闹非凡，贸易往来频繁。我打算再到旧城转一转。我不想再去解释我现在住的地方有多好，这么说吧，这里原来是穆斯林风格的旧楼，我把它翻修了一下，添了两个铁炉子，用纸糊了一下窗户，地板上铺了草席。这里灰尘多，到处脏兮兮的，有时，还会饿肚子，因为炉灶就在院子里，仆人们住在帐篷里（我们只有三间房子，一间用于办公，一间是我的卧室，还有一间用于待客），护卫队只能住在马厩。①

喀什领事馆工作人员有领事彼得罗夫斯基1人，翻译兼秘书柳特什1人，医官1人，护卫队武官1人，兵47人，马队兵16人，税务官1人。②邮政电报局和道胜银行为多年后所置。彼得罗夫斯基认为旧城离喀什兵营很近，方便打听中国军队的情况，贸易往来频繁，便于保护俄商。彼得罗夫斯基令人翻修了旧楼作为领事馆临时办公场所。1885年6月，在兹诺维耶夫③的支持下，领事馆建了两个军营，医生和护卫队军官有了单独的住所和浴室，马厩和厨房也得以修缮。④为预防地方流行病，

---

① Мясников. В.С.и Г. Бухерт. Н.Ф.Петровский Туркестанские письма. с. 141.（米丝尼科夫编：《彼得罗夫斯基，新疆书信》，第141页。）
② 赵剑锋：《晚清俄国驻新疆领事馆考述》，《新疆大学学报》（哲学·人文社会科学版）2014年第4期，第64页。
③ 伊万·阿列克谢耶维奇·兹诺维耶夫（И.А. Зиновьев, 1835—1917），俄国外交官，东方学家。
④ 俄罗斯帝国对外政策档案馆藏，档案编号：Ф. 143（Китайский стол）. Оп. 491. Д. 487. Л. 14–14 об。

1901年领事馆增加了预防鼠疫的医生。1899—1906年，俄国驻喀什领事馆增加了总司令部派出的5名军官：科尔尼洛夫·拉弗尔·吉奥尔吉耶维奇大尉（1899—1901）、扎伊琴科·扎哈林·伊万诺维奇大尉（1901—1902）、切尔诺朱波夫·尼古拉·格里戈里耶维奇大尉（1902—1903）、费多洛夫·亚历山大·巴弗洛维奇大尉（1903—1904）、拉斯托金·弗拉基米尔·古利耶维奇中校（1904—1906）[①]，他们密切监视英国在边境的活动并获取相关情报。

1893年春，俄国将临时领事馆由旧城迁往城西的色满庄，建立了正规的领事馆，新领事馆占地15000平方米，风格为俄式建筑，尖拱盖顶，厚铁皮围住，辅以绿色油漆，屋内是厚木地板，四壁有玻璃大窗，冬季取暖用外包黄铜的高大铁炉。

1895年，彼得罗夫斯基升任俄国驻喀什领事馆总领事。

四、彼得罗夫斯基的领事工作

到过喀什的外国人均表示俄国领事对当地影响深刻，俄国驻喀什领事馆初建时期主要管理俄商在喀什、俄属中亚的贸易事务，并为边境事务与地方政府进行交涉。此时俄方在华贸易圈地尚未划定，大多俄商与喀什当地居民混居在北关一带。尽管清政府规定俄商货物进入天山以南后，只准在喀什一处销售，严禁他们到别处贸易，但在喀什领事馆的庇护下，俄商无视清政府规定，日渐私自扩大贸易范围。

彼得罗夫斯基入驻喀什引起了在喀什常年生活的英国商人的极大恐

[①] Мясников. В.С.В.Г. Бухерт. Н.Ф.Петровский Туркестанские письма. с. 42.（米丝尼科夫编：《彼得罗夫斯基，新疆书信》，第42页。）

慌。此后，俄国在喀什的贸易逐年增长，英国茶叶等流通货品在喀什的份额越缩越小。1884年10月23日，彼得罗夫斯基给外交部内务司司长奥斯丁·萨肯的信中写道：

> 我打心眼儿里感谢您派我到喀什噶尔工作，但是现在有些后悔接受领事这一职务了。我在没有外交部任何指令和支持的情况下尽自己最大努力做好份内工作。英国商人（请看《新时代》10月刊杂志）开始对我的存在表示担心，我在喀什噶尔并不受欢迎。①

1885年，彼得罗夫斯基向俄国政府提交了《喀什噶尔领事馆工作报告》，报告中涉及新疆概况，行政机构设置与管理、税收、农耕、工作、自然资源，以及俄属中亚及周边的贸易情况，②包括英、俄两国在中亚市场的手工业商品竞争等问题。③

早在1891年10月5日，彼得罗夫斯基就向外交部内务司提交了"升级喀什噶尔领事馆为总领事馆"的申请，先发制"英"，扩大俄国领事馆在新疆的规模和影响，以达到制衡英国的目的。

> 我们非常期待部里能够关注到喀什噶尔领事馆的不易，并同意将其升级为总领事馆。首先，这对我们更加公正；其次，在某种程

---

① 俄罗斯国家古文献档案馆藏，档案编号：Ф. 1385. Оп. 1. Д. 466. Л. 229-230 об。

② Петровский Н.Ф. *Отчет консула в Кашгаре Н. Петровского о делах за последние годы* // Сборник географических, топографических и статистических материалов по Азии. Вып.XXII. 1886. c. 1-61.（彼得罗夫斯基：《俄国驻喀什领事彼得罗夫斯基对奥登堡所提问题的答复》，第1—61页。)

③ 俄罗斯科学院东方文献研究所藏，档案编号：АВ ИВР РАН. Ф. 43.Оп. 3, ед.хр. 15。

度上，出于政治角度考虑也更为明智：英国人一定会想方设法在此设立领事馆或总领事馆，我们虽先于英国成立领事馆，规模却不大。①

半年后，彼得罗夫斯基再次致信内务司司长奥斯丁·萨肯，请求给予喀什领事馆关注。

> 军事部和外交部对我非常满意。难道我们申请设立总领事馆连附加条件都没有吗？前不久，我们在法国设立了总领事馆。除了他们，部里也应该考虑下喀什噶尔。②

此后彼得罗夫斯基断断续续给外交部写了十几封信要求升级领事馆。1895年，俄国驻喀什领事馆终于升级为总领事馆。

彼得罗夫斯基是历任俄国驻新疆（总）领事中任职时间最长的官员。乌鲁木齐领事吴司本（V.M.Ouspensky）任职7年，塔城领事塔塔林诺夫（A.A.Tatarinow）任职8年，伊犁领事扎哈罗夫（Ivan Ilich Zakharov）任职12年，吐鲁番领事费多罗夫（S.A.Fedoroff）任职1年，③而彼得罗夫斯基在喀什工作了整整21年。

---

① Мясников. В.С.В.Г. Бухерт. Н.Ф.Петровский Туркестанские письма. с. 221.（米丝尼科夫编：《彼得罗夫斯基，新疆书信》，第221页。）

② Мясников. В.С.В.Г. Бухерт. Н.Ф.Петровский Туркестанские письма. с. 227.（米丝尼科夫编：《彼得罗夫斯基，新疆书信》，第227页。）

③ 故宫博物院明清档案部、福建师范大学历史系：《清季中外使领年表》，北京：中华书局，1985年，第114—115页。

彼得罗夫斯基任喀什（总）领事期间，除正常领事工作外，他在政治、经济、贸易等领域也颇为活跃，主要体现在以下几个方面。

1. 保护俄商，增加俄国在喀什税收、为俄商争取特权。以1895年为例，喀什领事馆在喀什的税收总额为一万卢布。①

2. 扩大俄国贸易在喀什的份额和比例。彼得罗夫斯基担心英国商品的出现会逐渐挤兑俄国商品在市场中的份额，他为应对英国贸易竞争做了积极准备。在彼得罗夫斯基任职期间，俄国在新疆喀什的贸易量急速增长。在中国西部多个城市领事馆工作过的俄国外交官博格亚夫列斯基在专著中提到喀什总领事取得的成绩时惊讶地说道："在彼得罗夫斯基地不断努力下，俄国在喀什噶尔的贸易从零开始发展起来。"②

3. 广泛结交喀什官员，收集政治军事情报，为俄国政府制定侵略政策提供可靠而翔实的信息，同时监视英国在南疆的活动。喀什对英国而言同样是急需占领的大本营，彼得罗夫斯基利用流动性极强的贸易长"阿克萨卡尔"及往来俄商获取英国军事和贸易情报。他"只用了3卢布就拿到了扬哈斯本给戴维森的信函"，③揭露了英国划分帕米尔的阴谋，将英国军官戴维森赶出中国国境，维护了俄国在喀什的利益，牵制英国在新疆的渗透和扩张活动。

4. 保护俄商和俄属中亚各国人员在喀什的贸易和人身权利，喀什

---

① Мясников. В.С.В.Г. Бухерт. *Н.Ф.Петровский Туркестанские письма*. с. 270.（米丝尼科夫编：《彼得罗夫斯基，新疆书信》，第270页。）

② Богоявленский Н.В. Западный Застенный Китай. СПб. 1906. с. 359.（博格亚夫列斯基：《紫禁城的西部，过去和当下》，第359页。）

③ Мясников. В.С.В.Г. Бухерт. *Н.Ф.Петровский Туркестанские письма*. с. 221.（米丝尼科夫编：《彼得罗夫斯基，新疆书信》，第221页。）

领事馆"每年为中国公民签发3000多份通行证,办理近1000份俄国公民通行证。领事馆每年收到1000多份文件,发出500多份文件"①。

5. 怂恿喀什居民加入俄国国籍。1884年,彼得罗夫斯基刚到喀什时,喀什只有400多名俄国公民,到1894年年底,有1780人加入俄国国籍。彼得罗夫斯基在任期间,喀什的俄国公民数量增长了5倍。②

6. 申请建立东正教堂。随着喀什俄商和东正教信徒的日益增多,彼得罗夫斯基向俄国政府递交了《关于东正教神职人员在喀什噶尔长期居住的申请》③,理由是"俄属中亚领地七河州的东正教神职人员每年往返喀什最多只有两次,建一座教堂对喀什当地信徒而言十分有必要"④,但迟迟没有获得俄国政府批准。1897年,在彼得罗夫斯基的提议下,俄商在喀什以自筹款的方式集资修建东正教堂,并以此为由对领事馆旧棚区进行整修。

7. 扩大领事特权,充当喀什噶尔"警察局"的角色,处理民事纠纷。彼得罗夫斯基给外交部的信中提到喀什领事馆每年要处理大量遗产纠纷,甚至包括债务问题,吉尔吉斯牧民的迁徙等各种问题。"领

---

① Мясников. В.С.В.Г. Бухерт. Н.Ф.Петровский Туркестанские письма. с. 221.(米丝尼科夫编:《彼得罗夫斯基,新疆书信》,第221页。)

② Мамедова Э.М. Из истории развития консульских отношений между Туркестанским генерал-губернаторством и Синьцзяном // Научные работы и сообщения Академии наук Узбекской ССР. Ташкент. 1963. Кн. 7. с. 308-309.(玛梅多娃:《俄属中亚总督和新疆总督外交关系发展史》,《苏联乌兹别克共和国科学院科研工作协会》,塔什干,1963年,第308—309页。)

③ Бартольд В.В. История культурной жизни Туркестана // Бартольд В.В. М.1963. Т. II. Ч. 1. с. 400.(巴托尔德:《俄属中亚文化生活史》,第400页。)

④ Корнилов Л.Г. Кашгария, или Восточный Туркестан. Ташкент. М.1903. с. 271.(卡尔尼洛夫:《喀什,还是新疆》,塔什干,1903年,第271页。)

事馆本可以只做业务范围之内的工作，不该带有警察局的职能。"①通过无限制地扩大领事特权，彼得罗夫斯基领事不仅能处理商务和俄商诉讼，还兼管学校、教会、邮政电信和银行，实际上已拥有领事裁判的一切特权。

经过几年的协调，无论在中俄官员关系、俄英外交关系、英俄贸易还是俄国对华贸易上，俄国在喀什各方面情况得到极大改善。1888年11月17日，彼得罗夫斯基给外交部内务司司长奥斯丁·萨肯的信中骄傲地写道：

> 可以说，我对领事馆目前的状况非常满意，中国官员比以往和善多了，俄国公民的生存状况也好多了，我对办事员也很满意，他对我们提交的材料反应迅速，在他那儿从不耽误事儿。秘书去休假了，等他回来后，我也准备休个假，家里有点事要处理。我觉得自己需要充电，不是想更换工作，目前来看，一切顺利。②

1890年前后，俄国在喀什已完全站稳了脚跟，彼得罗夫斯基也逐步从烦琐的领事工作中解脱出来，将更多时间用在喀什周边古遗址的考察和古文书的收集上。从彼得罗夫斯基从喀什寄出的信件可以看出，收信地址逐渐从俄国外交部转移到俄国科学院、俄国皇家考古协会及俄国地理协会等半学术机构上。

---

① 俄罗斯国家古文献档案馆藏，档案编号：Ф. 1385. Оп. 1. Д. 466. Л. 271–274 об。
② 俄罗斯国家古文献档案馆藏，档案编号：Ф. 1385. Оп. 1. Д. 466. Л. 271–274 об。

第二节 彼得罗夫斯基的"学者"身份

关于彼得罗夫斯基，与外交官身份并驾齐驱的是考察员身份。马继业在回忆录中夸张地展示了彼得罗夫斯基"有雄心壮志和支配别人的个性，喜怒无常且自视过高，极其粗鲁且充满敌意"[1]的一面，以及彼得罗夫斯基性格中的极端性和两面性，"当他愿意时，他也可以成为一个迷人且言辞诙谐的主人，温文儒雅，对世界事务的熟知程度令人咋舌"[2]。英国旅行者拉尔夫·科博德（Ralph Cobbold）1898年到喀什的时候，发现俄国总领事彼得罗夫斯基是他所见过的人中最博学多识的一个，连对手扬哈斯本都对彼得罗夫斯基收集的科学仪器及其对地震学、天文学的研究留下了深刻印象[3]，并非马继业回忆录中所言"彼得罗夫斯基对中国的了解仅限于喀什，并且他既不会说汉语也不懂汉语，基于这种条件的外交官对俄国制定对华政策没有任何说服力"[4]。

从性格上讲，彼得罗夫斯基承认自己不善交际，正是这种严谨认真又低调的方式，使得彼得罗夫斯基源源不断向俄国输送大批西域珍贵古代文书却又不为同时同地的英国人所知。彼得罗夫斯基书信始于

---

[1] [英]斯克莱因、南丁格尔著，贾秀慧译：《马继业在喀什噶尔——1890—1918年间英国、中国和俄国在新疆活动真相》，乌鲁木齐：新疆人民出版社，2013年，第25页。
[2] [英]斯克莱因、南丁格尔著，贾秀慧译：《马继业在喀什噶尔——1890—1918年间英国、中国和俄国在新疆活动真相》，乌鲁木齐：新疆人民出版社，2013年，第25页。
[3] [英]斯克莱因、南丁格尔著，贾秀慧译：《马继业在喀什噶尔——1890—1918年间英国、中国和俄国在新疆活动真相》，乌鲁木齐：新疆人民出版社，2013年，第25页。
[4] [英]斯克莱因、南丁格尔著，贾秀慧译：《马继业在喀什噶尔——1890—1918年间英国、中国和俄国在新疆活动真相》，乌鲁木齐：新疆人民出版社，2013年，第30页。

1870年11月24日，结束于1907年12月19日，跨度长达37年。这些书信是"站在当事人的角度"了解彼得罗夫斯基在俄属中亚和新疆喀什工作、生活、考察的唯一史料，对俄国西域探险史研究和中国新疆考察史研究具有重要的史料价值。1892年前的112封书信中仅7封谈到了喀什、库车、莎车等地的古文书和历史古迹，自1892年后，彼得罗夫斯基将工作之外的主要精力放在了考察上，他与奥登堡、普尔热瓦尔斯基、柯别克等历史学家、东方学家、考古学家的书信与日俱增。随着俄罗斯科学院档案馆藏彼得罗夫斯基档案的解密和公布，对彼得罗夫斯基的评价不再只依靠他同时期的英国官员或英国探险家，这些档案和书信更加客观地揭示了彼得罗夫斯基的性格和学术态度。

马继业认为彼得罗夫斯基对喀什了解不足的判断完全是片面之词。随着彼得罗夫斯基档案的公布，笔者发现彼得罗夫斯基对喀什及其周边地区，包括莎车县的贸易情况就如他对俄属中亚的贸易一样耳熟能详，他经常到巴扎了解茶叶贸易真实情况，走进当地人生活，通过与当地居民的聊天了解喀什的远古传说和社会生活。彼得罗夫斯基借由为往来俄商办理手续之便利，通过俄商打听贸易商道及沿线地区的各种信息。即便足不出户，彼得罗夫斯基也可以轻而易举获取消息和情报。

一、彼得罗夫斯基是一位具有"严谨学术态度"的外交官员

彼得罗夫斯基虽然身在亚洲内陆，当谈到欧洲领事馆的最新动态，他也能如数家珍，他经常从圣彼得堡订购大量书籍，或让俄国朋友帮忙购买所需书籍寄到喀什，甚至要求身边的哥萨克兵了解俄国贸易概况。1883年10月，彼得罗夫斯基请财政部同事叶尔马科夫寄《俄国工

业的历史统计概述》《1882年贸易概况》给喀什领事馆的哥萨克兵阅读。他本人也阅读了大量关于俄属中亚历史、西域考察的书籍,并且毫不客气地指出同时期学者所发表言论的纰漏。1873年6月4日,彼得罗夫斯基给米哈伊尔·马特维耶维奇·斯塔修列维奇的信中写道:

> 前不久,我收到了《布哈拉的历史》(《History of Bokhara》)这本杂志,其中对中亚的歪曲解读到了令人发指的地步。在中亚上千年历史长河中,不了解欧洲社会,不懂历史学常识,仅凭几个到过这里的旅行者的描述就开始胡编乱造,妙趣横生地书写他国历史。为什么作者瓦姆别里[①]不去认真读一下从俄语译成英语的畅销书,瓦姆别里竟然还引用了《俄国印度问题》书中的内容,但可以看出,他根本没有通读过全书。对此,我正在写一篇文章,最后两章指出了瓦姆别里的所有错误,并根据我掌握的资料尽可能真实准确地还原历史,资料来自于参与到事件中的政府官员以及在事件中起到主要作用的关键人物。再过一个月,我将这篇俄文版的《布哈拉的历史》寄给您。[②]

1873年,彼得罗夫斯基发现匈牙利学者瓦姆别里的《布哈拉的历史》中对布哈拉的种种歪曲和错误解读,为此,彼得罗夫斯基专门写了一篇文章《布哈拉汗国随笔》。1875年,这篇文章在《欧洲通报》发表,文章中不但记录了彼得罗夫斯基访问布哈拉的真实感受,还在最

[①] 瓦姆别里·阿尔米尼(1832—1913),匈牙利语言学家。
[②] 俄罗斯普希金学院文献部藏,档案编号:Ф. 293(М.М. Стасюлевич). Оп. 1. Д. 1113. Л. 1—4 об.

后两章——指出了匈牙利学者瓦姆别里《布哈拉的历史》一书中关于布哈拉的错误描述，更新了欧洲学者对布哈拉汗国的认识。

1876年11月28日，针对《俄属中亚公报》主编马耶夫少校到中国西部进行学术考察一事，彼得罗夫斯基专门向上级写了一份报告，从学术考察的必要性和可行性等方面对马耶夫中国考察进行了批判，请求财政部拒绝拨款支持马耶夫的中国西部之行。

根据今年11月20日颁发的448号文件，马耶夫少校拟到中国进行学术考察，希望得到军事部和财务部的经费支持。上述学术考察的要点是：塔什干政府机关报纸《俄属中亚公报》主编，马耶夫少校希望组织一次到中国西南部地区的科学考察，考察经过汉口、兰州、嘉峪关、肃州、哈密、库车、乌鲁木齐、喀什噶尔，最终回到塔什干，也就是说沿着尤里·阿达莫维奇①中校前不久在中国境内行走的考察路线，目的在于：

1.收集中国南部和西南部茶叶种植和市场需求的数据。

2.对尤里·阿达莫维奇中校走过的杭州—巴里坤再次进行详细侦察，沿途考察通向焉耆的鲜为人知的通道及阿古柏属地。

3.收集中国人、东干人、喀什噶尔人之间冲突的信息，并明确双方力量对比。

4.了解中国政府对西部的统治是否具有前景。

5.明确从中国港口迁居到加利福尼亚和澳大利亚的移民力量，以此判断西部省份的中国因素是否对移民浪潮起了阻碍作用。

---

① 尤里·阿达莫维奇(1842—1897)，1874—1875年率队到中国进行地理考察。

6.收集所经省份的地理、民族及自然历史。

为了完成上述考察,除了马耶夫先生本人,考察队还需要地形学家、天文学家、标本制作家加入。马耶夫请求:1.从军事法庭到汉口的考察由政府部门承担全部费用;2.借款7000卢布,回(俄)国后四年内还清。上述学术考察方案得到俄属中亚总督的支持。①

彼得罗夫斯基不解马耶夫中国考察如此荒谬的理由为何可以得到俄属中亚总督的支持。为此他给财政部写了一份报告,对马耶夫考察方案逐条进行了驳斥。理由如下:一、俄国的对外贸易关系主要体现在东西伯利亚及俄属中亚边疆区。这是地方行政机构及中央政府研究的主体。而中俄茶叶贸易研究,无论是从中国西部到俄国西伯利亚、还是从中国西部到俄属中亚的贸易通道研究,甚至加利福尼亚和澳大利亚的移民等问题研究,如果得到俄国政府同意,完全可以通过领事馆及其他代理机构完成相关信息的收集。②二、尤里·阿达莫维奇中校考察队已经收集了关于中国西部茶叶种植园和茶叶市场的部分信息,前不久出发经中国西部的著名旅行家普尔热瓦尔斯基可能也有所收获,没有必要对同一问题重复考察。③三、马耶夫少校在方案中没有对所到之地进行何种研究有系统阐述,研究的意义和方式在马耶夫少校的方案

---

①俄罗斯国家古文献档案馆藏,档案编号:Ф. 1385. Оп. 1. Д. 454. Л. 1–5。

②Мясников. В.С.В.Г. Бухерт. Н.Ф.Петровский Туркестанские письма. с. 303.(米丝尼科夫编:《彼得罗夫斯基,新疆书信》,第303页。)

③Мясников. В.С.В.Г. Бухерт. Н.Ф.Петровский Туркестанские письма. с. 303–304.(米丝尼科夫编:《彼得罗夫斯基,新疆书信》,第303—304页。)

中均未求证及阐述。①四、与其让马耶夫考察队收集汉族和东干人、喀什居民发生冲突的情报，不如由伊宁县的俄国驻地代表完成这一任务，俄国政府从1871年就在伊宁县设了驻地代表。而喀什的情报可由费尔干纳州完成。此外，七河省总督格罗夫金的翻译是个蒙古人，他也可以完成相关任务。马耶夫对中国新疆南部的考察完全没有必要。②五、至于中国对西部的政策问题，有这方面的政治和历史公文可以参考。③六、关于中国居民到澳大利亚和美国加利福尼亚州移民情况可以通过美国每年公布的移民报告及领事馆获得，而研究移民现象对中国西部的影响应由中国政府而不是俄国政府完成。④此条研究完全是越俎代庖，且没有任何意义。七、资金方面，考察费用和考察现实需求严重不符，马耶夫少校要求的7000卢布考察费用，除了仆人外，考察队由5人组成，很明显是不够的。想用这点钱实现所提出的目标完全不现实。⑤八、马耶夫少校考察的时间非常长，无法完成《俄属中亚公报》的主编职责。⑥综上，财政部必须拒绝马耶夫少校向考夫曼总督⑦提出的考

---

① Мясников. В.С.В.Г. Бухерт. Н.Ф.Петровский Туркестанские письма. с. 304.（米丝尼科夫编：《彼得罗夫斯基，新疆书信》，第304页。）

② Мясников. В.С.В.Г. Бухерт. Н.Ф.Петровский Туркестанские письма. с. 304.（米丝尼科夫编：《彼得罗夫斯基，新疆书信》，第304页。）

③ Мясников. В.С.В.Г. Бухерт. Н.Ф.Петровский Туркестанские письма. с. 304.（米丝尼科夫编：《彼得罗夫斯基，新疆书信》，第304页。）

④ Мясников. В.С.В.Г. Бухерт. Н.Ф.Петровский Туркестанские письма. с. 304.（米丝尼科夫编：《彼得罗夫斯基，新疆书信》，第304页。）

⑤ Мясников. В.С.В.Г. Бухерт. Н.Ф.Петровский Туркестанские письма. с. 304.（米丝尼科夫编：《彼得罗夫斯基，新疆书信》，第304页。）

⑥ Мясников. В.С.В.Г. Бухерт. Н.Ф.Петровский Туркестанские письма. с. 304.（米丝尼科夫编：《彼得罗夫斯基，新疆书信》，第304页。）

⑦ Мясников. В.С.В.Г. Бухерт. Н.Ф.Петровский Туркестанские письма. с. 304.（米丝尼科夫编：《彼得罗夫斯基，新疆书信》，第304页。）

察费用申请。如果考夫曼能够在方案中找出支持考察的充分理由，也可以从自己所辖范围内出资支持。

彼得罗夫斯基从马耶夫考察的现实意义、方式、资金等问题下手，对方案中的理由逐一驳斥，请求俄国财政部拒绝为马耶夫少校的中国考察支付费用。彼得罗夫斯基的缜密逻辑和严谨认真的态度得到财政部上层领导的认可，1877年2月9日，财政部通知军事部，"驳回马耶夫少校的7000卢布考察经费申请"①。马耶夫少校的考察方案就此被束之高阁。

年轻时的彼得罗夫斯基就对考古学和东方语言产生了兴趣。在塔什干12年的工作经历使彼得罗夫斯基掌握了突厥语，同属突厥语系的维吾尔语在中国南疆地区广泛使用，彼得罗夫斯基虽不懂汉语，却可以用突厥语和当地人自由交流。在语言学问题上，彼得罗夫斯基为了弄懂一个不起眼的单词而向圣彼得堡的历史学家反复求教。1895年6月，彼得罗夫斯基给历史学家柯别克的信中请教"曲必利"（Чубирь）一词的含义。

> 这次是有个学术问题要请教您。前不久，我偶然拿到一张中亚的小官员向吉尔吉斯人发布的命令，上面写着："如果你们不交出马匹、房子等，你们都将发配去西伯利亚。"其中西伯利亚一词的拼写错了，出现了两次的"西伯利亚"都写成了"区伯利亚"（Суук-Чубирь）。我认为笔者能犯这么简单的错误，文化程度不会很高。就在前不久，我了解到帕米尔地区住着一小群被称为苏克区

---

① 俄罗斯国家文化艺术档案馆藏，档案编号：РГВИА.Ф. 400. Оп. 1. Д. 474. Л. 14。

伯利亚的人，"苏克"在吉尔吉斯语中是"寒冷"的意思，"区伯利亚"的意思不太清楚，难道是指西伯利亚？您知道我身边没有这样的参考书，您能帮我找找这方面的书作为参考吗？或许我们可以找到对"西伯利亚"的准确含义。①

1894年，彼得罗夫斯基根据奥地利东方学家斯普伦格（А. Шпренгер）1864年在德国出版的《东方的邮政和考察路线》（Die Post-und Reiserouten des Orients）在塔什干出版了《俄属中亚的古代阿拉伯小路研究》。②彼得罗夫斯基是第一位对古代阿拉伯商队在中亚途经地点进行详细描述的外交官员。前言中，彼得罗夫斯基从历史学和考古学角度强调了研究古代亚洲和中亚的重要性："随着俄国占领这些地域，构成当今的俄属中亚属地，不少人访问并住在了这里，从不同角度对它进行研究。"③彼得罗夫斯基强调，中亚考古工作尚处于起步阶段，做考古的都是偶然经过的旅行者，但是他们清楚地知道这项工作的重要性，他们知道这些地方一定有古迹可挖掘。彼得罗夫斯基的书中有很多关于中亚的有趣见闻，完成奥地利东方学家施普列凯尔德文版《东方的邮政和考察路线》翻译后，彼得罗夫斯基将这本可作为古迹查找方法的参考书译文寄给了俄属中亚总督考夫曼，希望引起

---

① 俄罗斯民族博物馆藏，档案编号：Ф. 354. Оп. 1. Д. 93. Л. 57-58。
② Петровский Н. Ф. Древние арабские дорожники по среднеазиатским местностям, входящим в настоящее время в состав русских владений // Пособие для разыскания древних путей и местностей. Ташкент. 1894.с.89.(彼得罗夫斯基：《俄属中亚的古代阿拉伯小路研究》，第89页。)
③ Петровский Н. Ф. Древние арабские дорожники по средне-азиатским местностям,входящим в настоящее время в состав русских владений. с. 1.(彼得罗夫斯基：《俄属中亚的古代阿拉伯小路研究》，第1页。)

他对中亚考古的重视。1895年1月，彼得罗夫斯基给奥斯丁·萨肯的信中提道：

> 在塔什干的伊格纳吉耶夫把我寄去的一本书转给您。这本书是施普列凯尔编写的关于古迹查找方法的书籍译文。这本书不是很重要，即便如此，我也早已着手了翻译工作，因为在塔什干，大家对考古学又起了兴趣，所以我把译文送给了当地总督一份。①

1894年11月，彼得罗夫斯基给奥登堡的信中表示要核实探险家尼古拉·诺托维奇·亚历山大洛维奇1894年出版的《耶和华的未知生活》。"读了马克思·缪莱尔辟谣的文章，我觉得他的论据不足。"②彼得罗夫斯基表示打算派人向书中提到的寺庙里的住持一探究竟。

> 您可能看到了诺托维奇关于耶稣的文章。继马克思·缪莱尔公布的简讯后，我们应该仔细想一下，刊布内容是否真实。我不会置之不理，我派了一名商人去拉达克，见一见寺院的住持，并以我的名义了解诺托维奇是否到过寺院，并且因腿部受伤而在寺院修养，是否给住持看过基督教文献，文献中讲了什么。我要求商人写信告诉我全部情况，如果真的存在这样的文献，就在信中将文献内容做一简单描述。③

---

① 俄罗斯国家古文献档案馆藏，档案编号：РГАДА. Ф. 1385. Оп. 1. Д. 466. Л. 315–317。
② 俄罗斯国家古文献档案馆藏，档案编号：Ф. 1385. Оп. 1Д. 466. Л. 294–295 об。
③ 俄罗斯科学院档案馆圣彼得堡分馆藏，档案编号：СПб. ФА РАН. Ф. 208. Оп. 3. Д. 459. Л. 14–15。

1892年后，彼得罗夫斯基将工作之余的精力花在古代手稿和文物的收集上，他还从语言学角度对新疆古代文字进行研究。通过对比印度古代手稿发现所获古代手稿之间的不同。"尽管个别字母和我们之前发现的印度北部佛经手稿相似，查阅印度古手稿后我可以肯定地说，这份手稿和以往发现的都不一样，是一份新发现。"①

二、彼得罗夫斯基是最早发现并收集中国新疆考古资源的外交官员

1866年3月20日，彼得罗夫斯基成为莫斯科大学皇家人类学、民族学、自然科学爱好者协会的研究员，年轻的彼得罗夫斯基对科学研究产生了兴趣。1870年，被任命为财政部驻俄属中亚总代表的彼得罗夫斯基远赴塔什干工作，他是中亚自然科学、人类学和民族学学者协会俄属中亚分部的主要创建者和活动家，是"中亚地区革命前科学协会的奠基人"②。但是好景不长，应考夫曼要求，③彼得罗夫斯基不得不返回塔什干，协会最后销声匿迹。彼得罗夫斯基始终关注中亚科研工作进展，在中亚的十余年，他学习了阿拉伯语和波斯语，1894年在塔什干出版了《穿过俄属中亚的古代阿拉伯道路——寻找古路和古遗迹的参考书》。④书中讲述了很多关于中亚的有趣见闻，彼得罗夫斯基是第一

---

① Ольденбург С. Ф. Кашгарская рукопись Н. Ф. Петровского. с. 81-82.（奥登堡：《彼得罗夫斯基的喀什手稿》，第81—82页。）

② Лунин Б.В. Научные общества Туркестана и их прогрессивная деятельность // Акад. наук УзССР. Инт истории и археологии. Изд-во Акад. наук УзССР. Ташкент. 1962. с. 71.（鲁宁：《俄属中亚社会生活及社会活动》，《乌兹别克共和国科学院学报》1962年第3期，第71页。）

③ Бартольд В.В. История культурной жизни Туркестана. Изд-во АН СССР. М.1927. с. 377.（巴托尔德：《俄属中亚文化生活史》，第377页。）

④ Петровский Н. Ф. Древние арабские дорожники по средне-азиатским местностям, входящим в настоящее время в состав русских владений. // Пособие для разыскания древних путей и местностей. Ташкент. 1894.с.89.（彼得罗夫斯基：《穿过俄属中亚的古代阿拉伯道路——寻找古路和古遗迹的参考书》，第89页。）

位对古代阿拉伯商队在中亚途经地点进行详细描述的外交官员。

撒马尔罕是中亚地区古老的城市之一，当马其顿王国的亚历山大大帝征服撒马尔罕时被当地的景观所震撼。马可·波罗也到过撒马尔罕，他在游记第1卷第51章记录了流传于民间的撒马尔罕古代传说。[①]1867年，俄国成立了俄属中亚总督府，首府设在塔什干，撒马尔罕也在总督府管辖之列。彼得罗夫斯基是第一位意识到撒马尔罕古城遗址重要性的俄国外交官员，当彼得罗夫斯基得知英国、德国考古学家开始垂涎这座古城时，彼得罗夫斯基迅速给俄国手工业与贸易司司长叶尔马科夫写了急件，请求保护撒马尔罕文物：

> 撒马尔罕城市中有一座古城——亚历山大大帝和帖木尔大帝留下的遗迹。可以找最好的东方学考古专家同去考察。在专家到来之前，不允许任何人靠近遗迹。当下，我们派出了以"彼得堡的贫民窟"作者科列斯托夫斯基[②]带队的考察小组……如果您有机会将当前的状况告诉科学院主席的话，那么足以使我们摆脱欧洲丑闻。[③]

彼得罗夫斯基希望可以联系到俄国科学院主席德米特里·安德烈耶维奇，提高俄国科学界对撒马尔罕古城的重视。此时，俄国尚未派出考察队对撒马尔罕进行大规模考察，俄属中亚官员的不作为使彼得罗夫斯基觉得让英德考察队在自己的属地上抢先一步是莫大的耻辱。

---

① [意]马可·波罗：《马可·波罗游记》（第二版），北京：中国文史出版社，2008年，第36页。
② 科列托夫斯基·弗谢沃罗特·弗拉基米洛维奇（Крестовский Всеволод Владимирович，1840—1895），俄属中亚特殊稽查队队长。
③ 俄罗斯国家文化艺术档案馆藏，档案编号：РГАЛИ. Ф. 2555. Оп. 1. Д. 1150. Л. 29–30 об.

彼得罗夫斯基在塔什干任职期间，他就开始收集中亚地区的古钱币、古文书等珍贵文物。1884年10月25日，他给柯别克的信中写道："您在信中谈到了钱币，我早就开始收集了。我的小儿子已经收集了近100枚古钱币和近10块光玉髓印章。这些硬币不是来自喀什噶尔，而是在费尔干纳州和撒马尔罕搜集的。喀什噶尔目前没什么收获。"①1870—1875年，彼得罗夫斯基在俄属中亚调查当地贸易情况时曾数次到访撒马尔罕，即便在出差稽查路途中，彼得罗夫斯基也不忘收集撒马尔罕古城周围的古钱币。彼得罗夫斯基对考古的热爱也影响到小儿子尼古拉，父子俩在俄属中亚断断续续收集了近100枚古代硬币。1892年，彼得罗夫斯基在阿帕克和卓麻扎附近发现了一些钱币，仔细研究后进行了如下猜测："请允许就这些古代硬币做出如下推测：这些铜质古钱币是铸造而成，上面刻着不同面值的符号，硬币的底端有一个铸造留下的缺口，非常像海关的铅封②。"彼得罗夫斯基在《喀什噶尔的新发现——古代钱币》③文章中对喀什古硬币做了详细描述。

在喀什工作几年后，彼得罗夫斯基产生了离开这个动乱又破败的城市的想法，给上司奥斯丁·萨肯和前财政部同事柯别克的信中屡次抱怨工作的艰辛和离开喀什的决心：

想听听您的建议：怎样才能离开喀什噶尔，是否有更好的去向。④

---

① 俄罗斯民族博物馆藏，档案编号：ОР РНБ. Ф. 354. Оп. 1. Д. 93. Л. 32-33 об。
② 俄罗斯民族博物馆藏，档案编号：ОР РНБ. Ф. 354. Оп. 1. Д. 93. Л. 29-31 об。
③ Петровский Н. Ф. *Загадочные яркендские монеты* // ЗВОРАО.1893.Т.VII. Вып. I–IV.с.114.（彼得罗夫斯基：《喀什噶尔的新发现——古代钱币》，《俄国皇家考古协会东方部学报》1893年第7卷，第114页。）
④ 俄罗斯国家古文献档案馆藏，档案编号：РГАДА. Ф. 1385. Оп. 1. Д. 466. Л. 240-241。

我在喀什噶尔生活得非常不好。我想听听您的意见。我已经不能忍受继续留在喀什噶尔了，两年半的时间里，我的生活环境非常差，被迫离开亲人，每天都生活在暴乱的恐惧中。每年我只有一次探亲假，回去要翻过7个山口，每次回家都要冒着生命危险，并且往返路费要800多卢布。我的神经在崩溃的边缘，被折磨得疲惫不堪。再不换地方，我会疯掉的。[1]

1890年前后，彼得罗夫斯基在书信中再未提出离开喀什。一方面，俄国总领事馆在喀什的地位极大提升，领事工作在彼得罗夫斯基生活中的比例逐渐缩小。另一方面，彼得罗夫斯基受俄国皇家考古协会、地理协会委托，逐步建立文献收集网络，系统地进行新疆古文书文物收集工作，直到1903年离任前，彼得罗夫斯基仍在全力为俄国半学术组织收集新疆古文书文物。笔者认为能让彼得罗夫斯基留在喀什长达21年之久的原因正是南疆包括和田、莎车、库车、库尔勒在内巨大的地下宝藏。从1890年起，特别是1892年后，彼得罗夫斯基与外交部官员的书信中谈论领事工作、政治形势、边疆贸易的内容逐渐减少，而与历史学家、考古学家谈论文献搜集、文物发现、古文物来源的书信逐步增多。

三、彼得罗夫斯基是第一位把语言学、地名学和民族学应用于考察研究的外交官员

彼得罗夫斯基运用地名学和语言学解决历史学领域与语言相关的问

---

[1] 俄罗斯民族博物馆藏，档案编号：OP РНБ. Ф. 354. Оп. 1. Д. 93. Л. 42-43 об。

题，为俄国考古学家的西域探险提供了非常有价值的参考资料。1891年11月，皇家考古协会东方部正式向彼得罗夫斯基提出了"提供一些库车或喀什噶尔周边地区剩余文献概况"的请求，并第一次提出了组织俄国科考队前往该地区考察的计划。彼得罗夫斯基在回信中详细阐述了中国新疆的文献资料概况并向协会寄了一部分自己的考察研究笔记。1892年12月，彼得罗夫斯基给考古协会东方部主任罗曾的回信中详细叙述了自己在中国新疆考察过程中总结的一些规律。

新疆以及中亚地区的地名可根据以下标志辨识：①根据当地的轮廓，比如杰吉·达尔（Тенги-Тар），是一条狭长的峡谷；②根据当地的植被，最典型的地名有阿拉米坦（Арамитан）；乌拉米坦（Урамитан）；卡因达（Каинды）——白桦树林；阿尔帕雷克（Арпалык）——大麦地；③根据当地水和土壤的颜色、特征、土壤中的矿物质，比如喀拉苏（Кара-су）、阿克苏（Ак-су）、苏尔布拉克（Шур-булак）——由于水中有硝酸钠，呈苦味；克柳齐（Ключ），拉吉兹雷克（Лагизлык）——多沼泽地；库拉申卡（Курга-шин-кан）——含铅的；④根据当地的动物，鸟类，昆虫，比如乌尔达克里克（Урдаклик）——养鸭的；曲马利克（Чумалик）——有很多蚂蚁；根据当地现存或生活过的部落和民族，比如撒德拉尔（Саидлар——羲德族）；⑤根据当地居民从事的劳动或居民的外貌。还有很多其他来源不明的命名方式，或是形态或功能发生变化的地名，比如古代喀什噶尔和奥什之间的要塞叫作那嘎喇·齐尔德（Нагара-Чалды），现如今当地的吉尔吉斯人称其为巴拉班·普拉比尔（Барабан пробил），具有这样命名特征的地点，在其周边地区很可能有古遗迹废墟。①

地名学、语言学、历史学之间有着不可分割的联系。彼得罗夫斯基认为蕴含悠久历史的古村落地名具有明显的符号意义，即村落名称中已包含该村落最主要的特征，根据突厥语转译为俄语的古代村落地名的词根、前缀、后缀判断是否有古遗迹是一项操作性极强的考察方式。比如以苏（су）结尾的古代村落名，因该地土壤中含有矿物质而呈现出不同的颜色，如阿克苏。以雷克（лык）结尾的古代村落名，说明该地有大片的沼泽地，如拉吉兹雷克。以布拉克（булак）结尾的村落名，说明此处水中有硝酸盐而呈苦味，如苏尔布拉克。根据当地现存或生活过的部落和民族，比如撒德拉尔村的词根是撒德（Саид），意为羲德族，指该处曾经生活着大量羲德族人。彼得罗夫斯基认为古今名称完全变化的村落周围也可能有大量古代废墟或遗迹。他根据地名学知识和自己归纳的古村落命名规律，对南疆的古代村落进行了充分研究，避免了考察的盲目和冲动，斩获了丰富的古代文书文物。

彼得罗夫斯基经常在书信中与远在圣彼得堡的东方学家探讨地名学、语言学、历史学问题。1894年11月5日，彼得罗夫斯基给奥登堡的信中谈到对"布拉纳"一词的释义及自己的猜测：

> 让我感到欣慰的是这些大小佛像、文献及文献残片引起了您的注意。等大包裹寄来，再和您信中详述。前不久，从彼得堡寄来了

---

① Петровский Н. Ф. Ответ консула в Кашгаре Н.Ф. Петровского на заявление С.Ф. Ольденбурга // ЗВОРАО. 1893. Т. VII. с. 293-298.（彼得罗夫斯基：《俄国驻喀什领事彼得罗夫斯基对奥登堡所提问题的答复》，第293—298页。）

一本书，其中提到了戈德达克（Годтак）一词，也许可以对布拉纳（Бурана）的释义进行补充。当我的猜测得以证实，就写信给维克多·罗曼诺维奇。①

1893年10月，彼得罗夫斯基给外交部内务司司长奥斯丁·萨肯的信中提到自己一直等圣彼得堡大学东方学家、语言学家巴托尔德②顺访喀什时帮自己解决遇到的语言学问题——关于吉尔吉斯小村落"巴拉萨衮"的名称来源。

巴托尔德到了七河地区，他写了一篇关于俄属中亚基督教发展的文章，这次他和艺术家杜丁（至于这位艺术家，罗曾说他促成了拉德洛夫的考察）一起来考察文物。巴托尔德从马上摔了下来，听说目前在阿乌里阿达休养，意味着这次考古活动以失败告终，这太遗憾了，我还想等他们来喀什噶尔帮我确定关于巴拉萨衮（Баласагун）的猜测是否正确。③

彼得罗夫斯基不仅对新疆物质文化遗产进行了系统研究，还从民族学角度对古代塔里木河流域居民的宗教信仰进行了研究，他考察了撒卡尔塔什（Сакал-Таш）废墟，使用地名学知识解决萨基游牧部落在新疆的遗存问题。

---

① 俄罗斯科学院档案馆圣彼得堡分馆藏，档案编号：СПб. ФАРАН. Ф. 208. Оп. 3. Д. 459. Л. 12–13.
② 巴托尔德·瓦西里·弗拉基米洛维奇(1869—1930)，历史学家，语言学家，东方学家，圣彼得堡大学教授(1896—1930)；1913年当选俄国科学院院士。
③ 俄罗斯国家古文献档案馆藏，档案编号：РГАДА. Ф. 1385. Оп. 1. Д. 466. Л. 300-302 об.

目前在俄罗斯公布的彼得罗夫斯基在塔什干和喀什撰写的文章、报告、简讯有42篇，其中大部分记录了贸易、政治、经济、文化、宗教、社会生活，仅有《俄国驻喀什领事彼得罗夫斯基对奥登堡所提问题的答复》[①]和《1897年2月25日彼得罗夫斯基在俄国皇家考古协会东方部的报告：关于收集喀什噶尔古文书的条件》[②]两篇报告及四篇以真实姓名发表的文章记录了新疆古文书文物信息，四篇文章分别是1892年在《俄属中亚公报》发表的《喀什噶尔的佛教文物概况》[③]，1893年在《俄国皇家考古协会东方部学报》发表的《喀什噶尔周边佛教遗迹》[④]，1896年在《俄国皇家考古协会东方部学报》发表的《喀什的古代遗迹汗诺依》[⑤]，1897年在《俄属中亚公报》发表的《在考古界》[⑥]。1903年，彼得罗夫斯基因身体原因卸任喀什总领事一职回到塔什干休养。他离开多年后，英

---

① Петровский Н. Ф. Ответ консула в Кашгаре Н.Ф. Петровского на заявление С.Ф. Ольденбурга // ЗВОРАО.1893.T.VII. Вып. I‐IV. c. 293-298.(彼得罗夫斯基：《俄国驻喀什领事彼得罗夫斯基对奥登堡所提问题的答复》，第293—298页。)

② Петровский Н. Ф. Доклад Н.Ф. Петровского 25 февраля 1897 г. в ВОРАО об условиях собирания им древностей в Кашгаре и демонстрация коллекции // Археологические известия и заметки. М. 1897. № 3. с. 92-93；Новое время.1897.1 (13) марта. № 7546.(彼得罗夫斯基：《1897年2月25日彼得罗夫斯基在俄国皇家考古协会东方部的报告：关于收集喀什噶尔古文书的条件》，《考古消息》1897年第3期，第92—93页。)

③ Н.Ф. Петровский. Сообщение Н.Ф. Петровского о буддийских памятниках в Кашгаре // Туркестанские ведомости. 1892. 27 октября. № 43.c.102-113.(彼得罗夫斯基：《喀什噶尔的佛教文物概况》，《俄属中亚公报》1892年第43期，第102—113页。)

④ Н.Ф. Петровский. Буддийский памятник близ Кашгара // ЗВОРАО.1893.T. VII. Вып.I‐IV. c. 298-301.(彼得罗夫斯基：《喀什噶尔周边佛教遗迹》，《俄国皇家考古协会东方部学报》1893年第7卷，第298—301页。)

⑤ Н.Ф. Петровский. Заметки о древностях Кашгара. Вып.1: Хан-Уй // ЗВОРАО. 1896. T. IX. Вып.I-IV. c. 147-155.(彼得罗夫斯基：《喀什的古代遗迹汗诺依》，《俄国皇家考古协会东方部学报》1896年第4卷，第147—155页。)

⑥ Н.Ф. Петровский. В археологическом обществе // Туркестанские ведомости.1897. 23 марта (4 апреля). № 22.c.98-99.(彼得罗夫斯基：《在考古界》，《俄属中亚公报》1897年第22期，第98—99页。)

国驻喀什代表马继业作为领事的身份一直未被承认。仿佛除了彼得罗夫斯基,在喀什很难再承认其他领事的存在,甚至在喀什流传彼得罗夫斯基总领事会返回喀什的传言。然而彼得罗夫斯基最终没有回到喀什。[①]1908年11月19日,彼得罗夫斯基在塔什干离世。

第三节 俄国学术组织的指令

一、时代背景

19世纪中叶以后,在克里米亚战争中遭到挫败的俄国将疆域拓展目光转移到中亚和中国西部地区,以此连接奥伦堡和西伯利亚军事防线,在亚洲地区构建完整的安全体系。1856年签订的《巴黎和约》使俄、法关系得以缓和,俄国集中全力并不惜一切代价巩固自身的地位。俄国先后将布哈拉汗国、希瓦汗国、浩罕汗国收入囊中。此时的英国也在亚洲寻找原材料市场,英、俄在中亚及帕米尔地区展开激烈角逐。中亚是俄国对抗英国的前沿阵地。

19世纪中叶后,英、俄的政治竞争自然而然地向科学领域扩散,当时的中亚还没有被欧洲科学界系统地研究过。俄国制定了研究中亚地理历史、民族、文化的方案。1845年,俄国皇家地理协会在圣彼得堡成立,协会的主要任务是全面综合研究西域地理地形,包括绘制地图、确定中亚陆路和水路交通线路、研究西域水文和生态资源,协会还研究当地民族和语言、查找并清点当地考古遗迹等。在这些方面,西域

[①]俄罗斯对外政策档案馆藏,档案编号:АВПРИ. Ф. 143. Оп. 491. Д. 480. Л. 72.

是地球上一块儿未被研究和考察的地区。1846年，俄国皇家考古协会紧随其后在圣彼得堡成立。皇家考古协会将中国新疆、西藏等列为研究重点。1859年，俄国皇家考古委员会成立，作为俄国的国家机构，委员会是组织科学考察的中心机构，会议常设机构为冬宫。从19世纪中叶起，俄国考察队考察经费由皇家金库支出。圣彼得堡考察队感兴趣的不仅是清朝时期中国西部边疆的古文献遗产，还有那里的政治经济形势，总司令部[①]也为考察投入了经费。在俄国皇家地理协会的保护下，普尔热瓦尔斯基考察队及罗伯洛夫斯基、别夫措夫、科兹洛夫进行了举世闻名的考察活动。[②]1903年，俄国中亚东亚研究委员会（俄国委员会）下令将全部考察活动集中在东方，因考察目的地在国外，委员会由外交部管辖，方便活动。委员会任命拉德洛夫为主席，俄国皇家科学院院长奥登堡为副主席。俄国皇家科学院历史哲学部成立专门委员会研究考察队从中国带回的文献资料。俄国委员会成员有拉德洛夫、阿里斯特·阿里斯特多维奇·库尼克、瓦西里耶夫、查列曼、罗曾，委员会还专门邀请奥登堡和克莱门茨指导具体工作。[③]

19世纪80年代末，圣彼得堡科学界经常收到来自中国喀什的古文书文物。寄件人就是俄国驻喀什领事彼得罗夫斯基。1895年，俄国驻喀

[①] Мясников В.С. *По следам Маннергейма* // Восток‐Запад. Историко‐литературный альманах: 2003–2004 / Под. ред. акад. В.С. Мясникова. Восточная литература. М. 2005. с. 246–254.（米丝尼科夫：《跟随曼德海姆的足迹》，第246—254页。）

[②] Козлов П.К. *Дневники Монголо‐Тибетской экспедиции 1923–1926* // Ред.‐сост. Т.И. Юсупова, сост. А.И. Андреев, отв. ред. А.В. Постников. СПб. Наука. 2003. с.117.（科兹洛夫：《1923—1926从蒙古至西藏考察日记》，第117页。）

[③] Попова И.Ф. *Российские экспедиции в Центральную Азию на рубеже XIX‐XX веков* // Российские экспедиции в Центральную Азию в конце XIX‐начале XX века / Под. ред. И.Ф. Поповой. СПб. Славия. 2008. с. 28.（波波娃：《19世纪末20世纪初俄国的中亚考察》，第28页。）

什领事馆升级为总领事馆,而彼得罗夫斯基和俄国皇家科学院、俄国皇家考古协会、俄国皇家地理协会、俄国委员会等学术机构,特别是与圣彼得堡学者罗曾和奥登堡的联系日益频繁,他们是彼得罗夫斯基收集新疆古文物的动力和坚实后盾。在俄国委员会、俄国皇家考古协会、俄国皇家地理协会的委托下,在俄国外交部、军事部、政府的财力和物力支持下,文献发出者彼得罗夫斯基总领事——文献接收者罗曾院士——文献研究者奥登堡院士三者之间建立了牢固的西域古文献收集研究网络,并在英、俄考古之争中保持明显优势。此后,俄国越加频繁地向中国西北部派出考察队,研究当地古代的写本文献和物质文化遗产。[1]

二、彼得罗夫斯基与俄国皇家科学院联系的建立

俄国皇家科学院成立于1774年彼得一世时期,是俄国最高学术研究组织。1886年8月,代理从距离哈密约42公里的天山脚下的一条主路附近发现一份刻在石头上的汉字铭文。[2]彼得罗夫斯基认为这是一项非常重要的发现,把石头和铭文的照片寄给了皇家科学院。科学院拿到后交给俄国科学院院士、东方学家瓦西里耶夫(Васильев Василий Павлович, 1818—1900)研究。俄国皇家科学院历史语言学分部的109号会议纪要(1886年9月30日)对此有详细记载:

---

[1] Попова И.Ф. *Российские экспедиции в Центральную Азию на рубеже XIX - XX веков*. 2008 // Российские экспедиции в Центральную Азию в конце XIX—начале XX века / СПб. с. 11-39.(波波娃:《19世纪末20世纪初俄国的中亚考察》,第11—39页。)

[2] 俄国皇家科学院历史语言学分部会议纪要 (1886.9.12—9.30)。Протокол заседания Историко-филологического отделения Имп. АН 12 от 30 сентября 1886 г. СПФ АРАН. Ф.1. Оп.1а–1886.Д.134.Л.227.

8月10日，俄国驻喀什噶尔领事彼得罗夫斯基告知我们他得到了一块刻有汉字铭文的石头，位置在距离中国新疆哈密大概40俄里的天山脚下的主路旁。拓片已经寄给我们，建议交由瓦西里耶夫院士研究。①

俄国皇家科学院历史语言学分部组织专门委员会研究彼得罗夫斯基从中国新疆寄回的文献资料。委员会成员有亚洲博物馆馆长拉德洛夫（Радлов Василий Васильевич，1837—1918）、阿里斯特·阿里斯特多维奇·库尼克、瓦西里耶夫、查列曼和罗曾。②除瓦西里耶夫院士看过这份古文书外，突厥语专家、亚洲博物馆馆长拉德洛夫、俄国皇家考古协会东方部主席、圣彼得堡大学东方学语言系教授罗曾院士（1849—1908）③同样对拓片进行了解读和辨识。

笔者从彼得罗夫斯基书信档案中也查到了相应资料。1886年11月27日，彼得罗夫斯基给上司外交部内务司司长奥斯丁·萨肯的信中写道：

我把一份在哈密附近山地发现的刻在石头上的汉字铭文寄给了科学院。据说，这份样本已经转交拉德洛夫研究了。让我感到奇怪的是，为什么他们不找我来研究，据我所知，拉德洛夫的汉语水平和我差不多。我准备给瓦西里耶夫写封信。④

---

① 俄国皇家科学院历史语言学分部会议纪要（1886.9.12—9.30）。Протокол заседания Историко-филологического отделения Имп. АН 12 от 30 сентября 1886 г. СПФ АРАН. Ф.1. Оп.1а–1886.Д.134.Л.227.

② Попова И.Ф.*Российские экспедиции в Центральную Азию на рубеже XIX–XX веков* //Российские экспедиции в Центральную Азию в конце XIX–начале XX века / СПб. 2008.с. 28.（波波娃：《19世纪末20世纪初俄国的中亚考察》，第28页。）

③ 罗曾任亚洲博物馆馆长的时间为1885—1890年，他的学生奥登堡是罗曾的继任者。

④ 俄罗斯国家古文献历史档案馆藏，档案编号：РГАДА. Ф. 1385. Оп. 1. Д. 466. Л 256–257。

从这封书信可以看出，在铭文交由谁来研究的问题上，彼得罗夫斯基认为拉德洛夫虽为东方学家，但在汉语研究上造诣尚浅，未必能研究出结果，建议交由瓦西里耶夫研究。此外，彼得罗夫斯基对皇家科学院没有反馈信息及未向自己征求意见表示不满。皇家科学院历史语言学分部124号会议纪要（1886年10月28日）记录了科学院对领事彼得罗夫斯基寄来古文物的研究结果和拓本的最终去向：

>瓦西里耶夫院士仔细研究了彼得罗夫斯基从中国寄来的铭文照片，并在会议上宣读了研究结果。建议在《科学院学报》上刊登院士的研究报告，彼得罗夫斯基寄来的文物照片由亚洲博物馆收藏。①

1887年，彼得罗夫斯基的《关于喀什噶尔领事彼得罗夫斯基从中国寄回的古铭文照片》发表于《科学院学报》第4卷。②虽然此后彼得罗夫斯基很少与科学院联系，但通过这次交往，彼得罗夫斯基和圣彼得堡的东方学家建立了联系，③特别是与时任俄国皇家考古协会东方部主席的罗曾院士有了书信往来。此后直到1908年（彼得罗夫斯基和罗曾都

---

① 俄国皇家科学院历史语言学分部会议纪要（1886.10.14-10.28）。Протокол заседания Историко-филологического отделения Имп. АН 14 от 28 октября 1886 г. СПФ АРАН.Ф.1. Оп.2-1886. Д.134. Л. 232об.

② Петровский Н. Ф. О снимке с китайской надписи, полученном Академией от Российского консула в Кашгаре г. Петровского // Записки Академии наук. Спб. 1887. т. 4. Кн.1. с. 98-105.（彼得罗夫斯基：《关于喀什噶尔领事彼得罗夫斯基从中国寄回的古铭文照片》，《科学院学报》1887年第4卷，第98—105页。）

③ И.В.Тункина. Н.Ф.Петровский как собиратель древних памятников письменности в востосном туркестане // ВОСТОК-ЗАПАД. Спб. 2013. с. 105.（图金娜：《彼得罗夫斯基在新疆收集的手稿和艺术品》，《东方—西方》2013年第6期，第105页。）

在1908年离世），俄国皇家考古协会不时收到来自中国新疆喀什的彼得罗夫斯基收集品，这种联系持续了21年，直到彼得罗夫斯基逝世。

三、彼得罗夫斯基与俄国皇家考古协会的"合作"

1846年，俄国皇家考古协会在圣彼得堡成立。此时，欧洲考古学在科学领域已经占有显要地位，考古学成为一门独立的学科。俄国皇家考古协会在一批俄国考古爱好者的强烈呼吁下成立了。协会成立之初就非常明确考古范围不仅局限于俄国，还要放眼于亚洲。皇家考古协会的两名副主席和两名秘书分别负责国内外通讯。协会取得的成果用俄语、法语、德语发表。1851年2月，为了适应协会发展需要，协会在莱赫杰别尔斯基（Лейхтенбергский）公爵的提议下细化为3个学部，分别是俄语和斯拉夫考古学部、东方考古学部和西欧考古学部，而后发展为古典考古分部、拜占庭和西欧分部、协会文库、东方学部、传统学部、博物馆分部、钱币学分部、俄语和斯拉夫语分部。各分部有自己的负责人和秘书。协会在康斯坦金·尼古拉耶维奇大公的支持下快速发展，主要期刊有1851年创刊的《俄国和斯拉夫考古学刊》、1856年创刊的《皇家考古协会东方部成果集锦》和1859年创刊的《皇家考古协会通讯》。俄国财政部每年拨付3000卢布财政经费支持协会的各项活动。1871年，俄国财政部决定将每年拨款增加到5000卢布。到1890年，协会全部工作人员已有260人，其中荣誉成员18人，正式成员115人，俄语科研人员73人，国外科研人员51人。东方部是协会最具活力和影响力的分支机构，自成立之日起，分部每年举办一次学术会议。皇家考古协会东方学部有专门的出版机构，主要刊物有1849年和1850年两卷本《考古学和钱币学》、1859—1884年10卷本巨作《俄国皇家考古协会学报》、17卷本《俄国皇家考古协会东方部成果集锦》、两卷本《东方部学报》、1852—1887年编撰的4卷本《俄国和斯拉夫考古学报》、两卷本《古代青铜的化学分析》及1847—1852年完成两卷本法语刊物《圣彼得堡考古学和钱币学》。协会设有图书馆和博物馆，内务部收集的147枚硬币构成了博物馆的雏形。除了国家财政拨款和会员缴纳的会费，协会资金来源还有考古爱好者的捐款。1885年2月17日，俄国皇家考古协会东方部会议通过任命罗曾为东方部主席的决定，1885年4月8日，在罗曾上任后第一次东方部全体会议上，罗曾提出出版东方部学报，得到了与会人员的一致同意，此后大量东方学年轻学者加入了东方部。

1886年10月，彼得罗夫斯基和俄国学者建立稳定的联系后，1886年11月27日，彼得罗夫斯基把一张刻着古叙利亚文字的石头的照片寄给俄国皇家考古协会罗曾院士鉴定：

> 我把从乌什寄给我的一块印有叙利亚字母的石头寄给了罗曾院士，因为看不出任何叙利亚字母的痕迹，我以为石头上是某种昆虫的遗骸，一直把这块石头留在身边，直到我看到七河区拿到的图片上也有这样的字母，才知道这是古叙利亚文字。[①]

1887年，彼得罗夫斯基又将一枚在喀什发现的古钱币寄给俄国皇家考古协会东方部研究。此后直到1890年，彼得罗夫斯基陆陆续续寄给皇家考古协会的古文书文物引起了罗曾和奥登堡的极大兴趣。1890年3月15日，彼得罗夫斯基应邀参加在圣彼得堡召开的俄国皇家考古协会

---

① 俄罗斯国家古文献历史档案馆藏，档案编号：РГАДА. Ф. 1385. Оп. 1. Д. 466. Л 256-257。

东方部大会，彼得罗夫斯基做了大会发言，并展示了几枚从塔什干带来的古钱币，①引起了与会俄国东方学者的密切关注。

俄国皇家考古协会东方部与彼得罗夫斯基开始了长期合作。这次会上，彼得罗夫斯基和协会东方部主席罗曾公爵（Виктор Романович Розен）正式见面，此后彼得罗夫斯基将收获的考察信息直接与罗曾进行书信沟通。一年后，罗曾公爵和喀什领事彼得罗夫斯基在时任财政部人事司司长、俄罗斯科学院通讯院士、历史学家柯别克（Д.Ф. Кобеко）家里碰了面并就西域历史古迹情况进行了交流。

1889—1890年，英国中尉鲍尔②在库车南部的发现引起了俄国皇家考古协会对库车文献的重视。彼得罗夫斯基当时不在喀什而错过了这一重要文献。1891年，根据奥登堡的建议，俄国皇家考古协会请求彼得罗夫斯基提供喀什现存佛教文献和古迹情况，以及俄国中亚考古的可能性资料。1891年11月28日，皇家考古协会东方部正式向彼得罗夫斯基提出了"提供一些库车或喀什周边地区剩余文献概况"的请求，并第一次提出了组织俄国科考队前往该地区考察的计划。彼得罗夫斯基在回信中详细阐述了中国新疆的古文献资料概况，并寄了一部分自己的考察研究笔记给协会。1892年1月27日，彼得罗夫斯基给罗曾的信中表示尽一切努力为俄国皇家考古协会派出的考察队提供帮助：

> 我将关于库车的古文献及此封信一同寄出，鲍尔竟然在我之前有了新发现，这让我非常痛心，有时也会想，如果我有时间的话，那

---

① 俄国皇家考古协会会议纪要（1891年）。Записки Восточного отделения Императорского Русского археологического общества. СПб. 1891. Т. V. Вып. I. с. 2–3.

② Bower H. A *Trip to Turkestan* // The Geographical Journal. 1895. No.5. pp. 240–257.

个幸运儿应该是我，而不是这个旅行者。如果俄国皇家考古协会东方部准备派考察队来喀什噶尔的话，我将义无反顾为考察队和考古学家提供帮助。

1892年12月1日，罗曾给彼得罗夫斯基的信中询问喀什和库车等地古文书情况及派出俄国考察队的可能性：

> 俄国皇家考古协会东方分部听取了奥登堡的工作汇报，请彼得罗夫斯基对以下两个问题作出解释：1.喀什噶尔领事馆是否清楚，或者是否有渠道获取库车剩余文献的数量以及喀什噶尔其他地区文献的情况？2.需要派出多少人的考察队前往库车地区勘察文物，中国政府或当地居民是否会阻挠考察队的工作？

彼得罗夫斯基认为中国新疆的古代遗迹和古村落具有极高的考察价值。他给俄国皇家考古协会东方部主席罗曾的回信中详谈了自己在考察活动上所做的几方面工作。1.派人到库车打探有关古文书的消息；2.购买废墟中的文书；3.亲自考察喀什噶尔周边古代遗迹。彼得罗夫斯基给俄国皇家考古协会的信中反复提到"广泛而深入地研究中亚和印度文献遗产是紧迫而必要的任务"。

> 得知东方分部想要拿到这些文献后，我自费派了一名机灵的当地人去库车及周边地区打探消息，在什么位置有什么样的文献，与此同时，我还付了25卢布用于购买废墟中的文献。如果当地居民中谁能提供更有价值的文献信息，我会把他们请到喀什噶尔领事馆。在

喀什噶尔附近，我知道并亲自查看了两处古迹，一个是佛教古迹，另一个想必也和佛教有关。对于新疆的其他古迹，也是不清楚来历，知道的人多，研究的人少。更不要说那些埋藏在塔克拉玛干沙漠千年风沙下的古迹了。有时，强风将上层的沙土吹散，露出了废墟或古迹的一部分。一旦出现这样的情况，当地居民就非常兴奋地赶过去，希望挖出点儿值钱的宝贝。请允许我提出几处这样的古迹，在我看来，具有极高的历史价值和考古价值。离莎车县不远的地方，基本就在沙漠的边缘，有一处叫鞑靼—吉什拉克（Татар-Кишлак）的古代村落，它的周边地区一直到和田，被称为"鞑靼人的领土"。古代吐火罗居民住在和田以东900里的地方，听说吐火罗人搬离先前居住的村落是因为席卷全城的沙尘暴。在中国，这个民族被称作吐火罗人（Тухоло）。在鞑靼人的领土上，当地人习惯从岩羚羊的腹中提取麝香。①

皇家考古协会最担心的问题是派出的考察队是否会被中国政府阻挠，能否将考察所获珍宝带回国。彼得罗夫斯基的回答让协会吃了一颗定心丸。他认为清政府尚无文物保护意识，不会对考察队加以限制，他为协会的西域考察活动提供了明朗的思路：对未知和已知的古迹分别进行考察。彼得罗夫斯基掌握了地方政府的弱点，建议考察队通过小恩小惠的方式沿途获得"方便"。彼得罗夫斯基的回信加速了协会向西域派出考察队的步伐。

---

① Петровский Н. Ф. Ответ консула в Кашгаре Н.Ф. Петровского на заявление С.Ф. Ольденбурга // ЗВОРАО. 1893. Т. VII. с. 295.（彼得罗夫斯基：《俄国驻喀什领事彼得罗夫斯基对奥登堡所提问题的答复》，第295页。）

您提到的第二个问题，我必须负责地说，不仅喀什噶尔当地政府，北京政府也会允许个人或考察团在喀什噶尔进行古迹考察并带回找到的物品。就目前形势而言，我可以向东方部汇报，根据旅行者或当地居民偶然得到的消息，东方部有必要采取一定的措施，掌握这些古迹的概况，对有考古价值的古迹或文物作出描述。一是通过访问古代旅行者或地理学家书中提到的，当今依然存在并沿用这些名称的古迹，二是找寻世人至今没有听说过的古迹……个人或考察团如果不挖掘或带走什么古物，我认为，中国政府是不会反对的。但必须得到北京政府的同意。考察队需带上充足的资金，当地官员总想占点儿外国人的便宜。①

在俄国皇家考古协会的请求下，彼得罗夫斯基绘制了两份新疆考古地图，其中对新疆考古遗迹、古代村落做了详细的标识，甚至连两个考察点间的距离都有标注。这份地图现存于俄罗斯科学院东方文献研究所文献分部。②

彼得罗夫斯基回信中提到的"吐火罗人"遗迹引起了皇家考古协会的极大兴趣。1892年，考古协会东方部出版了《彼得罗夫斯基收集品中的喀什噶尔文献》，首次向世界公布了俄国在中国库车发现的文物古迹照片，文献用从未见过的字母书写，称为吐火罗语B或者库车语，属于印度北部地区的行书，这种语言至今只有在中国新疆发现过。

---

① 俄罗斯科学院东方文献研究所藏，档案编号：АВ ИВР РАН. Ф. 43. Оп. 3, ед.хр. 15。
② М.И.Воробьева-Десятовская. Материалы Н.Ф.Петровского в ИВР РАН // КОЛЛЕКЦИИ И АРХИВЫ. 2011. с. 189-190.（瓦洛比耶娃·杰夏托夫斯卡娅：《俄罗斯科学院东方文献研究所藏彼得罗夫斯基收集品》，第189—190页。）

1892年5月25日，彼得罗夫斯基用俄国驻喀什领事馆的官方信纸给俄国皇家考古协会东方部主席罗曾院士写了一封信，感谢协会对收集品给予的关注，并将库车代理在沙漠中发现的类似文献残片寄给了考古协会：

> 尊敬的阁下，我寄给俄国皇家考古协会东方部的一页篇幅的古文献引起了东方部的注意，因此我想把另外一页类似文献残片寄给东方部，这页文献夹在两片木板中间，是我的一个驻地代理在距离库车100俄里远的沙漠中发现的。[1]

1894年1月26日，彼得罗夫斯基成为俄国皇家考古协会正式会员。[2] 1894年5月18日，在考古协会东方部主席罗曾的建议下，彼得罗夫斯基当选协会通讯会员。[3]这意味着彼得罗夫斯基有责任完成皇家考古协会提出的各项任务并出席考古协会的各项活动。1895年，彼得罗夫斯基在塔什干参加了巴托尔德倡议下召开的中亚考古爱好者圆桌会议。[4] 1897

---

[1] И.В.Тункина. *Н.Ф.Петровский как собиратель древних памятников письменности в восточном туркестане* // ВОСТОК–ЗАПАД. СПб. 2013. с.112.（图金娜：《彼得罗夫斯基在新疆收集的手稿和艺术品》，第112页。）

[2] Семёнов П.П. *История полувековой деятельности Императорского Русского географического общества. 1845–1895*. СПб. 1896. Т. III. с. 42.（谢苗诺夫：《1845—1895年俄国皇家地理协会活动概要》，第42页。）

[3] Веселовский Н.И. *История Императорского Русского археологического общества за первое пятидесятилетие его существования.*（*1846–1896*）. СПб. 1900. с. 450.（维谢洛夫斯基：《1846—1896年俄国皇家考古协会活动概要》，第450页。）

[4] Лунин Б.В. *Из истории русского востоковедения и археологии в Туркестане*. Ташкент.. 1958. с. 74-75.（鲁宁：《俄国中亚考古史》，第74—75页。）

年2月25日，彼得罗夫斯基在圣彼得堡休假期间，参加了俄国皇家考古协会东方部大会，并在会议上做了关于中亚收集品的情况报告，该报告成为科研工作者和专家研究讨论的焦点。[1]他说："当地人残忍地将文献分成几部分，分别卖给俄国人和英国人。"现在俄国科学界都知道，喀什领事馆寄到圣彼得堡的古文献有梵文、粟特文、吐火罗文、和田塞文。和田塞文在此之前少有人知，它的发现在科学史上引起了不小的风波。随后，奥登堡做了《关于彼得罗夫斯基收集品中两封书写在白桦树皮上的印度书信的研究报告》。[2]同年，皇家艾尔米塔什国家博物馆拿到了俄国驻喀什领事馆第一批收集品中的文物部分，而文献资料部分保存在皇家科学院亚洲博物馆。此后，俄国在西域考察活动及彼得罗夫斯基在新疆文献搜罗两方面皆收获很大。

1904年3月18日，在俄国皇家考古协会东方部大会上，罗曾公爵提出了肯定总领事彼得罗夫斯基对科学界贡献的建议，提议将彼得罗夫斯基列为俄国皇家考古协会荣誉理事候选人。[3]1904年5月14日，全会一致通过授予彼得罗夫斯基为协会荣誉理事称号，[4]以奖励彼得罗夫斯基18年间为俄国皇家考古协会所做工作。

---

[1] ЗВОРАО. СПб. 1897–1898. Т. XI. Вып. I–IV. с. 1–2.(《俄国皇家考古协会东方部学报》1897—1898年第6卷，第1—2页。)

[2] *Археологические известия и заметки* // Московское археологическое общество. 1897. Т. 5. с. 92-93.(《考古消息》，《莫斯科考古协会》1897年第5卷，第92—93页。)

[3] ЗВОРАО. СПб. 1906. Т. XVI. Вып. IV. с. 28–29.(《俄国皇家考古协会东方部学报》1906年第16卷，第28—29页。)

[4] 俄国皇家考古协会会议纪要（1889—1908）。*Протоколы общих собраний Имп. Русского археологического общества за 1889–1908 годы*. Пг. 1915. с. 198-199.

四、彼得罗夫斯基对俄国皇家地理协会的协助

1845年8月6日，在俄国航海家费多尔·彼得洛维奇·利特凯（Фёдор Петрович Литке）的提议下，沙皇尼古拉一世下令成立俄国皇家地理协会（Императорское Русское географическое общество），康斯坦丁为主席，协会目的在于对民族地理学、统计学和民族学问题进行深入研究，协会每年可获得一万卢布的国家财政拨款。[1]俄国皇家地理协会是世界上非常古老的地理协会之一。1845年10月7日，俄国皇家地理协会在皇家科学院召开了第一次全体会议。利特凯在会上就协会的职能和任务做了具体阐述，同时他也指出协会有必要和总司令部、科学院进行合作。[2]协会按研究方向设一般地理学部、俄国地理学部、民族学部和统计学部4个分部。很多俄国知名学者是皇家地理协会创始会员。

俄国皇家地理协会是半政府组织机构，地理协会的会员多具有军官或政府官员背景是地理协会的一大特色，比如科兹洛夫和罗伯罗夫斯基。地理协会副主席利特凯少将也是一名军官。军官作为俄国皇家地理协会创始成员并占重要比例并不是偶然现象，这是俄国地理协会和军事部一拍即合的结果，是俄国地理学家与俄国军事学家在中国新疆的地理考察和军事考察落实为统一行动的表现。协会成立之初有正式会员128人，准会员11人。根据1846年公布的名单显示，在128名正式会

---

[1] Семёнов П.П. *История полувековой деятельности Императорского Русского географического общества. 1845—1895.* с. 3.（谢苗诺夫：《1845—1895年俄国皇家地理协会活动概要》，第3页。）

[2] Семёнов П.П. *История полувековой деятельности Императорского Русского географического общества. 1845—1895.* с. 4-6.（谢苗诺夫：《1845—1895年俄国皇家地理协会活动概要》，第4—6页。）

员中有63名文官、59名军官、3名学者。[1]汉学家比丘林也在协会成员之列。除财政拨款外，皇家地理协会的活动费用还来自权贵的捐助和成员会费。根据协会章程，每位会员至少缴纳10卢布会费。协会汇集了地理学家、探险家、社会学家、生态学家等诸多专家学者，陆续在高加索、伊尔库茨克、基辅等城市设了11个分支机构。在皇家地理协会的支持下，10余支考察队不远万里赴西域考察。"俄国皇家地理协会的军官将领在科研考察的掩饰下，积极参与到中亚大角逐这场没有硝烟的战争中。"[2]普尔热瓦尔斯基、普尔热瓦尔斯基的学生和追随者巴甫措夫（Михаил Васильевич Певцов，1843—1902）、罗伯罗夫斯基（Всеволод Иванович Роборовский，1856—1910）、波坦因（Григорий Николаевич Потанин，1835—1920）、科兹洛夫（Петр Кузьмич Козлов，1863—1935）、格鲁姆·格尔日麦洛（Григорий Ефимович Грумм-Гржимайло，1860—1936）、波塔宁（Г.Н. Потанин）、别夫措夫、谢苗诺夫天山斯基（П.П. Семенов Тян-Шанский）进行了西域考察活动。[3]获得资料最多的当属普尔热瓦尔斯基（1870—1888）、波塔宁（1884—1885）、科兹洛夫（1883）、别夫措夫（1889—1890）、罗伯罗夫斯基（1893—1895）和克莱门茨（1898），并得出了"很久以前，在中国西北地区的绿洲上住着操印欧语的居民，他们在公元前几个世纪受到印度文化和佛教的深刻影响"的结论。

---

[1] 张艳璐：《1917年前俄国地理学会的中国边疆史地考察与研究》，2013年，南开大学博士论文，第24页。

[2] Hauner Milan. *What Is Asia to Us?* London: Routledge.1992. p. 41.

[3] Козлов П.К. *Дневники Монголо-Тибетской экспедиции 1923–1926*. СПб. Наука. 2003.с.119.（科兹洛夫：《1923—1926年从蒙古至西藏考察日记》，第119页。）

1886年，彼得罗夫斯基对地理协会组织下的俄国贵族格鲁姆·格尔日麦洛率领的考察队、普尔热瓦尔斯基未完成的西藏探险和格罗姆切夫斯基新疆考察队提供了周全的帮助。1886年，俄国地理协会会员格鲁姆·格尔日麦洛（Г.Е. Грум-Гржимайло）在彼得罗夫斯基的协助下首次从中国新疆非法入境。1887年，受俄国皇家地理协会和俄国军事部委托，在养父舍列梅捷夫伯爵的财力支持下，以俄国贵族格鲁姆·格尔日麦洛为首的考察队计划对萨雷阔勒、坎巨提、兴都库什山等地区进行地理考察和地形测绘。格鲁姆考察队置英、俄政治局势于不顾，铤而走险，两次非法入境中国，并无限接近英、俄敏感地带。彼得罗夫斯基冷静地处理了格鲁姆·格尔日麦洛在敏感地区的胡作非为，避免了冲突的发生，并提醒地理协会"有秩序地"从新疆获得宝藏。1888年，领事彼得罗夫斯基给普氏的贺信中，对普氏在地理探险和政治探察两方面取得的成就给予了高度评价。在俄国皇家地理协会普尔热瓦尔斯基档案中保存着彼得罗夫斯基给普氏的14封书信，他为普氏未完成的第5次中国西藏考察提供了路线设计、注意事项等可靠信息。此外，还为普氏的政治探察提供了情报协助。1888年，普氏意外离世，这对俄国皇家地理协会和俄国考古学界造成了巨大损失，俄国皇家地理协会立即组织别夫措夫到昆仑山和喀什考察，格罗姆切夫斯基到喷赤河上游和塔里木盆地考察，格鲁姆·格尔日麦洛到天山东部考察。3次大规模亚洲探险延续了普氏西域探险的生命，更确切地说，完成了普氏西域考察未竟事业。格罗姆切夫斯基1888年的坎巨提考察获得批准后，彼得罗夫斯基收到全力协助格罗姆切夫斯基完成坎巨提考察的命令。1890年2月10日，格罗姆切夫斯基考察队返回喀什南部的小村庄。喀什领事馆向探险队提供4000卢布协助，使格罗姆切夫斯基得以继续完成对莎车河流域及喀什东麓的考察。彼得罗夫斯基竭力掩饰格罗姆切夫斯基在考古活动下进行的政治考察活动，并设计将英国军官扬哈斯本考察队驱逐于中国境外。

鉴于彼得罗夫斯基对俄国皇家地理协会所作"贡献"，1894年，彼得罗夫斯基成为俄国皇家地理协会正式会员。[1]

五、彼得罗夫斯基与俄国委员会的联系

1898年，俄国科学院组织科考队到中国新疆搜集信息和古代文书。考察队在克莱门茨（Д.А.Клеменц）的带领下前往中国吐鲁番并有重大收获。1899年在罗马举行的第十二届国际东方学家大会上，俄国东方学家瓦西里·瓦西里耶维奇·拉德洛夫院士介绍了克莱门茨的吐鲁番考察活动及所劫古文书，引起了西方学者的垂涎，拉德洛夫建议成立专门研究中亚和中国文化国际协会。他的提案经大会讨论通过，协会章程草案由俄国东方学家制定。1902年9月，在德国汉堡举行的第十三届国际东方学家大会上，俄国委员会最终成立了，委员会的组织协调机构设在圣彼得堡。俄国委员会的全称是俄国中亚东亚研究委员会（Русский комитет для изучения Средней и Восточной Азии，РКСВА）。委员会章程规定"俄国委员会完全从属于外交部，由外交部部长确定委员会成员及其中央局主席、副主席及两名秘书"[2]。委员会由俄国

---

[1] Семёнов П.П. *История полувековой деятельности Императорского Русского географического общества. 1845–1895*. с. 124.（谢苗诺夫：《1845—1895年俄国皇家地理协会活动概要》，第124页。）

[2] Попова И.Ф. *Российские экспедиции в Центральную Азию на рубеже XIX–XX веков* // Российские экспедиции в Центральную Азию в конце XIX–начале XX века. СПб. 2008. с. 28.（波波娃：《19世纪末20世纪初俄国的中亚考察》，第28页。）

科学院、圣彼得堡大学东方学语言系、俄国皇家考古协会、俄国皇家地理协会、外交部、军事部、财政部、教育部与内务部的代表组成,成员有拉德洛夫、奥登堡、巴托尔德、维谢洛夫斯基、茹科夫斯基(В.А. Жуковский)、查列曼、克莱门茨等。拉德洛夫任委员会主席,巴托尔德任委员会秘书长。沙皇宫廷大臣乌赫托姆斯基公爵为委员会成员,他是俄国政府殖民政策的推行者。军事代表则是瓦西里元帅。成立伊始,俄国委员会在不同领域积极开展各项活动,辐射区域涉及哈萨克斯坦、西伯利亚和中国直至远东地区。

俄国对西域文物和文献的大规模劫掠,正是由与外交部有密切关系的俄国委员会主持。所谓的俄国委员会是以学术考察为掩饰而进行包括文献收集、情报收集、地形勘察、地图测绘等活动的特殊机构,其活动在很大程度上为俄国对外扩张提供素材和智力支撑。俄国委员会自1902年诞生,1918年结束,策划了一系列在我国的"探察"活动。1903年,俄国委员会下令全部考察活动集中在东方。1904年,尼古拉二世向俄国委员会拨款12000卢布,支持俄国考察队到中国新疆进行各种形式的探险,并准许外交部自1905年起连续4年每年支助7000卢布"给此项事业"[①]。俄国委员会实际上在俄国外交部的统领下,在外交部各驻外代表的配合下进行文物文书窃取的侵略活动,并将大量涉及考古学和民族学收集品运送回国。以中国新疆和甘肃地区为例,1903年11月,俄国委员会接受了奥登堡提出的关于"同意克莱门茨带队赴吐鲁番和库车考察的建议",考察活动也得到沙皇政府的经费支持,由于日俄战争爆发,这次大规模考察没有实现。1904年,俄国委员会派别列佐夫斯

---

① 俄罗斯科学院档案馆圣彼得堡分馆藏,档案编号:ПФА РАН.Ф.148. On.1,ед. хр. 49. Л.46。

基前往库车，杜丁前往吐鲁番考察，考察队带回了库车地区库木图拉和克孜尔等洞窟的壁画和雕像，杜丁拍摄了大量洞窟照片，别列佐夫斯基临摹的壁画手稿至今保存于俄罗斯科学院。俄国委员会发起人之一奥登堡的两次中国西北之行，也是由俄国委员会派遣。1903—1910年，委员会通报上陆续发表《罗马会议和汉堡会议备忘录摘要》《鲁德涅夫（А.Д. Руднев）蒙古东北边疆区考察报告》《格伦威德尔中国新疆考古工作注释》《格伦威德尔吐鲁番及其周边地区考察报告》《波波夫（Попов П.И.）库车考察日记》《巴托尔德撒马尔罕考察简讯》《鲁德涅夫的卡尔梅克考察简讯》《博别（Поппе Н.М.）的黑龙江省考察简讯》《谢尔巴茨基的考察简讯》《维谢列夫斯基的新疆考察》《杜丁的撒马尔罕古墓考察报告》《奥登堡考察简讯》《查列曼1907年的新疆考察报告》《1909年萨莫洛维奇塔什干、布哈拉、希瓦考察报告》《1908年夏杜丁赴撒马尔罕考察报告》《谢尔巴茨基印度考察报告》等。

1904年，在委员会秘书长奥登堡的提议下，彼得罗夫斯基当选俄国委员会通讯会员。[1]遗憾的是，委员会成立之时，彼得罗夫斯基也即将离开喀什，他向俄国委员会捐出了自己的第二批收集品，这部分文献最终收入皇家科学院亚洲博物馆。1908年，俄国政府认为委员会附属于外交部更利于活动的开展。[2]随后俄国委员会彻底由外交部接管。同年，俄国委员会在皇室乡间别墅举办了一次关于新疆收集品的展览，部分展品和照片素材来源于彼得罗夫斯基收集品。

---

[1] И.В.Тункина. *Н.Ф.Петровский как собиратель древних памятников письменности в востоcном туркестане* // ВОСТОК-ЗАПАД. Спб. 2013. c. 106.（图金娜：《彼得罗夫斯基在新疆收集的手稿和艺术品》，第106页。）

[2] 俄罗斯科学院档案馆圣彼得堡分馆藏，档案编号：ПФА РАН. Ф.148. Оn.1,ед. хр. 49.Л.27-27об。

本章小结

　　1881年11月25日，俄国与清政府签订《喀什噶尔界约四条》后在喀什建立领事馆，以此抗衡英国在中国新疆边界的活动。1882年，任俄国财政部驻塔什干总代表的彼得罗夫斯基在俄属中亚10余年间的工作业绩得到外交部内务司司长奥斯丁·萨肯的赏识，在奥斯丁·萨肯的推荐下，彼得罗夫斯基成为喀什噶尔领事的不二人选。1882—1884年，俄国驻喀什噶尔领事馆完成了初步建设。

　　彼得罗夫斯基是最早发现并收集中国新疆考古资源的外交官员，也是第一位把语言学、地名学和民族学应用于考察研究的外交官员。英、俄考古之争和国家命令是彼得罗夫斯基20余年源源不断收集新疆古文书文物的根本原因。

　　到1892年前后，俄国在喀什的地位和影响力已超英国，彼得罗夫斯基也逐步从烦琐的领事工作中解脱出来，将更多时间用在喀什周边古遗址的考察和古文书的收集上。1895年，俄国驻喀什领事馆升级为总领事馆，而彼得罗夫斯基和俄国科学院、俄国皇家考古协会、俄国皇家地理协会、俄国委员会等半学术机构，特别是与圣彼得堡学者罗曾、奥登堡的联系日益频繁，他们是彼得罗夫斯基收集新疆古文物的幕后黑手。在俄国委员会、俄国皇家考古协会、俄国皇家地理协会的委托下，在外交部、军事部、沙皇俄国政府的财力物力支持下，古文书发出者彼得罗夫斯基——古文书接收者俄国科学院罗曾院士——古文书研究者奥登堡院士三者之间建立了牢固的西域古文书收集研究网络，俄国在考古之争中保持明显优势。

第二章　彼得罗夫斯基的新疆考察活动

第一节　彼得罗夫斯基对喀什及其周边古迹的考察

俄罗斯科学院档案馆圣彼得堡分馆保存着彼得罗夫斯基和考古学家奥登堡院士、历史学家罗曾院士等东方学者的书信和报告，对彼得罗夫斯基在喀什古城及其周边古迹勘察轨迹和研究细节有较多揭示。

彼得罗夫斯基很早就意识到南疆古代遗迹的历史和考古价值：

> 对于新疆的其他古迹，也是不清楚来历，知道的人多，研究的人少。更不要说那些埋藏在塔克拉玛干沙漠千年风沙下的古迹了。有时，强风将上层的沙土吹散，露出了废墟或古迹的一部分。一旦出现这样的情况，当地居民就非常兴奋地赶过去，希望挖出点儿值钱的宝贝。请允许我提出几处这样的古迹，在我看来，具有极高的历史价值和考古价值。[①]

在他的建议下，俄国先后组织10多次大规模西域考察探险队，劫取

[①] Григорьев В.В. *Восточный или Китайский Туркестан*. Вып. II. СПб. 1873. с. 162. （格里戈里耶夫：《中国新疆》，圣彼得堡，1873年，第162页。）

了大量珍贵的古代文书文物。在俄国皇家考古协会组织大规模考察之前，彼得罗夫斯基自己就组织了几次考察。他是第一位对喀什以北三仙洞石窟、喀什东北方向25公里的汗诺依古城及内部的"鸽子窝"废墟进行考察和研究的外交官。他从建筑特色、内部结构、民间传说、用途等方面对这几处古迹进行了描述和研究，虽然他的记述不够完整，内容不够准确，但作为研究喀什古城的外文原始材料显得弥足珍贵，这些资料也为研究佛教在喀什噶尔的衰败等提供了线索。①

一、彼得罗夫斯基对三仙洞石窟的考察

从喀什至克孜勒苏一带，分布着大大小小的佛教遗迹。这些遗迹引起了彼得罗夫斯基的兴趣，在和当地人的交流中彼得罗夫斯基得知，除了喀什、库车之外，周边也有这样的遗迹存在。

在新疆南部，和佛教相关的古迹非常多，也许在帕米尔地区也能发现这样的古迹。在雅什力·库里（Яшиль-Куль）湖旁有个被称为苏玛·塔什（Сума-таш）的地方，来自蒙古语苏迈（сумэ），意为"祈祷的神殿"。根据当地人的讲述，大部分古迹基本在喀喇汗王朝建立之前。库车及周边地区有很多这样的古迹，在离道路不远的山区，有一些石质古迹的废墟，我向从那儿来的当地人详细询问了情况。②

---

① Петровский Н. Ф. Ответ консула в Кашгаре Н.Ф. Петровского на заявление С.Ф. Ольденбурга // ЗВОРАО. 1893. Т. VII. с. 293.（彼得罗夫斯基：《俄国驻喀什领事彼得罗夫斯基对奥登堡所提问题的答复》，第293页。）

② Петровский Н. Ф. Ответ консула в Кашгаре Н.Ф. Петровского на заявление С.Ф. Ольденбурга // ЗВОРАО. 1893. Т. VII. с. 294.（彼得罗夫斯基：《俄国驻喀什领事彼得罗夫斯基对奥登堡所提问题的答复》，第294页。）

彼得罗夫斯基从距离领事馆所在旧城最近的废墟入手。根据信件时间来看，这应该是他最早考察的一处古墓，因这处遗迹在阿古柏统治时期被当地居民洗劫过，所以彼得罗夫斯基未收获珍宝。

1891年，彼得罗夫斯基利用空闲时间察看了喀什旧城以北的两处佛教遗迹。一处是破坏严重的坟冢，另一处是三仙洞石窟。1892年1月，彼得罗夫斯基给奥登堡的回信中谈到了这两处古迹。"一个是佛教古迹，另一个想必也和佛教有关。最近我打算详细地研究这两处古迹并作出描述"①。随后，彼得罗夫斯基又给奥登堡写了信，信中提到喀什城北的"土堆"引起了自己的研究兴趣，根据当地居民的讲述，"城市周边的那些没有窗户和门的古塔，可能就是坟冢"②。

第一处古迹是座被严重破坏的坟冢废墟，根据彼得罗夫斯基所述，③坟冢是在喀什噶尔城北大概三俄里的吐曼河对岸，在流淌于城市间的小河流尽头，有一处突出的陡峭山地。这处废墟大概在山地300俄丈远的地方。从城市的方向看去，这处废墟就像竖起的古墓。如果没有那些坑坑洼洼，废墟的底部应该是平坦的。大大小小的裂缝被水冲刷过，非常像森林中的土壤。坟冢的形状，现在来看，不是圆柱形，倒像个圆锥体。坟冢的周围是沟壑，深度有三到

---

① Петровский Н. Ф. Ответ консула в Кашгаре Н.Ф. Петровского на заявление С.Ф. Ольденбурга // ЗВОРАО. 1893. Т. VII. с. 294.（彼得罗夫斯基：《俄国驻喀什领事彼得罗夫斯基对奥登堡所提问题的答复》，第294页。）

② Петровский Н. Ф. Ответ консула в Кашгаре Н.Ф. Петровского на заявление С.Ф. Ольденбурга // ЗВОРАО. 1893. Т. VII. с. 294.（彼得罗夫斯基：《俄国驻喀什领事彼得罗夫斯基对奥登堡所提问题的答复》，第294页。）

③ Григорьев В.В. Восточный или Китайский Туркестан. Вып. II. СПб. 1873. с.164.（格里戈里耶夫：《中国新疆》，第164页。）

四俄丈。坟冢的主体就在沟壑中。坟冢全部或部分由形状不规则的砖头砌成，有点像烧过的黏土，而形状规则的砖块我还没有找到。周围地方由剩下的砖头和黏土修整。根据当地居民的描述，在阿古柏统治时期，这块坟冢被当地居民翻挖过，但并不清楚他们是否找到了有价值的文物。①

另一处古迹在喀什以北16公里，通向阿图什村的商队附近，三仙洞石窟是其中一处，它坐落在伯什克然木河右岸峭壁的半山腰上，并不起眼。根据彼得罗夫斯基的记录，"在喀什，有两个阿图什村，一下一上，两个村落都历史悠久"②。

喀什噶尔向北，从上阿图什村到下阿图什村的路上，在恰克玛克河岸边的悬崖峭壁上有一块隆起的高地上，汉语叫作三仙洞（Саньшаньдун），因洞窟的半山腰上有三个小洞而得名，这是一处佛教遗迹。③

彼得罗夫斯基是第一位对三仙洞的考察和研究撰文记录的欧洲人，也是第一位对三仙洞石窟进行研究的外交官员，他从语言学、民族学

---

① М.И.Воробьева-Десятовская. *Материалы Н.Ф.Петровского в ИВР РАН* // КОЛЛЕКЦИИ И АРХИВЫ. 2011. с.188.(图金娜：《彼得罗夫斯基在新疆收集的手稿和艺术品》，第188页。)

② Петровский Н. Ф. *Ответ консула в Кашгаре Н.Ф. Петровского на заявление С.Ф. Ольденбурга* // ЗВОРАО. 1893. Т. VII. с. 295.(彼得罗夫斯基：《俄国驻喀什领事彼得罗夫斯基对奥登堡所提问题的答复》，第295页。)

③ Петровский Н. Ф. *Буддийский памятник близ Кашгара* // ЗВОРАО. 1893. с. 298-299.(彼得罗夫斯基：《喀什周边的佛教遗迹》，第298—299页。)

和地理学角度对三仙洞石窟进行了实地考察和研究。1891年，彼得罗夫斯基给罗曾的信中写道：这些日子在喀什周边研究古窟，我准备了包括梯子和绳索在内的所需工具。利用空闲时间，彼得罗夫斯基带着哥萨克兵对佛教遗迹三仙洞进行了不止一次的考察并拍摄了石窟照片（图2-1）。

图2-1 彼得罗夫斯基拍摄的三仙洞石窟照片（图片摘自彼得罗夫斯基《喀什周边的佛教遗迹》，《俄国皇家考古协会东方部学报》1893年第5卷，第299页）

古迹上有三个类似窗户或门的小洞，当地居民称其为乌齐玛·拉旺（учма-раван），起初我认为乌齐（Уч）是这个词的前缀，意思为"3个"，因为上面有3个小孔，但当地人给出了另一种说法，乌齐玛（учма）是一个单词，意为"散落到四方"；还有一些居民称其为"абрикос"（杏树）。根据当地人的讲述，我推测这些名称的意思是"难走的入口"。有小洞的那面山坡有几十俄丈宽，小洞的后方也就是山的后方，有一道很深的峡谷，有传闻说古迹的房间里曾住着一位中国的公主，除此之外，再无其他细节。认真察看古迹及其周边环境后，我认为，这几个洞孔可能是地下密室的一部分，随着时间的推移抑或受到冲击后脱离主体，看上去像房门。但我怎么也没找到类似入口的地方，护卫队中的一名哥萨克兵借助绳索爬到房间内部一探究竟，他告诉我，里面的房间有两扇门，房间的中间有一块木头或者一尊佛像。哥萨克兵匆匆看了一眼就赶紧出来了，用绳索做的梯子毕竟不牢固。这处古迹很有可能是格里格耶夫文中提到的古迹，很明显，是一处佛教遗迹。[1]

彼得罗夫斯基指出三仙洞"洞窟由泥浆筑成，在布哈拉、塔什干和喀什常用这种建造方式"。乌其玛·拉望是彼得罗夫斯基仿照维吾尔语发音用俄语音节表示的名称，根据三仙洞的维吾尔语发音及书写，彼得罗夫斯基推测三仙洞意为"难走的入口"。彼得罗夫斯基从当地居民口中得知，阿古柏在统治区内推行伊斯兰教期间，这座寺庙就在那时起被废弃，甚至破坏。[2]

三个洞窟处于同一高度，洞窟就在这个被挖成平行四边形的山谷的一面。通向其中最大的一个洞窟还要通过3条长廊，洞窟内有

---

[1] Петровский Н. Ф. *Буддийский памятник близ Кашгара* // ЗВОРАО. 1893. с. 298–299.（彼得罗夫斯基：《喀什周边的佛教遗迹》，第298—299页。）

[2] Петровский Н. Ф. *Буддийский памятник близ Кашгара* // ЗВОРАО. 1893. с. 300.（彼得罗夫斯基：《喀什周边的佛教遗迹》，第300页。）

一尊坐佛。这处古迹毫无疑问是佛教遗迹，来自东部的旅行家给我讲过佛教在喀什噶尔一度盛行，这处古代佛教遗迹的发现再次证明了这一事实。①

在彼得罗夫斯基的指示下，哥萨克护卫队首领利索夫（Лисов）下级准尉借助绳索做的简易梯子进入石窟并对洞窟内部进行了测量，彼得罗夫斯基在利索夫的描述下绘制了洞窟内部平面图（图2-2）。

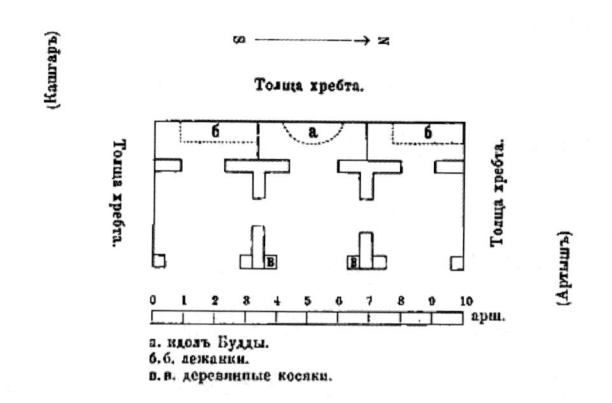

图 2-2 彼得罗夫斯基绘制的三仙洞洞窟平面图（图片摘自彼得罗夫斯基《喀什周边的佛教遗迹》，《俄国皇家考古协会东方部学报》1893年第5卷，第299页）

洞窟内部长12.5俄尺，宽5.5俄尺，共有三个房间，三个房间的高度和面积大体相同，长5.5俄尺，宽3.5俄尺，高3.5俄尺。每个房间又分为一大一小两部分。洞窟的正中间有一尊坐佛，佛像的头部破损严重，手部也遭到了破坏，隐约可见手臂线条，向内弯曲，佛像的双腿已经看不清了，从破损处可以看到佛像是用黏土和干草制

---

① Петровский Н. Ф. *Буддийский памятник близ Кашгара* // ЗВОРАО. 1893. с. 297.（彼得罗夫斯基：《喀什周边的佛教遗迹》，第297页。）

成，这种方式在俄属中亚和布哈拉也很常见……房间的墙壁被抹成灰色或白色，上面有到过此处探险家的名字。①

彼得罗夫斯基对三仙洞石窟的外部形态、特征及内部结构做了系统描述和测绘，确定三仙洞石窟为佛教遗迹。彼得罗夫斯基到达三仙洞时，内部的坐佛已经被严重破坏，墙壁上也被涂鸦破坏。为了确定三仙洞在此之前是否被研究过，彼得罗夫斯基专门查阅了俄国地名学家、史学家肯托夫所著的地名册《古代定居居民及其后代的名字》②和1829年圣彼得堡出版的《新疆概况》。③1892年1月，彼得罗夫斯基给奥登堡的信中说到希望尽快拿到用来研究新疆考古遗迹的两本书。

> 我还没有拿到肯托夫（Кентов）关于这两个村落组成或街坊的清单。在肯多夫名册里，哪怕是很小的村落都有大量的名称，最接近所需资料的一组信息应该是《古代定居居民及其后代的名字》，以及《新疆概况》。④

彼得罗夫斯基对三仙洞石窟的研究成果以《喀什周边的佛教遗迹》为题发表在《俄国皇家考古协会东方部学报》第5卷，这是彼得罗斯

---

① Петровский Н. Ф. *Буддийский памятник близ Кашгара* // ЗВОРАО. 1893. с. 299–301.（彼得罗夫斯基：《喀什周边的佛教遗迹》，第299—301页。）

② 俄罗斯科学院东方文献研究所藏，档案编号：АВ ИВР РАН. Ф. 43. Оп. 3, ед.хр. 15。

③ Иакинфа о. *Описание Восточного Туркестана*. СПб. 1829. часть II. с. 143.（伊阿金法：《新疆概况》，第143页。）

④ Петровский Н. Ф. *Ответ консула в Кашгаре Н.Ф. Петровского на заявление С.Ф. Ольденбурга* // ЗВОРАО. 1893. Т. VII. с. 295.（彼得罗夫斯基：《俄国驻喀什领事彼得罗夫斯基对奥登堡所提问题的答复》，第295页。）

基在《俄国皇家考古协会东方部学报》上发表的第一篇文章。彼得罗夫斯基确定了三仙洞石窟的佛教遗迹属性,但因考察工具只有绳索做的简易梯子,以及哥萨克兵的不专业和疏忽大意,他们未发现洞窟内部壁画。

二、彼得罗夫斯基对喀什古城的定义及"鸽子窝"废墟的考察

彼得罗夫斯基是最早对喀什古城进行研究的欧洲官员。1892年夏秋,彼得罗夫斯基两次对汗诺依古城进行了考察,他给罗曾院士的信中推断领事馆以北,以及喀什城郊的古墓周边直到第一任哈里法阿布·伯克尔曾经统治的区域为喀什古城。经过两年的研究,彼得罗夫斯基基本确定汗诺依古城就是喀什旧城。

现今的喀什噶尔由两部分构成。旧城,维吾尔语称库尼·沙尔和新城亚吉·沙尔。新城是城市的堡垒,供中国士兵居住,里面的小型巴扎建于50—70年前。新旧两城相距8俄里。旧城里住的是喀什土著居民。14世纪末,他们从吐曼河支流克孜勒苏河右岸,靠近第一任哈里法阿布·伯克尔管辖区域迁到此地。克孜勒苏河左岸,也就是喀什噶尔新城的对面是库尔干村,那里大片的空地上有成千上万座坟墓建在穆斯林麻扎的周围,其中最著名的一处是阿帕克和卓麻扎,是喀什地区穆斯林首领阿帕克和卓的墓地。吐曼河自东向西流淌,将喀什噶尔新城和旧城分隔开。①

---

① Петровский Н. Ф. Заметки о древностях Кашгара. Вып.1: Хан-Уй // ЗВОРАО. 1896. Т. IX. Вып. I-IV. с. 147-148.(彼得罗夫斯基:《喀什的古代遗迹汗诺依》,第147—148页。)

从三仙洞到阿帕克和卓麻扎之间，彼得罗夫斯基挖掘出各式各样的小物件和玻璃制品，彼得罗夫斯基认为这些古文物并非日常用品，很有可能是寺庙中用于祭祀的器皿，还有一些用来存水。彼得罗夫斯基在麻扎附近也发现了大量带耳或不带耳的陶器和玻璃制品，他认为挖掘出的大部分古物属于宗教用品。除了以上发现，彼得罗夫斯基还在阿帕克和卓麻扎周边的小麻扎的墙角挖出了96枚印有图案和阿拉伯铭文的铜币。①

1892年10月，彼得罗夫斯基给东方学家罗曾院士的信中提到自己开始对汗诺依高台古迹上被当地人称为"鸽子窝"的古代遗迹进行研究。

> 尊敬的维克多·罗曼诺维奇公爵，想必您已经收到了我写的简讯——《喀什周边的佛教遗迹》。我亲自去了一趟最新发现的"汗诺依"废墟，太震撼了，建筑物上玻璃装饰（尽管有些已经破碎）非常精致。在汗诺依高台上有个名叫"卡普塔尔罕（Каптархан）"的古代废墟，意为鸽子窝，古罗马也有一处用于存放骨灰龛的类似废墟。两处古代遗迹无论从名字上还是建筑造型上都非常相似。关于在汗回高台的勘察，②我会很快发您一份简讯。③

在喀什噶尔周边有两处卡普塔尔罕废墟，保存较好的一处位于

---

① Петровский Н. Ф. *Заметки о древностях Кашгара. Вып.1: Хан–Уй* // ЗВОРАО. 1896. Т. IX. Вып. I-IV. c. 150.（彼得罗夫斯基：《喀什的古代遗迹汗诺依》，第150页。）
② 此处彼得罗夫斯基用了普尔热瓦尔斯基惯用的俄语单词。
③ Под общ. ред. М.Д. Бухарин. *Эпистолярные документы из архивов Российской академии наук и Турфанского собрания*. Москва : Памятники исторической мысли. 2018. c. 95.（布哈林编：《俄罗斯科学院档案馆藏吐鲁番考察书信》，莫斯科：历史意义出版社，2018年，第95页。）

喀什噶尔的东北方向，汗诺依古城附近。另一处在汗诺依古城的反方向，从汗诺依古城到比比玛利亚麻扎的路途上，只剩些残垣断壁。卡普塔尔罕的四个墙角向内部倾斜，城墙主体由砖块砌成，没有屋顶，整个建筑直接敞开于空气中。高度有10俄丈。每一面墙壁上有六排小孔。这些小孔正是当地居民称它为鸽子窝的原因。还有可能卡普塔尔罕的意思就是鸽子窝。我仔细查看了两处卡普塔尔罕，没有找到进入内部的主门。墙面上的这个大窟窿是后人打通的，可能是为了看看内部的样子而野蛮地开了这样一个洞口。我在靠北的一处墙角发现了一具没有颅骨的尸骨。遗迹周边也散落着大大小小的人骨。①

麻扎建筑使用了大量的彩色玻璃作为装饰，彼得罗夫斯基推测这里曾经是手工业生产中心，当地的工匠制造出白色、黑色、蓝色、绿色的玻璃制品作为麻扎顶部装饰，"很难想象，这些精美且易碎的玻璃是从遥远的地方运到此地，很有可能，正是在当地生产，那些晒化掉的玻璃边缘，似乎证明了这一点"②。除麻扎上精美的玻璃装饰让彼得罗夫斯基再次惊叹外，彼得罗夫斯基发现汗诺依高台古城的卡普塔尔罕废墟和罗马的一处用于存放骨灰龛的废墟无论从名字上还是建筑形式上都非常相似。（图2-3）

---

①Петровский Н. Ф. *Заметки о древностях Кашгара*. Вып.1: Хан-Уй // ЗВОРАО. 1896. Т. IX. Вып. I–IV. с. 151-152.（彼得罗夫斯基：《喀什的古代遗迹汗诺依》，第151—152页。）
②Петровский Н. Ф. *Заметки о древностях Кашгара*. Вып.1: Хан-Уй // ЗВОРАО. 1896. Т. IX. Вып. I–IV. с. 154.（彼得罗夫斯基：《喀什的古代遗迹汗诺依》，第154页。）

图 2-3　彼得罗夫斯基拍摄的鸽子窝遗迹照片（图片摘自彼得罗夫斯基《喀什的古代遗迹汗诺依》，《俄国皇家考古协会东方部学报》1896年第5卷，第154页）

　　汗诺依高台废墟上建有各式各样的大型古代建筑，其中有一处废墟和古罗马的建筑类型非常相似，看上去像鸽子窝。①

　　彼得罗夫斯基对两处鸽子窝都进行了考察，彼得罗夫斯基研究报告中的鸽子窝照片是保存较好的位于汗诺依古城的一处。彼得罗夫斯基对鸽子窝的外部形态、内部结构、历史渊源、可挖掘文物情况进行了详细描述。废墟上一排排小孔的用途一直困扰着彼得罗夫斯基。俄国东方学家波塔宁②在《历史公报》上对在中国发现的类似的小孔做了描述后，彼得罗夫斯基的疑问也迎刃而解。他给罗曾院士的信中明确"这些

---

①Петровский Н. Ф. Заметки о древностях Кашгара. Вып.1: Хан-Уй // ЗВОРАО. 1896. Т. IX. Вып. I-IV. с. 155.（彼得罗夫斯基：《喀什的古代遗迹汗诺依》，第155页。）

②波塔宁·格里戈里·尼古拉耶维奇（1835—1920），中亚考古学家，探险家。

小孔无疑是佛教上使用的"①。

莫尔佛塔是中国西部的佛教遗迹，距今已有千年历史，是古代疏勒附近的佛寺遗迹，佛塔主体位于喀什以东20余公里古玛塔格山中间的沙丘上，与汗诺依古城距离仅几公里。喀喇汗王朝建立后，随着伊斯兰教在喀什的兴起，莫尔佛塔在战火中逐渐废弃。商人阿克萨卡尔告诉彼得罗夫斯基莫尔佛塔周边没有什么值钱的东西，彼得罗夫斯基不以为然。对汗诺依古城及其中莫尔佛塔的浓厚兴趣使彼得罗夫斯基非常想亲自再去一趟汗诺依高台古城。1893年11月初，彼得罗夫斯基给罗曾的信中邀请身体抱恙的东方学家奥登堡院士到喀什休养，抽空一起到汗诺依高台考察。②奥登堡因公事缠身未能一同前往。彼得罗夫斯基也因领事公务繁忙没能再次到汗诺依古城考察。他从当地居民口中了解到，莫尔佛塔的主体由两部分构成，"莫尔"是一处佛塔，位于下阿图什村和汗诺依古城的交界处。旁边的长方形建筑被当地人称为撒卡尔·塔姆，塔姆在维吾尔语中是墙壁的意思，从远处看，这处遗迹正是一面城墙。这两处古迹被破坏得非常严重。1893年12月7日，彼得罗夫斯基给罗曾寄去了委托贸易长去阿图什拍摄的照片，并在照片背面对莫尔佛塔做了详细描述（图2-4）。

---

① 俄罗斯科学院档案馆圣彼得堡分馆藏，档案编号：СПб. ФА РАН. Ф. 777. Оп. 2. Д. 337. Л. 6–6 об。

② Под общ. ред. М.Д. Бухарин. Эпистолярные документы из архивов Российской академии наук и Турфанского собрания. с. 130.（布哈林编：《俄罗斯科学院档案馆藏吐鲁番考察书信》，第130页。）

图 2-4　彼得罗夫斯基委托贸易长拍摄的莫尔佛塔照片（图片摘自彼得罗夫斯基《喀什的古代遗迹汗诺依》，《俄国皇家考古协会东方部学报》1896年第5卷，第155页）

三、彼得罗夫斯基对汗诺依古城遗址的考察

汗诺依古城位于喀什东北25公里处的伯什克然木村，北边是古玛塔格山。学名是"奥勒都·坎特王都"，克孜勒苏河和吐曼河在此交汇，喀喇汗王朝初期中心城市设于此，克孜勒苏河支流和吐曼河从南面和东北方向形成天然的护城河，使城市具有良好的防御外敌进攻的特性。古城是目前所知喀什附近历史最悠久的一处古迹，历史可上溯到新石器时代晚期，唐宋时达到鼎盛。古城因恰克马克河干涸而日趋没落，在喀喇汗王朝中晚期，喀什城从汗诺依城向西南推移，汗诺依改为大汗的夏季行宫，而后逐渐荒废。民间认为"汗诺依"是周边广大地域的统称。城内有残墙、残堡、民居、手工作坊、麻扎、耕田及沟渠等历代遗迹。

1892年，彼得罗夫斯基和秘书柳特什两次到汗诺依古城并对其进行考察。1892年8月，彼得罗夫斯基首次到汗诺依古城进行实地考察。彼得罗夫斯基和当地居民了解到"汗诺依"意为"汗王的宫殿"，推测这里在古代很有可能是大汗的都府，从城角堆放的瓦片可以看出这座古城悠久的历史。因古城建在河畔旁的高台地区克孜勒河两条支流冲击而成的三角洲之上，彼得罗夫斯基称它为"汗诺依高台"遗址。彼得罗夫斯基发现古城防御方式和塔吉克斯坦的中世纪城堡非常像，利用天然河流作为防御外敌的屏障，城墙用坚固的砖块筑垒，再用水泥灌筑。1892年9月13日，彼得罗夫斯基给俄国皇家考古协会东方部主席罗曾院士的信中谈到汗诺依古城的建筑特色和防御功能。

> 这处旧城不仅是一座城市，更重要的职能是保护城中居民，城市被包裹在坚固的城墙内，城市周围是护城河，城墙由红色的坚如磐石的土砖和水泥筑成。城角堆放的瓦片似乎在述说这座古城的历史。第一位接受伊斯兰教的喀喇汗王朝大汗萨图克·布格拉汗（Сатук-Богра-хан）的子孙葬于此地。19世纪60年代，阿古柏在喀什噶尔创建了哲德沙尔政权（Йутишаар）后，下令在此地修建麻扎，作为伊斯兰教徒朝觐之地。①

由上可知，彼得罗夫斯基认为伊斯兰教风格的很多建筑都与第一位

---

① Кузнецов В.С. Первооткрыватель кашгарских древностей // Вестн.Новосиб. гос. ун-та. Серия: История, филология. 2014. Т. 13. вып. 4. с. 88.（库兹尼措夫：《喀什古迹的首位发现者》，第88页。）

接受伊斯兰教的萨图克·布格拉汗王有关，①汗诺依高台也不例外。

彼得罗夫斯基在墓地发现了佛教寺庙常用的莲花元素，找到了佛教在麻扎建筑中的遗存痕迹。领事馆秘书柳特什在汗诺依高台废墟中发现了一些形状像钉子的玻璃制品。此前，彼得罗夫斯基在喀什以北几公里的古墓周围也发现了大量玻璃碎片和类似的"钉子"。1892年9月初，彼得罗夫斯基寄了4份样本到圣彼得堡交由罗曾院士研究"玻璃钉子"的用途。"古墓方圆两俄里埋有大量的玻璃碎片和形状奇异的玻璃钉子。我寄了4份样本给您，能否告诉我这些物品的用途"②，起初这些"钉子"让彼得罗夫斯基感到困惑，随着研究的深入，彼得罗夫斯基逐渐意识到这些所谓的"钉子"是佛教寺庙中常见的莲花造型艺术品中断裂的荷花茎，这让彼得罗夫斯基兴奋不已，彼得罗夫斯基推测汗诺依高台废墟的麻扎建筑很有可能是阿古柏在原来佛教寺庙的基础上所修建。

1892年11月15日，彼得罗夫斯基再次向东方学家罗曾院士汇报自己对汗诺依的最新研究情况。

> 我将于两周后寄出我对汗诺依研究的简讯。我对汗诺依的研究兴趣越来越浓厚。这里有大量的玻璃碎片和没有腐蚀的遗骸。这都是哪里来的？③

---

① Петровский Н. Ф. Заметки о древностях Кашгара. Вып.1: Хан-Уй // ЗВОРАО. 1896. Т. IX. Вып. I - IV. с. 155.（彼得夫斯基：《喀什的古代遗迹汗诺依》，第155页。）

② 俄罗斯科学院档案馆圣彼得堡分馆藏，档案编号：СПб. ФА РАН. Ф. 777. Оп. 2. Д. 337. Л. 6-6 об。

③ Под общ. ред. М.Д. Бухарин. Эпистолярные документы из архивов Российской академии наук и Турфанского собрания. с.97.（布哈林编：《俄罗斯科学院档案馆藏吐鲁番考察书信》，第97页。）

两周后，彼得罗夫斯基通知罗曾院士将通过奥什的邮局寄出对汗诺依高台废墟的研究结果及发现，简讯中附有高台废墟的全景照片、"鸽子窝"废墟照片、莫尔佛塔照片及近百件所获古物照片，包括绘有各式花纹的陶器、刻有阿拉伯铭文的古代钱币等。

8天后，将从奥什的邮局寄出对汗诺依高台古迹的研究简讯以及在废墟周边发现的物件。简讯上有古代遗迹的照片及说明。如果您需要这些原版照片，没问题，我这里冲洗照片很容易。我把最有特色的物件和硬币也寄给您了，我仅保留了他们的照片留存。我把自认为最有意思和最有价值的东西都寄给您了。①

根据这封信的落款日期1892年11月29日推测，彼得罗夫斯基1892年12月7日从奥什的俄国邮局寄出了对汗诺依高台废墟研究的简讯及在古废墟周围找到的物件。1893年5月15日，彼得罗夫斯基给罗曾的信中写道："想必您已经收到关于汗诺依的简讯了，请您斧正。"②彼得罗夫斯基对汗诺依古城的研究没有停止，除了和俄国国内东方学家确定"玻璃钉子"是否确定具有佛教元素外，1893年9月，阿克萨卡尔（贸易长）被派到阿图什村拍摄汗诺依古城废墟中的莫尔佛塔和撒卡尔坦（Сакал-Тан）坟冢两个小型文化古迹的照片，供自己和俄国科学院东方学家进行研究。

---

① Под общ. ред. М.Д. Бухарин. Эпистолярные документы из архивов Российской академии наук и Турфанского собрания. с.99.（布哈林编：《俄罗斯科学院档案馆藏吐鲁番考察书信》，第99页。）

② Под общ. ред. М.Д. Бухарин. Эпистолярные документы из архивов Российской академии наук и Турфанского собрания. с.110.（布哈林编：《俄罗斯科学院档案馆藏吐鲁番考察书信》，第110页。）

还想和您确认下废墟附近找到的玻璃钉子是否具有佛教元素。您也知道，我没有来得及对当地人称为莫尔佛塔和萨卡尔坦坟冢进行全方位考察。前几天，我们的贸易站长（贸易长）去了趟阿图什，我给了他一台小相机，让他经过汗回高台时，拍一些莫尔佛塔和萨卡尔坦的照片。站长出色地完成了任务，照片拍得令我非常满意。从照片看来，是两个小型陵墓，站长告诉我里面没有任何物品。目前我所见到的喀什噶尔城内及其周边坟冢都是砖制。我准备最近再去一次汗诺依高台古城。①

1893年9月，彼得罗夫斯基给东方学家罗曾院士的信中写道：

利用闲暇时间，趁着天气好，我又去看了下附近的古迹，现在可以肯定地说，我没有说错，这片古墓和汗诺依废墟都有佛教印记，我很快把全部材料整理好，发一篇简讯给您。②

1894年4月8日，彼得罗夫斯基给罗曾的信中写到因传染病在喀什的传播不得不推迟对汗诺依古城的考察："因为极其糟糕的天气和传染病的肆虐我不得已一再推迟对汗诺依高台的考察，这里已经死了很多人。"③罗曾院士把彼得罗夫斯基提供的汗诺依古城的照片交给学生奥

---

① Под общ. ред. М.Д. Бухарин. *Эпистолярные документы из архивов Российской академии наук и Турфанского собрания*. c. 118.（布哈林编：《俄罗斯科学院档案馆藏吐鲁番考察书信》，第118页。）

② 俄罗斯科学院档案馆圣彼得堡分馆藏，档案编号：СПб. ФА РАН. Ф. 777. Оп. 2. Д. 337. Л. 8-9об。

③ Под общ. ред. М.Д. Бухарин. *Эпистолярные документы из архивов Российской академии наук и Турфанского собрания*. c. 139.

登堡，奥登堡委托圣彼得堡大学教授汉学家阿列克谢·奥希波维奇（1863—1903）对彼得罗夫斯基寄回的考古资料进行研究。自1895年领事馆秘书柳特什离开后，彼得罗夫斯基更没有时间到喀什周边进行考察了。1895年8月，彼得罗夫斯基再次派阿克萨卡尔去42公里之外的汗诺依高台古城拍些废墟和佛塔的照片。

> 尽管我自己寸步难行，但古代手稿搜索工作没有止步：这几天我派阿克萨卡尔去阿图什村外拍些古城废墟和坟冢的照片，我对他们进行过简单的摄影培训。①

彼得罗夫斯基对喀什古城汗诺依高台废墟的研究陆陆续续长达三年之久，他寄给俄国皇家考古协会东方部主席罗曾院士关于汗诺依高台古城的文章《喀什的古代遗迹汗诺依》也反复修改了几次。1895年11月，奥登堡把文章最终版寄给彼得罗夫斯基查阅。②1895年11月25—26日，彼得罗夫斯基分别给罗曾和奥登堡写了信，表达对皇家考古协会拟刊发自己研究成果和照片的感谢。③1896年，《俄国皇家考古协会东方部学报》第9期刊发了彼得罗夫斯基研究喀什汗诺依高台古城的文章，贸易长阿克萨卡尔拍摄的莫尔佛塔的照片作为说明附于文章之后。

---

① 俄罗斯科学院档案馆圣彼得堡分馆藏，档案编号：СПб. ФА РАН. Ф. 208. Оп. 3. Д. 459. Л. 30-31 об.。
② 俄罗斯科学院档案馆圣彼得堡分馆藏，档案编号：СПб. ФА РАН. Ф. 208. Оп. 3. Д. 459. Л. 37-38。
③ Под общ. ред. М.Д. Бухарин. *Эпистолярные документы из архивов Российской академии наук и Турфанского собрания.* с.152.

四、结语

彼得罗夫斯基对西域古代遗迹的研究和考古资料的收集奠定了俄国对中国新疆地区考察活动的基础。他是第一位对喀什古城、三仙洞石窟、汗诺依古城、莫尔佛塔等古代遗迹进行考察和研究的外交官员。1889年,俄国东方学家、印度学家、俄国印度学研究创始人米纳耶夫·伊万·巴甫洛维奇(1840—1890)在去世前遗憾地谈道:"从罗布泊到和田需要从历史考古学角度进行专业的研究,希望我们俄国的探险家和东方学家未来可以参与到这项工作。"[1]米纳耶夫的愿望没有落空,3年后,俄国皇家考古协会和遥远的西域建立了直接和长久的联系。彼得罗夫斯基对喀什及其周边古代遗迹全面而深入的研究开启了欧洲探险家、东方学家蜂拥至西域探险的热潮。

莫尔寺遗址一公里处是鸽子窝遗址,两处佛教遗址是佛教在喀什一度盛行的体现。彼得罗夫斯基在书信中对喀什周边废弃的三仙洞和麻扎建筑群的描述和对比,见证了佛教在喀什的衰败和伊斯兰教在喀什的兴起。自阿古柏占领喀什后,三仙洞等被废弃。俄国圣彼得堡大学东方学语言系教授伊万诺夫斯基认同彼得罗夫斯基的观点,他在两篇汉文文献中也找到了关于喀什周边佛窟的记录。

彼得罗夫斯基对三仙洞石窟的记录具有重要价值。19世纪初喀什参赞大臣和宁所撰《回疆通志》中所述的三仙洞仍有清泉流出。"回城北三十里上下,有清泉什甘洌。舣北陡壁之半崖,有石洞三。三洞中

---

[1] Минаев И. П. *Забытый путь в Китай* // Журн. Мин-ва нар. просвещения. 1889. № 7. с. 168–189.

置石像。"①到19世纪末俄国领事彼得罗夫斯基档案资料中所述三仙洞"几十俄丈宽的山坡上有三个小洞",清泉已干涸,周围无草木生长,再到20世纪初法国探险家伯希和考察日记中记录的"正在坍塌和难以进入的"三仙洞,可以明显感受到在风沙蚕食下的三仙洞在一百年间的变化。彼得罗夫斯基对三仙洞石窟、汗诺依古城、莫尔佛塔及鸽子窝废墟的描述和绘制的考古地图为欧洲探险家提供了宝贵的研究资料。伯希和和斯坦因在彼得罗夫斯基研究的基础上完善了对喀什古城的研究。伯希和探险日记中不止一次提到彼得罗夫斯基的研究成果对他的重要帮助,"我所看到的完全和俄文地图以及彼得罗夫斯基获得的资料相吻合"②。时过境迁,遗憾的是晚于彼得罗夫斯基10年研究鸽子窝遗址的伯希和,没有在废墟内外发现彼得罗夫斯基所描述的"保存完整的人类遗骸"。

第二节 彼得罗夫斯基在喀什、库车、库尔勒收获的珍宝及其外流过程

1887—1903年,圣彼得堡科学界不断收到从中国新疆喀什领事馆寄去的珍贵文献文物资料,寄件人就是俄国驻喀什领事尼古拉·费多洛维奇·彼得罗夫斯基,他充分意识到新疆古文书文物的重要价值。在彼得罗夫斯基任职俄国驻新疆喀什(总)领事的20余年间,他把工作之外的全部时间用在古代手稿和文物的收集上,并利用自己的外交官身份

---

① 和宁撰,孙文杰整理:《回疆通志》,北京:中华书局,2018年,第483页。
② [法]伯希和著,耿昇译:《伯希和西域探险记》,北京:人民出版社,2001年,第115页。

在南疆建立了广泛的珍宝收集网络。彼得罗夫斯基在和当地居民的交流中了解到在新疆广为流传的奇谈或传说，并借此寻找古代珍宝。只要是圣彼得堡学术界感兴趣的，彼得罗夫斯基尽可能通过驻地代理收集到并寄给俄国东方学家罗曾院士或他的学生奥登堡研究。19世纪90年代起，俄国皇家考古协会东方部主席、圣彼得堡大学东方学语言系主任罗曾院士（1849—1908）成为彼得罗夫斯基收集品的主要接收者。[①]

彼得罗夫斯基因领事工作繁杂，无法长时间离开领事馆，除了利用空暇时间对喀什周边古城和遗址进行考察研究外，他在中国新疆南部建立了密集的古文书文物收集网络，利用游走在新疆库车、库尔勒、阿克苏、和田等地熟知当地情况和语言的贸易长阿克萨卡尔作为古文书文物的收集人。

彼得罗夫斯基对新疆珍宝的搜罗具有明确的目的性和条理性。从起初的碎片化收集到完整文书的收集、从汉文文献到不知名的语言佛教文献、从新疆北部到南部，遍地是彼得罗夫斯基代理的足迹。彼得罗夫斯基在新疆喀什工作的20余年间，他陆续收集并运回俄国的古文物文书有一万余件，其中文物有3000余件，古代写本、残片总计7000件。[②] 俄罗斯学术界称之为"彼得罗夫斯基收集品"，包括梵文文献、印度文献、藏文文献、吐火罗文文献等，其中不乏《妙法莲华经》《般若波罗

[①] И.В.Тункина. Н.Ф.Петровский как собиратель древних памятников письменности ввостосном туркестане // ВОСТОК–ЗАПАД. Спб. 2013. с. 105–107.（图金娜：《彼得罗夫斯基在新疆收集的手稿和艺术品》，第105—107页。）

[②] Под общ. ред. Попова И.Ф. Сергей Федорович ОЛЬДЕНБУРГ Учёный и организатор науки. Москва: Наука——Восточная литература. М. 2016. с. 145.（波波娃主编：《谢尔盖·费多洛维奇·奥登堡》，莫斯科：科学东方文学出版社，2016年，第145页。）

蜜多心经》等珍贵佛教文献资料。彼得罗夫斯基收集品中最早的文物已有1500多年的历史，这些珍贵文物和文书现存于俄罗斯国立艾尔米塔什博物馆和俄罗斯科学院东方文献研究所。除古代写本外，彼得罗夫斯基还收集了大量民族学和民俗学资料，绘制了新疆古城镇地图，并在地图上对各类废墟、遗迹做了标记。①因彼得罗夫斯基文书收集的隐蔽性等原因，国内对彼得罗夫斯基收集品关注度不高。本节以彼得罗夫斯基档案资料和个人书信为中心，爬梳彼得罗夫斯基在喀什及塔克拉玛干沙漠北缘绿洲库车、库尔勒、阿克苏收集的珍宝及其流失时间等细节，尝试对彼得罗夫斯基搜罗新疆珍宝的方式、特点进行归纳。

一、彼得罗夫斯基在喀什和莎车发现的古币及研究

在有关新疆的汉文文献中提到，古代西域曾制造大量的金币银币。彼得罗夫斯基在新疆收集的大量古币证明了这一点。彼得罗夫斯基在俄属中亚工作期间就喜欢收集古代钱币，他和小儿子在费尔干纳州和撒马尔罕搜集了近100枚古代钱币和近10块印章。在喀什的前两年，彼得罗夫斯基困于烦琐的领事工作中，虽依旧延续在塔什干收集古硬币的做法，但尚无收获。1884年10月25日，彼得罗夫斯基给历史学家柯别克的信中谈到自己开始有意搜集当地古硬币：

> 我很早就开始收集硬币，儿子也喜欢收集，我的小儿子已经收集了近100枚古钱币和近10块光玉髓印章。这些硬币不是来自喀什

---

① Попова И.Ф. Российские экспедиции в Центральную Азию на рубеже XIX–XX веков // Российские экспедиции в Центральную Азию в конце XIX–начале XX века. СПб. 2008. с. 27.（波波娃：《19世纪末20世纪初俄国的中亚考察》，第27页。）

噶尔，而是在费尔干纳州和撒马尔罕搜集的，在喀什噶尔目前还没什么收获。①

彼得罗夫斯基在喀什的珍宝收集也是从古钱币开始，这些古币部分源自中亚、西亚，更多是喀喇汗王朝时期所铸造。公元10世纪至13世纪初，回鹘人在新疆南部建立了喀喇汗王朝，亦称"黑汗王朝"。喀喇汗王朝成立后即开始了操突厥语民族的伊斯兰化进程，王朝存在的300余年间发行了大量的钱币，流通量非常大，铜币居多，制作方式与我国传统的铸币方式有所不同，既非镌刻也非浇铸而成，而是采用古希腊传统打压法制成。喀喇汗钱币中最早的伊斯兰风格货币，采用圆形（椭圆形）无孔造型，钱币上无汉字，使用的是阿拉伯文，铭文内容多为古兰经经文。钱币既保持了中原钱币圆形造型的特点，也融合了古希腊的钱币文化，"喀喇汗王朝货币吸收了中原货币外圆内方的特点，同时又采用了中西亚打压法铸造货币，钱币上刻着伊斯兰教回鹘铭文"②，这些形式各异的钱币成为研究西域历史的重要资料。国内学界根据喀喇汗钱币的形制特点和铭文内容主要分为玉素蒲·阿尔斯兰汗钱、桃花石汗钱和穆罕默德·阿尔斯兰汗钱三种货币。

作为喀喇汗王朝政治中心和交通要塞的喀什及其周边地区，自然成为该钱币的主要流通地点和日后的发掘地点。1887—1892年，彼得罗夫斯基在喀什及其周边古代遗迹发现了大量的古钱币，他发现喀什的古

---

① Мясников. В.С.в.Г. Бухерт. Н.Ф.Петровский Туркестанские письма. с. 160-161. （米丝尼科夫编：《彼得罗夫斯基，新疆书信》，第160—161页。）

② Мясников. В.С.в.Г. Бухерт. Н.Ф.Петровский Туркестанские письма. с. 308.（米丝尼科夫编：《彼得罗夫斯基，新疆书信》，第308页。）

钱币上刻的大多是阿拉伯文字。1887年，彼得罗夫斯基在喀什发现一枚古钱币，经俄属中亚寄给圣彼得堡的东方学家研究。此后的5年时间里，彼得罗夫斯基在喀什及其周边地区收集的古代钱币全部寄给俄国皇家考古协会研究。1892年3月，彼得罗夫斯基又寄出了30枚印有扎尔比·莎车的硬币照片（图2-5）。

图 2-5　彼得罗夫斯基收集的喀什古钱币（图片摘自彼得罗夫斯基《来自莎车县的神秘古钱币》，《俄国皇家考古协会东方部学报》1893年第7卷，第310页）

　　随另一封信寄去了印有扎尔比·莎车（Зарби Яркенд）的30枚硬币照片。硬币的一面很难辨认。①

　　同年7月，彼得罗夫斯基将莎车发现的古代硬币照片寄到圣彼得堡。

---

①俄罗斯科学院档案馆圣彼得堡分馆藏，档案编号：СПб. ФА РАН. Ф. 777. Оп. 2. Д. 337. Л. 3-4.

我寄出一篇关于莎车县神秘硬币的文章及四张照片，分别是两枚硬币的正反面，请您鉴定。同时也将四张照片的底板寄给您，供需要时使用。①

到1892年9月，彼得罗夫斯基共收集了38枚印有扎尔比·莎车的硬币。

在莎车县又找到了3枚硬币，现在一共有38枚这样的硬币了。②

《俄国皇家考古协会东方部学报》第7卷刊登了彼得罗夫斯基在新疆发现古代硬币的文章——《来自莎车县的神秘古钱币》。③

我在喀什噶尔发现的这些铜币和我们所熟知的硬币不太一样，首先他不是圆形的，一边有凸出的小尖，像个扁桃仁。穆斯林印章中常使用这种样式。这种古币更薄一些，但刻痕很深，其中一枚上的刻字貌似是"扎尔比·莎车"。④

彼得罗夫斯基在文章中对莎车古钱币的形状、厚度、刻字、图案做

---

① 俄罗斯国家古文献档案馆藏,档案编号：РГАДА. Ф. 1385. Оп. 1. Д. 466. Л. 288-293 об.
② 俄罗斯科学院档案馆圣彼得堡分馆藏，档案编号：СПб. ФА РАН. Ф. 777. Оп. 2. Д. 337. Л. 8-9об。
③ Петровский Н. Ф. *Загадочные яркендские монеты* // ЗВОРАО.1893. с. 307-310.（彼得罗夫斯基：《来自莎车县的神秘古钱币》,《俄国皇家考古协会东方部学报》1893年第7卷, 第307—310页。）
④ Петровский Н. Ф. *Загадочные яркендские монеты* // ЗВОРАО.1893. с. 307.（彼得罗夫斯基：《来自莎车县的神秘古钱币》, 第307页。）

了非常详细的描述，并附了两张摆放整齐的30枚古硬币的正反面照片。除了这30枚硬币，彼得罗夫斯基的秘书柳特什也找到了两枚这样的古币，彼得罗夫斯基把其中的一枚赠予到过喀什的英国探险家扬哈斯本。这些古币中，彼得罗夫斯基最感兴趣的是一枚红铜质地且上面刻着"扎尔比·莎车"的字样的古币。①

我又拿到了30枚类似压花的硬币，这些硬币的一面都刻着"扎尔比·莎车"，另一面的符号各不相同，尽管个别符号清晰可见，但还是很难对这些硬币进行分类。这些扁桃仁硬币由红铜铸造，最窄处直径17毫米，最宽处直径19毫米，厚度6毫米，有8克重。②

俄国古钱币学家看过后认为这些所谓的古钱币更像是护身符，关于硬币来源问题一直搁置到彼得罗夫斯基在喀什郊区发现96枚古币。1892年10月，彼得罗夫斯基的代理在喀什郊区汗诺依古城的阿帕克和卓麻扎附近发现了96枚印有阿拉伯铭文的古钱币。1892年10月12日，彼得罗夫斯基给罗曾院士的信中写道：

现在我已经收购了96枚印有铭文的钱币了，都是在一处麻扎附

---

① Петровский Н. Ф. Загадочные яркендские монеты // ЗВОРАО.1893. с. 309.（彼得罗夫斯基：《来自莎车县的神秘古钱币》，第309页。）

② Под общ. ред. М.Д. Бухарин. Эпистолярные документы из архивов Российской академии наук и Турфанского собрания. с. 95.（布哈林编：《俄罗斯科学院档案馆藏吐鲁番考察书信》，第95页。）

近找到的，这些钱币的照片我也寄给您。①

这些铜质古钱币是铸造而成的，上面刻着不同面值的符号，硬币的底端有一个铸造留下的缺口，非常像海关的铅封。②

此后，彼得罗夫斯基拿到了代理在阿帕克和卓麻扎的墙壁下发现的71枚古代钱币和在另一处古建筑旁发现的40枚只有一面刻字的古钱币。彼得罗夫斯基还在喀什的巴扎购买了一枚古币。这些古币的共同点是铜制货币，不同之处在于图案所刻的位置。

喀什噶尔附近汗诺依高台古城的阿帕克和卓麻扎的墙壁下发现了很多古代钱币。不久前我拿到了部分钱币，一共有71枚，此外，在喀什噶尔古城一处伊斯兰风格建筑旁边也发现了40枚钱币，这部分钱币只有一面刻了数字，另一面没有任何符号。此外，我还在喀什噶尔买到了一枚独一无二的硬币，看上去和在阿帕克和卓麻扎发现的古硬币属于同一时期。当地的商人在我这儿看到后说这枚硬币属于巴达克山，在当地叫作图里。这些硬币平均有9毫米长，8毫米宽（平均），每枚硬币有5克重。大一点的硬币有18克到19克重，找到的硬币都由红铜制成。前不久拿到的硬币和这次寄给您的应该是

---

① Под общ. ред. М.Д. Бухарин. *Эпистолярные документы из архивов Российской академии наук и Турфанского собрания*. с. 95.（布哈林编：《俄罗斯科学院档案馆藏吐鲁番考察书信》，第95页。）

② Петровский Н. Ф. *Перевод надписей на исторических памятниках г. Самарканда С.А. Лапина*// Туркестанские ведомости. 1896. 18 февраля（1 марта）. с. 155.（彼得罗夫斯基：《撒马尔罕古遗迹上的题字解析》，《俄属中亚消息报》1896年第1期，第155页。）

同一类型的钱币，都是由红铜线铸造而成，无论是上面的符号还是字母都和上次寄给您的非常相似。两批硬币最大的区别在于第一批硬币上的符号刻在了硬币一面的上方，第二批硬币上的符号刻在了硬币边缘，差别背后肯定有其原因。可能是为了减轻钱币的重量。当然以上仅是我的猜测。①

彼得罗夫斯基收集的古钱币种类庞杂，形式多样，有的图案和符号刻在硬币单面或正反两面，有的刻在硬币边缘。他将收集的全部古币寄给俄国皇家考古协会东方部研究。1893年，彼得罗夫斯基在《俄国皇家考古协会东方部学报》上发表了《来自莎车县的神秘古钱币》②，现存于俄罗斯科学院东方文献研究所彼得罗夫斯基给俄国东方学家罗曾的书信档案。笔者在整理书信时发现了1895年9月23日彼得罗夫斯基的老友罗夫尼金（А. Ровнягин）从吉尔吉斯的托克马克市给彼得罗夫斯基的书信，"这枚硬币和早期寄给您的差不多"③，证明罗夫尼金不止一次地将找到的古硬币寄给了彼得罗夫斯基，因此彼得罗夫斯基收集品中的古币并非全部来自中国南疆，还有少量来自中亚古代遗迹。

---

① Под общ. ред. М.Д. Бухарин. *Эпистолярные документы из архивов Российской академии наук и Турфанского собрания*. с. 197–198.（布哈林编：《俄罗斯科学院档案馆藏吐鲁番考察书信》，第197—198页。）

② Под общ. ред. М.Д. Бухарин. *Эпистолярные документы из архивов Российской академии наук и Турфанского собрания*. с. 309.（布哈林编：《俄罗斯科学院档案馆藏吐鲁番考察书信》，第309页。）

③ Под общ. ред. М.Д. Бухарин. *Эпистолярные документы из архивов Российской академии наук и Турфанского собрания*. с. 199.（布哈林编：《俄罗斯科学院档案馆藏吐鲁番考察书信》，第199页。）

二、彼得罗夫斯基在库车的发现

公元1—3世纪，古丝绸之路要道上的库车曾是南疆风靡一时的佛教中心。1890年初，英属印度军队侦察员鲍尔中尉于新疆考察期间在库车获得了一件书写在白桦树皮上的古代梵文文书，俄国考古学界感受到来自英国探险家的强大压力。1891年11月28日，俄国皇家考古协会东方部请求喀什领事彼得罗夫斯基告知库车等地剩余古代写本的情况。

俄国皇家考古协会东方分部听取了奥登堡的工作汇报，请彼得罗夫斯基对以下两个问题作出解释。1.喀什噶尔领事馆是否清楚，或者是否有渠道获取库车剩余文献的数量以及喀什噶尔其他地区文献的情况？①

彼得罗夫斯基在回信中详细阐述了自己对库车及周边古代遗迹了解的情况并把自己的部分考察研究笔记寄给协会。

库车及周边地区有很多古代遗迹和废墟，在离主路不远的山区有一些石质古迹的废墟，我向从那儿来的当地人详细询问了情况。根据他们的讲述，城市周边的那些没有窗户和门的古塔，可能就是坟冢。鲍尔中尉在库车附近发现的文献实属偶然。他向我的秘书柳特什展示了他拿到的文献，柳特什给别夫措夫上校的信中谈到了此

---

① 俄国皇家科学院历史语言学分部会议纪要（1886.9.12—9.30）。Протокол заседания Историко-филологического отделения Имп. АН 12 от 30 сентября 1886 г. СПФ АРАН. Ф.1. Оп.1а-1886.Д.134.Л.227.

事，希望能够引起他们对库车古文书的重视。我把自己两年前在喀什噶尔购买的一页用不知名语言书写的文献寄回圣彼得堡，和鲍尔找到的那些非常相似。① 得知东方部想要拿到这些文献后，我自费派了一名机灵的当地人去库车及周边地区打探消息，在什么位置有什么样的文献，与此同时，我还付了25卢布用于购买废墟中的文献。如果当地居民中谁能提供更有价值的文献信息，我会把他们请到喀什噶尔领事馆。②

彼得罗夫斯基认为库车郊区那些没有窗户和门的古塔可能是坟冢，派了当地人去库车打探消息并购买库车古代写本。1892年，彼得罗夫斯基把他在喀什收购的几页古文书残片寄给了俄国皇家考古协会。③ 这为协会研究中国新疆古文书奠定了基础。奥登堡院士认为，彼得罗夫斯基早期寄给协会的文献残片属于印度古文献，但很难确定文献上的字母是何种文字。

在俄国皇家考古协会东方部的敦促下，彼得罗夫斯基把考察重点放在喀什东北方向，塔克拉玛干沙漠北缘的阿克苏和库尔勒地区，隶属于阿克苏的库车县也是彼得罗夫斯基考察的重点。1892—1893年的秋冬，彼得罗夫斯基通过俄属中亚寄出一百余件写在动物皮、树皮、纸

---

① 这页文献由奥登堡保管，作为从中国新疆获得的第一批文献公布于世。文献现藏于俄罗斯科学院东方文献研究所。

② Петровский Н. Ф. Ответ консула в Кашгаре Н.Ф. Петровского на заявление С.Ф. Ольденбурга // ЗВОРАО. 1893. Т. VII. с. 295.（彼得罗夫斯基：《俄国驻喀什领事彼得罗夫斯基对奥登堡所提问题的答复》，第295页。）

③ Петровский Н. Ф. Буддийский памятник близ Кашгара // ЗВОРАО. 1893. с. 294.（彼得罗夫斯基：《喀什周边的佛教遗迹》，第294页。）

张上的写本及残片给俄国皇家考古协会研究，这些珍贵的古代写本来自库车、库尔勒、阿克苏地区，其中大部分是佛教经文。彼得罗夫斯基在库车的考古发现证明了佛教在中国西部的传播和在库车的地位。1892年1月，彼得罗夫斯基给俄国皇家考古协会的信中写道：

> 霍恩勒在库车周边的考古发现完全是我意料之外的，我把两年前在喀什购买的一页文献寄给考古协会，文字我不认识，但和霍恩勒拿到的那些文献很像。①

协会认为这是一项非常重要的发现。1892年3月，彼得罗夫斯基给罗曾院士寄了12份贝叶文古代写本。

> 我将一些罕见的写本寄给您了。东方学部对我寄去的叶片感兴趣，这让我非常激动，我已经收集了12片这样的叶子，和寄给您的那片非常相似，我把其余叶片也寄给东方学部研究。②

同年9月，在代理的协助下，彼得罗夫斯基从库车又拿到了87页类似的古代写本，共17捆。

> 前不久，在代理的协助下，从库车当地人手里又拿到了一些文

---

① Петровский Н. Ф. *Ответ консула в Кашгаре Н.Ф. Петровского на заявление С.Ф. Ольденбурга* // ЗВОРАО. 1893. Т. VII. с. 294.（彼得罗夫斯基：《俄国驻喀什领事彼得罗夫斯基对奥登堡所提问题的答复》，第294页。）

② 俄罗斯科学院档案馆圣彼得堡分馆藏，档案编号：СПб. ФА РАН. Ф. 777. Оп. 2. Д. 337. Л. 3–4。

献，上面的文字和我在喀什噶尔拿到的那12份文献的文字一样。我把这些文献寄给您，供研究。我前面提到的文献，一共有17捆，编号从1到17，共87页，此外还有一些文献残片。我很荣幸将所获文献供皇家考古协会东方部研究。①

1892年9月底，彼得罗夫斯基通过邮局寄出写本后，从俄属中亚奥什给罗曾院士发电报告知写本已寄出。②1893年，奥登堡首次在《俄国皇家考古协会东方部学报》上向世界公布了彼得罗夫斯基在中国库车发现的古代废墟和写本的照片影印本。写本用从未见过的字母书写，俄国学者称其为吐火罗语B或者库车语，属于印度北部地区的行书，这种语言至今只有在中国新疆发现过。奥登堡公布彼得罗夫斯基收集品中的影印本文献是吐火罗语作为一门独立学科的标志。彼得罗夫斯基为奥登堡的研究提供了大量线索：

> 离莎车县不远的地方，基本就在沙漠的边缘，有一处叫鞑靼—吉什拉克（Татар-Кишлак）的古代村落，它的周边地区一直到和田，被称为"鞑靼人的领土"。古代吐火罗居民住在和田以东900里的地方，听说吐火罗人搬离先前居住的村落是因为席卷全城的沙尘暴。在中国，这个民族被称作吐火罗人（Тухоло）。在鞑靼人的领

---

① 俄罗斯科学院档案馆圣彼得堡分馆藏，档案编号：СПб. ФА РАН. Ф. 777. Оп. 2. Д. 337. Л. 10–10 об。
② И.В.Тункина. Н.Ф.Петровский как собиратель древних памятников письменности в востосном туркестане // ВОСТОК–ЗАПАД. с. 112.（图金娜：《彼得罗夫斯基在新疆收集的手稿和艺术品》，第112页。）

土上，当地人习惯从岩羚羊的腹中提取麝香。①

此后直到1908年，德国学者科拉乌兹将公元5至8世纪神秘的印欧语细分为吐火罗语A和吐火罗语B两类。吐火罗语A主要指在新疆东北部和吐鲁番地区发现的古代写本上的文字。吐火罗语B又称为库车语，文献分布在包括吐鲁番和喀什的整个新疆地区。②两种语言很相似，或者被认为是不同的方言。显而易见，语言的载体，吐火罗人和萨基人在公元前两千年左右迁徙到中国新疆地区。吐火罗人和萨基人很可能没有自己的文字，来源于印度的婆罗谜文字被他们所接收，佛教文化和印度文化也被他们所接收。

1893年5月12日，彼得罗夫斯基从库尔勒代理手里拿到了一些库车古文书：

又发现了一些古文书，是从库尔勒寄给我的，我安插在当地的代理在距离罗布泊不远的遗址中找到的，奥登堡一定很高兴。他们在沙漠中发现了一处建筑，墙面是用木板搭的。我们的波斯学者认为这是一处阁楼，不是粪棚。在墙边的木板上发现了这些古文书，几页文献被风吹落到地上，沙土里很有可能还掩埋着古文书。我让

---

① М.И.Воробьева-Десятовская. Материалы Н.Ф.Петровского в ИВР РАН // КОЛЛЕКЦИИ И АРХИВЫ. 2011. c. 189-190.（瓦洛比耶娃·杰夏托夫斯卡娅：《俄罗斯科学院东方文献研究所藏彼得罗夫斯基收集品》，第189—190页。）

② Краузе К. *Тохарский язык* // Под ред.В.В.Иванова. Издательство иностранной литературы. 1959. c. 59.（克拉乌兹：《吐火罗语》，圣彼得堡：外国文学出版社，1959年，第59页。）

库尔勒的俄商又派了两个人去那里仔细排查。①

在奥登堡的请求下，彼得罗夫斯基向库尔勒的代理问清了文书发现的整个经过：这些古文书一部分来自库车县的一片荒地，还有一部分来自库尔勒以南的和田。1894年8月7日，彼得罗夫斯基寄给罗曾院士的包裹中有从库车找到的古文书，还有一些在库车附近的古代废墟明屋（Мин-уй，意为一千间屋子）找到的不知来源的古文书，②随包裹一同寄出的还有给奥登堡的小佛像、印章及其他物件。彼得罗夫斯基希望奥登堡帮他翻译印章上的刻字和硬币串成的手串上的符号。③

1895年1月4日，彼得罗夫斯基从库车的一位酋长那收购了一份写在桦树皮上的古代写本，此外还寄出了"印着藏语和梵语的近500页的小册子，同样购于库车"④。库车的代理从库车城外的明屋挖到了埋在棺木里的木制鱼，据说库车城外曾坐落着古代小镇，有大量遗迹和石窟可挖，附近还有雪豹、狼和狐狸的脚印。代理从酋长那还收购了两张蒙文手抄本和两片刻着文字的小木片，在布兹卡尔哨岗旁发现了刻字的石头。⑤这次的收获让彼得罗夫斯基非常满意。

---

① И.В.Тункина. *Н.Ф.Петровский как собиратель древних памятников письменности в востосном туркестане* // ВОСТОК-ЗАПАД. Спб. 2013. с. 114.（图金娜：《彼得罗夫斯基在新疆收集的手稿和艺术品》，第114页。）

② 俄罗斯科学院档案馆圣彼得堡分馆藏，档案编号：СПб. ФА РАН. Ф. 208. Оп. 3. Д. 459. Л. 14–15。

③ И.В.Тункина. *Н.Ф.Петровский как собиратель древних памятников письменности в востосном туркестане* // ВОСТОК-ЗАПАД. с. 116.（图金娜：《彼得罗夫斯基在新疆收集的手稿和艺术品》，第116页。）

④ 俄罗斯科学院档案馆圣彼得堡分馆藏，档案编号：СПб. ФА РАН. Ф. 208. Оп. 3. Д. 459. Л. 14–15。

⑤ 俄罗斯科学院档案馆圣彼得堡分馆藏，档案编号：СПб. ФА РАН. Ф. 208. Оп. 3. Д. 459. Л. 14–15。

在圣彼得堡科学界的指导下，代理在库车、库尔勒一带收获颇丰。彼得罗夫斯基将这些珍宝仔细包裹，装在木箱中用长钉钉死，经俄属中亚寄送到圣彼得堡，他在短时间内收集的新疆文物有古硬币、陶器、泥塑品、碎石、佛像、佛教用品、玻璃镶金的手镯、金钩、小人像等。我们从1895年3月2日彼得罗夫斯基给奥登堡的通信中摘取了一段：

尊敬的谢尔盖·费多洛维奇，给您的信已经写好封了口，随后就准备寄些文献给您。很多琐事都是非常有趣的。棉花中包了一些文献，打开时要小心点，碎石也有很多，我就不寄了。刊物大多数寄给您了，我只留了一两本。硬币很多，但是种类很少，最有意思的一枚是刻着一匹马的硬币。包裹里面有个玻璃镶金的手镯和一枚玻璃镶金的钉子（又是钉子）。在喀什噶尔、阿克苏到巴楚路上、阿克苏、库车、莎车县和和田地区可以找到很多钉子。下面这些没有寄给您：一枚非常小的金钩和一个小裸人，如果您需要，下回寄给您。这些都是今晚收拾打包装箱，我这才发现，竟然在短时间内收集了这么多东西。您忠诚的，彼得罗夫斯基。[①]

信中提到的"钉子"是佛教寺庙中常见的莲花造型艺术品中断裂的荷花茎。彼得罗夫斯基共收集了几百枚这样的"钉子"。在喀什、汗诺依古城、阿克苏到巴楚的路上，以及南部的和田都有类似发现。彼得罗夫斯基的发现验证了佛教曾在喀什、库车、和田等地的盛行。

[①] Мясников. В.С.В.Г. Бухерт. Н.Ф.Петровский Туркестанские письма. с. 256-257.（米丝尼科夫编：《彼得罗夫斯基，新疆书信》，第256—257页。）

1895年3月，彼得罗夫斯基从喀什寄出大量古代写本、残片及文物。1895年3月24日，彼得罗夫斯基给奥登堡的信中写道：

> 3月18日，我把一箱子佛像、古代写本及残片寄给了维克多·罗曼诺维奇公爵。现在又给他寄出了两箱子：1.脏手帕里裹着腐烂的文书，除了可以研究下纸张在土壤里是如何腐烂的，也无他用。2.这些文献送来时就是卷起来的，您需要时再铺展。3.还有一些可能不重要的碎片。下一次，我仍会寄一箱子古代写本给您，已经准备好了。没有寄送的原因是我们的邮递员一次驮不了太多包裹。他们每年都要往返11000俄尺高的勃朗峰24次。今年夏天，我可能不能去找寻文献了，秘书不在，领事馆离不开人。①

1895年3月18日，彼得罗夫斯基寄出了两箱子珍宝，包括佛像、古代文书及残片，加上之前收集的两箱子文物和古代文献，短短半个月内，彼得罗夫斯基就收集了四箱子珍宝。彼得罗夫斯基没有打开查看卷起来的古代文书，罗曾院士要求收到的古代文书尽量保持原样寄到圣彼得堡。轻一点的箱子会通过邮递员运到俄属中亚的奥什中转而后寄到圣彼得堡。装有木板等较重的箱子会通过商队运到奥什再寄到圣彼得堡。

1895年12月25日，彼得罗夫斯基给外交部内务司司长奥斯丁·萨肯的信中写道：

---

① 俄罗斯科学院档案馆圣彼得堡分馆藏，档案编号：СПб. ФА РАН. Ф. 208. Оп. 3. Д. 459. Л. 23–23 об。

> 如果可以到喀什噶尔25俄里以外的地方走一走，我会有更大的收获，现在这些古文书离我越来越远了。格里戈里耶夫说得对，新疆要比巴克特里亚（Бактрия）的历史还要悠久。罗曾公爵和奥登堡给了我很多建议。①

俄国东方学家及彼得罗夫斯基愈发认识到新疆古文书文物的重要性。信中提到的"巴克特里亚"建于公元前3世纪，是位于塔吉克斯坦、乌兹别克斯坦和阿富汗三国交界的中亚古城，在兴都库什山脉南段和费尔干纳峡谷北侧，是中国到印度的交通枢纽。但因秘书柳特什的离开，彼得罗夫斯基无法长时间离开领事馆搜寻古代珍宝。

1896年2月1日，彼得罗夫斯基的代理在库车附近的古代废墟内发现了5页佛教写本。

> 从库车附近的明诺依发现了5页古代手稿，确定是佛教写本，是在废墟内房间的墙壁上发现的，明诺依紧挨着阿克苏通向库车的克孜尔（Кызыл）驿站。②

1897年2月，在俄国皇家考古协会东方部的会议上，彼得罗夫斯基做了《中国南疆古文献的收集条件》的演说，并现场展示了自己收集的部分文献。这是俄国首先得到的消息，并从俄国逐渐传到西方学者耳

---

① 俄罗斯国家古文献档案馆藏，档案编号：РГАДА. Ф. 1385. Оп. 1. Д. 466. Л. 321–322 об.
② И.В.Тункина. Н.Ф.Петровский как собиратель древних памятников письменности в восточном туркестане // ВОСТОК–ЗАПАД. с. 119.（图金娜：《彼得罗夫斯基在新疆收集的手稿和艺术品》，第119页。）

中。现在众所周知喀什领事馆寄到圣彼得堡的有梵文、粟特文、吐火罗文、和田萨基文古文献。和田萨基文在此之前少有人知，它的发现在科学史上引起了不小的风波。彼得罗夫斯基演讲后，奥登堡做了《关于新疆收集品中两封书写在白桦树皮上的印度书信的研究报告》。[①] 同年，皇家艾尔米塔什国家博物馆拿到了彼得罗夫斯基收集品中的部分文物，古代写本资料保存在皇家科学院亚洲博物馆（今俄罗斯科学院东方文献研究所）。1900年1月3日，彼得罗夫斯基把"库车当地人在沙漠中找到的保存完好的几份文献残片"[②]寄到了圣彼得堡，俄国委员会对库车古代写本高度重视。1898年，俄国委员会派出科兹洛夫到库车寻宝。1906—1908年，派出别列佐夫斯基等考察队到库车对苏巴什、库木吐喇石窟、克孜尔石窟等古代遗迹进行了考察，收获了壁画、佛像等大量珍贵文物。

三、彼得罗夫斯基在库尔勒等地的发现

作为古丝绸之路中道咽喉之地和西域文化发源地之一的库尔勒也是彼得罗夫斯基考察的重点。库尔勒距埋藏着千年古宝的塔克拉玛干沙漠仅几十公里，彼得罗夫斯基在库尔勒安插了密探和代理，或进行挖宝，或从当地居民手中收购古代文书。笔者整理了1892—1902年彼得罗夫斯基寄出古代写本和文物后给俄方的书信通知。

[①] *Археологические известия и заметки*. Московское археологическое общество. 1897. Т. 5. с. 92–93.（《莫斯科考古消息报》，第92—93页。）

[②] И.В.Тункина. *Н.Ф.Петровский как собиратель древних памятников письменности в восточном туркестане* // ВОСТОК–ЗАПАД. с. 121.（图金娜：《彼得罗夫斯基在新疆收集的手稿和艺术品》，第121页。）

1892年11月29日,彼得罗夫斯基给罗曾的信中告知很快可以收到库尔勒代理寄来的古文书:

> 我得到消息说,很快我就能拿到从库尔勒寄来的28份古文书,据说和喀什噶尔附近得到的文书类似。这些文书是在一个树窟窿里发现的,而这棵树下有很多种鸟类的尸骨。一拿到这些文书,我就立马寄给您。①

1892年12月25日,彼得罗夫斯基从喀什刚刚寄出来自库尔勒的28份古文书残片,一周后又寄出了来自阿克苏的28份古代写本残片:

> 准备给您寄28份从阿克苏获得的残片,具体情况还没和代理了解到。②

1893年4月3日,彼得罗夫斯基给罗曾的电报中简单写道:

> 寄出了82页文献,其中有几份是喀什噶尔古文书残片。③

---

① И.В.Тункина. *Н.Ф.Петровский как собиратель древних памятников письменности в восточном туркестане* // ВОСТОК-ЗАПАД. с. 112.(图金娜:《彼得罗夫斯基在新疆收集的手稿和艺术品》,第112页。)

② И.В.Тункина. *Н.Ф.Петровский как собиратель древних памятников письменности в восточном туркестане* // ВОСТОК-ЗАПАД. с. 114.(图金娜:《彼得罗夫斯基在新疆收集的手稿和艺术品》,第114页。)

③ И.В.Тункина. *Н.Ф.Петровский как собиратель древних памятников письменности в восточном туркестане* // ВОСТОК-ЗАПАД.с. 114.(图金娜:《彼得罗夫斯基在新疆收集的手稿和艺术品》,第114页。)

在私人信件中，彼得罗夫斯基又补充道：

有希望找到更多的古文书"。①

1894年5月16日，彼得罗夫斯基收到阿克苏代理寄来的古代写本，他给罗曾的信中写道：

从阿克苏寄给我的带古文的文书和喀什噶尔古文书很像。②

1894年11月15日，彼得罗夫斯基给罗曾的信中写道：

给您寄了几页从阿克苏寄来的古文书，文字印在黑色的纸张上，是我费了好大劲儿以高价买到的。③

1895年，彼得罗夫斯基从中国新疆给罗曾寄出了数量相当可观的古文书。在一封从喀什寄出看不清具体日期而只能看清"1895年1月"的一封信中，彼得罗夫斯基告诉罗曾：

---

① И.В.Тункина. Н.Ф.Петровский как собиратель древних памятников письменности в восточном туркестане // ВОСТОК-ЗАПАД. с. 114.(图金娜：《彼得罗夫斯基在新疆收集的手稿和艺术品》,第114页。)
② И.В.Тункина. Н.Ф.Петровский как собиратель древних памятников письменности в восточном туркестане // ВОСТОК-ЗАПАД. с. 116.(图金娜：《彼得罗夫斯基在新疆收集的手稿和艺术品》,第116页。)
③ И.В.Тункина. Н.Ф.Петровский как собиратель древних памятников письменности в восточном туркестане // ВОСТОК-ЗАПАД. с. 112.(图金娜：《彼得罗夫斯基在新疆收集的手稿和艺术品》,第112页。)

给您又寄了两页很像喀什噶尔古文书的手写稿，是新年前夕从阿克苏寄来的，新年新气象，这是个好兆头。①

1896年2月2日，彼得罗夫斯基给奥登堡的信中十分确定地说道：

5页书写在动物皮上的古代手稿，和以往寄出的都不一样。②

彼得罗夫斯基回塔什干休假时想去一趟圣彼得堡，他给奥登堡的信中告知了刚获得的手稿：

我带来了两部分文献，一部分已经在信中和您说过，另一部分是离开喀什噶尔前拿到的。③

1898年1月，彼得罗夫斯基给罗曾寄了用印度古文字书写的18本书，同年2月，彼得罗夫斯基给罗曾的信中写道：

寄了一批古书，我担心寄得太早了，这段时间我又收到了三本

---

① И.В.Тункина. Н.Ф.Петровский как собиратель древних памятников письменности в восточном туркестане // ВОСТОК–ЗАПАД. c. 117.（图金娜：《彼得罗夫斯基在新疆收集的手稿和艺术品》，第117页。）

② И.В.Тункина. Н.Ф.Петровский как собиратель древних памятников письменности в восточном туркестане // ВОСТОК–ЗАПАД. c. 119.（图金娜：《彼得罗夫斯基在新疆收集的手稿和艺术品》，第119页。）

③ И.В.Тункина. Н.Ф.Петровский как собиратель древних памятников письменности в восточном туркестане // ВОСТОК–ЗАПАД. c. 119.（图金娜：《彼得罗夫斯基在新疆收集的手稿和艺术品》，第119页。）

古书。和以往一样，地址都写的您的名字，而不是考古协会。没找到和书的尺寸大小一致的箱子，我在书的上面压了一层祈祷用的已经发白的装饰物，希望一路可以护送这批文书到圣彼得堡。①

1898年2月23日，彼得罗夫斯基给罗曾的信中写道：

我觉得这批古书是非常有价值的，使用的是木板印刷，符合中国人的印刷习惯，但内容上又和印度古文有关，每本书的印字各不相同。②

1900年10月15日，彼得罗夫斯基给罗曾的信中写道：

今天寄出了一份古文书，其余的再过三天寄出。一共不到5个包裹，这一两天还能收到些东西，量不算多。我不准备全部寄出，只寄那些以前没有寄出的物件。③

1900年10月17日，彼得罗夫斯基在信中写道：

---

① И.В.Тункина. *Н.Ф.Петровский как собиратель древних памятников письменности в востосном туркестане* // ВОСТОК-ЗАПАД. с. 120.（图金娜：《彼得罗夫斯基在新疆收集的手稿和艺术品》，第120页。）

② И.В.Тункина. *Н.Ф.Петровский как собиратель древних памятников письменности в востосном туркестане* // ВОСТОК-ЗАПАД. с. 120.（图金娜：《彼得罗夫斯基在新疆收集的手稿和艺术品》，第120页。）

③ И.В.Тункина. *Н.Ф.Петровский как собиратель древних памятников письменности в востосном туркестане* // ВОСТОК-ЗАПАД. с. 122.（图金娜：《彼得罗夫斯基在新疆收集的手稿和艺术品》，第122页。）

> 上次给您寄出的包裹中忘记了一份非常重要的古代手稿，这次一起寄给您，请奥登堡研究。①

领事工作的繁忙导致彼得罗夫斯基暂时中断了与圣彼得堡东方学家的联系。1902年10月4日，彼得罗夫斯基给罗曾的信中写道：

> 不断有古文书寄到我这里，我收集了一些，除了手稿外，其他还没来得及整理。手稿的数量非常大，我觉得还都不错，这些都是为谢尔盖·费多洛维奇②准备的……③

当天，彼得罗夫斯基又给罗曾写了一封信：

> 我寄给您的古代手稿，虽然不敢肯定，但我认为都是非常棒的资料。虽然种类不多，但看上去像是一部完整的带图片的著作。④

彼得罗夫斯基的新疆珍宝搜集工作一直持续到他因身体原因卸任

---

① И.В.Тункина.Н.Ф.Петровский как собиратель древних памятников письменности в востосном туркестане // ВОСТОК-ЗАПАД. с. 122.（图金娜：《彼得罗夫斯基在新疆收集的手稿和艺术品》，第122页。）

② 谢尔盖·费多洛维奇指奥登堡。

③ И.В.Тункина. Н.Ф.Петровский как собиратель древних памятников письменности в востосном туркестане // ВОСТОК-ЗАПАД. с. 122.（图金娜：《彼得罗夫斯基在新疆收集的手稿和艺术品》，第122页。）

④ И.В.Тункина. Н.Ф.Петровский как собиратель древних памятников письменности в востосном туркестане // ВОСТОК-ЗАПАД. с. 122.（图金娜：《彼得罗夫斯基在新疆收集的手稿和艺术品》，第122页。）

喀什总领事职务。

四、结语

彼得罗夫斯基的新疆古文书文物搜集以喀什为起点，围绕塔克拉玛干沙漠北部、西北部、南部边缘开展，向东北方向沿塔克拉玛干沙漠的北边缘，经阿图什、阿克苏、库车到达库尔勒，南部经莎车到达和田地区。笔者根据目前收集的彼得罗夫斯基书信档案资料，将彼得罗夫斯基新疆考察活动分为三个阶段。第一阶段是彼得罗夫斯基珍宝收集的起步和探索阶段，始于1887年，止于1892年底1893年初。这一阶段彼得罗夫斯基主要集中在喀什及其周边佛教遗迹寻找古文物，收集了大量喀喇汗王朝铸造的古硬币，发现了吐火罗文古文书，其他古文书收获甚少。文物收集方式以亲自考察研究为主，贸易长阿克萨卡尔协助收购为辅。这一阶段的古文物收集特点是全方位、高密度，文书收集不加筛选，不放过任何一页，哪怕是细小的文献残片。第二阶段是彼得罗夫斯基珍宝收集的成熟时期，始于1893年，止于1898年。1893年起，彼得罗夫斯基将文书收集重点从喀什北部的库尔勒、库车地区转移到东南部的和田地区。这一阶段彼得罗夫斯基安插的代理在塔克拉玛干沙漠北部和南部绿洲收集了大量的新疆珍宝。1894年起，彼得罗夫斯基的古代写本搜集从碎片文献向完整文书转移，更偏重古代佛教写本的收集。在收集方式上，彼得罗夫斯基主要以驻扎在古城镇的商人进行收购或挖掘古文书为主要方式，亲自考察为辅。第三阶段始于1898年，止于1903年。1898年，英、俄考古学家收集的新疆古代写本中出现了很多来自和田商人阿訇伪造的古代写本，彼得罗夫斯基的古文书搜罗重点又从南部和田地区回到喀什东北方向的库车、库尔勒一带，和田的古代文书搜索工作没有停止，只是收到来自和田的古代写本时彼得罗夫斯基会更加仔细甄别。这一阶段，彼得罗夫斯基的古代写本收集速度明显下降，随着欧洲探险家纷纷踏足中国南疆，古文书文物收集的难度也越来越大。

在运输方式上，彼得罗夫斯基优先选择每个月往返两次俄属中亚奥什和喀什噶尔的哥萨克骑兵，而较大或较重的物件通过商队运到奥什中转后再运往圣彼得堡。利用哥萨克兵邮递员往来奥什和喀什的便利条件，彼得罗夫斯基轻而易举将新疆古代珍宝偷运回俄国。

第三节　彼得罗夫斯基在和田收集的珍宝及其外流过程

彼得罗夫斯基收集品中的古代文物和古代硬币大部分来自和田，和田收藏品（Йотканская коллекция）是彼得罗夫斯基收集品中非常重要的一部分，现存于俄罗斯国家艾尔米塔什博物馆。1893年后，彼得罗夫斯基将研究和关注重点从北部库车、库尔勒地区转移到塔克拉玛干沙漠南缘绿洲和田地区，利用安插在和田的密探和代理，彼得罗夫斯基在和田及以西10公里的约特干古城遗址收获了大量的古代写本和珍贵文物。本节仍以彼得罗夫斯基档案资料和个人书信为中心，梳理彼得罗夫斯基在塔克拉玛干沙漠南缘绿洲和田收集的珍宝及其外流过程。

一、彼得罗夫斯基和田收集品中的古币及文物

1893年9月17日，彼得罗夫斯基给罗曾的信中谈到自己的收集重点已转移到南部和田地区。在北部地区，彼得罗夫斯基找到了100多页书写在动物皮、树皮或纸张上的梵文文献。正如奥登堡来信中说到，彼

得罗夫斯基的工作开辟了新的研究领域。

　　对库车和库尔勒考察后，在考察方面，我的注意力已经从喀什噶尔东北部转移到东南部，转移到和田地区。很久以前，我就时不时收到从和田寄来的各种文物和硬币，还有那些我寄给您的宝石，一部分刻印着字母，更确切说是符号，这些符号和印度斯基台硬币上的符号非常像。现在我从和田地区收到了丰富的古代文稿和物件。我的和田收集品也许能引起俄国学者的注意。我收集品中的古代文物和古代硬币大部分来自和田，当地居民从塔克拉玛干沙漠废墟或者和田附近的巴拉毡村（Буразан）中挖到宝物后拿到巴扎售卖。寄给您三份带红色印章的古代写本，其中两份使用了同一种字母，另一份不太一样。这样的石刻作品到现在在和田和喀什噶尔仍在流传。（1893年9月17日）①

　　1893年9月，彼得罗夫斯基将和田代理在当地收购的"3份带红色印章的手稿"寄给东方部主席罗曾院士研究。此前彼得罗夫斯基就陆陆续续收到代理和密探从和田寄到领事馆的古文物和手稿，和田寄来的宝石制品上的符号引起了彼得罗夫斯基极大的兴趣，他初步断定这些宝石上的符号与公元前7世纪至公元3世纪塞族人建立的斯基台王国有某种联系。"自疏勒以西北，休循、捐毒之属，皆故塞种也。"②彼得

---

①Под общ. ред. М.Д. Бухарин. Эпистолярные документы из архивов Российской академии наук и Турфанского собрания. с.120-121.（布哈林编：《俄罗斯科学院档案馆藏吐鲁番考察书信》，第120—121页。）

②岑仲勉：《汉书西域传地理校释》，北京：中华书局，2004年，第278页。

罗夫斯基的推断不无道理，按《汉书西域传》中对塞族人的记载，塞族人活动的地域包括疏勒在内。

　　1893年，彼得罗夫斯基安插在和田的代理首次在约特干古城发现古代文书，彼得罗夫斯基称约特干古城为巴拉毡村（БУРАЗАН），这里曾是古代和田的行政中心和重要聚落遗址。"当地居民从塔克拉玛干沙漠废墟或者和田附近的巴拉毡村中挖到宝物后拿到巴扎售卖"。彼得罗夫斯基从和田当地居民中选出伶俐且办事稳妥的俄商或贸易长阿克萨卡尔作为收集文物的代理，他们或到巴拉毡村搜索宝物，或在巴扎上收购当地居民兜售的文物。"收集品中的考古文物，是从当地居民中选出的代理人在巴拉毡村拿到的，那里用于灌溉的沟渠冲刷掉了覆盖在古遗迹上的泥土。"①根据当地居民讲述，约特干有三种释义，一是"躺着"，指该地埋葬着圣人；二有"被子"之意，厚厚的泥浆像被子一样覆盖在宝物之上；三是故园之意，即汗王之乡。据说19世纪60年代在喀拉喀什河的冲击下，埋藏于古城地下的金器、陶器等宝物昭然于世，自此形成了当地居民挖宝的传统，大量古代文物流失或损毁。彼得罗夫斯基比较认可这种说法，在他的书信档案中记录着他对约特干遗址形成原因的描写：

　　在和田以西16俄里的巴拉毡发现了大量文物，这里有很多大大小小的村落，建有1050间房，近7000人生活在这里。这里有一望无际的农田，一座古代建筑都没有。阿古柏统治时期，这里冲出一条断裂的深沟，据说有8000俄尺长，8—12俄尺深，很多房屋塌陷在

---

① Петровский Н. Ф. *Буддийский памятник близ Кашгара* // ЗВОРАО. с. 245.（彼得罗夫斯基：《喀什周边的佛教遗迹》，第245页。）

里面，我寄给您的正是深沟里挖出的文物。有些房子一个紧挨着一个，更多是独立的小房，房子和房子之间的空地上又能发现很多宝贝。①

1893年9月17日，彼得罗夫斯基给罗曾院士寄出了45件来自和田的收集品，除了铜制品和铜币外，还有石制品、珍贵的宝石制品及用未知语言书写的古代手稿等，可谓种类丰富，在信的背面，彼得罗夫斯基列出了所寄物品清单，并对大部分物件做了描述：

  1.带耳朵的一块金色圆盘，圆盘的一面是一位戴着头巾或圆形皇冠的女人形象，手握权杖并斜靠在右肩，下面刻着"NLE. PER-PETAVC"。圆盘的另一面是两个人物组成翅膀的形状托着十字架，下面刻着"VICTORI"，上面刻着"ADVCCC"，在两个小人的脚旁还刻着四个字母，圆盘直径有6毫米。

  2.同样是个带耳朵的金色圆盘，样子和1号差不多，区别在于1号是铸造的，而这块是压印制成。2号的耳朵不是焊接的，而是和圆盘一体切割，耳朵稍微带点弧度。圆盘的一面是一位戴着皇冠的半身女性形象，下面刻着一圈字母。另一面是坐在王位的人物形象，人物周围有花环装饰，人物的右手拿着刻着十字架的权杖，左手拿着十字架，人物周围和下方刻着字母，直径9毫米。

  3.一枚铜币，一面是挂有十字架的纪念碑，左右两侧和下面都

---

① Под общ. ред. М.Д. Бухарин. *Эпистолярные документы из архивов Российской академии наук и Турфанского собрания*. c.136.（布哈林编：《俄罗斯科学院档案馆藏吐鲁番考察书信》，第136页。）

有字母符号，铜币的另一面看不清楚。直径20毫米。

4. 四枚铜币。铜币的一面是马匹，另一面是字母符号。

5. 一枚有点厚度的铜币。铜币的一面是双峰骆驼，另一面是字母符号。

6. 两枚铜币。铜币的一面好像是某种动物形象，另一面是字母符号。

7. 一枚铜制的坐佛。

8. 一枚画着"大象"的铜片。

9. 一枚破损的画有佛像的铜片。

10. 一枚破损的铜片，上面画着一位站着的人物。

11. 飞天人物形象。

12. 一枚画着骆驼的小铜片。

13. 画着某种动物的小铜片。

14. 画着人物的小铜片。

15. 石制品，样子像狮面人身像。

16. 石制小狗，从侧面看好像是由两块石头合在一起铸造的。

17. 两个小碗。

18. 用石膏和蜂蜡做的各种宝石制品的模塑品。带有题字的宝石制品大多用石膏打样（只有一件除外），每样都寄了几份给您，这些宝石制品的模塑品共用一个编号。

19. 三份古代手稿，其中两份使用同一种不知名的语言书写。[①]

---

① Под общ. ред. М.Д. Бухарин. Эпистолярные документы из архивов Российской академии наук и Турфанского собрания. с.121-122.（布哈林编：《俄罗斯科学院档案馆藏吐鲁番考察书信》，第121—122页。）

这些物件中的硬币都来自约特干古城，彼得罗夫斯基的代理听闻有挖到宝物的消息后立即前往收购。代理还在和田收购了大量佛像制品，彼得罗夫斯基寄给罗曾的这些物件中，7—9号来自和田地区。他在19号后面写了一行字："请您研究后把所有的原物或原件返还与我，模塑品不需要返还"。信尾，彼得罗夫斯基又追加列了25件古文物，有陶制品、女性人物头像、小人像、动物形象及餐具等：

还有一些物件我差点忘得一干二净：20.陶制品（貌似是狮子头形象）；21.同上；22.同上；23.面具；24—28.女性头像；29.破损的女性人物形象；30.两只小猴子；31.猴子；32.猴子；33.女性头像；34.小丑；35.猴子形象；36.破损的人物形象；37.鸟的头部；38.骆驼的头部；39.马的头部；40.厨具的把手；41.两只猴子形象；42.破损的小人儿；43.餐具；44.骆驼；45.母猴子。①

在和田发现的黏土烧制的陶制品是欧洲考古学界所知和田古代收集品中最重要的一部分。②

1893年10月，彼得罗夫斯基给外交部内务司司长奥斯丁·萨肯的信中谈到自己"在南部地区的文献收集很顺利，弄到了大量的雕刻品，上面还有题字（可能是公元5—8世纪），此外还找到了各种硬币和物

---

① Под общ. ред. М.Д. Бухарин. *Эпистолярные документы из архивов Российской академии наук и Турфанского собрания.* c.122.（布哈林编：《俄罗斯科学院档案馆藏吐鲁番考察书信》，第122页。）

② М.И.Воробьева-Десятовская. *Материалы Н.Ф.Петровского в ИВР РАН //* КОЛЛЕКЦИИ И АРХИВЫ. 2011. c. 189.（瓦洛比耶娃·杰夏托夫斯卡娅：《俄罗斯科学院东方文献研究所藏彼得罗夫斯基收集品》，第189页。）

品"。①彼得罗夫斯基把全部物品原件和两枚印着图案的金币寄给了罗曾，金币上刻着两种语言，其中一种语言从轮廓上看像是拉丁语。这些雕刻品和硬币都来自约特干古城及不远处的塔克拉玛干沙漠中的古遗迹废墟。几天后，代理在约特干古城又发现了3页用未知语言书写的古文书，②随后代理又在和田收购了一页用不知名语言书写的古代手稿。1893年12月，彼得罗夫斯基给罗曾又寄去了一些来自和田的包裹，其中有玉石、陶罐、铜制坐佛及古代硬币。在和田发现的古代写本于1894年初寄到圣彼得堡。彼得罗夫斯基寄出的这些物件中，18号宝石制品及其模塑品转交奥登堡加以研究。1894年初，罗曾院士给彼得罗夫斯基的回信中提到，有一份模塑品肯定是来自斯基台王国。1895年1月23日，彼得罗夫斯基在信中告诉罗曾：

> 从和田一起寄来的还有各种小石头，小玩意儿。其中有一件看上去非常古旧的小木片，上面用彩色颜料画着两个小人儿，看样子不是东方形象。另外一块木片上写满了字母，可能是某个信徒随手写的，当地的信徒至今仍习惯在木板上做练习。无论如何，这些物件我都会在下一次通过邮局寄给您研究。（1895年1月23日）③

1895年3月2日，彼得罗夫斯基给奥登堡寄出了来自和田的"陶器，

---

① 俄罗斯国家古文献档案馆藏，档案编号：РГАДА. Ф. 1385. Оп. 1. Д. 466. Л. 300-302 об.

② И.В.Тункина. Н.Ф.Петровский как собиратель древних памятников письменности в восточном туркестане // ВОСТОК-ЗАПАД. с. 114. （图金娜：《彼得罗夫斯基在新疆收集的手稿和艺术品》，第114页。）

③ И.В.Тункина.Н.Ф.Петровский как собиратель древних памятников письменности в восточном туркестане // ВОСТОК-ЗАПАД. с. 118.（图金娜：《彼得罗夫斯基在新疆收集的手稿和艺术品》，第118页。）

还有一些泥塑的残臂和佛像头，包裹里面有个玻璃镶金的手镯和一枚玻璃镶金的钉子（又是钉子），是在和田发现的罕见孤品。"①1895年4月24日，彼得罗夫斯基给奥登堡的信中写道：

> 我又拿到了大量的陶制品、大理石花纹图像、木制佛像、木板画像、小石头以及各种各样的小物件。陶制品和木板太重了，不能通过邮局的骑手寄送，只能从喀什噶尔通过商队运到奥什（18天），再由奥什的邮局寄到圣彼得堡。寄送的物品中有一个白色黏土做的面具，非常有意思，可能是陪葬品。好像以前给您或者给罗曾公爵的信中提到过一个陶制小面具，可能是亡者的画像，用来做坟墓的装饰。带十字的印章也在寄送的物品中。（1895年4月24日）②

1895年10月14日，彼得罗夫斯基从和田寄出代理在村落收集的一些雕刻玉石和硬币，彼得罗夫斯基给奥登堡的信中写道：

> 应该和佛教相关，雕刻玉石的拓本已经为您准备好了。③

1898年1月18日，彼得罗夫斯基给奥登堡的信中写道：

---

① Мясников. В.С.В.Г. Бухерт. Н.Ф.Петровский Туркестанские письма. с. 256-257.（米丝尼科夫编：《彼得罗夫斯基，新疆书信》，第256—257页。）

② Мясников. В.С.В.Г. Бухерт. Н.Ф.Петровский Туркестанские письма. с. 261.（米丝尼科夫编：《彼得罗夫斯基，新疆书信》，第261页。）

③ 俄罗斯科学院档案馆圣彼得堡分馆藏，档案编号：СПб. ФА РАН. Ф. 208. Оп. 3. Д. 459. Л. 35-36 об。

这次给您寄了来自和田的小佛像。①

这些形状各异、琳琅满目的古代珍宝极大地激发了彼得罗夫斯基对和田的兴趣。他推测新疆曾深受印度文明影响，以和田为中心逐步向库车发展，并扩散到莎车和喀什地区：

可以肯定的一点是，新疆深受印度文明的影响，而以往的中心可能在和田地区，逐步向库车方向发展，并扩散到莎车县和喀什噶尔。民族冲突和文明交汇都来自北方。在喀什噶尔流传着这样的传说，在古代的和田地区居住着拓和塔王和诺可塔王，他们经常攻打喀什噶尔和莎车，喀什噶尔人人知晓这个传说。在和田发现的各种各样的宝物，有可能来自西方。②

彼得罗夫斯基想尽一切办法从欧洲订购西方学者关于和田的书籍以证实自己的推测。

我还想看看法国东方学家写的那本关于和田的书，已经预订了多次，可还是没有寄来。③

彼得罗夫斯基认为和田所获珍宝可分为四类，分别是伊斯兰教遗

---

① 俄罗斯科学院档案馆圣彼得堡分馆藏, 档案编号: СПб. ФА РАН. Ф. 208. Оп. 3. Л. 44–44 об。
② Под общ. ред. М.Д. Бухарин. Эпистолярные документы из архивов Российской академии наук и Турфанского собрания. с. 135.（布哈林编:《俄罗斯科学院档案馆藏吐鲁番考察书信》, 第135页。）
③ 俄罗斯科学院档案馆圣彼得堡分馆藏, 档案编号: СПб. ФА РАН. Ф. 208. Оп. 3. Д. 459. Л. 5–8 об。

物、基督教遗物、印度斯基台王朝遗物和阿拉伯人遗物。佛教遗物较为普遍，从喀什北部的库车、库尔勒到南部的和田都有发现。基督教遗物只在南部的巴楚县和和田有所发现，印度斯基台王朝遗物在南部和田有所发现，阿拉伯人遗物暂时没有发现。这些丰富且有明显异域风情的古代文物见证了和田悠久的历史，还原了和田作为东西方文化、宗教、贸易交流中心的繁荣景象。

一眼看上去，您会发现这些古物可以分为以下三类：佛教遗物、基督教（景教也在其列）遗物和印度斯基台王朝遗物。第一类佛教遗物尤为普遍，在整个新疆地区，从北部的库尔勒和库车到南部的和田地区都有大量发现。基督教遗物目前只在巴楚县（Маралбаши）附近发现了一件十字架（已经寄给您），以及和田发现了两件金制品和带有十字架图案的硬币。印度斯基台王朝遗物目前只在和田地区有所发现。根据当地的传说和收集品来源判断，伊斯兰教是随着阿拉伯人的入侵而传入新疆，传播方式也不是个人行为，而是依靠统治阶层力量自上而下强制推行。萨图克·布格拉汗（Сатук-Бугра-хан）建立喀喇汗王朝后开始在统治区域推行伊斯兰教，首先传入喀什噶尔的莎车县和和田附近的村落，到其长子穆萨统治期间，伊斯兰教是喀喇汗王朝唯一推崇的宗教。因此，除了上述提到与三种宗教相关文物文书外，在新疆地区应该还可以发现古代阿拉伯文书文物，但目前还没有相关发现。①

---

① Под общ. ред. М.Д. Бухарин. Эпистолярные документы из архивов Российской академии наук и Турфанского собрания. с. 120-121.（布哈林编：《俄罗斯科学院档案馆藏吐鲁番考察书信》，第120—121页）。

根据流传于民间的传说和已获收集品，彼得罗夫斯基认为伊斯兰教是随着阿拉伯人的入侵而传入新疆，传播方式也不是个人行为，而是依靠统治阶层力量自上而下强制推行。萨图克·布格拉汗是一位信仰伊斯兰教的首领，萨图克·布格拉汗父子为伊斯兰教在新疆的传播不懈努力，到其长子穆萨统治期间，伊斯兰教是喀喇汗王朝唯一推崇的宗教。彼得罗夫斯基根据喀喇汗王朝的统治历史推断，伊斯兰教传入地——喀什莎车县和和田附近的村落一定有古代阿拉伯手稿或文物存在，只是尚未发现。在和田大量发现的文物使彼得罗夫斯基有意亲自去一趟和田证实自己的猜想，他精心规划了和田—库车、喀什—阿克苏、喀什—莎车—和田等几条路线，但因领事工作的繁杂和秘书柳特什的离任，考察未能实现。

假使所有的猜想都贴近事实的话，就可以着手寻找古迹，并合理规划。我需要从和田出发，经过塔克拉玛干沙漠（沙地中有类似和田文物的印章），抵达库车。之后，我需要从喀什噶尔政府获得委托查找古迹的授权，并以此为中心，先向北部和西部行进，之后再去南部莎车地区，东部和田—库车。[①]

根据目前已公布的彼得罗夫斯基档案资料所知，彼得罗夫斯基陆陆续续运回俄国10批古钱币，其中大部分来自和田附近的约特干古城。限于篇幅，笔者简要梳理如下。

---

① 俄罗斯科学院档案馆圣彼得堡分馆藏，档案编号：СПб. ФА РАН. Ф. 208. Оп. 3. Д. 459. Л. 5–8 об.

1893年2月5日，彼得罗夫斯基给罗曾院士寄出了：

41枚古币，两张照片，两份底板和硬币说明。（1893年2月5日）①

1893年9月17日，彼得罗夫斯基给罗曾的信中表示：

经常收到从和田寄来的各种文物和硬币。（1893年9月17日）②

1893年10月25日，彼得罗夫斯基给罗曾院士寄了一批从和田收到的古代硬币，留下两枚用于研究的硬币随下一批一起寄出：

我留下了两枚钱币，钱币上都是氧化的痕迹，甚至难以辨识上面的符号，放到盐酸中浸泡后，硬币上面的符号便显现出来了。这两枚下次寄给您。另外向您请教一下如何正确清洗古币，有时我把铜币放到盐水中，把银币放到硫酸中清洗。也许还有更好的方式。我收集的古钱币数量可观，想整理后再寄给您。（1893年10月25日）③

---

① Под общ. ред. М.Д. Бухарин. Эпистолярные документы из архивов Российской академии наук и Турфанского собрания. с. 107.（布哈林编：《俄罗斯科学院档案馆藏吐鲁番考察书信》，第107页。）

② Под общ. ред. М.Д. Бухарин. Эпистолярные документы из архивов Российской академии наук и Турфанского собрания. с. 117.（布哈林编：《俄罗斯科学院档案馆藏吐鲁番考察书信》，第117页。）

③ Под общ. ред. М.Д. Бухарин. Эпистолярные документы из архивов Российской академии наук и Турфанского собрания. с. 129.（布哈林编：《俄罗斯科学院档案馆藏吐鲁番考察书信》，第129页。）

1894年3月5日，彼得罗夫斯基将印着马和符号的古币寄给罗曾院士研究：

> 我已经收集了好几枚这样的硬币了。（1894年3月5日）①

1894年4月20日，彼得罗夫斯基的代理从和田约特干古城收到了：

> 佛像、玉石和印章，和这封信一起寄给罗曾院士的是两份带铭文的红铜片，印章摹印和硬币模印。（1894年4月20日）②

1894年5月16日，彼得罗夫斯基寄给罗曾：

> 硬币串成的手链照片和在约特干古城找到的古币照片。另外还寄了一些在约特干古城发现的古硬币的模印。③（因是重复物件，彼得罗夫斯基只寄了照片和模印，并请奥登堡翻译古币手链上的符号）。④

---

① Под общ. ред. М.Д. Бухарин. Эпистолярные документы из архивов Российской академии наук и Турфанского собрания. с. 136.（布哈林编：《俄罗斯科学院档案馆藏吐鲁番考察书信》，第136页。）

② Под общ. ред. М.Д. Бухарин. Эпистолярные документы из архивов Российской академии наук и Турфанского собрания. с. 137–138.（布哈林编：《俄罗斯科学院档案馆藏吐鲁番考察书信》，第137—138页。）

③ Под общ. ред. М.Д. Бухарин. Эпистолярные документы из архивов Российской академии наук и Турфанского собрания. с. 139.（布哈林编：《俄罗斯科学院档案馆藏吐鲁番考察书信》，第139页。）

④ Под общ. ред. М.Д. Бухарин. Эпистолярные документы из архивов Российской академии наук и Турфанского собрания. с. 142.（布哈林编：《俄罗斯科学院档案馆藏吐鲁番考察书信》，第142页。）

1895年2月16日，彼得罗夫斯基给罗曾的信中写道：

领事馆频繁收到代理们从各地搜集的古币和印章等古物。带铭文的印章不多，刻着各种图案的印章有一百枚了，古币更是数不胜数，但大部分是喀喇汗王朝时的钱币。（1895年2月16日）[①]

1895年3月2日，彼得罗夫斯基给奥登堡寄去一箱子和田收集品，其中包括非常多的古代硬币。

硬币，非常多，但种类不多，可能其中最有趣的要数带着马匹图案的硬币了（1895年3月2日）。[②]

1895年8月30日，彼得罗夫斯基给奥登堡的信中写道：

这段时间又收到了很多硬币和佛像，全部寄给您。（1895年8月30日）[③]

1895年10月14日，彼得罗夫斯基给奥登堡寄去了：

[①] Под общ. ред. М.Д. Бухарин. Эпистолярные документы из архивов Российской академии наук и Турфанского собрания. с. 149.（布哈林编：《俄罗斯科学院档案馆藏吐鲁番考察书信》，第149页。）

[②] 俄罗斯科学院档案馆圣彼得堡分馆藏，档案编号：СПб. ФА РАН. Ф. 208. Оп. 3. Д. 459. Л. 21-22。

[③] 俄罗斯科学院档案馆圣彼得堡分馆藏，档案编号：СПб. ФА РАН. Ф. 208. Оп. 3. Д. 459. Л. 30-31 об。

来自和田的古币。(1895年10月14日)①

1899年10月20日,彼得罗夫斯基"从和田拿到了一些古硬币"②。

在古钱币收集过程中,俄国皇家考古协会东方部主席罗曾院士给了彼得罗夫斯基很多帮助。1894年,罗曾院士把钱币学相关的小册子寄给彼得罗夫斯基,以便彼得罗夫斯基对收集的钱币进行分类。1896年,经罗曾院士介绍,彼得罗夫斯基和俄国外交官、历史学家、古代硬币收集爱好者古巴斯托夫③建立了联系,"亚洲司的古巴斯托夫人不错,和善且友好。"④此后在古钱币收集上,古巴斯托夫给彼得罗夫斯基很多建议和指导。

二、彼得罗夫斯基和田收集品中的古代写本

1894年后,彼得罗夫斯基的和田收集品以古代写本为主。这些写本大都为彼得罗夫斯基在和田安插的俄商或密探从塔克拉玛干沙漠的古代废墟中找寻或在和田的巴扎市场上收购所得。

---

①俄罗斯科学院档案馆圣彼得堡分馆藏,档案编号:СПб. ФА РАН. Ф. 208. Оп. 3. Д. 459. Л. 35–36 об。

②Под общ. ред. М.Д. Бухарин. Эпистолярные документы из архивов Российской академии наук и Турфанского собрания. с. 197.(布哈林编:《俄罗斯科学院档案馆藏吐鲁番考察书信》,第197页)。

③古巴斯托夫·康斯坦金·安德烈耶维奇(1845—1919),俄国外交官,1896—1897年任外交部亚洲司副司长。

④Под общ. ред. М.Д. Бухарин. Эпистолярные документы из архивов Российской академии наук и Турфанского собрания. с. 156.(布哈林编:《俄罗斯科学院档案馆藏吐鲁番考察书信》,第156页)。

对于新疆的其他古迹，也是不清楚来历，知道的人多，研究的人少。更不要说那些埋藏在塔克拉玛干沙漠千年风沙下的古迹了。有时，强风将上层的沙土吹散，露出了废墟或古迹的一部分。一旦出现这样的情况，当地居民就非常兴奋地赶过去，希望挖出点儿值钱的宝贝。请允许我提出几处这样的古迹，在我看来，具有极高的历史价值和考古价值。①

1894—1898年，彼得罗夫斯基在南疆绿洲和田的收获颇丰。1894年，彼得罗夫斯基收到了代理从和田寄来的大量古代手稿残片。1894年2月24日，彼得罗夫斯基给罗曾的信中写道：

寄了一些从和田拿到的碎片给您，我没有仔细查看，也许都需要修补，请你们研究一下，是否值得再寄出这样的碎片。（1894年2月24日）②

我告诉他们（代理）再不要购买碎片，尽量找一些完整的购买。③

彼得罗夫斯基看来价值不高的文献碎片在俄国东方学家眼里却价

---

① М.И.Воробьева-Десятовская. *Материалы Н.Ф.Петровского в ИВР РАН* // КОЛЛЕКЦИИ И АРХИВЫ. 2011. с. 189-190.（瓦洛比耶娃·杰夏托夫斯卡娅：《俄罗斯科学院东方文献研究所藏彼得罗夫斯基收集品》，第189—190页。）

② И.В.Тункина. *Н.Ф.Петровский как собиратель древних памятников письменности в востосном туркестане* // ВОСТОК-ЗАПАД. с. 114.（瓦洛比耶娃·杰夏托夫斯卡娅：《俄罗斯科学院东方文献研究所藏彼得罗夫斯基收集品》，第114页。）

③ 俄罗斯科学院档案馆圣彼得堡分馆藏，档案编号：СПб. ФА РАН. Ф. 208. Оп. 3. Д. 459. Л. 5-8 об.

值连城。遵照彼得罗夫斯基收集品主要研究者奥登堡院士的建议，彼得罗夫斯基把找到的古代写本和文献残片全部买了下来。[1]1894年10月5日，彼得罗夫斯基的代理从和田拿到一份重要写稿。

> 我的代理从和田拿到了一份用不知名语言书写的手稿，他会亲自把这份手稿带给我。（1894年10月5日）[2]

1895年1月23日，彼得罗夫斯基在信中告诉罗曾：

> 昨天我从和田又拿到了一页古代手稿。（1895年1月23日）[3]

起初，彼得罗夫斯基仅以纸张的颜色判断古书的真伪。1895年2月3日，彼得罗夫斯基给罗曾的信中写道：

> 随信又寄出了几页来自和田的文书，在我看来，写古文书的纸张越黄，文书越古老。从和田寄来的还有一些小佛像。听说从和田会寄来用金色字母书写的一本书，还不清楚情况，等收到时再看。

---

[1] 俄罗斯科学院档案馆圣彼得堡分馆藏，档案编号：СПб. ФА РАН. Ф. 208. Оп. 3. Д. 459. Л. 5–8 об.。

[2] И.В.Тункина. *Н.Ф.Петровский как собиратель древних памятников письменности в восточном туркестане* // ВОСТОК-ЗАПАД. с. 117.（瓦洛比耶娃·杰夏托夫斯卡娅：《俄罗斯科学院东方文献研究所藏彼得罗夫斯基收集品》，第117页）。

[3] И.В.Тункина. *Н.Ф.Петровский как собиратель древних памятников письменности в восточном туркестане* // ВОСТОК-ЗАПАД. с. 118.（瓦洛比耶娃·杰夏托夫斯卡娅：《俄罗斯科学院东方文献研究所藏彼得罗夫斯基收集品》，第118页）。

（1895年2月3日）①

1895年3月17日，彼得罗夫斯基给罗曾的信中写道：

从和田寄来了古代手稿，以及一枚印着图案和题字的金色纪念章。（1895年3月17日）②

1895年3月24日，彼得罗夫斯基写信告诉奥登堡寄了两箱子古代写本，收件人是罗曾：

1.脏手帕里裹着腐烂的文书，除了可以研究下纸张在土壤里是如何腐烂的，也无他用；2.这些文献送来时就是卷起来的，您需要时再铺展；3.还有一些可能不重要的碎片。（1895年3月24日）③

1895年3月31日，彼得罗夫斯基给俄国皇家考古协会东方部寄了古文书，并告诉奥登堡：

从和田又运来了新的包裹，其中有些文书，我连同这封信（薄

---

① И.В.Тункина. *Н.Ф.Петровский как собиратель древних памятников письменности в востосном туркестане* // ВОСТОК-ЗАПАД. c. 118.（瓦洛比耶娃·杰夏托夫斯卡娅：《俄罗斯科学院东方文献研究所藏彼得罗夫斯基收集品》，第118页。）

② И.В.Тункина. *Н.Ф.Петровский как собиратель древних памятников письменности в востосном туркестане* // ВОСТОК-ЗАПАД. c. 118.（瓦洛比耶娃·杰夏托夫斯卡娅：《俄罗斯科学院东方文献研究所藏彼得罗夫斯基收集品》，第118页。）

③ И.В.Тункина. *Н.Ф.Петровский как собиратель древних памятников письменности в востосном туркестане* // ВОСТОК-ЗАПАД. c. 118.（瓦洛比耶娃·杰夏托夫斯卡娅：《俄罗斯科学院东方文献研究所藏彼得罗夫斯基收集品》，第118页。）

木板里有照片底板）一同寄给维克多·罗曼诺维奇公爵。包裹里有三捆文书，两捆可能用途不大，第三捆可以仔细研究。（1895年3月31日）①

1895年4月24日，彼得罗夫斯基给奥登堡的信中写道：

七个装着文书的包裹从和田寄给了罗曾公爵，都是未曾打开的文书……需要完成的事情很多，但还是会挤出一些时间用在考察上。（1895年4月24日）②

随后，1895年6月4日，彼得罗夫斯基给罗曾也写了信：

给您寄了和田的古代手稿，其中两份裹了很多写本，但貌似不太重要，另外一份捆成了一束，没有打开，发现时是什么样子寄给您就是什么样子。也许其中能有吸引奥登堡的好东西。包裹里还有从和田寄来的印着铭文的小宝石。（1895年6月4日）③

1895年7月25日，彼得罗夫斯基寄出新的包裹后，给罗曾信中写道：

---

① И.В.Тункина. Н.Ф.Петровский как собиратель древних памятников письменности в восточном туркестане // ВОСТОК-ЗАПАД. с. 118. （瓦洛比耶娃·杰夏托夫斯卡娅：《俄罗斯科学院东方文献研究所藏彼得罗夫斯基收集品》，第118页。）

② 俄罗斯科学院档案馆圣彼得堡分馆藏，档案编号：СПб. ФА РАН. Ф. 208. Оп. 3. Д. 459. Л. 26-27。

③ И.В.Тункина. Н.Ф.Петровский как собиратель древних памятников письменности в восточном туркестане // ВОСТОК-ЗАПАД. с. 118. （瓦洛比耶娃·杰夏托夫斯卡娅：《俄罗斯科学院东方文献研究所藏彼得罗夫斯基收集品》，第118页。）

第二章　彼得罗夫斯基的新疆考察活动 | 161

按奥登堡的要求，从和田寄来的古代手稿原封不动地寄给您了。（1895年7月25日）①

1898年1月，彼得罗夫斯基给罗曾寄了用印度古文书写的18本书，同年2月，

又寄了一批古书，我担心寄得太早了，这段时间我又收到了三本古书。和以往一样，地址中写的您的名字，而不是考古协会。没找到和书的尺寸大小一致的箱子，我在书的上面压了一层已经发白的祈祷用的装饰物，希望一路可以护送这批文书到圣彼得堡。（1898年2月）②

1898年2月23日，彼得罗夫斯基给罗曾的信中写道：

我觉得这批古书价值可观，古书所使用的木板印刷符合中国人的印刷习惯，但内容上又和印度古文有关，每本书的印字各不相同。（1898年2月23日）③

---

① И.В.Тункина. *Н.Ф.Петровский как собиратель древних памятников письменности в восточном туркестане* // ВОСТОК-ЗАПАД.с.118.（瓦洛比耶娃·杰夏托夫斯卡娅：《俄罗斯科学院东方文献研究所藏彼得罗夫斯基收集品》，第118页。）

② И.В.Тункина. *Н.Ф.Петровский как собиратель древних памятников письменности в восточном туркестане* // ВОСТОК-ЗАПАД.с.120.（瓦洛比耶娃·杰夏托夫斯卡娅：《俄罗斯科学院东方文献研究所藏彼得罗夫斯基收集品》，第120页。）

③ И.В.Тункина. *Н.Ф.Петровский как собиратель древних памятников письменности в восточном туркестане* // ВОСТОК-ЗАПАД.с.120.（瓦洛比耶娃·杰夏托夫斯卡娅：《俄罗斯科学院东方文献研究所藏彼得罗夫斯基收集品》，第120页。）

彼得罗夫斯基和英国驻喀什代表马继业在和田高价收购古代写本导致和田居民在塔克拉玛干沙漠疯狂挖宝。彼得罗夫斯基发现当地居民残忍地将文献古代写本分成几部分，分别卖给俄国人和英国人。在利益的驱使下，穆斯林商人伊斯拉姆·阿訇造出了包括数种文字在内的"古文书"，大部分通过俄、英驻南疆代理卖给了俄国驻喀什领事彼得罗夫斯基和英国驻喀什代表马继业。1898年4月13日，彼得罗夫斯基给罗曾的信中谈到古代写本中混杂的伪造文献。

> 我完全肯定的一点是，在利益的驱使下，和田开始有人伪造文书。他们手中有用于印刷的木板，以此完成各种形式的伪造文书。纸张也是在和田生产的，在伪造的古书上抹些芝麻油，再撒些沙漠中的沙子，赝品就这样完成了。（1898年4月13日）[1]

此后，彼得罗夫斯基愈发小心对待来自和田的古代写本。1898年7月6日，彼得罗夫斯基给奥登堡的信中写道：

> 前几天，有人给我拿来一个本子，很旧，书皮上印着一样的字母，仔细一看就知道是伪造品，这样的文献我没有购买，他们要价非常高，也许还会碰到类似的。（1898年7月6日）[2]

---

[1] Под общ. ред. М.Д. Бухарин. *Эпистолярные документы из архивов Российской академии наук и Турфанского собрания*.c.121.（瓦洛比耶娃·杰夏托夫斯卡娅：《俄罗斯科学院东方文献研究所藏彼得罗夫斯基收集品》，第121页。）

[2] 俄罗斯科学院档案馆圣彼得堡分馆藏，档案编号：СПб. ФА РАН. Ф. 208. Оп. 3. Д. 459. Л. 45–45 об。

彼得罗夫斯基规避伪造文书的同时让密探调查"文书生产"一事，并设法拿到了阿訇伪造文书所用的刻字模板。

  昨天从和田传来消息，我要的带图案和字符的模板已经在塔克拉玛干找到了，很快寄给我。①

  面对不太确定的古代写本，彼得罗夫斯基仍会寄给奥登堡加以鉴定。1899年3月8日，彼得罗夫斯基给罗曾寄了"一个熟人从和田给我的一份古代手稿，我怀疑是赝品，不管怎样，我还是寄给奥登堡鉴定"②。彼得罗夫斯基收集和田古代写本的工作并没有因赝品的存在而停滞。1900年8月16日，彼得罗夫斯基给罗曾的信中写道：

  很久没有给您写信了，但这并不意味我的古文书搜罗工作停滞不前了。和这封信一同寄给您的还有古文书和文物，您看一下，也许还不错。我不知道这些奇怪的文书上到底写了什么，有一份手工艺品是巴利采夫医生在和田购得，在中间的圆孔处有一个银色的人物画像。他一到和田，就遇到了这个小玩意儿。（1900年8月16日）③

---

①俄罗斯科学院档案馆圣彼得堡分馆藏，档案编号：СПб. ФА РАН. Ф. 208. Оп. 3. Д. 459. Л. 45–45 об。

②И.В.Тункина. *Н.Ф.Петровский как собиратель древних памятников письменности в востосном туркестане* // ВОСТОК–ЗАПАД. с. 121. （瓦洛比耶娃·杰夏托夫斯卡娅：《俄罗斯科学院东方文献研究所藏彼得罗夫斯基收集品》，第121页。）

③И.В.Тункина. *Н.Ф.Петровский как собиратель древних памятников письменности в востосном туркестане* // ВОСТОК–ЗАПАД. с. 122. （瓦洛比耶娃·杰夏托夫斯卡娅：《俄罗斯科学院东方文献研究所藏彼得罗夫斯基收集品》，第122页。）

1902年10月4日，彼得罗夫斯基给罗曾的信中谈到代理在斯坦因挖过的地方又挖到了宝物：

斯坦因来过这里，他雇了40个工人把所有斯文·赫定提到又懒得去的废墟都挖了一遍，好像并没有搜刮干净，我的代理又从他挖过的地方捎给我一些古代遗物，是不是从斯坦因那偷的，我没有追查，这些都寄给您。和其他人不太一样，斯坦因是个行家，也没有那么可恶。（1902年10月4日）①

1902年11月12日，彼得罗夫斯基给罗曾寄了三捆古文书，第一捆是"从和田附近塔克拉玛干沙漠找到的古印度文书"②，第二捆"比第一捆稍微少一点，这部分同样来自和田"③，第三捆"来自斯坦因到过的地方"④。1903年6月13日，彼得罗夫斯基卸任喀什总领事前给罗曾寄的最后一捆古代手稿也来自和田。

---

① Под общ. ред. М.Д. Бухарин. *Эпистолярные документы из архивов Российской академии наук и Турфанского собрания.* с. 180.（布哈林编：《俄罗斯科学院档案馆藏吐鲁番考察书信》，第180页。）

② И.В.Тункина. *Н.Ф.Петровский как собиратель древних памятников письменности в востосном туркестане* // ВОСТОК-ЗАПАД. с. 122. （瓦洛比耶娃·杰夏托夫斯卡娅：《俄罗斯科学院东方文献研究所藏彼得罗夫斯基收集品》，第122页。）

③ И.В.Тункина. *Н.Ф.Петровский как собиратель древних памятников письменности в востосном туркестане* // ВОСТОК-ЗАПАД. с. 122. （瓦洛比耶娃·杰夏托夫斯卡娅：《俄罗斯科学院东方文献研究所藏彼得罗夫斯基收集品》，第122页。）

④ И.В.Тункина. *Н.Ф.Петровский как собиратель древних памятников письменности в востосном туркестане* // ВОСТОК-ЗАПАД. с. 122. （瓦洛比耶娃·杰夏托夫斯卡娅：《俄罗斯科学院东方文献研究所藏彼得罗夫斯基收集品》，第122页。）

昨天从和田收到的古代手稿，原封不动地寄给您。（1903年6月13日）①

1904年，奥登堡提到彼得罗夫斯基收集品时指着堆了一屋子的古文书说道：

有梵文、古印度文、藏文，以及来自印度的未知语言古文献……文献内容也是各式各样，其中很多是古代咒语。彼得罗夫斯基收集品汇集了各种笔迹、各种语言、题材丰富的古文献资料。②

文物收集初期，没有任何经验的彼得罗夫斯基选择在炎夏派代理到沙漠废墟中寻找古代遗物，1893年7月，彼得罗夫斯基派人到沙漠寻找珍宝，"代理走了三天，什么都没找到，无功而返。"在文物搜索过程中，彼得罗夫斯基逐渐掌握了方法和规律，"要在大风后到沙漠中寻宝，而且最好是冬天，因为冰块比水更容易携带。"③从彼得罗夫斯基寄回国的古代文献文物的时间来看，相对于炎热的夏季，春季、深秋和冬季是彼得罗夫斯基运送文书文物回国的高峰时段。

---

①И.В.Тункина. *Н.Ф.Петровский как собиратель древних памятников письменности в востосном туркестане* // ВОСТОК–ЗАПАД. с. 122. （瓦洛比耶娃·杰夏托夫斯卡娅：《俄罗斯科学院东方文献研究所藏彼得罗夫斯基收集品》，第122页。）

②И.В.Тункина. *Н.Ф.Петровский как собиратель древних памятников письменности в востосном туркестане* // ВОСТОК–ЗАПАД. с. 123. （瓦洛比耶娃·杰夏托夫斯卡娅：《俄罗斯科学院东方文献研究所藏彼得罗夫斯基收集品》，第123页。）

③Под общ. ред. М.Д. Бухарин. *Эпистолярные документы из архивов Российской академии наук и Турфанского собрания* .с.116.（布哈林编：《俄罗斯科学院档案馆藏吐鲁番考察书信》，第116页。）

除了需要辨别伪造的古文书，彼得罗夫斯基还要应对"狡猾"的代理。

> 我安插的人手没有告诉我什么消息，他们却干了这样的事儿：他们买到文献后，为了得到奖赏，将其中的一半或更少的部分寄给我，或先让骑手送过来一部分文献包裹，过一段时间再把剩余的包裹送过来，并在信中强调，为了拿到这些文献，他们有多么地不容易，耗费了多么大的代价。前不久，其中的一个代理人给我写信说，他赶着三匹马去沙漠里寻找文献，他以为我会立即寄钱给他，好让他自由自在地游玩，他错了。我可不愿意白白浪费钱。①

继1897年皇家艾尔米塔什国家博物馆拿到彼得罗夫斯基首批收集品中的文物后，1905年彼得罗夫斯基将自己收获的第二批文献资料捐给了俄国委员会，这部分文献最终由皇家科学院亚洲博物馆收藏。彼得罗夫斯基逝世后，奥登堡向俄国皇家考古协会提出收藏彼得罗夫斯基新疆所获丰富收集品的建议，俄国皇家考古协会采纳了奥登堡的建议。1909年2月，彼得罗夫斯基收集品第三部分收入亚洲博物馆，共128份伊斯兰教古代手稿。1909年3月，俄国外交官、东方学家安德烈·德米特里耶维奇·卡尔梅科夫（А.Д. Калмыков，1870—1931）从塔什干带回圣彼得堡彼得罗夫斯基收集品第四部分，包括用婆罗谜文书写的古代梵文手稿、汉文和维吾尔文手稿。1910年，英国驻喀什领事乔治·马继业

---

① 俄罗斯科学院档案馆圣彼得堡分馆藏，档案编号：СПб. ФА РАН. Ф. 208 （С. Ф. Ольденбург）. Оп. 3. Д. 459. Л. 1–4 об。

向俄国皇家科学院赠送了部分彼得罗夫斯基收集品，大部分是梵文和吐火罗文手稿残片。①马继业转交的这部分手稿残片很可能是彼得罗夫斯基离开喀什时没能带走的部分，或者是彼得罗夫斯基的代理或当地居民在其离开喀什后发现的古代手稿。现存于俄罗斯科学院东方文献研究所的彼得罗夫斯基收集品中的新疆古代写本及残片总计7000件。②

本章小结

彼得罗夫斯基很早就意识到中国南疆古代遗迹的考古价值。在他的建议下，俄国先后组织十几次大规模西域考察探险队，获取大量珍贵的古代文书文物。在俄国皇家考古协会组织大规模考察之前，彼得罗夫斯基自己就组织了几次考察。他是第一位对喀什以北三仙洞石窟、喀什东北方向二十五公里的汗诺依古城及内部的鸽子窝废墟进行考察和研究的俄国外交官。他对古代手工业制作贸易中心汗诺依进行了系统研究和多次探察，从语言学、民族学和地理学角度对三仙洞石窟进行了实地考察和研究，并关注到喀什操突厥语的居民和西亚居民的文化共性。彼得罗夫斯基是最早对喀什古城进行研究的欧洲官员，他在伊斯兰教墓地发现了佛教寺庙常用的莲花元素，找到了佛教在麻扎建

---

① Бонгард-Левин Г.М. Воробьёва-Десятовская М.И. Тёмкин Э.Н. *Фрагменты санскритских рукописей из Занг-Тепе* （*предварительное сообщение*）// Вестник древней истории. М. 1965. с. 17.（博佳尔特·莱维，瓦洛比耶娃·杰夏托夫斯卡娅：《梵语文献及残片》，《古代历史导报》1965年第3期，第17页。）

② Под общ. ред. Попова И.Ф. *Сергей Федорович ОЛЬДЕНБУРГ Учёный и организатор науки.* Москва: Наука-Восточная литература. М. 2016. с. 45.（波波娃主编：《谢尔盖·费多洛维奇·奥登堡》，第45页。）

筑中的遗存痕迹。

彼得罗夫斯基任俄国驻新疆喀什噶尔（总）领事的20余年间，他把工作之余的全部时间用在古代手稿和文物的搜集上，他利用自己的外交官身份在南疆建立了广泛的珍宝搜集网络，以喀什为起点，围绕塔克拉玛干沙漠北部、西北部、南部边缘展开，向东北方向沿塔克拉玛干沙漠的北边缘，经阿图什、阿克苏、库车到达库尔勒，南部经莎车到达和田地区。彼得罗夫斯基对古文书的搜罗非常有目的性和条理性，从起初的碎片化收集到完整文书的收集、从汉文文献到不知名语言文献、从新疆北部到南部，遍地是彼得罗夫斯基代理的足迹。

1892至1893年的秋冬，彼得罗夫斯基通过俄属中亚寄回国一百余件写在动物皮、树皮、纸张上的写本及残片，这些珍贵的古代写本来自库车、库尔勒、阿克苏地区，其中大部分是佛教经文。彼得罗夫斯基的考察发现证明了佛教在中国西部的传播。1893年后，彼得罗夫斯基将研究重点从北部库车、库尔勒地区转移到塔克拉玛干沙漠南缘绿洲和田地区，利用安插在和田的密探和代理，彼得罗夫斯基在和田及以西10公里的约特干古城遗址收获了大量的古代写本和珍贵文物。彼得罗夫斯基收集品中的古代文物和古代硬币大部分来自和田，和田收藏品是彼得罗夫斯基收集品中非常重要的一部分。在运输方式上，彼得罗夫斯基优先选择每个月往返两次奥什和喀什的哥萨克骑兵，而较大或较重的物件通过商队运到奥什中转后运往圣彼得堡。利用哥萨克骑兵往来奥什和喀什的便利条件，彼得罗夫斯基轻而易举将新疆古代珍宝偷运回俄国。现存于俄罗斯科学院东方文献研究所的彼得罗夫斯基收集品中的古代写本及残片总计7000件。笔者根据俄文档案整理出彼得罗夫斯基在喀什、库车、库尔勒、和田所获古代写本和文物时间及内容（表2-1）。

表2-1　彼得罗夫斯基在喀什、库车、库尔勒、和田所获古代写本和文物时间及内容（1887—1903）

序号	时间	地点	内容
1	1887	喀什	一枚古钱币
2	1892.03	莎车	三十枚古钱币
3	1892.03	库车	十二份贝叶文古代写本
4	1892.07	莎车	四张古代硬币正反面照片
5	1892.09	莎车	八枚古钱币
6	1892.09	库车	八十七页贝叶文古代写本
7	1892.10	喀什	九十六枚印有阿拉伯铭文的古钱币
8	1892.10	喀什	四十枚只有一面刻字的古钱币
9	1892.10	喀什	一枚铜制古币
10	1892.11	库尔勒	二十八页古代手稿
11	1892.12	阿克苏	二十八份古代手稿残片
12	1893.02	和田	四十一枚古币，两张照片，两份底板
13	1893.04	喀什、库车	八十二页古代手稿
14	1893.05	库车	一些古文书
15	1893.09	和田	三份带红色印章的手稿
16	1893.09	和田	四十五件物品，包括未知语言书写的古代手稿、石制品、宝石制品
17	1893.10	和田	大量古代硬币
18	1893.10	和田	雕刻品、印着图案的金币
19	1893.10	和田	三页用未知语言书写的古文书及一页用不知名语言书写的文献
20	1893.12	和田	玉石、陶罐、非常精美的铜制坐佛及古代硬币
21	1894.02	和田	古文书残片
22	1894.04	和田	佛像、玉石和印章，两份带铭文的红铜片，印章摹印和硬币模印
23	1894.05	和田	一串硬币串成的手链照片和一张古币照片
24	1894.08	库车	古文书、印章、佛像，硬币串成的手串上

续表

序号	时间	地点	内容
25	1894.10	和田	不知名语言的重要手稿
26	1894.11	阿克苏	文字印在黑色纸张上的古代文书（高价收购）
27	1895.01	库车	写在桦树皮上的古代写本、印着藏语和梵语的近500页的小册子、木制鱼、两张蒙文手抄本、两片刻着文字的小木片，刻字的石头。
28	1895.01	阿克苏	两页古代手稿
29	1895.01	和田	石制品、木制品
30	1895.01	和田	一页手稿
31	1895.02	库车	五页书写在动物皮上的古代手稿
32	1895.02	和田	一百多枚刻着各种图案的印章
33	1895.02	和田	手稿和金色字母书写的手稿
34	1895.03	库车、莎车、和田	古硬币、陶器、泥塑品、碎石、佛像、佛教用品、玻璃镶金的手镯、金钩、小人像
35	1895.03	库车、喀什	一箱子佛像、文书及残片
36	1895.03	和田	古文书及文书残片
37	1895.03	和田	一页古文书
38	1895.04	和田	大量的陶制品、大理石花纹图像、木制佛像、木板画像、小石头及各种各样的小物件
39	1895.06	和田	一捆古代文书、一块儿印着铭文的小石头
40	1895.08	和田	硬币和佛像
41	1895.09	吉尔吉斯	一枚古币
42	1895.10	和田	一些雕刻玉石和硬币
43	1895.10	和田	古币
44	1896.02	库车	五页佛教写本
45	1898.01	和田	印度古文字书写的十八本书
46	1898.01	和田	小佛像
47	1898.02	和田	三本古代手稿
48	1898.02	和田	一批木板印刷的古代手稿，内容上又和印度古文有关，每本书的印字各不相同。
49	1899.10	和田	古代钱币

续表

序号	时间	地点	内容
50	1899.03	和田	一份古代文书（彼得罗夫斯基怀疑是赝品）
51	1900.01	库车	保存完好的佛教文书
52	1900.08	和田	古文书中间的圆孔处有一个银色的人物画像的手工艺品
53	1900.10	库车、库尔勒	装有古代手稿的五个包裹
54	1902.10	库车、库尔勒、和田	数量可观的一批手稿
55	1902.11	和田	三捆古代手稿
56	1903.06	和田	一捆古代手稿

第三章　彼得罗夫斯基对俄国探险队的协助

第一节　彼得罗夫斯基对普尔热瓦尔斯基的协助

俄国探险家、俄国总司令部军官尼古拉·米哈伊洛维奇·普尔热瓦尔斯基（Н.М. Пржевальский，1839—1888）是考古学界享有盛名的欧洲探险家，他49岁短暂的一生共完成了4次中国西部探险。在俄国皇家地理协会和俄国总司令部的支持下，普尔热瓦尔斯基10余年间游历了中国新疆、青海等地，完成了对昆仑山系的地理和自然历史、西藏北部山系、罗布泊和黄河支流罗布泊研究，总行程约3万公里。作为中国边疆探险的先驱，普氏在地图上完成了中国新疆"三山两盆"的地理构成标注，他到达阿尔金山，让欧洲人知道亚洲也有阿尔金山的存在。普氏在考察途中发现的野马等分别以他的名字命名，以上种种重大发现让普氏名声大噪，他被称为"中亚探险三巨头"（普尔热瓦尔斯基、斯文·赫定、斯坦因）之一，是首批获取和研究新疆地区文献资料的俄国学者，圣彼得堡科学院授予普氏的铜牌上刻着"中亚自然地理研究第一人。"[1]

---

[1] Венюков М.И. Письмо 3-му Географическому конгрессу. // РГО. Ф.13, оп.2, д.41, л.16.（维纽科夫：《给地理协会的第三封信》，俄国皇家地理协会档案馆藏，档案编号：РГО. Ф.13, оп.2, д.41, л.16。）

一、普尔热瓦尔斯基的探险具有地理考察和军事探察双重特性

1855年,普氏成为梁赞步兵团的一名军士,随即进入俄国最高军事教学机构皇家军事科学院总司令部(1832—1918)学习。1860年,普氏以军官身份加入皇家地理协会,1863年,普氏发表了《猎人的回忆》《阿穆尔边疆区军事概览和数据分析》,在第二篇文章中,普氏对阿穆尔边疆区首次提出了地缘政治学方案,1864年普氏成为皇家地理协会正式成员。1867—1869年,年仅28岁的普氏完成了乌苏里边区考察,自此开启了探险生涯。普氏的4次探险得到了俄国皇家地理协会和总司令部的双重支持,背负着地理考察和政治侦察的双重任务。1870—1880年,普氏的中国西部"探险"费用由总司令部资助,总司令部给俄国财政部的官方公文记录了俄国皇家地理协会、俄国军事部、俄国沙皇共同支持普氏进行中亚探险的决定:

> 1870年,在俄国皇家地理协会的申请下、俄国军事部的支持下,和俄国沙皇最高指令的御批下,普尔热瓦尔斯基大尉将远赴中国考察,收集地理学、民族学、自然科学和历史学信息,以便我们深入了解并掌握中国北方地区发生起义和战争的真正原因,道听途说来的消息往往搅乱和模糊了我们的视听。[1]

1870年,普氏带着几名哥萨克兵经北京,穿过鄂尔多斯草原往西南

---

[1] Гейден Ф.Л. Докладная записка М.Х.Рейтерну. 20 января 1874 // РГВИА. Ф.400, оп.1, д.368. л.9.(加杰:《给莱杰尔的工作汇报》(1874年1月20日),俄罗斯国家艺术文化档案馆藏,档案编号:РГВИА. Ф.400, оп.1, д.368. л.9。)

进发，考察了青海湖，随后继续往南，深入柴达木盆地，登上巴彦喀拉山，行程共11000公里。当时新疆部分地区被阿古柏侵占，普氏出发后，总司令部同时派出库拉巴特金军官与阿古柏谈判。①普氏也和阿古柏会面并向俄国总司令部提交了详细的报告，②并在报告《新疆现状》中暗示阿古柏的统治不会长久。普氏首次探险成果颇丰，完成了对新疆、青海等地的水域、动植物、地理地貌、社会发展的历史地理考察和军事侦察。随后普氏积极筹备第二次探险。1876年1月，普氏向地理协会提交了考察申请，他第2次探险的目的地更为明确，即前往中国新疆，到达罗布泊，找寻马可·波罗笔下的野骆驼，当然也包括对新疆气象和地理的勘察和监测。1876年7月至1877年，普氏经俄属中亚穿越天山抵达塔里木河流域、罗布泊地区和阿尔金山北麓，行程近4000公里。

普氏第3次和第4次探险的目的地是中国西藏。1878年，普氏提出去中国西藏探险的想法，给总司令部的汇报中普氏列出了将要完成的科研和军事任务，普氏在报告中写道："没错，政治考察是在科学研究的掩饰下进行的，目的是迷惑我们的敌人。"③普氏所说的敌人显而易见指与俄国在中国西部争夺利益的对手英国。库拉巴特金作为总司令部亚洲司司长和普氏的直接领导，给俄国的工作汇报中明确指出普氏

---

①Куропаткин А.Н. *Кашгария. Историко-географический очерк страны*. СПб. ИРГО. 1879.

②Пржевальский Н.М. *Записка в Главный штаб. 6 июня 1877* // Научный архив РГО. Ф.13, оп.1, д.26, л.1$6. Ф.400, оп.1, д.438, л.132, 138.(普尔热瓦尔斯基：《给总司令部的工作汇报（1877年6月6日）》，俄罗斯地理协会藏，档案编号：РГО. Ф.13, оп.1, д.26, л.1$6. Ф.400, оп.1, д.438, л.132, 138.)

③Пржевальский Н.М. *Докладная записка от 25 августа 1878* // РГВИА.Ф.400, оп.1, д.553, л.3$4.(普尔热瓦尔斯基：《给总司令部的工作汇报（1878年8月25日）》，俄罗斯国家艺术文化档案馆藏，档案编号：РГВИА.Ф.400, оп.1, д.553, л.3$4。）

考察重点是中国的西藏地区，除了科研考察外，还需对西藏的政治制度、周边关系进行侦察。[1]"尽管政治目的实现的可能性很小，但可以扩大俄国从内亚到喜马拉雅广大地区的影响力。"[2]1879—1880年，普氏经准格尔盆地、翻越祁连山南山进入柴达木盆地，最终抵达西藏那曲，总行程11470公里。1883—1886年，普氏再次从恰克图出发，进入黄河流域，沿柴达木盆地南部向西到达阿尔金山、穿过塔克拉玛干沙漠，翻越天山返回俄国。普氏探险成果丰硕，轰动了整个欧洲，扩大了俄国在西域的影响力。普氏的很多探险行为都是开拓性的，"他首次抵达欧洲探险家从未踏足的区域，为此后欧洲探险家的中亚之旅开辟了道路。"[3]普氏不但在报告中对中国边疆的自然状况、气候条件、地形、动植物进行了详细阐述，还对中国西部边疆地区的气象和气候进行观测，采集了土质和矿石样本。普氏获得了130种动物标本，1000余种鸟类标本，70余种爬行动物标本，75种鱼类标本，4000余种植物标本。这些标本汇编成《爬行动物大全》《鸟类大全》《哺乳动物大全》三卷本巨作。如今普氏记录的部分物种已经灭绝。普氏在自己最后一本著作中指出，"中亚的进一步研究可以分为两部分进行，一是对中亚未知领域进行科学侦察，二是对已完成考察的地区进行详细透彻的

---

[1] Пржевальский Н.М. *Отчет от 16 ноября 1878* // РГВИА. Ф.400, оп.1, д.553, л.10.（普尔热瓦尔斯基：《给总司令部的工作汇报（1878年11月16日）》，俄罗斯国家艺术文化档案馆藏，档案编号：РГВИА. Ф.400, оп.1, д.553, л.10。）

[2] Куропаткин А.Н. *Отчет. Ноябрь 1878* // РГВИА. Ф.400, оп.1, д.553, л.24.（库洛巴特金：《报告》(1878年11月，俄罗斯国家艺术文化档案馆藏，档案编号：РГВИА. Ф.400, оп.1, д.553, л.24。)

[3] И.Ф.Попова. *Российские экспедиции в Центральную Азию на рубеже XIX—XX веков..*с.20.（波波娃：《19世纪末20世纪初俄国的中亚考察》，第20页。）

研究"①。1878年，普氏当选为俄国科学院荣誉成员。作为一名地理学家和考古学家，普氏先后发表和出版了大量考察报告、旅行日记、地图、照片，对边疆地理学、民族学、历史学的研究提供了丰富材料。

19世纪末至20世纪初是俄国西域考察的黄金时期，这也是英、俄大角逐最激烈的时期。在英、俄中亚大角逐的背景下，"俄国皇家地理协会的军官将领在科研考察的掩饰下，积极参与到中亚大角逐这场没有硝烟的战争中"②。俄国皇家地理协会的创始成员中出现了多名俄国军官的名字，比如科兹洛夫、罗伯罗夫斯基。地理协会副主席费多尔·彼得洛维奇·利特凯少将也是一名军官。作为一名政治家，不可否认的是普氏的考察具有强烈的侵略性，他是俄国扩张活动的坚定支持者。普氏西域探险的实质是以探险为掩饰而进行的地形勘察、情报收集等政治活动。1886年初，普氏荣升为大将。同年5月，普氏成为俄国特殊军事委员会成员，该委员会主要处理与中国的边疆问题，实为制定对华侵略政策机构。

1888年，彼得罗夫斯基给普氏的贺信中对普氏在地理探险和政治探察两方面取得的成就给予了高度评价。

关于您即将开启新旅程的消息收到了。无论从科学发展还是政治角度，您在中亚地区旅行和探险都具有非常重要的意义。您勇敢

---

① Пржевальский Н.М. *Четвертое путешествие в Центральную Азию. От Кяхты на истоки Желтой реки. Исследование Северной окраины Тибета и путь через Лоб-Нор по бассейну Тарима.* СПб. 1888.с. 64.（普尔热瓦尔斯基：《中亚第四次考察活动：从恰克图到黄河支流》，圣彼得堡，1888年，第64页。）

② Hauner Milan. *What Is Asia to Us?* London: Routledge. 1992. p. 41.

无畏，令人敬佩。您的事迹将永载史册，您的研究和成果将作为重要资料指导科学事业向前发展。俄国人民和中亚领地各部落不会忘记您，您充分地展示了俄国的强大和力量。学者和爱国者在您身上得到了充分体现。据我所知，没有任何一名探险家可以做到这一点。①

二、彼得罗夫斯基对普氏地理考察的协助

1886年，普氏结束第4次探险回国后，为第5次亚洲探险做准备之际，喀什（总）领事彼得罗夫斯基与普氏建立了联系。笔者从俄罗斯地理协会普尔热瓦尔斯基档案中查阅到的普氏与彼得罗夫斯基最早的一封书信写于1886年2月17日，②此后直到普氏因伤寒在探险途中意外逝世，普氏与彼得罗夫斯基一直保持着书信往来，这期间普氏积极为第5次中国探险做准备。可查阅到的彼得罗夫斯基给普氏的书信共14封，时间跨度从1886年初至普氏去世前一个半月的1888年9月，书信内容既包括新疆政治局势、经济形势、军队概况和探险路线规划，也包括对英国人在新疆动态的监视。

彼得罗夫斯基领事对普氏的协助主要体现在其未完成的第5次西藏探险。普氏回国后并没被荣誉冲昏头脑。一回到圣彼得堡，就积极为第5次探险——通过俄属中亚进入中国新疆考察，最终抵达西藏拉萨做准备。彼得罗夫斯基是协助普氏完成探险的不二人选，彼得罗夫斯基

---

① 俄罗斯地理协会档案馆藏，档案编号：АРГО. Ф. 13. Оп. 2. Д. 185. Л. 6–8 об.
② 俄罗斯地理协会档案馆藏，档案编号：АРГО. Ф. 13. Оп. 2. Д. 185. Л. 9–11.

在塔什干的工作经历使其轻而易举与俄属中亚取得联系，为普氏提供必要信息，除了在途经地喀什获得资源和休息外，彼得罗夫斯基亦可通过在当地多年的人脉关系与西藏方建立联系，协助普氏完成探险。现存于俄罗斯科学院档案馆圣彼得堡分馆彼得罗夫斯基档案中，彼得罗夫斯基书信中最早提及普氏的名字是在1886年1月。[①]1886年1月7日，彼得罗夫斯基在俄属中亚奥什城给俄外交部上司奥斯丁·萨肯的信中写道：

> 普尔热瓦尔斯基可能已经到圣彼得堡与您见了一面。可惜的是，我们本来是要见面的，但没能实现。所有他需要的材料我都准备好了。普尔热瓦尔斯基肯定和您讲了他是如何制服当地刁民，也向您讲了这里的情况。[②]

第4次西藏探险结束后，普氏经新疆塔克拉玛干沙漠返回俄国，显而易见，二人应该是在1885年下半年就建立了联系。普氏和彼得罗夫斯基的书信中经常探讨考察问题。在考察方式上，普氏和彼得罗夫斯基持同样的态度，二人都竭力主张不要忽视中国西部古代小城镇的价值，那些有丰富文化内涵和传说的小城镇可能是文化宝藏的埋藏地。普氏认为"西藏的地理和自然科学研究前景可观，应该对且末镇这样的一批小城市进行专业考察，消息来源可以是中国历史文献资料、亲眼所见或者听当地人讲述。普氏听当地人讲，"和田、阿克苏、罗布

[①] Мясников. В.С.В.Г. Бухерт. Н.Ф.Петровский Туркестанские письма. c.176.（米丝尼科夫编：《彼得罗夫斯基，新疆书信》，第176页。）

[②] 俄罗斯国家古文献档案馆藏，档案编号：РГАДА. Ф. 1385. Оп. 1. Д. 466. Л. 242–243 об。

泊之间曾经有23个城市和360个村落，踩着屋顶就能从库车走到罗布泊，可想而知当时的城市有多么繁华，如今这些城镇已全部消失。如今每到秋冬时节，幸存下来的和田等地居民就到沙漠地带找寻古城镇废墟，有时能找到金银细软。"①

1886年初，普氏已确定两年后的亚洲之行路线，即由中亚进入新疆而后直达西藏。他通过俄属中亚总督和俄国外交部驻外领事馆收集了大量考察情报，了解喀什军队的真实情况。1886年2月17日，彼得罗夫斯基给普氏的回信中表明将全力配合普氏第5次探险：

> 昨天我才从报纸上得知您得到沙皇的接见，奖励您在俄国中亚考古方面作出的贡献。从弗利杰的信中可以看出，您采纳了我报告中的内容，当您到喀什噶尔的时候，我有责任将报告呈请您过目……（新疆）这些军队，一共不到200人，却想守住喀什噶尔。什涅乌尔也一样，对中国没有任何概念，却提交了一份报告，这样的报告不如不提交，带来的坏处太多了。我把希望都寄托在您身上了。另外，如果您需要知道什么消息，我一定尽力提供，祝您圆满完成任务。②

弗利杰全名是弗利杰·阿列克谢·雅科夫列维奇，1882—1887年任俄属中亚七河省军事总督。内忧外患的清政府无暇顾及西部，"喀什军队力量薄弱"是彼得罗夫斯基提供普氏的重要军事情报。1887年8月28

---

① Пржевальский Н.М. *Четвертое путешествие в Центральную Азию*. 1888. с. 356.（普尔热瓦尔斯基：《中亚第四次考察活动：从恰克图到黄河支流》，第356页。）

② 俄罗斯地理协会档案馆藏，档案编号：АРГО. Ф. 13（Н.Ф. Пржевальский）. Оп. 2. Д. 185. Л. 4-5 об.。

日，彼得罗夫斯基给普氏的信中答复了普氏关于西藏探险的几点疑问：

您说要考虑到北京方面有可能对中国官员的某些协助下达某种指令，这完全没有可能。可能会有直接的，间接的，明显的，不明显的抵抗：新疆总督是个彻头彻脑的坏人，完全不把我们俄国人放在眼里。别看您获得了通行证，但同时新疆总督也被私下告知要给您添点麻烦。我的建议如下，既然您想去西藏，就要选一条最便捷的路，尽快抵达。先拿到北京方的许可，之后到费尔干纳州，通过帕米尔地区，中国的萨雷阔勒，喀什噶尔，英吉沙县，甚至莎车县，穿过和田后继续前行。喀什噶尔基本没有中国部队驻守，直接阻力不会存在。当中国人发现您并向乌鲁木齐的刘请示如何给您捣乱的时候，您已经走远了。之后的事儿，就交给我了。如果我能收到正式指令（就像您信中要求的那样），我会干净利索地完成任务，不亚于当年考夫曼拿下希瓦汗国。但是，没有指令的话，所有的行为都会带来危险。[1]

信中提到的刘官员即时任新疆巡抚刘锦棠。光绪八年（1882年），刘锦棠配合左宗棠收复新疆伊犁，使俄国退出伊犁九城，在英、俄两国争霸中亚、觊觎我国新疆的危急形势下，刘锦棠加强了在帕米尔的防务，是新疆独当一面的封疆大吏。为了防范刘锦棠等新疆官员的阻挠，彼得罗夫斯基建议普氏选择最便捷的路线，从中亚进入喀什，穿过英吉沙县、莎车县、和田直接入藏，不要在新疆做过多停留。"北

---

[1] 俄罗斯地理协会档案馆藏，档案编号：АРГО. Ф. 13. Оп. 2. Д. 185. Л. 31–33 об。

京方的许可"指通过总理衙门的审核。

1888年2月，普氏请彼得罗夫斯基协助确认考察路线是否存在漏洞。1888年2月15日，彼得罗夫斯基给普氏的回信涵盖的信息量非常大，"首先，我认为您选择的路线完全正确，"①他不但肯定了普氏探险路线之正确，还详细叙述了拟对普氏提供的几方面协助。

（一）从总理衙门拿到护照是探险活动顺利进行的通行证。

一旦从总理衙门拿到护照，第一，所有当地的中国官员都爱做样子，搞搞形式，其实都是不敢轻易发表言论的懦夫，他们完全听命于上级，连总理衙门都放行了，地方官衙只有对您夹道欢迎；第二，所有来自官府层面的障碍基本去除，假使您途中受到了阻拦，也就是对总理衙门命令的无视，届时，我以俄国驻喀什噶尔领事的名义出面，名正言顺地采取各种措施保障您的安全。他们会害怕得不得了，到处写信，为自己辩护，最后会乖乖听话。②

（二）为普氏提供可靠的语言翻译。

我知道两个吉尔吉斯人，他们曾是哥萨克部队的军士，学过汉语和满洲里语，他俩人都非常老实，还懂吉尔吉斯语。但是不懂蒙古语。如果有需要可以随时吩咐他们。我还想把他俩中的一人召到领事馆工作，但是没有条件。如果需要蒙古语翻译，您可以求助于

---

① 俄罗斯地理协会档案馆藏,档案编号：АРГО. Ф. 13. Оп. 2. Д. 185. Л. 34-37 об。
② 俄罗斯地理协会档案馆藏,档案编号：АРГО. Ф. 13. Оп. 2. Д. 185. Л. 34-37 об。

什马廖夫，他在库伦，本身他也是蒙古族人。我认为，您可能用不到满洲里语翻译。您需要的是俄语—蒙语—汉语—突厥语翻译（突厥语翻译不好找）；或者找两位翻译，一位俄语—蒙古语翻译，一位汉语—突厥语翻译（这就容易多了）；甚至可以找三名翻译：俄语—突厥语，汉语—突厥语（或者东干—突厥语）和蒙古语—汉语。前两个翻译很容易找到。①

（三）建议普氏中途购买骆驼，骑行到喀什。

喀什噶尔的骆驼非常贵，如果您可以在奇姆肯特，塔什干买到骆驼就最好了，再一路赶到这边。关于侦察员和侦察指南的问题，您要谨慎地向亚洲司提出。我没有其他想法，只想拿到20册单行本，如果他们想要印刷的话，请将全部内容印刷出来，否则就不要印刷。②

（四）怂恿清政府替换可能给普氏探险制造麻烦的道台和官员。

在我的建议下，原来的道台已经被撤职了，可能，连乌鲁木齐的刘照山（刘锦棠）也要掉了乌纱帽。我觉得不出意外，您的探险之旅会更加顺利。我会尽我所能，为您提供全部保障。③

---

① 俄罗斯地理协会档案馆藏，档案编号：АРГО. Ф. 13. Оп. 2. Д. 185. Л. 34-37 об。
② 俄罗斯地理协会档案馆藏，档案编号：АРГО. Ф. 13. Оп. 2. Д. 185. Л.6-8 об。
③ 俄罗斯地理协会档案馆藏，档案编号：АРГО. Ф. 13. Оп. 2. Д. 185. Л. 1-2。

在喀什生活的6年间，彼得罗夫斯基摸透了清政府各机构和部门的职能、办事风格，甚至部分官员的脾性。总理衙门作为清政府处理外交事务的最高机构，位列六部之上。外国人的护照可由外国驻华公使或驻地方领事馆签发，加盖官印才算生效。有权限盖官印的政府机关只有两个，"第一是总理衙门……第二是地方官府"①。彼得罗夫斯基清楚地知道普氏中国探险的关键是通过总理衙门的护照审核，"只要搞定总理衙门，就相当于拿到了在中国自由通行的钥匙，各级地方政府只能放行"。彼得罗夫斯基充分考虑到普氏长途跋涉可能用到的语言翻译，提供了两名哥萨克兵作汉语—吉尔吉斯语—俄语翻译，并建议普氏通过什马廖夫找蒙古语翻译，什马廖夫是俄国驻库伦市领事，全名什马廖夫·雅科夫·帕尔芬基耶维奇（1834—1915），生活在库伦市长达46年（1865—1911年）。库伦即现在的乌兰巴托市，乾隆四十三年（1778年）建城，1924年更名。彼得罗夫斯基为普氏提供了8种翻译模式供普氏选择：俄语—蒙语—汉语—突厥语翻译1名，俄语—蒙古语翻译1名，汉语—突厥语翻译1名，俄语—突厥语翻译1名，汉语—突厥语（或者东干—突厥语）翻译1名，蒙古语—汉语翻译1名，东干—突厥语翻译1名，蒙古语—汉语翻译1名。为节省考察费用，彼得罗夫斯基建议普氏在俄属中亚购买所需骆驼，而非喀什。最后，彼得罗夫斯基在普氏入境前"铲除"了可能为普氏带来麻烦或阻碍的地方官员，为普氏沿新疆入藏提供尽可能"安全"的环境。1888年9月9日，彼得罗夫斯基给普氏的信中写道：

---

① 杨大春：《晚清政府关于外国传教士护照政策概述》，《历史档案》2004年第2期，第78页。

您探险途中的顾虑终于顺利去除了，这真是太好了。这个结果真有点出乎我的意料，要知道目前的形势并不是特别好。现在可以和您说，我已经让中国官员平息下来了……如果您回程不经过喀什噶尔的话，我就在路途中见下您，巴楚县？卡拉科尔目前情况还不错，新任的县长伊古姆诺夫善于处理各项事务，可不像科尔巴科夫斯基那样。也就是说，您在那可以得到帮助。①

彼得罗夫斯基不仅想办法换掉了乌鲁木齐和喀什的两名清政府官员，还在普氏途经地伊萨克湖州的卡拉库尔城安排了县长伊古姆诺夫专程接待普氏，此外，彼得罗夫斯基让自己在俄属中亚税务机关工作的弟弟谢尔盖协助普氏，"我的弟弟谢尔盖向您转交这封信，如果您需要帮忙的话，就去找他"②。

三、彼得罗夫斯基对普氏政治探察的情报协助

彼得罗夫斯基对普氏军事侦察活动不遗余力地情报协助是彼得罗夫斯基早期外交思想的体现。到喀什工作仅3年的彼得罗夫斯基在喀什患了风湿，顶着应对在喀什活动的英国人和俄国领事馆巨大工作量的双重压力，彼得罗夫斯基内心极为矛盾，一方面希望俄国尽快占领喀什，结束英俄之争；另一方面又想索性离开，从烦琐的工作中解脱出来。1886年1月7日，彼得罗夫斯基给俄外交部上司奥斯丁·萨肯的信中写道："我已经向内务部提出了离开这里（喀什）的申请，越快越好，

---

① 俄罗斯地理协会档案馆藏，档案编号：АРГО. Ф. 13. Оп. 2. Д. 185. Л. 1-2.
② 俄罗斯地理协会档案馆藏，档案编号：АРГО. Ф. 13. Оп. 2. Д. 185. Л. 1-2.

我被当地的中国人折磨得不轻。"①但从彼得罗夫斯基此后的书信中我们可以看到其外交思想的明显转变，特别是1890年后，彼得罗夫斯基不再提出离开喀什，并强烈反对俄国占领喀什。他认为将喀什作为殖民地比直接占领他成本更小，获利更多。当然，这也代表俄国对喀什外交政策的变化。而早在1888年前，彼得罗夫斯基则是不遗余力希望俄国尽快占领喀什。

彼得罗夫斯基给普氏的书信中有8封涉及重要情报信息，包括中国新疆军事机密、喀什政情、喀什经济、喀什官员对俄国人的态度、英国人在新疆的情报工作、英国与清政府的关系、英国人在新疆的贸易等细节。1886年4月至1887年8月，彼得罗夫斯基源源不断向普氏输出新疆最新情报，这些情报信息一方面为普氏军事勘察提供了必要资料，另一方面反映了俄国外交部、总司令部、军事部在对华行动上的一致性。要知道，没有外交部的指令，彼得罗夫斯基绝不会肆意泄露重大军事情报于一名普通"探险家"。

1886年，俄、英在新疆的关系愈发紧张。普氏准备向总司令部提交占领喀什的方案以作不时之需。普氏考察的政治属性初见端倪。1886年4月19日，彼得罗夫斯基给普氏的信中言简意赅地提出了四点应对英国挑衅的措施，为普氏提供了重要思路和材料：

> 我接受您的建议并向您汇报喀什噶尔的近况。本想为您的报告提供一份关于挑起战争方式的详细资料，但时间紧迫，所以言简意赅地向您汇报以下几点：1.如果中俄发生战争，英国便是中国的盟

---

① 俄罗斯国家古文献档案馆藏，档案编号：РГАДА. Ф. 1385. Оп. 1. Д. 466. Л. 242-243 об.

友，英国非常可能从中作梗，制造中俄矛盾；2.一旦中英结盟，中国政府统治最弱的地方——伊犁和喀什噶尔对我们而言是最重要的据点；3.中俄可能在喀什噶尔发生战争，派哈基姆带着地痞流氓到喀什噶尔制造混乱或者从纳伦直接派军队驻扎喀什噶尔，奥什军队作为备用，因为道路艰险，炮兵队的派驻不可能实现；4.克服从撒马尔军南部到喀什噶尔的山区地形，或者在山区组织匪帮到喀什噶尔制造动乱。这是我提供的四点建议，只是没有时间进一步展开详述，您可以在总司令部（亚洲区）找到相关资料。我在这里详细记录每天发生的新鲜事儿和听到的传闻，整理寄给外交部，这些记录总司令部可以看到吗？也许，他们会感兴趣。①

彼得罗夫斯基提醒普氏英国极有可能制造矛盾，并与清政府结盟对付俄国，俄国挑起战争需谨慎。一旦发生战争，伊犁和喀什的战略位置即可凸显。信中提到的哈基姆（Хаким）生于费尔干纳州马尔吉兰县，1887年，哈基姆带着残军从阿克苏逃到俄属中亚欲投靠俄国，彼得罗夫斯基提议直接派残军头目到喀什制造混乱或者从俄属中亚派军驻扎喀什。

时隔不到一个月，彼得罗夫斯基再次致信普氏，称俄属中亚领地腹背受敌，内忧外患。首先，"阿布杜拉赫曼汗（Абдуррахман）把巴达赫尚南部城市和苏格南的喷赤献给了英国人，从吉尔吉特到巴达赫尚地区的英国侦察兵更加强大了，"②其次，"中国清政府把阿古柏残军

---

① 俄罗斯地理协会档案馆藏,档案编号：АРГО. Ф. 13. Оп. 2. Д. 185. Л. 9–11。
② 俄罗斯地理协会档案馆藏,档案编号：АРГО. Ф. 13. Оп. 2. Д. 185. Л. 12–13 об。

放行，致使他们流窜到了费尔干纳州，这些人的头目曾在我们眼皮底下抢劫阿尔泰地区的吉尔吉斯人，"①最后，"某位野心家想让费尔干纳州从俄属中亚分离出去。"②1886年8月15日，彼得罗夫斯基给普氏的信中保证"很快寄出中国军队的情况，"③并向普氏透漏了领事馆获得的重要情报，即阿古柏残军准备投靠英国人支持下的阿布杜拉赫曼汗，排挤住在费尔干纳州的吉尔吉斯人。彼得罗夫斯基认为清政府故意放走阿古柏残军到俄属中亚制造混乱：

> 阿古柏的残军和中国官兵作战失败后逃到了费尔干纳州，听说，又从费尔干纳州去了阿富汗，去年我就知道，他在我们的边境线游荡，到处招兵买马，煽动我们民众加入他们。我不知道这些重要的消息应该向谁汇报。据我得到的准确消息，阿古柏残余力量向阿布杜拉赫曼汗求助，想要从费尔干纳州把我们的公民挤走。阿布杜拉赫曼汗是胡多亚尔汗④的亲戚。中国人知道这一切，抓到残军后，又将其放到我们的阿莱地区。⑤

为了与英国争夺资源，彼得罗夫斯基一方面监视英国商人在南疆的活动，另一方面，积极收集新疆和田金矿信息寄回俄国。彼得罗夫斯基给普氏的信中3次提到了和田的金矿。假使普氏第5次探险成行，和田的金矿很有可能成为普氏西域考察的重要目标。1886年2月17日，彼

---

① 俄罗斯地理协会档案馆藏，档案编号：АРГО. Ф. 13. Оп. 2. Д. 185. Л. 12-13 об。
② 俄罗斯地理协会档案馆藏，档案编号：АРГО. Ф. 13. Оп. 2. Д. 185. Л. 12-13 об。
③ 俄罗斯地理协会档案馆藏，档案编号：АРГО. Ф. 13. Оп. 2. Д. 185. Л. 14-17。
④ 胡多亚尔汗(1835—1886)，1845—1875年任浩罕汗国大汗。
⑤ 俄罗斯地理协会档案馆藏，档案编号：АРГО. Ф. 13. Оп. 2. Д. 185. Л. 14-17。

得罗夫斯基的信中写道:

当您到喀什噶尔的时候,我有责任将报告呈请您过目。这里还是老样子,只是英国人一直在增加,他们到这里是有目的的。我猜,其中的一个原因是和田的金矿。他们一定会想方设法得到的。①

1887年5月20日的信中提到:

前不久我把和田金矿概况以及原矿的图片寄给亚洲司了,在当地大巴扎可以见到金矿石在出售。②

1887年8月28日的信中写道:

关于当地的金矿。咱们的一名商人提议把金子偷运回国。③

除争夺中国新疆资源,英、俄两国的考古竞争更是风起云涌。1885年起,到新疆探险的英国人达格利什（Эндрю Далглиш）和凯利（Артур Дуглас Кэри）引起了彼得罗夫斯基的关注。1887年,跟踪两位英国人在疆行动的密探终于了解到他们来疆的目的是追随普氏的足迹到罗布泊和哈密探险。2月17日,彼得罗夫斯基给普氏的信中写道:

---

① 俄罗斯地理协会档案馆藏,档案编号:АРГО. Ф. 13. Оп. 2. Д. 185. Л. 4–5 об。
② 俄罗斯地理协会档案馆藏,档案编号:АРГО. Ф. 13. Оп. 2. Д. 185. Л. 29–30。
③ 俄罗斯地理协会档案馆藏,档案编号:АРГО. Ф. 13. Оп. 2. Д. 185. Л. 31–33 об.

上次给您写信提到的英国人达格利什和凯利不小心在我的密探面前泄露了秘密，密探在信中告诉我，他们会选择您当初的路线去罗布泊和哈密，他们对您所做的研究深信不疑。据我所知，达格利什曾是个卖器材的商人，除了指南针，他什么都有。这是个喜欢吹牛的人，他的话，得掂量一下。①

英国人的探险引起了普氏的关注，1887年5月20日，彼得罗夫斯基请普氏分享凯利的文章，"把凯利发表的文章让我看一下，看过之后，我再将他们在西部探险的细节向您汇报。"②关于普氏关心的凯利在当地探险的影响和动机，彼得罗夫斯基在1887年8月28日的信中汇报道：

关于英国人凯利，我能告诉您的消息还是那么多。我觉得他探险的目的在于降低您甚至是我们俄国探险家探险的意义和威信。他们说，俄国人和英国人做的是同样的事，英国人还不用护卫队。凯利没有在当地人中间留下什么印象，这点是确定无疑的。③

1888年9月5日，普氏和随行人员从莫斯科的"尼古拉耶夫火车站"出发，开启了第5次探险之旅。普氏在日记中写下："下午四点，这趟通向中亚的火车把我带上第5次探险的征程，我无比激动，我再一次感受到了自由。"9月19日，普氏结束伏尔加河之游后，乘船赶到里海，随后乘火车进入俄属中亚撒马尔罕，普氏在撒马尔罕见到了中亚铁路

---

① 俄罗斯地理协会档案馆藏，档案编号：АРГО. Ф. 13. Оп. 2. Д. 185. Л. 27-28。
② 俄罗斯地理协会档案馆藏，档案编号：АРГО. Ф. 13. Оп. 2. Д. 185. Л. 1-2。
③ 俄罗斯地理协会档案馆藏，档案编号：АРГО. Ф. 13. Оп. 2. Д. 185. Л. 31-33 об。

管理总工程师托尔北克后经由塔什干于10月5日到达比什凯克，随即出发到韦尔内（今阿拉木图）招兵买马，采购物资。10月20日早，普氏一行向俄属中亚小城卡拉科尔出发，10月22日抵达。卡拉科尔是伊萨克湖旁的小城，位于今吉尔吉斯斯坦境内。1888年11月1日，普尔热瓦尔斯基因伤寒病死在伊萨克湖畔，普氏学生罗伯罗夫斯基给俄国军事部和俄国皇家地理协会分别发了电报告知普氏去世的消息："1888年11月1日早9点，尼古拉耶维奇·米哈伊洛维奇·普尔热瓦尔斯基去世了。"①1888年9月27日，彼得罗夫斯基给普氏的信是二人的最后一次通信。彼得罗夫斯基在信中向普氏说明入境护照情况及打算通过传教士帮普氏在西藏获得协助：

> 我还没从总理衙门收到您的护照。一收到护照，我马上通知卡拉科尔的县长。这里的天主教传教士海因里希和我说，西藏也有传教士，如果您需要的话，我让他给西藏的传教士写封信，但我觉得海因里希在说谎。还没有收到您在卡拉科尔城的消息。②

普氏第5次探险未进入中国境内，未能享受彼得罗夫斯基为其探险提供的种种便利条件。

第二节　彼得罗夫斯基对格鲁姆·格尔日麦洛的协助

格鲁姆·格尔日麦洛（Грумм-Гржимайло Григорий Ефимович,

---

① 俄罗斯地理协会档案馆藏，档案编号：АРГО. Ф. 13. Оп. 2. Д. 185. Л. 31–33 об。
② 俄罗斯地理协会档案馆藏，档案编号：АРГО. Ф. 13. Оп. 2. Д. 185. Л. 3–3 об。

1860—1936），1860年2月17日出生于圣彼得堡的俄国贵族家庭，1878年毕业于圣彼得堡大学物理数学系。在中亚考察浪潮的推动下，喜欢昆虫学和植物学的格鲁姆·格尔日麦洛也将目光瞄准了中国新疆地区。笔者根据彼得罗夫斯基书信内容中的蛛丝马迹还原了格鲁姆·格尔日麦洛两次非法从我国西部入境的全过程、彼得罗夫斯基的处理结果、清政府和俄国皇家考古协会对格鲁姆·格尔日麦洛非法入境的反应，顺藤摸瓜找到了彼得罗夫斯基信中提到的格鲁姆·格尔日麦洛亚洲探险的靠山和"钱袋子"——舍列梅捷夫伯爵，并借俄文原版资料在俄罗斯国家档案馆古籍部查到了格鲁姆·格尔日麦洛与"靠山"舍列梅捷夫伯爵的俄文书信原件。在俄罗斯地理协会档案馆未出版的格鲁姆·格尔日麦洛的日记、报告、笔记等俄文历史材料的基础上，以他者视角探讨了俄国驻喀什领事彼得罗夫斯基和亚洲探险家格鲁姆·格尔日麦洛的关系，并对格鲁姆·格尔日麦洛亚洲探险背景进行了补充。

一、探险目的

1884—1900年，在俄国皇家地理协会的组织下，在舍列梅捷夫伯爵的财力支持下，格鲁姆·格尔日麦洛先后5次到中国西北地区进行带有政治意义和附加任务的地理考察。1884年，格鲁姆·格尔日麦洛首次亚洲考察到达帕米尔高原北麓、阿莱河谷、慕克苏河、喀拉湖（今塔吉克斯坦境内）和卡拉泰加。1885年，格鲁姆·格尔日麦洛到达帕米尔高原北麓，先后对达尔瓦茨、库洛布（今塔吉克斯坦境内）、卡拉泰加、卡尔什等地进行地理"考察"，并对阿莱山脉（今吉尔吉斯斯坦和塔吉克斯坦境内）进行了研究。1886年，格鲁姆·格尔日麦洛将考察活动延伸到费尔干纳盆地北部地区和中国新疆，考察队到达天山以西，对恰迭尔—库力（Чатыр-Куль）湖、新疆喀什及周边地区、帕米尔北麓（阿莱山区）进行了地理考察。1887年，格鲁姆考察队再次来到帕米尔，研究重点放在帕米尔东部和中部地区，考察队对塔什库尔干、兴都库什东部支脉、库达尔和穆尔加布进行了地理考察。

1889年，俄国探险家普尔热瓦尔斯基的意外离世对俄国皇家地理协会和俄国考古学界造成巨大损失，俄国皇家地理协会立即组织3次大规模中亚探险，以延续普氏西域探险的生命，这3次考察分别是别夫措夫的昆仑山和喀什考察，格罗姆切夫斯基的喷赤河上游和塔里木盆地考察及格鲁姆·格尔日麦洛的天山东部考察，以完成普氏西域探险未竟事业。格鲁姆·格尔日麦洛考察队是3支考察队中规模最大、意义最大、成果最丰富的一支队伍。1889—1890年，格鲁姆·格尔日麦洛完成了对天山东部主要山脉、准噶尔盆地、博格多山脉的考察。他在《中国西部考察纪实》的前言中写道：

  最开始，考察队将目的地定在了帕米尔高原南麓、苏格南、瓦罕和库如特，但皇家地理协会建议我们改变路线，将天山东部和南部地区作为考察对象，协会可能有其他目的，我们接受了协会的建议，尽我们全部力量完成协会赋予的使命。[①]

格鲁姆·格尔日麦洛先后到达乌拉尔山脉中部地区、天山山脉东部地区、青藏高原东北部地区。考察队不仅对准噶尔盆地、博格多山脉做了研究，发现了位于吐鲁番南部低于海平面130米的鲁尔沁盆地，否

---

① .Грум-Гржимайло Г.Е. *Описание путешествия в Западный Китай*.М. ОГИЗ. 1948. с. 3.（格鲁姆·格尔日麦洛：《中国西部考察纪实》，第3页。）

定了俄国地图上标注的延伸到罗布泊的哈密沙漠存在的可能性，确定了从哈密向南直至罗布泊是被植被覆盖的草原地区，还在沙漠中捕获了4匹俄国探险家普尔热瓦尔斯基发现但未能捕获的野马，他是欧洲猎者中第一位猎获罕见野马的探险家。考察队记录了很多从天山东部流淌而下的河流，并对东部山脉的山体特征做了细致描述，对山体形成原因做了客观分析，首次完成了沙漠中北山的研究。考察队沿着未知道路行进，翻越高山，跨越湖泊，最终来到黄河沿岸。除了上述极具价值的地理发现外，格鲁姆·格尔日麦洛率领考察队行程7250公里，进行了140次绝对高度测量和气压测定，确定了30个点的地理坐标并进行了系统的气象观察。考察队在动植物标本的采集方面也是硕果累累，"共获得214件哺乳动物标本，1150件鸟类和400枚带巢的鸟蛋标本，105件爬行类和两栖动物类标本、昆虫类的收集超过35000件，收集植物标本800张。此外，还收集了各类岩石标本850件"[①]。格鲁姆·格尔日麦洛考察所获标本类收集品现存于俄罗斯科学院动物博物馆，可以说，格鲁姆考察活动是对普尔热瓦尔斯基在中国新疆地区未竟事业的补充和完善。

格鲁姆·格尔日麦洛在出发前就放话说，自己的考察成果"不会比普尔热瓦尔斯基差"[②]。他在帕米尔和天山地区近4年的考察成果由俄国皇家地理协会汇编成册以三卷本《中国西部考察纪实》形式出版（1890年）。这些新材料在很大程度上弥补了俄国地理学和动植物学的空白。

[①] 丁淑琴：《格鲁姆·格尔日麦洛及其"中国西部旅行记"》，《西北史地》1999年第4期，第77页。

[②] Письма Г.Е.Грум-Гржимайло графу С.Д.Шереметеву. 1887–1889 гг // Исторический архив. No 2. 2006.c.117.（格鲁姆·格尔日麦洛给舍列梅捷夫公爵的信（1887—1889），《历史档案》2006年第2期，第117页。）

1890年，格鲁姆·格尔日麦洛成为俄国皇家考古协会正式会员，俄国皇家地理协会授予他银质奖章并颁发普尔热瓦尔斯基奖金，格鲁姆是获得此项殊荣的首位地理学家。1907年，格鲁姆·格尔日麦洛又凭借《中国西部考察纪实》一书荣获俄国皇家地理协会授予的金质勋章。

1907年11月4日，格鲁姆·格尔日麦洛在信中向舍列梅捷夫伯爵汇报了自己的成绩：

> 今天，我在谢苗诺夫·天山斯基那用的早餐，谈到了我的书籍出版一事。意料之中，彼得·彼得洛维奇①表示将一如既往地支持我的事业。此外，他还悄悄告诉我，地理协会委员会决定在今年授予我协会最高奖章——康斯坦金诺维奇奖章。②

1907年11月，格鲁姆又获得康斯坦金诺维奇奖章。1920年，格鲁姆成为俄国地理协会副主席。可以说，亚洲考察的热潮和普氏的意外离世造就了格鲁姆·格尔日麦洛。

二、探险经费来源

在彼得罗夫斯基看来，格鲁姆的新疆之行目的不在考古挖掘和科研考察，而是倚仗着"靠山"到中国西部游玩。1887年5月20日，彼得罗夫斯基从喀什给普氏的信中这样讽刺格鲁姆·格尔日麦洛：

---

① 指谢苗诺夫·天山斯基，全名为谢苗诺夫·天山斯基·彼得·彼得洛维奇。
② Под общ. ред. М.Д. Бухарин. *Эпистолярные документы из архивов Российской академии наук и Турфанского собрания*. с. 145.（布哈林编：《俄罗斯科学院档案馆藏吐鲁番考察书信》，第145页。）

格鲁姆·格尔日麦洛到帕米尔高原去了，他去年到过喀什，主要目的是给自己的靠山买一张毯子。①

格鲁姆10岁时，父亲意外去世。格鲁姆由舍列梅捷夫伯爵抚养长大。格鲁姆的父亲耶夫姆·格里戈里耶夫·格鲁姆·格尔日麦洛（Ефим Григорьевич Грум-Гржимайло）是俄国烟草业和制糖业专家，在俄国财政部对外贸易司任要职。彼得罗夫斯基提到的格鲁姆·格尔日麦洛的靠山正是抚养其长大的俄国政府势力强大的舍列梅捷夫伯爵。②舍列梅捷夫·谢尔盖·德米特里耶维奇（Шереметев Сергей Дмитриевич）伯爵是亚历山大三世的侍从武官，1883—1894年任皇家乐团统领，1885年起负责亚历山大皇室家族收养孤儿的监护工作，莫斯科省首席贵族，贵族阶层特殊委员会会员，热衷于考古的舍列梅捷夫还是俄国皇家考古协会正式会员。1877年，舍列梅捷夫创建了古文献爱好者协会并担任首任主席。1887年8月28日，彼得罗夫斯基给普氏的信中谈到格鲁姆·格尔日麦洛时又非常愤恨：

格鲁姆·格尔日麦洛又出了洋相：没有任何许可就带着武装的哥萨克兵到了萨雷阔勒，又溜进了坎巨提。中国政府就此大做文章，这位先生也就勉强算个学者，拿着舍列梅捷夫的钱到处游玩不说，还给别人添了不少麻烦。③

---

① 俄罗斯地理协会档案馆藏，档案编号：АРГО. Ф. 13. Оп. 2. Д. 185. Л. 2930。
② Грум-Гржимайло А.Г. Дела и дни Григория Ефимовича Грум-Гржимайло. М. 1947. с. 5.（格鲁姆·格尔日麦洛：《格里戈里·叶菲莫维奇·格鲁姆·格尔日麦洛度过的艰难岁月》，第5页。）
③ 俄罗斯地理协会档案馆藏，档案编号：АРГО. Ф. 13. Оп. 2. Д. 185. Л. 3133 об。

格鲁姆·格尔日麦洛的1884年、1885年和1886年亚洲地理考察主要由俄国皇家地理协会资助，地理协会主席尼古拉·米哈伊洛维奇大公连续三年拨付经费支持了格鲁姆1884—1886年的亚洲探险活动。1887年，地理协会给予格鲁姆·格尔日麦洛地理考察部分经费支持，不足部分4000卢布由舍列梅捷夫伯爵补足。1887年2月，格鲁姆返回圣彼得堡和其他东方学家共同整理带回来的文献资料。俄国皇家地理协会对其考察成果《中国西部考察纪实》前两卷的出版给予了部分资助。格鲁姆希望继续对帕米尔高原东南部地区进行研究，准备第4次亚洲探险，协会年度报告上出现的"地理协会常年处于赤字状态"字眼使格鲁姆没有勇气再向地理协会主席尼古拉·米哈伊洛维奇大公索要经费。万般无奈的他只得向养父舍列梅捷夫伯爵请求提供3500—4000卢布的经费支援。舍列梅捷夫伯爵最终为格鲁姆的1887年帕米尔东部及周边地区考察资助了4000卢布。1887年2月27日，格鲁姆·格尔日麦洛给伯爵的信中写道：

> 您的最终决定：经俄国皇家考古协会副主席彼得·彼得洛维奇·谢苗诺夫转给我4000卢布用于完成帕米尔地区地理考察。[1]

同年3月8日，格鲁姆收到了舍列梅捷夫伯爵经俄国皇家考古协会副主席谢苗诺夫转来的考察经费，一周后格鲁姆向帕米尔地区出发。

1889—1890年，由俄国皇家地理协会组织的格鲁姆·格尔日麦洛第5

---

[1] Под общ. ред. М.Д. Бухарин. Эпистолярные документы из архивов Российской академии наук и Турфанского собрания. c. 312.（布哈林编：《俄罗斯科学院档案馆藏吐鲁番考察书信》，第312页。）

次西域考察经费分别来自皇家地理协会、地理协会主席尼古拉·米哈伊尔洛维奇、俄国教育部、科学院、军事部和舍列梅捷夫公爵。地理协会由于当时面临着经费严重缺口的窘况，仅能提供1500卢布考察经费，协会向军事部申请经费支持。军事部给地理协会明确回复在帕尔米地区，军事考察优于其他一切考察目的存在。军事部的考察重点在中国新疆边境地区，而非西藏地区。另外，俄国并无意占领喀什，在喀什设立领事馆、开设银行、建商贸区、收取边贸税比直接占领它更容易获得利润。地理协会对照军事部最新政策，及时调整了格鲁姆考察目的和考察路线，把"军事目的列为首位，科研目的放在次要位置"，1889年，格鲁姆·格尔日麦洛将考察路线从帕米尔南麓改为指定的帕米尔东部地区，军事部向格鲁姆提供了考察所需仪器装备（一辆装有自动照准仪的平板车、两个指南针和三个天文观测台钟），1889年，格鲁姆·格尔日麦洛给舍列梅捷夫公爵的信中谈到为了获得科考经费而对考察方案进行调整：

> 普尔热瓦尔斯基去世后，如您所知，考察队规模急剧缩小，考察路线也有所变化。地理协会委员会的提议并没有影响军事部的决定，军事部明确表示其业务范围内不予考虑西藏和喀什噶尔的科学考察。俄国地理协会并没有因此放弃。地理协会把别夫措夫亚洲考察的军事目的列为首要，把科研目的放在了次要位置，原则上把波塔宁和别夫措夫考察路线与普氏考察路线相结合。此次规划也有我的一份，我非常高兴地接收了地理协会下达的任务。①

---

① Письма Г. Е. Грум-Гржимайло графу С. Д. Шереметеву. 1887–1889 гг // Исторический архив, No 2. 2006. c. 35.（格鲁姆·格尔日麦洛给舍列梅捷夫公爵的信（1887—1889），第35页。）

方案调整后，地理协会从军事部拿到了考察经费，格鲁姆也分得1500卢布。格鲁姆从俄国教育部和俄国科学院也获得了少量经费，即便如此，格鲁姆从四大部委获得的经费加起来也只有5000卢布，和预算所需相差甚远。1889年2月1日，走投无路的格鲁姆只好再次向舍列梅捷夫伯爵伸手：

尼古拉·米哈伊洛维奇大公①向地理协会转了6000卢布，我只能拿到2000卢布。这些费用加起来也很难走到西藏，并在两年时间内完成18000俄里的路程。我们通过奥布鲁切夫②和军事部周旋，但基本是徒劳，基本不可能从那里获得大额支助。因此，我只能投靠什么时候都不会拒绝我、对俄国的国家大事非常重视的您，谢尔盖·德米特里耶维奇大公。请您支持地理协会的这次亚洲考察。我以个人名义给您写信，是不希望以协会的名义对您的好心进行绑架。当然，地理协会主席尼古拉·米哈伊洛维奇大公比我更希望您能支持这次考察活动。坦诚地讲，给您写这封信使我内心受尽了煎熬和折磨，我本不想再次打扰您，我先找到了您的兄弟亚历山大·德米特里，但是他坚决拒绝了我。我能有什么办法，前面是可以为之赴汤蹈火的国家事业，我只有硬着头皮再次向您提出请求。我们总不能坐以待毙。万分尊敬的伯爵，请您再次帮帮我。不需要太多，哪怕只有2000—3000卢布足以，如果能得到您的回复，就已经是万幸

---

① 尼古拉·米哈伊洛维奇（1859—1919），历史学家，俄国大公，圣彼得堡科学院荣誉会员（1898），俄国地理协会主席（1892），俄国历史协会主席（1910—1917）。

② 奥布鲁切夫·尼古拉·尼古拉耶维奇（Обручев Николай Николаевич,1830-1904）总司令部部长（1881—1898），圣彼得堡科学院荣誉会员（1888）。

了。我的探险队和别夫措夫探险队同时从圣彼得堡出发，最终会向沙皇提交一份考察报告，我们会带着沙皇的祝福上路。①

毋庸置疑，舍列梅捷夫伯爵补足了格鲁姆1889—1890年亚洲考察经费不足部分。1889年2月12日，格鲁姆给养父舍列梅捷夫伯爵的信中表达了感谢："您的回复让我太感动了，言语不足以表达我对您的谢意。"②这次信中还详细谈到了第5次亚洲考察的全部经费来源及数额：

> 我的考察路线综合了普尔热瓦尔斯基和波塔宁的路线，计划用两年时间完成。考察经费9250—10750卢布，分别来自皇家地理协会、地理协会主席尼古拉·米哈伊尔洛维奇、俄国教育部、科学院、军事部、舍列梅捷夫伯爵，以及自己出售喀什噶尔毛毯、显微镜等各种仪器所得500卢布。③

格鲁姆·格尔日麦洛的第5次亚洲考察经费主要来自教育部、科学院、军事部、俄国皇家地理协会、养父舍列梅捷夫伯爵和地理协会主席尼古拉·米哈伊洛维奇大公，其中1500卢布来自皇家地理协会，250卢布来自俄国科学院，750—1500卢布来自教育部拨款，1500卢布来自军

---

① Письма Г. Е. Грум-Гржимайло графу С. Д. Шереметеву. 1887–1889 гг // Исторический архив, № 2. 2006. с. 35-36.（格鲁姆·格尔日麦洛给舍列梅捷夫伯爵的信（1887—1889），第35—36页。）

② Письма Г. Е. Грум-Гржимайло графу С. Д. Шереметеву. 1887–1889 гг // Исторический архив, № 2. 2006. с. 35.（格鲁姆·格尔日麦洛给舍列梅捷夫伯爵的信（1887—1889），第35页。）

③ Письма Г. Е. Грум-Гржимайло графу С. Д. Шереметеву. 1887–1889 гг // Исторический архив, № 2. 2006. с. 35-36.（格鲁姆·格尔日麦洛给舍列梅捷夫伯爵的信（1887—1889），第35—36页。）

事部，2000卢布来自尼古拉·米哈伊洛维奇大公的资助，3000卢布来自舍列梅捷夫伯爵，加上出售1887年第4次科研考察期间在喀什所获毛毯等物料的500卢布，总经费近一万卢布。1907年9月26日，格鲁姆的亚洲考察成果《中国西部考察纪实》第3卷需要出版，他再次向舍列梅捷夫伯爵请求给予出版经费支持，[1]并最终拿到了出版经费。

三、非法入境

1886年4月末，在俄国驻喀什领事彼得罗夫斯基的协助下，格鲁姆·格尔日麦洛一行11人未持中国护照首次从中俄边境纳伦要塞（Нарынское укрепление）进入喀什。入境前一周左右，4月20日，格鲁姆从纳伦要塞给彼得罗夫斯基写信求助，毫不知情的彼得罗夫斯基迫于情面协助格鲁姆入境，格鲁姆给彼得罗夫斯基求助信的主要内容如下：

几天之后，我们将踏入中国的领地。我觉得必须给您写信告知。希望您不要让我撤离，把我们从困难中解救出来，并就此事和中国政府沟通。考察队由6名哥萨克护卫兵、我的助手、翻译及两个骑手组成，不算我的话，一共10个人。希望能够有机会尽快与您见面。落款是俄国皇家地理协会，俄国及国外学会正式会员：格鲁姆·格尔日麦洛。[2]

纳伦要塞建于1868年，位于纳伦河左岸，天山山脉峡谷地带，紧邻

---

[1] 俄罗斯国家古文献档案馆藏，档案编号：РГАДА. Ф. 1287 (Шереметевы). Оп. 1. Д. 500. Л. 24-26 об.

[2] 俄罗斯科学院东方文献研究所藏，档案编号：ИВР РАН. Ф. 43. Оп. 2. Д. 46. Л. 1-1 об.

新疆喀什,是商队从俄属中亚七河省到新疆喀什的必经之路。1886年4月末,格鲁姆·格尔日麦洛探险队准备从俄属中亚锡尔河上游的纳伦要塞直接进入喀什。在没有护照、入境许可的情况下,格鲁姆·格尔日麦洛仅提前几天给俄国驻喀什领事彼得罗夫斯基写了一封简短的信,请求为其入境中国提供帮助。彼得罗夫斯基对格鲁姆·格尔日麦洛的做法非常不满,即使是奥登堡、斯坦因、伯希和这些知名考察家,也都会在出发前至少半年与彼得罗夫斯基就入境护照、通行证、路线等事宜进行沟通。傲慢的俄国贵族格鲁姆·格尔日麦洛在边境线稳坐泰山,以俄国皇家地理协会正式会员的名义(格鲁姆·格尔日麦洛直到1890年才正式加入俄国皇家考古协会,此前并非协会会员)向彼得罗夫斯基提出在几日内入境的无理要求,完全不顾及英、俄政治局势。彼得罗夫斯基碍于地理协会的面子,避免不必要冲突,防止对英打草惊蛇,避免格鲁姆的地理考察引起英国警觉,临危受命的彼得罗夫斯基只得与新疆官员进行沟通,将素未谋面的格鲁姆·格尔日麦洛放入境内。1886年7月,格鲁姆考察队进入新疆喀什与彼得罗夫斯基见了一面,年轻气盛又狂妄自大的格鲁姆让彼得罗夫斯基感到了厌烦。

1886年8月15日,彼得罗夫斯基给普氏的信中用较长的篇幅谈到了格鲁姆·格尔日麦洛在中国境内的所作所为:

前不久所谓的学者格鲁姆·格尔日麦洛来过此地,为的是证明德国考古学家洪堡[①]和其他权威观点的错误,简直是个十足的混蛋。让我震惊的是,怎么把哥萨克兵交给了这些乳臭未干的小子,

---

[①] 亚历山大·冯·洪堡(1769—1859),德国自然科学家,地理学家,探险家。

他们来这没有明确的目标,单纯是想名声大噪,对科学发展不会有任何推进或益处,他们这些旅行者只会对学者的研究造成不好的影响。格鲁姆·格尔日麦洛对在明尤里(地名,我也经常在那里停留)安排的房间不满意,践踏中国士兵的耕地,差点误杀了人。您知道,我不是中国人的朋友,如果中国人挨打,我理应感到高兴,但不是以这种方式。格鲁姆·格尔日麦洛在此地胡作非为,影响非常不好。所以,我们俄国的旅行家应该好好考虑一下,把这种在科研上毫无作为,只是想到没去过或者不了解的国家走走转转的人放到中亚来,以学者和无所不知的外国人形象自居,是否合适。地理协会应该针对所有的旅行家制定严格的制度,并授权某部门执行,不然,中亚的所有成果都会被这些先生们破坏殆尽。这样的例子太多了。比如,在苏格南闲逛的雷格尔①,什么都没做,却在当地居民中留下了极其不好的印象。布加塔一头钻到瓦罕汗国,惊扰了当地居民,吓得他们四处乱跑,而布加塔的成果,我却没有看到。这些国外的旅行家,在当地县长陪伴下进行的探险,是否应该注意自己的行为。假使格鲁姆·格尔日麦洛命令下属向明尤里开枪怎么办?②

彼得罗夫斯基在信的开头就摆明对格鲁姆·格尔日麦洛的态度,称他是"十足的混蛋"。他向普氏控诉了格鲁姆·格尔日麦洛的三条罪行:1.狂妄自大,蔑视权威,在俄国驻喀什领事馆表现极其傲慢;2.胡作非

---

① 雷格尔(Регель Альберт Эдуардович),旅行家,1881—1883年在鲁尚、达尔瓦茨、苏格南地区考察。
② 俄罗斯地理协会档案馆藏,档案编号:АРГО. Ф. 13. Оп. 2. Д. 185. Л. 14–17。

为，践踏农田，与中国士兵发生冲突，损害了俄国皇家地理协会的名誉；3.在科研上毫无作为，只是想到处转转，也不会有任何成果。彼得罗夫斯基对格鲁姆的评价显然是带有个人成见的，格鲁姆带回国的大量信息和绘制的地图为俄国皇家地理协会提供了重要资料。

彼得罗夫斯基不止一次在书信中抱怨格鲁姆·格尔日麦洛的无理。1886年11月25日至12月18日，彼得罗夫斯基给普氏的信中又气愤地写道：

> 这个格鲁姆·格尔日麦洛，哪像什么学者，完全是个混蛋，给我添了不少麻烦。[1]

彼得罗夫斯基给普氏的两封控诉信产生了效力。格鲁姆·格尔日麦洛1886年12月初返回圣彼得堡后发现"地理协会委员会成员全部站到彼得罗夫斯基一边"，迫于皇家地理协会压力，1886年12月12日，格鲁姆·格尔日麦洛从圣彼得堡给喀什噶尔领事彼得罗夫斯基写了道歉信：

> 我从内心感到后悔，不应该在我们的书信中如此无礼。看来，我们的命运就是如此，不免为小事发生争吵。为此，无论是您，还是我，都感到非常不愉快。我的确在这件事上非常不小心，应该遵从您的指令。我不是忘恩负义的人，也不想对您产生不利影响，只是希望其他探险家免受意外之苦。我们的争吵的确没有必要。这也是为什么地理协会（主要是地理协会委员会）成员全部站到您那边

---

[1] 俄罗斯地理协会档案馆藏，档案编号：АРГО. Ф. 13. Оп. 2. Д. 185. Л. 20-22 об。

的原因。我当时的确太急躁了，现如今，我冷静下来了，再回头看我不应该做那样的事儿。无论如何，您是个聪明人，请允许我让您相信，我的确对发生的事情感到后悔和歉意。①

事实上，出身贵族在宫廷优越环境中成长的格鲁姆·格尔日麦洛根本看不上出身普通军人家庭，驻扎在遥远亚洲且破败不堪的偏僻小镇的小小外交官彼得罗夫斯基。格鲁姆之所以能写下这封道歉信首先是确实理亏，避免自己成为众矢之的，最主要原因在于地理协会考虑接下来的普尔热瓦尔斯基探险队的新疆考察仍需借助彼得罗夫斯基在当地的资源获得考察所需人力、物力和智力支持。笔者猜测地理协会委员会要求格鲁姆·格尔日麦洛向彼得罗夫斯基书面致歉的原因在于，害怕其他考察队得不到彼得罗夫斯基的协助，使"其他探险家免受意外之苦"。彼得罗夫斯基是否接受格鲁姆·格尔日麦洛的道歉我们不得而知，但两个月后，格鲁姆·格尔日麦洛未持中国清政府签发的护照再次非法入境证明了格鲁姆根本没有诚意悔改，只想尽快结束这场风波，并已开始谋划下一次亚洲探险，铁定心思继续走非法入境的老路。在他看来，彼得罗夫斯基不能奈他怎样，只有放行。

四、彼得罗夫斯基的处理方式和结果

1887年4月，俄属中亚总督罗曾巴赫②下令准许格鲁姆·格尔日麦洛

---

①俄罗斯科学院东方文献研究所藏，档案编号：,ИВР РАН. Ф. 43. Оп. 2. Д. 46. Л. 11–12。
②罗曾巴赫·尼古拉·奥托诺维奇(Розенбах Николай Оттонович,1836–1901)，近卫军总部司令。1881—1884年任圣彼得堡军区总司令，1884—1889年任俄属中亚总督。

到阿莱山脉考察,条件是"不能越过东布哈拉和俄属中亚边界"[1]。格鲁姆·格尔日麦洛一意孤行没有遵守指令。他的非法入境计划早在出发前就开始谋算了,他给养父舍列梅捷夫伯爵的信中谈道:"由于未能及时拿到行李,以及其他不可预见的原因,我比既定时间晚一周到达目的地。"[2] 1887年5月8日,格鲁姆·格尔日麦洛考察团一行13人牵着21匹马从吉尔吉斯斯坦的奥什城穿过塔德克(Талдык)、沙尔特(Шарт)到达帕米尔地区并越过边界线到达中国境内。

我沿着帕米尔东麓一直走,竟然到达了坎巨提,只有一些小通道将我和英属印度政府隔开。我在中国政府掌管的萨雷阔勒地区沿着叶尔羌河流往上游走,并对其支流进行了研究。之后向西沿着东兴都库什山行走,准备穿过瓦罕,到达阿富汗。[3]

格鲁姆·格尔日麦洛考察的目的不在考古研究,而在对萨雷阔勒、坎巨提、兴都库什山等地区进行地理考察和地形测绘。清政府勒令格鲁姆·格尔日麦洛考察队立即远离居民区,迅速撤离中国边境,并向俄国驻喀什领事馆彼得罗夫斯基领事提出严正交涉。为了顾全俄国外交大局,不引起英国的警惕,在英、俄大角逐的背景下保持与清政府的

---

[1] 俄罗斯军事历史档案馆藏,档案编号:РГВИА. Ф. 1438(Штаб войск Ферганской области). Оп. 1. Д. 78. Л. 7–7об。

[2] Письма Г. Е. Грум-Гржимайло графу С. Д. Шереметеву. 1887–1889 гг // Исторический архив, No 2. 2006. с. 36.(格鲁姆·格尔日麦洛给舍列梅捷夫伯爵的信(1887—1889),第36页。)

[3] Письма Г. Е. Грум-Гржимайло графу С. Д. Шереметеву. 1887–1889 гг // Исторический архив, No 2. 2006. с. 36.(格鲁姆·格尔日麦洛给舍列梅捷夫伯爵的信(1887—1889),第36页。)

"和平友好关系",加之1886年格鲁姆·格尔日麦洛非法越境的"前科",彼得罗夫斯基要求格鲁姆立即撤出中国边境。

他应该迅速放弃自己的考察计划逃往阿莱地区,以免被饿死。①

这条命令完全出乎格鲁姆·格尔日麦洛意料,俄国驻喀什领事彼得罗夫斯基没有像去年一样再次将他放行,格鲁姆处于完全被动的地位。1887年8月10日,格鲁姆·格尔日麦洛给伯爵的信中谈到自己非法入境后所面临的窘况,字里行间充斥着愤怒:

我沿着帕米尔东麓一直走,竟然到达了坎巨提,只有一些小通道将我和英属印度政府隔开。我在中国政府掌管的萨雷阔勒地区沿着叶尔羌河流往上游走,并对其支流进行了研究。之后向西沿着东兴都库什山行走,准备穿过瓦罕,到达阿富汗。但当地所有方面都将矛头指向了我:中国政府想尽一切办法阻止我继续行进,我希望能从俄国驻喀什噶尔领事馆一个叫什么彼得罗夫斯基(这个人坏透了,就是个混蛋,中等军事学校毕业,爱出风头,下等的塔什干人)那里获得帮助,他装着一本正经的样子让我迅速离开中国领土。如果没有看到中国政府下达的驱逐令,我会漠视这个下等公民的无理要求。但这份命令使我处于完全被动的位置。我不得不放弃原定计划,逃往阿莱地区,以至于不被饿死。考察队陷入了非常窘

---

① Письма Г. Е. Грум-Гржимайло графу С. Д. Шереметеву. 1887–1889 гг // Исторический архив, No 2. 2006. c. 29.(格鲁姆·格尔日麦洛给舍列梅捷夫伯爵的信(1887—1889),第29页。)

迫的环境，我和我的队员一整天才拿到400多克面粉和一小块儿肉，这简直太羞耻了！我们踩着砂石艰难地行走，忍受严寒翻山越岭，风像刀子一样锋利，马匹因缺乏饲料脚底像灌了铅一样走不动路。这就是我们的逃窜生活。这是所谓的外交官、中国人的忠实奴仆赋予我们的悲惨生活。无论如何，等我一回到圣彼得堡，就要去外交部亚洲司弄个清楚，作为一名俄国外交官，他的所作所为是否合适？①

格鲁姆·格尔日麦洛无论如何也没想到彼得罗夫斯基胆敢将自己驱逐出境，气急败坏的格鲁姆·格尔日麦洛称彼得罗夫斯基是"混蛋""爱出风头的下等塔什干人""下等公民"，并声称回国后要去俄国外交部亚洲司质问彼得罗夫斯基的处理方式是否正确。彼得罗夫斯基从国家利益角度出发，他的做法体现了一名外交官的全局意识，及时消除了格鲁姆·格尔日麦洛活动所带来的负面影响，降低了英国的警惕性，保全了俄国在中国边疆的既得利益。在紧急情况下，彼得罗夫斯基没有顾及格鲁姆的贵族身份，以外交官的冷静思维做出"要求格鲁姆·格尔日麦洛离开中国领土"的决定，阻止了狂妄自大的格鲁姆·格尔日麦洛犯下更大的错误："穿过瓦罕，到达阿富汗"，在一些地区制造英俄冲突。收到清政府驱逐令的格鲁姆探险队不得不逃往阿莱山区，忍受饥寒。

格鲁姆·格尔日麦洛的下场完全是咎由自取。在当时清政府放松对

---

① Письма Г. Е. Грум-Гржимайло графу С. Д. Шереметеву. 1887–1889 гг // Исторический архив, № 2. 2006. с. 29.（格鲁姆·格尔日麦洛给舍列梅捷夫公爵的信（1887—1889），第29页。）

新疆的掌控及欧洲探险家频繁到新疆进行探险的大背景下，加之俄国驻喀什领事彼得罗夫斯基在喀什及周边地区的影响，格鲁姆·格尔日麦洛作为俄国皇家地理协会会员取得中国护照是件非常简单的事。但他不屑与彼得罗夫斯基就入境一事进行沟通，以俄国贵族的狂妄自大自居，最终落得无处可逃的下场。

1887年8月22日，彼得罗夫斯基把自己和格鲁姆·格尔日麦洛的往来通信寄给上司俄国外交部内务司司长奥斯丁·萨肯公爵：

> 现将我和格鲁姆·格尔日麦洛的往来通信复印件寄给您。这个年轻人从去年起就开始给我添麻烦，在中国的岗哨明尤里①胡作非为。现在又带着武装的哥萨克部队，在没有通行证的情况下，不仅私自越过了边境线，还让人指出去坎巨提的路。不用说，中国官员正就此事提出交涉。我请格鲁姆离开边境，得到的却是他粗俗的回复。如果他不听我的劝告，中国官员可能解除他们的武装并押送到领事馆。假使哥萨克人先开了枪，那么情况就更糟糕了。我一直想知道这个毛头小子得到了哪位达官的庇护，哪儿来的经费支持，竟敢如此胆大妄为。他的知识储备着实太少，研究能力基本为零，欠缺方式方法，却自负得要命。和他的谈话中全是"洪堡②错了"、"李希霍芬不对"、"普尔热瓦尔斯基可以找到更多（珍宝）"、"我发现了"、"我确定"这样的语句。您比我更清楚我们的中亚探险家在地理研究方面取得成绩有多么不容易。我担心出现越来越多

---

① 耿昇《伯希和西域探险日记》中译为"明约路"，详见《伯希和西域探险日记（五）》第46页。
② 指亚历山大·冯·洪堡（Alexander von Humboldt，1769—1859），德国地理学家。

像格鲁姆这样的探险家，他们以自己浅薄的知识和狂妄自大的理念破坏对我们以往的研究成果。这应该引起我们足够的重视。地理协会及考古协会应该对派出探险家的底细进行全面细致的调查了解，不仅是知道哪里有冰山、如何确定地层的年代及山系的走向如何等专业知识就够了。考古协会不应该允许所有探险家肆无忌惮挖掘古墓，应该只授权那些已有考古成绩或成果的探险家进行文物古迹挖掘。此外，非常感谢您对我的规划作出了修改。我的确忽视了您提出的这些问题。我把终版规划寄给了罗曾巴赫，他认为规划写得非常好，但是我们没有机灵的侦查员，规划中的很多想法难以实现。如果是这样的话，不需要什么侦察员了，就仍像以前那样听坊间的传闻好了。休假的事儿再推后一年，想等完成个人工作再说。[1]

彼得罗夫斯基在信中附二人书信为据，不遗余力控诉格鲁姆·格尔日麦洛打着探险旗号带着武装的哥萨克兵进入坎巨提等地区，胆大妄为置领事馆命令于不顾，由此可能造成中俄军队发生武装冲突的严重后果，影响了俄国外交的整体规划。

彼得罗夫斯基不是反对格鲁姆·格尔日麦洛对边界地区进行勘测和侦查，更没有站在清政府一方，而是反对这种明目张胆冒险的方式。信尾，彼得罗夫斯基再次表明了自己的观点，在紧张的局势下，应小心行事，暗中派出侦查员更为妥当。早在1887年2月，彼得罗夫斯基就向俄国外交部亚洲司提出了"在当地居民中挑选并培训侦查员"并在

---

[1] 俄罗斯国家古文献档案馆藏，档案编号：РГАДА. Ф. 1385. Оп. 1. Д. 466. Л. 269–270 об.

俄属中亚军区司令部建立秘密侦探学校培养侦查员的建议。[①]和急躁自大的格鲁姆·格尔日麦洛相比，彼得罗夫斯基的谨慎低调更具"杀伤力"。相隔不过一周，1887年8月28日，彼得罗夫斯基给普氏的信中又谈到了格鲁姆·格尔日麦洛非法入境带来的负面影响：

> 格鲁姆·格尔日麦洛没有通行证就带着武装的哥萨克兵离开坎巨提，而后又进入了萨雷阔勒，中国政府进行大肆渲染，不断叫嚣，他的这些行为只会给其他考古学家和地理学家增添麻烦。[②]

就格鲁姆·格尔日麦洛非法入境险些造成严重后果一事，彼得罗夫斯基给奥斯丁·萨肯和普氏的信中不仅相对公正地阐述了以格鲁姆·格尔日麦洛为代表的所谓探险家在西域的胡作非为及带来的恶劣影响，还就如何规范探险家和考古学家的选派、探险家在西域考察的行为提出了建设性意见：优先派出有考古学术背景和功底的真正学者。"不应该允许所有探险家肆无忌惮挖掘古墓，只允许那些已有考古成绩或著作的人进行文物古迹挖掘"。表面看上去，彼得罗夫斯基比新疆地方官员更有文物保护意识，其真实目的是不希望打草惊蛇，引起清政府警觉。

五、结语

受俄国皇家地理协会和俄国军事部委托，在养父舍列梅捷夫伯爵的

[①] 俄罗斯帝国对外政策档案馆藏,档案编号：АВПРИ. Ф. 143. Оп. 491. Д. 493. Л. 3–3 об。

[②] Под общ. ред. М.Д. Бухарин. Эпистолярные документы из архивов Российской академии наук и Турфанского собрания. с. 134.（布哈林编：《俄罗斯科学院档案馆藏吐鲁番考察书信》，第134页.）

财力支持下，俄国贵族格鲁姆·格尔日麦洛考察队计划对萨雷阔勒、坎巨堤、兴都库什山等地区进行地理考察和地形测绘。考察的军事目的居首位。格鲁姆考察队置英俄政治局势于不顾，铤而走险，两次非法入境中国。格鲁姆探险队的行为不仅损害了俄国皇家地理协会的名誉，还险些在中俄、英俄之间制造武装冲突。在大角逐的紧张局势下，彼得罗夫斯基以冷静的思维迅速处理了格鲁姆·格尔日麦洛的胡作非为，竭尽全力缓和了俄国在中亚及帕米尔地区与中国清政府、英属印度政府之间的关系，避免了冲突的发生。

需特别指出的是，清政府在此事的处理上极具敏感性和主权意识，格鲁姆·格尔日麦洛翻越萨雷阔勒到达兴都库什，距离英属印度不远处被中国边防军发现后，清政府迅速向俄国驻喀什领事彼得罗夫斯基提出严正交涉，下达要求格鲁姆·格尔日麦洛迅速离开中国边境的驱逐令，维护了中国主权。

格鲁姆·格尔日麦洛被迫退到阿莱山区忍受饥寒，属咎由自取。"当大量的西方游历人员来到乌鲁木齐拜会当地官员时，只要持有合法的出入境手续，中国官员总是尽可能地以礼相待并沿途护送、安排。"①凡是预先与彼得罗夫斯基在获取护照入境中国问题上进行过沟通的俄国探险家，彼得罗夫斯基都会尽可能为其提供人力、物力特别是考古情报的支持，如俄国探险家奥登堡、普尔热瓦尔斯基都得到过彼得罗夫斯基合法入境并取得护照的指导和建议。伯希和在考察日记中写道："当路过岗亭时，只要和士兵说明，我的护照只出示给道台看，就会被

---

① 朱玉麒：《奥登堡在中国西北的游历——以汉文档案为中心》，《田余庆先生九十华诞颂寿论文集》，北京：中华书局，2014年，第726页。

放行。"①格鲁姆·格尔日麦洛第一次非法入境仅提前几天告知彼得罗夫斯基并提出"在几日内就入境做好沟通"的无理要求，彼得罗夫斯基就此事几次写信给彼得堡并提醒不要再犯这样低级的错误。第二次，格鲁姆·格尔日麦洛干脆没有与彼得罗夫斯基沟通，直接入境，明知故犯。在清政府和彼得罗夫斯基的勒令下，只有仓皇出逃。

本质上讲，彼得罗夫斯基没有站在清政府一边，如他自己所言，"我不是中国人的朋友，如果中国人挨打，我理应感到高兴，但不是以这种方式"。在外交上，彼得罗夫斯基反对以昂贵的代价进行战争，主张以柔和的方式对中国边疆在政治上进行控制，贸易上进行蚕食，把中国新疆作为俄国和俄属中亚原材料供应和资源输出的市场。在他看来，建立侦查员学校暗中对生活在喀什的吉尔吉斯居民和安集延商人进行情报窃取培训，在中俄边境建立庞大的侦查网络不失为"成本低但收益高"的外交策略。格鲁姆·格尔日麦洛非法入境的愚蠢方式只能促使"中国政府进行大肆渲染"，这种行为只会给俄国其他考古学家和地理学家增添麻烦，客观上阻碍了俄国皇家地理协会从新疆获得更多宝藏。

1890年，受俄国皇家地理协会委托，格鲁姆·格尔日麦洛再次赴新疆进行地理考察，考察路线为塔城—乌什—玛纳斯—乌鲁木齐周边地区—博格多山脉—奥拉河—哈密—柴达木—且末—罗布泊—塔里木盆地—伊宁县。格鲁姆·格尔日麦洛基本把大小城镇都纳入考察之列，唯独没把彼得罗夫斯基所在的喀什纳入计划，一向热衷考察和探险的格鲁姆·格尔日麦洛不会不知道对喀什进行地理考察的价值。之所以绕过

---

① [法]伯希和著，耿昇译：《伯希和西域探险记》，第328页。

喀什，一方面，格鲁姆·格尔日麦洛对彼得罗夫斯基将其驱逐出境怀恨在心，另一方面，格鲁姆·格尔日麦洛对彼得罗夫斯基不会为其考察提供支持心知肚明，只能放弃对喀什的考察。

第三节 彼得罗夫斯基对探险家格罗姆切夫斯基的协助及评价

格罗姆切夫斯基（Громбчевский Бронислав Людвигович，1855—1926），俄国探险家，波兰血统的东方军事学家，擅长从军事战略、军事地理、历史学和民族学角度对俄属中亚、帕米尔地区、兴都库什山山脉周边、中国西藏西北地区及新疆喀什进行研究。作为英俄大角逐的主要参与者，1885—1891年，格罗姆切夫斯基先后4次到帕米尔地区完成具有地理考察和军事考察双重性质的考察任务。在军事部和外交部亚洲司的指示下，彼得罗夫斯基必须配合格罗姆切夫斯基完成坎巨提考察，为其扫清障碍，提供掩护，窃取英方情报信息。俄国驻喀什领事馆秘书柳特什也为格罗姆切夫斯基争取到了和田考察权限。需要强调的是，彼得罗夫斯基对格罗姆切夫斯基的协助非主观所愿，彼得罗夫斯基的外交思想和格罗姆切夫斯基有着本质区别。

一、格罗姆切夫斯基——英俄大角逐的重要参与者

1855年1月15日，格罗姆切夫斯基出生于波兰考文斯特省的地主家庭，在首都华沙完成中学学业后考入圣彼得堡矿业大学学习矿产学、地理学和测绘学。1873年，尚未完成大学学业的格罗姆切夫斯基应征入伍，在俄属中亚服军役。1876年，格罗姆切夫斯基首次到访俄属中

亚边疆区完成通信架线营交办的任务。此后，格罗姆切夫斯基的一生与中亚、帕米尔地区紧密相连。1893年，格罗姆切夫斯基被任命为费尔干纳州奥什城统管。1894年，格罗姆切夫斯基主导了通向帕米尔战略之路的秘密修建工作。1895年，格罗姆切夫斯基成为俄属中亚总督特命官员。1878年，格罗姆切夫斯基参加了撒马尔罕军队在阿富汗的军事演习。1882—1884年，格罗姆切夫斯基以俄属中亚总督私人秘书和政治委员身份参与了俄国皇家边界委员会的费尔干纳州与喀什边界线界定讨论。1885年8—11月，为了检查中俄沿天山山脉边界线的划分，格罗姆切夫斯基被派往喀什南部地区进行勘察。

19世纪末，英俄两国为了争夺亚洲原材料市场展开激烈角逐，双方争相在中亚划定和扩大自己的势力范围，俄国推行"南下政策"后，先后征服浩罕、布哈拉和希瓦汗国。在完成对中亚诸国的征服时，俄国加紧了对帕米尔地区的侵略，同时南下阿富汗，紧密监控波斯的活动，最终目的是南下印度洋，夺取出海港。俄国在中亚的扩张遭到了英国的强烈反对和阻挠，他把俄国看作阻碍自己对印度进行殖民统治的眼中钉，英俄大角逐变得更加激烈。坎巨提重要的地理位置使其成为英、俄两国在中亚争夺的焦点，其"西北连帕米尔，并通过科里克山口连接阿富汗和中国，向北通过一些山口可直达新疆的色勒库尔，向南是兴都库什山至印度的门户，距吉尔吉特只有50英里。"[1]坎巨提部萨菲达尔·阿里大汗（Сафдар-Али-хан）非常清楚自己作为兴都库什山下的一个小部落很难完全独立，必须投靠清政府或俄国以求自保。他先后三次派使者到喀什送信，向喀什道台和彼得罗夫斯基请求支援。

---

[1] Alder.G.J. British India's Northern Frontier 1865–1895. London.Longmans. 1963. p.162.

1885年5月，坎巨提部阿里汗派出弟弟穆罕默德·纳兹姆（Мухамед Назим）作为使者潜入喀什，先后拜访俄国驻喀什领事彼得罗夫斯基和喀什道台黄光达。彼得罗夫斯基得知萨菲达尔·阿里大汗与背后有英国人支持的摩诃罗阇（克什米尔地区）起了冲突，派使者拜访的目的是希望从中方或俄方获得支援。彼得罗夫斯基给外交部亚洲司报告中写道："他们从中方得不到任何帮助，"①同时附上坎巨提部送来的两封信，信中坎巨提部表达了与俄属中亚建立长期关系的想法。对喀什道台工作做派了如指掌的彼得罗夫斯基断定坎巨提部不会从道台处得到正面答复，俄方志在必得，心里早已盘算好稳妥的处理方式。关于坎巨提使者拜访喀什道台黄光达，中文史料也有记载：

> 阿里即位后，遣使来喀什噶尔朝贡，以该部都头目初充部长，人心不稳，请清政府派官员查看以安民心。喀什噶尔道台黄光达选派布鲁特回部首领库尔班前往该部传示并查看情形。库尔班回来后称，该处民情安静，只是该部头目认为没有职衔，不足以服众。②

如彼得罗夫斯基所料，喀什道台黄光达和库尔班抑或缺乏敏锐的政治思维，认为坎巨提部"民情安静"，仅是阿里汗个人想获得封号，没把藩属坎巨提看在眼里，轻描淡写地处理了坎巨提的要求。

格罗姆切夫斯基在喀什领事馆停留时得知彼得罗夫斯基与外交部

---

① 俄罗斯国家军事档案馆藏，档案编号：АВПРИ. Ф. 147(Среднеазиатский стол). Оп. 485. Д. 1296. Л. 15–18。

② 中国第一历史档案馆编：《光绪朝朱批奏折(111辑)》，北京：中华书局，1996年，第379页。

正在沟通"坎巨提问题"的解决方式，在俄国驻喀什领事馆的档案中，格罗姆切夫斯基发现了彼得罗夫斯基给上级部门"关于俄国政府与坎巨提部建立长期联系"的报告。早就想进军政界的格罗姆切夫斯基在这件事上看到了希望，几日后，格罗姆切夫斯基见证了坎巨提部派公使拜访喀什道台黄光达。趁彼得罗夫斯基不在喀什城，格罗姆切夫斯基与公使进行了交谈，了解到坎巨提的内忧与外患，特别是坎巨提与英国的紧张关系。功名心重的格罗姆切夫斯基认为领事彼得洛夫斯基对"坎巨提问题"预估不足，决定自己在这方面做点事儿。格罗姆切夫斯基初步与萨菲达尔·阿里汗就会面时间达成了一致。但苦于没有机会和协助力量，只好暂且搁置。

1887年末至1888年初，格罗姆切夫斯基在圣彼得堡大学物理系短期进修，学习大地测量学理论，为之后的中亚探险和在英、俄大角逐中发挥作用奠定了理论基础。这期间一心寻找庇护的萨菲达尔·阿里汗听闻"俄国格鲁姆·格尔日麦洛考察团被中国人截获后，迅速派了一名使者到喀什送了两封信，分别给彼得罗夫斯基和沙皇亚历山大三世。"[1]彼得罗夫斯基将两封信转给了俄国外交部亚洲司，他个人认为还会出现以类似方式向俄国俯首称臣的汗国。"我认为萨菲达尔·阿里汗知道自己不可能直接写信给俄国，必须通过罗曾巴赫发表声明。"[2]担心俄属中亚总督的活动打草惊蛇而引起英国注意，彼得罗夫斯基给大汗的回信中写道："俄国政府授权我，而不是俄属中亚总督，与大汗们保

---

[1] Рустамов У.А. *При гиндукушские княжества Северной Индии в конце XIX – начале XX в.* Ташкент, 1956. с. 33.（鲁斯塔莫夫：《19世纪末20世纪初兴都库什部落大公》，塔什干，1956年，第33页。）

[2] 俄罗斯国家古文献档案馆藏，档案编号：РГАДА. Ф. 1385. Оп. 1. Д. 466. Л. 271-274 об。

持直接联系，俄国政府欢迎各汗国的加入。"①彼得罗夫斯基自认为已稳妥安置了坎巨提部，避免了坎巨提部与俄国驻中亚总督直接联系而惊动英国军队。他不知道更大的危险来自圣彼得堡，格罗姆切夫斯基正在积极谋划自己的坎巨提之行。

1888年4月，格罗姆切夫斯基成为俄国皇家地理协会正式会员。随后格罗姆切夫斯基考察队向俄国地理协会委员会提请到坎巨提进行考察，考察目的是了解并熟悉兴都库什山周边汗国和部落的概况。考察活动很快得到外交部的批准，外交部部长吉尔斯给军事部的通知里写道："本部门没有看到格罗姆切夫斯基将军到坎巨提考察的不妥"，尽管考察目的单一，行进路程不及格鲁姆·格尔日麦洛的一半，但考察队获得俄国皇家地理协会1500卢布、500个金币的经费支持，并给了格罗姆切夫斯基双倍工资的奖赏。

二、格罗姆切夫斯基访问坎巨提的过程及结果

格罗姆切夫斯基的坎巨提考察获得批准后，彼得罗夫斯基收到了上方指令："俄国驻喀什领事彼得罗夫斯基尽全力协助格罗姆切夫斯基的坎巨提考察，为其考察扫清障碍"。彼得罗夫斯基万万没有想到的是，他的客人格罗姆切夫斯基会在坎巨提事上插一脚，两年后摇身一变竟成了俄国军事部和俄国皇家地理协会派出的使者。尽管彼得罗夫斯基对考察团的合理性有所质疑，但只能服从上级指令，协助格罗姆切夫斯基完成坎巨提考察。实际上，格罗姆切夫斯基是在科研考察掩

---

① 俄罗斯国家古文献档案馆藏，档案编号：РГАДА. Ф. 1385（Ф.Р. Остен-Сакен）. Оп. 1. Д. 466. Л. 271-271 об。

饰下进行以军事为主的地形勘察，为俄方在英俄大角逐中争取更多的势力范围。出发前，"亚洲司司长提醒格罗姆切夫斯基上校在行动上多加小心，保持谨慎，避免引起英属印度注意，产生不利影响"，俄国外交部以书面命令形式强调此次考察并非官方行为。①彼得罗夫斯基也在喀什屡次提醒格罗姆切夫斯基一定要"强调考察是非官方的，是一次科学考察，必须把书信转交萨菲达尔·阿里汗"②。尽管外交部在考察团出发前对格罗姆切夫斯基做了嘱托，接下来发生的事情证明，格罗姆切夫斯基违背了外交部指令，考察团的坎巨提之行引起了强烈的政治反响。

考察从1888年8月10日持续到11月17日，格罗姆切夫斯基从马尔吉兰出发向帕米尔地区行进，9月翻过兴都库什山，到达坎巨提与萨菲达尔·阿里汗正式会面。萨菲达尔·阿里汗认定格罗姆切夫斯基为公使，格罗姆切夫斯基在日记中写道："为了保护我个人安全，我不得不默认自己是俄国派来的公使。"③格罗姆切夫斯基完全忘记出发前彼得罗夫斯基和外交部的提醒，称自己就是俄国派来的使者，此举正中萨菲达尔·阿里大汗心意，阿里汗请格罗姆切夫斯基向俄国转达成为其子民

---

① Семёнов П.П. *История полувековой деятельности Императорского Русского географического общества. 1845-1895*. с. 167.（谢苗诺夫：《1845—1895年俄国皇家地理协会活动概要》，第167页。）

② Под общ. ред. М.Д. Бухарин. *Эпистолярные документы из архивов Российской академии наук и Турфанского собрания*. с. 156.（布哈林编：《俄罗斯科学院档案馆藏吐鲁番考察书信》，第156页。）

③ Громбчевский Бронислав Людвигович. *Отчет о поездке в Кашгар и Южную Кашгарию в 1885 году старшего чиновника особых поручений при военном губернаторе Ферганской области, поручика Б.Л. Гронбчевского*. Издательство: Новый Маргелан. с. 113.（格罗姆切夫斯基：《关于1885年费尔干纳州军事总督授权格罗姆切夫斯基赴喀什及其南部考察的报告》，圣彼得堡：新马尔吉兰出版社，第113页。）

并请求赐予与英国对抗的武器。在巴勒提特为格鲁姆举办的践行晚宴上，大汗公开宣布汗国将是俄国的附属国，俄国将会对坎巨提部进行军事支援①，并当即宣布派使者访问俄国驻喀什领事馆。

关于双方见面的过程及谈话内容，中文史料未见较多揭示。笔者在俄罗斯科学院档案馆圣彼得堡分馆找到了彼得罗夫斯基给外交部内务司司长奥斯丁·萨肯的信函（1888年11月17日），其中对萨菲达尔·阿里汗与格罗姆切夫斯基的见面及谈话进行了详细阐述，原文如下：

> 现在向您汇报最新消息，坎巨提大汗给我写信说他准备带领自己的子民向沙皇俯首称臣，从此以后，是"白色国王"②的臣子。我立即将信件寄给了亚洲司，结果却出乎我的意料。现在您就全部明白了。大汗想要给沙皇写信，我告诉他，沙皇那堆积的信件太多了。之后我给他回信说，一位俄国旅行家将要去他那，大汗自然而然地以为这就是公使，就让格罗姆切夫斯基转交信函。两人的交谈也有些奇怪。格罗姆切夫斯基说，我是根据自己的意志和愿望来到这里的。大汗却不以为然：我不相信，也不能理解，伟大的沙皇怎么可能准许国民随意离开本国的行为发生。没有我的准许，一只鸟都别想从我这儿飞走。因此，大汗坚信格罗姆切夫斯基就是公使，不愿意承认是因为隐藏了沙皇给他的礼物。就此事，大汗给我、吉尔斯和罗曾巴赫分别写信说，他将派使臣阿布达尔·吉万·别加（一

---

① Громбчевский Б.Л. *Наши интересы на Памире*. СПб. 1891. с. 3.（格罗姆切夫斯基：《我们在帕米尔的利益》，圣彼得堡，1891年，第3页。）

② "白色国王"指俄国沙皇。

个小商人，有时负责寄送我的包裹）访问喀什噶尔。①

在坎巨提内忧外患的严峻形势下，阿里汗宁愿相信格罗姆切夫斯基是公使，借机公开向俄国称臣，他的目的在于告诉虎视眈眈的英国人，自己的汗国有了庇护。这引起了英属印度政府的强烈不满，格罗姆切夫斯基对坎巨提部的访问被英属印度政府看作是俄国在外兴都库什山扩大影响力的尝试，英俄关系变得更加紧张。

格罗姆切夫斯基与坎巨提阿里汗见面后，英属印度立马采取了行动。1888年12月，英属印度政府任命兰斯顿公爵为英印总督，他奉行李盾的激进政策，针对俄国的行动进行"报复性的反推进"，宣布要固守兴都库什山。1889年，英国派吉尔吉特代理杜蓝访问坎巨提，坎巨提同意成为其属国，条件是增加补助金，"杜蓝认为这是一种勒索，拒绝并离开了坎巨提"②。同年7月，英国使团强迫萨菲达尔·阿里汗口头答应成为不列颠王国的附属国。与此同时，英属印度政府加紧连接克什米尔首都那利那加到吉尔吉特公路的修建，③英国军官扬哈斯本被派去侦察坎巨提北部山口。事情的发展完全出乎俄国政府意外，甚至难以掌控。就此，彼得罗夫斯基给外交部的工作汇报中写道：

英国加大了对兴都库什山脉吉尔吉特、坎巨提部的军事力量，并在当地安置了顺从的统治者。坎巨提对格罗姆切夫斯基的官方接

---

① 俄罗斯国家古文献档案馆藏,档案编号：РГАДА. Ф. 1385. Оп. 1. Д. 466. Л. 271-274 об。
② 纪宗安、李强:《中英两属坎巨提》,《新疆大学学报》（哲学·人文社会科学版）2005年第1期,第53页。
③ C.P.Skrine and Pamela Nightingale. *Macartney at Kashgar*. London.Methuen.1973. p.14.

待以及格罗姆切夫斯基与萨菲达尔·阿里汗的会面引起了英国的警觉，加速了英国对坎巨提部的占领。①

1889年，扬哈斯本强迫萨菲达尔·阿里汗签订了关于把坎巨提以15,000卢比卖给东印度政府的协约。1890年9月25日，扬哈斯本"考察了塔克敦巴什帕米尔、大帕米尔、小帕米尔、阿尔楚尔帕米尔，并绘制了地图"②。1890年11月1日，杨哈斯本返回喀什。1891年11月29日，吉尔吉特的英军司令杜兰上校对坎巨提发出最后通牒："为了捍卫克什米尔、坎巨提、那格尔，英军将自由进入他们的国家，并修筑一条从吉尔吉特到坎巨提、那格尔的公路，限三日答复。③"遭阿里汗拒绝后，1891年12月初，英国武装部队到坎巨提公国进行巡察，随后一千多英军进驻坎巨提，经过数次短小战争后，1891年12月20日，萨菲达尔·阿里大汗被英国军队打败，行政上从属吉尔吉特，坎巨提公国全部纳入英国管辖范围。

英军入侵后，坎巨提部遣使向俄属中亚总督弗列夫斯基请求提供武器援助，俄国军官弗列夫斯基拒绝了请求。对于俄国而言，监视帕米尔地区才是头等大事，如果陷入英国与兴都库什山下一个小部落的纠纷中，实在不是英明之举。"俄国和英国之间的冲突会给千万人带来难以估量的灾难，因此俄国宁愿跟英国保持友好与和睦"。④

---

① 俄罗斯国家古文献档案馆藏，档案编号：РГАДА. Ф. 1385. Оп. 1. Д. 466. Л. 271-274 об。
② 纪宗安、李强：《中英两属坎巨提》，《新疆大学学报》（哲学·人文社会科学版）2005年第1期，第53页。
③ C.P.Skrine and Pamela Nightingale. Macartney at Kashgar.London.Methuen.1973.p.53.
④ [俄]捷连季耶夫：《征服中亚史（三卷）》，北京：商务印书馆，1983年，第512页。

三、彼得罗夫斯基对格罗姆切夫斯基的协助

格罗姆切夫斯基的行动失败后，外交部紧急遣调彼得罗夫斯基抚平此事产生的不利影响。在外交层面，彼得罗夫斯基通过关押坎巨提使者等方式对外宣称未与坎巨提部交好，私下里以极其谨慎的方式同意庇护坎巨提。彼得罗夫斯基通过自己所建情报网络获知扬哈斯本和戴维斯实为英国派来与格罗姆切夫斯基相抗衡并跟踪格罗姆切夫斯基的间谍。他以3卢布的价格截获戴维森给扬哈斯本的邮件，俄国军队在帕米尔逮捕了戴维森中尉并押送到马尔格兰，扬哈斯本被驱逐出境，彼得罗夫斯基的一系列举措为格罗姆切夫斯基的考察彻底扫清了障碍。

（一）彼得罗夫斯基代替格罗姆切夫斯基成为与坎巨提部联络的唯一公使

事情败坏后，外交部指定彼得罗夫斯基与坎巨提部阿里汗直接联系，消除此事造成的不利影响。俄国外交部的公文中明确传达以下信息：1.不再授权俄属中亚总督罗曾巴赫管理坎巨提事；2.通知坎巨提部阿里汗格罗姆切夫斯基的身份非俄国公使，只是一名普通的旅行家；3.请喀什领事彼得罗夫斯基通知大汗，俄国愿意为其提供庇护，将其纳为属国。4.停止格罗姆切夫斯基在坎巨提事上的一切行动。1891年11月5日，彼得罗夫斯基给奥斯丁·萨肯的信中写道：

> 与帕米尔事件同期发生的还有坎巨提部事件，起因是坎巨提官方接待了格罗姆切夫斯基。您知道，坎巨提早已在我们的庇护下。萨菲达尔·阿里汗从我这儿得不到任何正面信息，有一段时间阿里汗有点投靠英国的倾向，之后又回到了我们身边，并通过我把使者

派往塔什干。但他们干了太多蠢事,还得我去抚平。①

当坎巨提部派使者前往喀什时,彼得罗夫斯基果断地将其关押在塔什干。1891年7月初,萨菲达尔·阿里汗再一次派使者前往喀什商谈关于与俄国建立贸易关系、请俄国派驻代表及提供武器支援的可能性。使者来访在政治上而言并没有想象中单纯,彼得罗夫斯基劝使者不要去塔什干。1891年8月末,俄国官员勃列夫斯基接待了阿里大汗派来的使臣,接待地点不是在塔什干,而是在费尔干纳州奥什县的一个村子里,这样就可以证明俄国并没有官方支持萨菲达尔·阿里汗。②

(二)英国间谍扬哈斯本与格罗姆切夫斯基的两次偶遇

格罗姆切夫斯基对坎巨提部的访问使英印政府感到紧张,英印政府急需知道帕米尔地区兴都库什山脉周边的地理地势及由兴都库什山进入坎巨提的入口,加之在南疆丧失部分利益后,英属印度政府加紧了对帕米尔的追踪和攻势。为搜集帕米尔情报,英印政府派大尉扬哈斯本、戴维森经喀什进入帕米尔地区,分头探察俄国情报和收集地理学资料。1887年,扬哈斯本首次出现在喀什,尽管他伪装成酷爱探险的旅行家,经一番盘问和试探后,彼得罗夫斯基对扬哈斯本产生了怀疑。1887年8月28日,彼得罗夫斯基给普氏的信中谈到两个行踪可疑的英国人:贝洛和扬哈斯本。

这里还是老样子,英国人四处游荡着,这些天来了两个英国

---

① 俄罗斯国家古文献档案馆藏,档案编号:РГАДА. Ф. 1385. Оп. 1. Д. 466. Л. 282-285 об.

② Лужецкая Н.Л. Очерки истории Восточного Гиндукуша во второй половине XIX в. М. 1986. с. 62.(鲁热茨卡娅:《19世纪下半叶东兴都库什历史随笔》,第62页。)

人：贝洛（Bellor）和年轻人扬哈斯本，他们转而去了印度，后面这个人的名字不像真名。两个人一起到我这儿来了一次，他们都是军人出身，探险是出于自身爱好，他们在这里仅停留了几个小时！看样子，是老老实实的呆子，什么都不知道，在探险领域无疑是门外汉。究竟是出于何种目的来到这儿，我还没有想明白。[1]

1889年10月11日，格罗姆切夫斯基和扬哈斯本带队的英国考察团在塔戈杜姆巴什天然界线偶然遇到。即将告别时，格罗姆切夫斯基告诉扬哈斯本：

我会非常高兴在圣彼得堡再次见到扬哈斯本先生，换在印度边界见面也没有问题，无论在哪里见面，我都会一如既往热情地接待扬哈斯本大尉。[2]

格罗姆切夫斯基还让部下为两支考察团拍摄了合影。英国历史学家凯恩认为这张照片是英俄大角逐的全部缩影和鲜明写照。格罗姆切夫斯基在考察报告中写道：

55天的时间里，我们只有两次和人打交道，一次是遇到了英国使团大尉扬哈斯本，一次是打劫从莎车到克什米尔商队的坎巨提

---

[1] 俄罗斯国家地理协会档案馆藏，档案编号：АРГО. Ф. 13. Оп. 2. Д. 185. Л. 31–33 об。
[2] Михаил Басханов, Прогулки на 《крыше мира》: встречи двух капитанов. http://static.tur-clubmai.ru/papers/2218/vstrecha.html（米哈伊尔·巴斯哈诺夫：《行走于世界屋脊：两位将军的碰面》，俄罗斯地理协会官网，2011年1月10日）

人……扬哈斯本大尉从印度来,到坎巨提去。这个年轻人,曾穿过了整个中国去克什米尔。他的护卫队由孟加拉士兵和仆人组成,我们在非常友好的氛围下见了面,我的考察团比扬哈斯本大尉早到一天。所以,他是我们露营地的客人。①

时隔一年,1890年,扬哈斯本接到英印政府"要进行环绕帕米尔高原全地区旅行"的命令。1890年6—8月,格罗姆切夫斯基对提孜那甫河流域、莎车河中游及喀什山岭东麓进行了考察。1890年8月初,格罗姆切夫斯基与扬哈斯本在莎车县再次遇到,此时的扬哈斯本刚刚从印度返回。格罗姆切夫斯基在日记中记录了这次见面:"这一次,扬哈斯本比我早到,他像几个月前我待他那样热情地接待了我。"扬哈斯本在英属贸易长阿克萨卡尔莎车的住处设宴款待了格罗姆切夫斯基,两位军官坐在圆桌旁亲切地交谈,没有任何冲突。扬哈斯本回忆说:

这次格罗姆切夫斯基大尉穿着制服,戴着勋章与我见面,再次见到格罗姆切夫斯基让我感到意外又惊喜,从洪扎(坎巨提)分开后已近一年时间,我非常愿意听格罗姆切夫斯基给我讲那些惊险的故事。分开后他经历了很多磨难,12月中旬翻越喀喇昆仑山口时一定克服了很多难以想象的困难,格罗姆切夫斯基和他的考察团风餐露宿,这和他的身份完全不匹配,他以顽强的毅力和精神去完成上

---

① Громбчевский Б.Л. *Наши интересы на Памире*. с. 39.(格罗姆切夫斯基:《我们在帕米尔的利益》,圣彼得堡,1891年,第39页。)

级交给的任务。①

英俄军官的见面虽然看上去风平浪静，但私下的斗争从未间断过。格罗姆切夫斯基万万没有想到，这一切痛苦和灾难都是扬哈斯本军官的"杰作"。扬哈斯本对格罗姆切夫斯基要去英属印度政府控制下的拉达克考察了解得一清二楚。在扬哈斯本的设计下，一名吉尔吉斯人给格罗姆切夫斯基指了一条通过萨雷阔勒要塞，根本没有机会走到拉达克的错误路线，让格罗姆切夫斯基考察团在帕米尔迷失了近两个月。扬哈斯本给自己的顶头上司英属印度政府驻克什米尔总督派瑞·尼斯百特（Parry-Nisbet）上校的汇报中谈道："给俄国人指的这条路非常难走，他们不会收获什么，经过高原，翻越寸草不生的贫瘠山地不说，严寒会让他们苦不堪言，给俄国探险队带来的损失不言而喻。"②扬哈斯本又给总部汇报道："他们的情况很糟糕，物料全部耗尽，45匹马只剩下8匹，俄国探险队因为负担沉重而丢弃了大量物料。"③

（三）彼得罗夫斯基将扬哈斯本驱逐出境

1890年2月10日，格罗姆切夫斯基考察队以惊人的毅力返回喀什南部的小村庄。在彼得罗夫斯基的安排下，领事秘书柳特什赶到小村庄拿给探险队4000卢布，格罗姆切夫斯基得以继续完成对莎车河流域及喀

---

① Younghusband, Captain Frank E. *The Heart of a Continent: A narrative of travels in Manchuria, across the Gobi desert, through the Himalayas, the Pamirs, and Chitral, 1884–1894.* Delhi. Book Faith India.1994. p. 293.

② Patrick. Younghusband. *The Last Great Imperial Adventurer.* London. Harper Collins.1994. p. 77-78.

③ Younghusband, Captain Frank E. *The Heart of a Continent: A narrative of travels in Manchuria, across the Gobi desert, through the Himalayas, the Pamirs, and Chitral*, 1884–1894. p. 296.

什东麓的考察。

> 在我们弹尽粮绝、筋疲力尽的时候,俄驻喀什噶尔领事秘书雅科夫·雅科夫列维奇·柳特什在尚不知道我是否有偿还能力的情况下,借了我们4000卢布。使我们得以重新整装上路……①

1890年9月末,格罗姆切夫斯基及队员返回喀什,在俄国领事馆得到了充分的休息和调整后,10月15日,考察队经中亚回国。彼得罗夫斯基一方面竭力掩饰格罗姆切夫斯基在考古活动掩饰下进行的政治考察活动,另外继续跟踪扬哈斯本在喀什及周边地区的活动,"随着中国人民族意识的增强,要想事情的处理有益于我方越来越难"②。因此,必须首先获取有利于我方的边界线信息。③彼得罗夫斯基以3卢布的微小代价拿到了扬哈斯本给戴维森的信函,以此证明戴维森是监视格罗姆切夫斯基的间谍。1891年10月5日,彼得罗夫斯基给奥斯丁·萨肯的信中写道:

> 在帕米尔,军队逮捕了戴维森中尉(我发现他在监视我们的军队)并把他押送到马尔格兰,之后再送到喀什噶尔。但是军队忘记了搜查他的随身物品和文件,这对调查事情的经过至关重要。我想办法拿到了扬哈斯本给戴维森中尉的信函,并把原件寄给了外交部,这就真相大白了,他们正在计划划分帕米尔的阴谋,而戴维森

---

① Громбчевский Б.Л. *Наши интересы на Памире.* с. 39.
② 俄罗斯国家军事档案馆馆藏,档案编号:АВПРИ. Ф143. Оп. 491. Д. 1173. Л. 23.
③ 俄罗斯国家军事档案馆馆藏,档案编号:АВПРИ. Ф143. Оп. 491. Д. 1173. Л. 23об.

听命于扬哈斯本。扬哈斯本带着加尔各答政府给他的全部器材、照片和计划，以及和中国人的通信，到了帕米尔地区。幸运的是，他没有被逮捕，只是不被允许跨越边境。①

俄军在帕米尔地区逮捕了戴维森中尉并送到马尔格兰审问，1891年8月17日，俄属中亚费尔干纳州奥什县的军官司令伊奥诺夫把扬哈斯本驱逐出境，②两名英国间谍的清除彻底为格罗姆切夫斯基的亚洲考察扫清了障碍。

四、彼得罗夫斯基对探险家格罗姆切夫斯基三次亚洲考察的评价

（一）彼得罗夫斯基对格罗姆切夫斯基1885年亚洲考察的评价

1885年，格罗姆切夫斯基结束4个月的喀什考察后，给彼得罗夫斯基寄了一份考察报告，但彼得罗夫斯基对报告非常不满意。1886年10月3日，彼得罗夫斯基给普尔热瓦尔斯基的信中写道：

> 我收到了格罗姆切夫斯基的报告，但是其中有很多我不满意的地方。我和他说过，不要在报告中强调哪个部队好，好像他们要占领喀什噶尔一样。部队和司令是什么样，他们自己可以看见。他没听我的，还是写进了报告。我也早提醒过他，乔治·比达尔弗③自己去过坎巨提，他的书出版后，可以加一些他的见闻，不要把道听

---

① 俄罗斯国家古文献档案馆藏，档案编号：РГАДА. Ф. 1385. Оп. 1. Д. 466. Л. 282-285 об。
② [俄]捷连季耶夫：《征服中亚史（三卷）》，北京：商务印书馆，1983年，第512页。
③ 1877—1881年，乔治·比达尔弗少将任英国驻吉尔吉特政治代表。1886年完成《在兴都库什的居民》的撰写并出版。

途说的话写进报告，他还是写了进去。总之，不满意的地方还有很多。①

格罗姆切夫斯基给彼得罗夫斯基留下的第一印象是自负、狂妄自大。经过军事演习、边界线界定和军事勘察的历练后，30岁的格罗姆切夫斯基认为自己已经是一名经验丰富的侦察家和探险家。格罗姆切夫斯基报告的字里行间充斥着血腥味道。这和彼得罗夫斯基及俄国外交部的外交策略相冲突，是彼得罗夫斯基对报告不满意的主要原因。另外，彼得罗夫斯基认为格罗姆切夫斯基的报告内容不够真实，道听途说的话不可以写进报告，只有自己亲眼所见、亲耳所闻的考察实录才可以作为俄国政府制定军事和外交政策的参考。

(二) 彼得罗夫斯基对格罗姆切夫斯基1888年亚洲考察的评价

1888年11月，格罗姆切夫斯基的坎巨提行动失败后，彼得罗夫斯基给外交部内务司司长奥斯丁·萨肯的信中气愤地抱怨外交部的愚蠢做法致使俄国失去了对坎巨提的统治。

这就是没有全盘考虑事情的结果。为什么在收到大汗的信函后，就一定要去考察坎巨提，连边境区的狗都知道格罗姆伯切夫斯基是军官和总督身边的亲信，为什么他要对大汗的忠心表示满意。这些问题都是彼得堡方面没有考虑到的。如您所见，我对坎巨提、吉尔吉特的政治形势非常熟悉，和当地居民的关系非常好，我敢说，远比那些到过那里的旅行家强很多。如果外交部，哪怕下达一

---

① 俄罗斯国家地理协会档案馆藏，档案编号：АРГО. Ф. 13. Оп. 2. Д. 185. Л. 18–19 об。

次指令，让我拉近或疏远和巴达赫尚、苏格南、鲁尚、瓦罕、坎巨提的关系，我会非常乐意去完成这项工作，但是现在，离这件事越远越好。①

彼得罗夫斯基给外交部内务司的信中抱怨外交部没有通盘考虑，用人不适，派出时机也不适。在英、俄关系紧张的局面下，就不应该派人去坎巨提，即使派使者，也不应该派军官去，格罗姆切夫斯基作为俄属中亚总督亲信的身份人人皆知，他的行动容易打草惊蛇，引起英属印度政府和军队的注意。彼得罗夫斯基认为自己是代表外交部处理与这些部落或汗国关系的最佳人选，作为在俄属中亚工作多年的外交官，他了解兴都库什山周边汗国形势，可以利用和当地居民的关系，在不引起英国人注意的情况下轻松拿到外交部想要的信息，效果远比派出考察团好很多。在彼得罗夫斯基看来，解决英俄帕米尔问题不需要动用武力，更需要智慧。早在1886年底，彼得罗夫斯基给普尔热瓦尔斯基的信中就提议在帕米尔地区建立侦查员体系。

次年春天，我们准备派人到英国人活动频繁的地区进行侦查活动，如巴达赫尚、苏格南、鲁尚、瓦罕、坎巨提、吉尔吉特、奇特拉尔、扎里。请尼古拉·米哈伊洛维奇授权我完成此事。我非常愿意以极其认真的态度完成这项工作。②

---

① 俄罗斯国家古文献档案馆藏，档案编号：РГАДА. Ф. 1385. Оп. 1. Д. 466. Л. 271-274 об.
② 俄罗斯国家地理协会档案馆藏，档案编号：АРГО. Ф. 13. Оп. 2. Д. 185. Л. 20-22 об.

尽管此事没有得到外交部的正面答复，彼得罗夫斯基还是努力在南疆地区建立了密集的侦探网络，依托当地阿克萨卡尔进行情报窃取工作。往来喀什领事馆的俄商和旅行家身上承载着大量的信息，彼得罗夫斯基即使足不出户也能了解到遥远的巴达赫尚、奇特卡尔、吉尔吉特、拉达克、甚至克什米尔的情况。

1892年5月14日，彼得罗夫斯基给奥斯丁·萨肯的信中写道：

事情要从60年前的阿富汗谈起。当时有个叫维特凯维奇①的俄国军官，英国人非常害怕他。就像现在英国人听说格罗姆切夫斯基去了坎巨提一样。当然事情各有不同，但在使英国人惧怕这一点上是一样的。格罗姆切夫斯基和维特凯维奇很不一样，我一直认为格罗姆切夫斯基就是个恶棍。没有什么事能高于他的名利。他的探险和旅行无非是为了名声大噪。他在帕米尔问题上也是如此行事。大汗可是授予他在坎巨提自由活动的权利，他完全没有把心思用在旅行日记和记录坎巨提上。②

1894年2月，彼得罗夫斯基给奥斯丁·萨肯的书信中又一次提起了格罗姆切夫斯基：

名声大噪的格罗姆切夫斯基回到了彼得堡，听说是为了继承财产。我认为他是想找谢苗诺夫和部里寻求新的考察机会（仍然不会

---

① 维特凯维奇·伊万·维克多洛维奇（1809—1839），奥伦堡军区副官，俄国驻阿富汗政治代表（1837—1838）。
② 俄罗斯国家古文献档案馆藏，档案编号：РГАДА. Ф. 1385. Оп. 1. Д. 466. Л. 288-293 об.

提交报告），却表现得像个行家，特别是在帕米尔问题上。没人不知道他的坎巨提之行的结果：快到我们手里的阿里汗逃到乌鲁木齐成为中国人的俘虏，英国人占领了坎巨提，帕米尔问题白炽化，难道这还不够？①

信中彼得罗夫斯基对格罗姆切夫斯基的描述是"恶棍""为了名声大噪""像个行家"等，他认为格罗姆切夫斯基的坎巨提之行完全是为了个人名利，没有利用好在坎巨提自由活动的机会对坎巨提进行全面细致的地理考察。在他看来，格罗姆切夫斯基是非常不称职的探险家。

（三）彼得罗夫斯基对格罗姆切夫斯基1891年亚洲考察的评价

1890年9月30日，彼得罗夫斯基向俄国外交部亚洲司司长申什金汇报了关于8月份英属印度政府派扬哈斯本一行到莎车就划分帕米尔地区进行考察的进展。②1890年11月23日，新任俄属中亚总督勃列夫斯基给外交部部长吉尔斯的信中写道：英国使团被赋予"界定中国、巴基斯坦帕米尔边界"③的任务。假使英国得逞，俄国将失去通往克什米尔、奇特拉尔、坎巨提和印度北部其他汗国的唯一通道。④英国对占领帕米尔地区的积极态度使俄国不得不采取行动。1891年，格罗姆切夫斯基参加了俄属中亚总督弗列夫斯基（А.Б.Bревский）伯爵的帕米尔考察。

---

①俄罗斯国家古文献档案馆藏，档案编号：РГАДА. Ф. 1385. Оп. 1. Д. 466 Л. 311–312 об。
②俄罗斯帝国对外政策档案馆藏，档案编号：АВПРИ. Ф. 147. Оп. 485. Д. 864. Л. 1 об。
③俄罗斯帝国对外政策档案馆藏，档案编号：АВПРИ. Ф. 147. Оп. 485. Д. 864. Л. 5 об。
④俄罗斯军事历史档案馆藏，档案编号：РГВИА. Ф. 846（Военно-учёный архив [коллекция]）. Оп. 1. Д. 106. Л. 1 об。

彼得罗夫斯基对格罗姆切夫斯基和弗列夫斯基的激进政策非常不满，加之考察队里又出现了"令人憎恶的"格罗姆切夫斯基，彼得罗夫斯基在信中大骂弗列夫斯基，实则指桑骂槐，借机责备格罗姆切夫斯基没有周全考虑，违背了1884年中俄《续勘喀什噶尔界约》的规定。1891年10月5日，彼得罗夫斯基给外交部内务司司长奥斯丁·萨肯的信中抱怨道：

> 我刚接手帕米尔事务就接下了弗列夫斯基留下的烂摊子。您是否知道，为对抗英国人的阴谋，俄国在帕米尔边境安排了军队对阿富汗实行支援，而我需要协助军队。至于是如何协助，还不知道。让我通知中国官员，不许委托军队去办理任何差事。我理解事情的本质在于军队的司令通过帕米尔时留下了深刻的印象。弗列夫斯基没有理解外交部的意图，让军队在尚有争议的区域立了界碑，并告知当地居民，他们是俄国居民，因此发生了游行。我将这一切向外交部作了汇报，相信部里会对我非常满意。您要是看到卡普尼斯特，就问一问此事。中国人对我们军队的粗俗、非法、不友好的行为非常反感。这都是愚蠢的弗列夫斯基造成的，现在需要我来收拾烂摊子……①

1891年10月25日，彼得罗夫斯基就俄国军官弗列夫斯基在新疆的行为又给奥斯丁·萨肯追加了一封控诉信，信中毫不客气地写道：

---

① 俄罗斯国家古文献档案馆藏，档案编号：РГАДА. Ф. 1385. Оп. 1. Д. 466. Л. 282-285 об.

您一定也听说过帕米尔考察，弗列夫斯基用他的愚蠢和对中国人的无礼给我添足了麻烦。可以说，他在边境地区活动的限制已经很少了，现在弗列夫斯基却要求去掉界碑，以子午线为界，并让我去和中国人沟通，我该如何和中国官员解释，这是邻邦间的友好行为？就此事，我已向卡普尼斯特①作了汇报，您要是能抽空看一下往来信函最好不过了，非常有必要将此事转入正轨。弗列夫斯基的行为可能会对卡西尼签署新的协议产生不利影响。我也把全部情况向北京方面作了汇报。②

军队的司令指伊奥诺夫·米哈伊尔·耶夫列莫维奇（Ионов Михаил Ефремович，1846—1923），1876—1884年曾任俄属中亚费尔干纳州奥什县的军官司令，1899—1907年任俄属中亚七河省军事总督。信中所言"在尚有争议的区域立了界碑"指1891年7月27日，俄国总参谋部上校伊奥诺夫率领考察团，包括骑兵、步兵、炮兵近百人以巡逻、打围为借口分三路到帕米尔地区考察。"一赴塔敦巴什与阿克索木尔瓦、一赴雪底拉、一驻伯什拱拜孜、其部队驻苏满。又于阿克塔什、塔敦巴什交界之毕依比达坂、竖杆粘贴、安抚布回，声称今已属俄国百姓。张鸿畴询及，则称查勘道路。"③卡普尼斯特指1891年刚刚上任的俄国外交部亚洲司司长卡普尼斯特·德米特里·阿列克谢耶维奇（Капнист Дмитрий Алексеевич）。格罗姆切夫斯基考察队提出去掉界碑的无理要

---

① 卡普尼斯特·安谷尔·巴普洛维奇（Кассини Артур Павлович，1835—1919），俄国驻北京大使馆参赞（1891—1897）。
② 俄罗斯国家古文献档案馆藏，档案编号：РГАДА. Ф. 1385. Оп. Д. 466. Л. 286—287 об.
③ 王树楠：《新疆图志·国界志（四）》，天津：天津博爱印刷局，1983年，第3—4页。

求后，彼得罗夫斯基给俄外交部内务司司长、亚洲司司长、俄驻华大使分别去函，控诉考察队在帕米尔地区的行为将严重影响俄国和清政府的关系。

（四）1892—1895年彼得罗夫斯基对格罗姆切夫斯基酝酿新一轮考察的评价

1891年3月20日，格罗姆切夫斯基传给俄外交部内务司司长奥斯丁·萨肯的纸条上建议发起战争占领阿富汗，原因是阿富汗所辖喷赤河外的什弗湖地区具有重要战略意义。彼得罗夫斯基得知此事后，致函奥斯丁·萨肯公爵，坚决反对格罗姆切夫斯基在阿富汗地区挑起争端。1892年5月14日，彼得罗夫斯基给奥斯丁·萨肯的书信中写道：

> 格罗姆切夫斯基却转而找了谢苗诺夫[①]想要进行新的探险，追随别夫措夫[②]，返回彼得堡后又把报告的事忘在脑后。之后他又玩起了权术，巴结军事部，想要参与军事考察，得到彼得堡方的准许后，他又在塔什干耍起了阴谋，组织去帕米尔地区的考察。[③]

彼得罗夫斯基认为帕米尔边界问题应该"通过外交层面讨论并解决问题，而不是以暴力和无礼的方式""俄阿两国的边境线应由两个国家共同决定，不是一个国家可以决定"。

1893年5月18日，彼得罗夫斯基给俄国地理学家穆什凯托夫（И.В.

[①]谢苗诺夫·天山斯基·彼得·彼得洛维奇(1827—1914)，地理学家，旅行家。俄国皇家地理协会副主席，俄国昆虫协会主席，俄国科学院荣誉会员。

[②]别夫措夫·米哈伊尔·瓦西里耶维奇(1843—1902)，普尔热瓦尔斯基去世后，俄国皇家地理协会指派别夫措夫到喀什、昆仑山和西藏考察。

[③]俄罗斯国家古文献档案馆藏，档案编号：РГАДА. Ф. 1385. Оп. 1. Д. 466. Л. 288-293 об.

Мушкетов)的信中写道:"帕米尔问题没有得到缓解,反而越来越严重了。3年前,格罗姆切夫斯基到坎巨提考察,使英国感受到了压力。"[1]在彼得罗夫斯基看来,格罗姆切夫斯基的坎巨提访问是俄国失去坎巨提部的直接原因和导火索,造成了英国主动出兵占领坎巨提、中英关系趋好,中俄、英俄关系紧张等诸多后果。

1895年,俄国委员会副主席、俄国科学院常务书记奥登堡致函彼得罗夫斯基,请求对科兹洛夫的亚洲考察进行协助。1895年3月1日,彼得罗夫斯基给奥登堡的信中写道:

> 《喀拉汗王朝的创建》中讲述了外族进攻当地居民并发生交战的故事,为了解释这是个怎样的民族(信仰佛教)。他们一路从和田向北,想要占领莎车和喀什噶尔。我一直把科兹洛夫的事放在心里是因为以后要避免此类事情再次发生。我对其他探险家没有什么意见,除了格罗姆切夫斯基,可恶至极。[2]

彼得罗夫斯基以格罗姆切夫斯基的错误行动作为反面教材,目的是提醒俄国委员会派出的科兹洛夫探险队和其他俄国探险家,考察活动切勿轻易夹杂个人利益,为了名声大噪冲动行事,不想以地理考察为掩饰的政治考察这样"类似的事情再次发生"。事过7年,与奥登堡的信件中仍不忘说一句"可恶至极"的格罗姆切夫斯基。

---

[1] 俄罗斯军事历史档案馆藏,档案编号:РГВИА. Ф. 400 (Главный штаб). Оп. 1. Д. 1683. Л. 10–11 об。
[2] 俄罗斯科学院档案馆圣彼得堡分馆藏,档案编号:СПб. ФА РАН. Ф. 208. Оп. 3. Д. 459. Л. 21–22。

综上所述，作为19世纪末欧亚大陆英俄大角逐的主要参与者，格罗姆切夫斯基的地缘政治观点和亚洲考察活动对俄国在中亚及帕米尔地区政策的制定起到了一定作用，格罗姆切夫斯基的兴都库什山周边公国考察是英国占领坎巨提部的导火索和直接原因。以格罗姆切夫斯基为代表的俄国军事部在帕米尔问题上持激进态度，而无论是彼得罗夫斯基还是俄国外交部都认为缺少在中国西部地区进行包围的必要性，[1]他们主张对萨雷阔勒岭的侦察工作局限在领土范围内。在彼得罗夫斯基看来，与英国陷入兴都库什山下一个小部落的纠纷中，实在不是英明之举，监视帕米尔地区才是头等大事，这才是以极小代价获取信息和保护俄国既得利益的上上策。彼得罗夫斯基在帕米尔的外交思想并不像英国驻喀什代表马继业所言"提倡推行进攻性政策"[2]，实则智取大于蛮干。

通过梳理彼得罗夫斯基与外交部内务司、亚洲司的信函，可以得出在帕米尔问题上彼得罗夫斯基主张与清政府修好以抵英国的结论。无论格罗姆切夫斯基和彼得罗夫斯基的工作方式和政见有多大差别，本质上都是满足扩大俄国在亚洲势力范围的需求，只是战略方式不同而已。

本章小结

彼得罗夫斯基和普氏的通信是其早期外交思想的体现。在喀什领

---

[1] 俄罗斯国家军事档案馆藏，档案编号：АВПРИ. Ф143. Оп. 491. Д. 1173. Л.47。
[2] [英]斯克莱因、南丁格尔著，贾秀慧译：《马继业在喀什噶尔——1890—1918年间英国、中国和俄国在新疆活动真相》，乌鲁木齐：新疆人民出版社，第4页。

事馆工作早期，彼得罗夫斯基不遗余力地希望俄国尽快占领喀什，结束英俄之争，从烦琐的工作中解脱出来。在考察方式上，普氏和彼得罗夫斯基持同样态度，二人都竭力主张从中国西部古代城镇入手。彼得罗夫斯基不仅为普氏第5次中国西藏探险提供考察路线、协助办理入境手续等，还设计换掉了乌鲁木齐和喀什两名可能对普氏探险造成阻挠的清政府官员。遗憾的是，普氏因意外在途中去世，未能享受彼得罗夫斯基为其探险布置的种种便利条件。

普氏去世后，格鲁姆·格尔日麦洛成为完成普氏西域探险未竟事业的接班人。他先后5次到中国西北部进行带有政治意义和军事侦察任务的地理考察。1886年，贵族军官出身的格鲁姆·格尔日麦洛从中国西北边境非法入境新疆，彼得罗夫斯基碍于地理协会的面子，加之避免不必要冲突之考虑，临危受命的彼得罗夫斯基只得与新疆官员沟通将格鲁姆放行。1887年，格鲁姆再次非法入境新疆，在彼得罗夫斯基的要求下，格鲁姆逃往阿莱地区，避免了军事冲突的发生。

1888年，军官格罗姆切夫斯基高调进行的坎巨提考察造成英国迅速派兵占领坎巨提。外交部立即派出彼得罗夫斯基抚平此事产生的不利影响。一方面，彼得罗夫斯基通过关押坎巨提使者等方式对外宣称未与坎巨提部交好；另一方面，彼得罗夫斯基将两名英国间谍驱逐出境，彻底为格罗姆切夫斯基的亚洲考察扫清了障碍。

彼得罗夫斯基在帕米尔问题上与军官格鲁姆·格尔日麦洛、格罗姆切夫斯基的意见不同，他主张与清政府修好以抵制英国。彼得罗夫斯基不希望中俄发生冲突让英国有机可乘，他主张以柔和的方式对中国边疆在政治上进行控制，贸易上进行蚕食，把中国新疆作为俄国和俄属中亚原材料提供和资源输出的市场，提出俄国地理协会派出的探险队应该"有秩序地"从新疆获取所需物资。

第四章　彼得罗夫斯基对欧洲探险家的协助

19世纪90年代以后，中国南疆的和田、喀什、阿克苏、图木舒克成为欧洲探险家竞相寻宝的神秘圣地，俄国驻喀什领事馆作为中国南疆为数不多的外国领事馆是欧洲探险家的必经之地，杜特雷依、斯坦因、斯文·赫定、伯希和都选择喀什领事馆作为短暂休整和获取协助的大本营。彼得罗夫斯基对欧洲探险家的西域之行给予了充分协助。

第一节　彼得罗夫斯基对法国探险家杜特雷依和德国探险家施拉格什维特死因的追查

19世纪末，法国探险家也积极加入西域探险的浪潮。杜特雷依考察队是法国国家政府资助的第一支远赴中国新疆的探险队。1891年2月，杜氏穿过俄属中亚抵新疆喀什拜访俄国驻喀什领事彼得罗夫斯基，杜氏新疆考察途中与俄国领事一直保持着书信联系。1894年6月，杜氏在探险途中遇难的消息传到俄国领事馆，彼得罗夫斯基参与了杜氏死因的追查，并经俄国外交部向巴黎地理协会赠送了杜氏生前资料和遗物。此外，彼得罗夫斯基在使馆区为30多年前在叛乱中被杀害的德国探险家阿道夫·施拉格什维特（А. Шлагинтвейт）建立了纪念碑。

一、杜特雷依探险队的新疆考察

法国探险家杜特雷依·德·兰斯（J.-L. Dutreuil de Rhins 1846—1894）早年曾于法属印度支那任海军军官，任职期间做过大量的地理调查和地形勘察测绘工作，出版《安南王国及其子民》《东方印度支那地图》《法属刚果》等专著。1882年，杜特雷依以记者身份到埃及报道北非的动荡局势，在非洲殖民战争时到刚果河探险。1889年前后，巴黎地理协会、亚洲学会、法兰西研究院等机构中的东方学家向法国公共教育与美术部（法国教育部）提出积极投入搜索中国西部古代手稿浪潮的建议。1889年末，法国教育部委托刚从中国西藏考察回来的探险家杜特雷依再次赴中国考察，目的地为新疆，考察团成员由杜特雷依定夺。

1890年7月23日，法国公共教育与美术部部长里昂·布尔州瓦宣布，法国将于次年派出考察团赴中国新疆、西藏进行为期3年的考察活动。杜特雷依为团长、东方学家费尔南德·格瑞纳德（Fernald Grenard）为杜氏助手，搜集古代手稿和文物是杜氏考察团的主要任务之一。在法国驻华大使阿格斯特·格兰德（Auguste Gerard，1852—1922）的协助下，不到3个月时间内杜氏一行就拿到了总理衙门签发的护照。杜氏出发前一周，法国公共教育与美术部下达了具体考察任务，即"尽最大可能搜集地理学、语言学、民族学、考古学、历史学和自然科学相关资料。"[①]考

[①] 杨镰：《法国杜特雷依探险队遭际考实》，马大正等主编：《西域考察与研究》，乌鲁木齐：新疆人民出版社，1994年，第62页。

察路线既定为由俄属中亚进入新疆喀什而后到达和田地区，以和田为中心进行为期一年的考察，并尽可能扩大考察范围。"将考察工作尽可能远地推往北纬36度以南、和田以东地区。1891年末至1892年初在和田度过，完成中国新疆南部探险的主体工作。"[1]完成新疆考察后，杜氏考察队可以尝试进入中国西藏考察，如入藏受阻，即刻前往西宁方向。"西宁至北京区间亦可进行简单的考察，最终抵达北京。"[2]法国公共教育与美术部决定在杜氏完成考察抵达法国驻华大使馆后再决定返程路线。

杜氏考察团完全按照政府指定路线和计划进行。1891年2月19日，杜特雷依从法国巴黎出发，在俄国军官的帮助下，杜特雷依和格瑞纳德经中亚进入中国新疆进行所谓的科研考察。6月初，考察团到达喀什的路程中杜氏一直与俄国驻喀什领事彼得罗夫斯基保持书信联系，并在喀什得到彼得罗夫斯基的亲切接待。1891年6月下旬，杜氏向既定考察地和田出发，7月7日抵达。在此后近半年的时间里，探险队主要行进在无人区或荒野。[3]杜氏在和田盘旋了近半年时间获取了古代陶器、钱币等文物。年底，考察团完成了和田第一阶段考察，杜氏在书信中告知彼得罗夫斯基将很快返回喀什。1891年11月15日，彼得罗夫斯基给罗曾的信中谈到法国探险家杜特雷依即将从和田返回喀什：

> 我等杜特雷依和格瑞纳德来喀什噶尔，他们没有取道西藏去拉达克，而是去了和田，我早就怀疑这些先生们来这是有别的目的，

---

[1] 杨镰：《法国杜特雷依探险队遭际考实》，第70页。
[2] 杨镰：《法国杜特雷依探险队遭际考实》，第63页。
[3] 荣新江：《敦煌学十八讲》，第237页。

而非科学考察。①

1892年1月20日，杜氏考察团返回喀什。经过两个月的准备后，1892年4月，杜特雷依和助手格瑞纳德再次出发进行第二阶段考察，目的地定在了西藏，途中完成了阔库玛日木石窟考察，获得佉卢文桦树皮写本残片。10月，杜氏一行进入昆仑山到达拉达克拜见韦伯等人。1892年11月底，杜氏返回和田，助手格瑞纳德返回喀什将所获写本寄回巴黎。1893年3月末，杜氏和格瑞纳德开始第三阶段考察，他们在西藏北部盘旋了近一年时间，1894年6月，考察队到达青海后，杜氏被杀害，助手格瑞纳德死里逃生于7月15日到达西宁面见办事大臣奎顺，而后经兰州、西安、太原赶到北京。在法国驻华大使的协助下，格瑞纳德带着大量的地理学资料、考古学标本、古代手稿和文物从天津乘船返回法国，用4年的时间完成了3卷本《亚洲高地科学考察报告（1890—1895）》并以杜特雷依名义出版。②1904年，考察报告缩略版《西藏与西藏人》在伦敦出版。

二、对杜特雷依死因的调查

杜特雷依是第一位在新疆探险途中意外死亡的旅行家，消息传开后在欧洲引起了轰动。关于杜特雷依的死因，英国驻喀什代表马继业认为"杜特雷依强行闯入民宅，抢夺食物，数百土著人将探险队击垮。

---

① Под общ. ред. Попова И.Ф. *Сергей Федорович ОЛЬДЕНБУРГ Учёный и организатор науки*. Москва: Наука–Восточная литература. М. 2016. с. 98.（波波娃主编：《谢尔盖·费多洛维奇·奥登堡》，第98页）。

② J.L. Dutreuil de Rhins et F. Grenard. *Mission scientifique dans la Haute Asie: 1890–1895.* 3 vols. Paris: E. Leroux, 1897–1898.

杜特雷依让助手格瑞纳德携带《法句经》，拼死逃出重围，自己被脱光衣服，扔进水流湍急的江水"。法国政府对探险队的失败做了简单调查，结论是责任在于杜特雷依及格瑞纳德，"这一悲剧的发生，是由于他们得罪了当地居民。"①尽管如此，法国政府还是通过交涉让处于甲午中日战争中焦头烂额的清政府赔偿了几万两白银。

探险家意外死亡的消息在西域广泛流传，当时在新疆考察的瑞典探险家斯文·赫定也有所耳闻。1895年1月，斯文·赫定在俄国驻喀什领事彼得罗夫斯基官邸做客时，一名哥萨克兵匆匆进来向彼得罗夫斯基汇报关于杜特雷依死因的最新消息，彼得罗夫斯基给外交部上司奥斯丁·萨肯的信中写道：

> 我和斯文·赫定都陷入了谜团，不知如何解释杜特雷依的死因。②

斯文·赫定决定暂不回国，参与查找杜特雷依死因的活动中。在彼得罗夫斯基的建议下，1896年夏，斯文·赫定重走杜特雷依考察路线，经和田到达尼雅，即今民丰县。抵达和田时，斯文·赫定雇用了原杜特雷依探险队的帕皮巴依做向导。③帕皮巴依跟随斯文·赫定完成第4次亚洲探险，并在探险途中因病去世。斯文·赫定探险日记中对帕皮巴依做了如下描述：

> 帕皮巴依已经50岁，容貌美秀，长着全黑的胡须和深棕色的眼

---

① [英]彼得·霍普科克著，杨汉章译：《丝绸之路上的外国魔鬼》，兰州：甘肃人民出版社，1982年，第41页。
② 俄罗斯国家古文献档案馆藏，档案编号：РГАДА. Ф. 1385. Оп. 1. Д. 466. Л. 315–317。
③ [瑞典]斯文·赫定著，李述礼译：《亚洲腹地旅行记》，南京：江苏文艺出版社，第227页。

睛，穿着一件羊皮褂子，戴着一顶皮边帽子。他曾当过在喀喇昆仑被人暗杀的达尔格来士、在西藏东部遭谋毙的杜特雷依的在法属东印度奥尔良亨利王子的仆人。①

在帕皮巴依的指引下，斯文·赫定住在杜特雷依曾经暂住的喀帕村。喀帕，在《新疆图志》和《于阗县乡土志》中均译作"卡巴"。在斯文·赫定的探险日记《穿过亚洲》《我的探险生涯》中可以捕捉到很多对杜氏死因追踪的细节。通过帕皮巴依，斯文·赫定了解到"帕皮巴依在做杜氏随员期间，曾与执枪的土著居民发生过冲突"②。斯文·赫定抵达西宁府时，正值地方政府将凶手头颅挂在城楼示众。斯文·赫定"在城门看到一排木笼，里面放着被砍下示众的头颅，其中第四个头颅旁竟注明：这是杀死杜特雷依的人"③。在喀帕没有找到文物文书，这让斯文·赫定非常失望，他决定不再追随杜特雷依探险路线去卡墙（今且末县），而是经达来库尔干直接进入昆仑山。④1896年7月30日，斯文·赫定离开喀帕，称喀帕是"一个不甚著名的小村，只几间石房，附近有金矿"⑤。

杜特雷依死后，格瑞纳德逃到西宁后即刻去见西宁办事大臣奎顺，奎顺待他十分礼貌并自言失职，表示将追查此事，但并无下文。格伦纳德辗转抵达北京后，通过大使格兰德与总理衙门交涉了考察队队长

---

① [瑞典]斯文·赫定著，孙仲宽译：《我的探险生涯》，乌鲁木齐：新疆人民出版社，2010年，第201页。
② Hedin S. *Across the Gobi Desert*. London.1931.p. 1130.
③ Hedin S. *Across the Gobi Desert*. London.1931.p. 140.
④ 林世田：《斯文·赫定与中亚探险》，《中国边疆史地研究导报》，第45页。
⑤ [瑞典]斯文·赫定著，李述礼译：《亚洲腹地旅行记》，南京：江苏文艺出版社，第227页。

杜特雷依被杀一事。经过简单调查后，清政府认定杜氏被当地居民枪杀，死于通天河。《清实录藏族史料》①光绪二十年七月戊子（1894年8月14日）《德宗实录》卷三四四记录了杜特雷依死亡的经过和清政府的处理结果：

> 总理各国事务衙门奏：法国游历士吕推，行抵西宁，被番屯枪杀，捆投通天河淹毙，先将筹办情形具奏一折。吕推被伤身死前经杨昌濬电达总理衙门。据称通天河距西宁二十余里。业经该衙门电令迅饬地方官寻觅尸身，拿办正凶。嗣覆接杨昌濬覆称：通天河系四川地界，值此炎天，寻觅尸身尤为不易等语。吕推系在西宁地方身死，自应仍由该处寻觅。著杨昌濬、奎顺迅速遴派妥员，会同地方官沿途寻获吕推尸身，并缉拿正凶，按律惩办。此事关系中外交涉，必应迅筹了结，免生枝节，该督等务须妥速办理，毋稍迁延。原折均著钞给阅看，将此各谕令知之。寻陕甘总督杨昌濬等奏：吕推由西藏赴青海，取道野番。因拉番马被戕。现在查办各情形，下所司知之。②

吕推和李默德分别是法国探险家杜特雷依·德·莱因斯和助手格瑞纳德的护照名字。处理外交事务的中央机构总理衙门迫于压力责成陕甘总督杨昌濬追查杜氏的死因，捉拿凶手，避免节外生枝。西宁府立即派人调查了法国探险家意外死亡一案，惩罚了4名带头的当地居民。

---

① 顾祖成、王观容：《清实录藏族史料》，拉萨：西藏人民出版社，1982年。
② 杨镰：《法国杜特雷依探险队遭际考实》，第74—75页。

格瑞纳德认为这4人只是替罪羊而已，真正的凶手并未得到惩罚。

20世纪80年代，房建昌先生发现一篇名为《藏游日记》的民间文书，对杜氏一行赴藏过程及探险队在青海玉树的考察，以及惨死前后的情况有较为详细的记录，此文收入《川藏游踪汇编》，1985年由四川民族出版社出版。1991年，房建昌先生在《西北民族学院学报》发表《〈藏游日记〉考》。杨镰先生在甘肃省图书馆也发现了《藏游日记》的手稿，1992年10月，在乌鲁木齐召开的"20世纪西域考察与研究"国际学术研讨会上，杨镰先生提交了一篇《法国杜特雷依探险队遭际考实》的文章。笔者对比了两版《藏游日记》，内容完全一样，只是1985年印刷版增加了一则跋语。

《藏游日记》系杜氏雇佣的中国随员润藩所著，他随杜氏考察团于1893年6月从于阗出发，1894年6月经西宁入兰州。

> 《藏游日记》乃题润藩所著，内言其受聘于西学士吕推、李默德两位法国人，于光绪十九年（1893）六月下旬由于阗县城东出，南穿前藏，至二十年六月下旬经青海湖南岸抵丹噶，再由西宁入兰州的途中记载。①

> 西学士吕推暨李默德君，法国人也。自新疆入游西藏，润藩受聘相从。是役也，始于光绪十九年（1893年）六月下旬，由于阗县城东出，一道前进，南穿前藏，至光绪二十六年六月中旬，经青海南岸低丹噶，由西宁直入兰州。②

---

① 杨镰：《法国杜特雷依探险队遭际考实》，第80页。
② 润藩：《藏游日记》，马大正等主编：《西域考察与研究》，乌鲁木齐：新疆人民出版社，1994年，第80页。

关于杜氏考察团所雇之润藩，格瑞纳德在考察报告中也有叙述："我们找的人很了不起，是湖南人，个子不大，一生流离转徙，历经磨难，在毫无依靠的情况下来到新疆，他做事严肃认真，受过良好教育，文采斐然，有着毅然的性格。"① 《藏游日记》尾页对杜氏之死的描述，和官方公文《清实录》记录完全一致。

初二，黎明就到。行不五十步，忽闻炮声一响，吕推倒地。上下各庄番民四出。枪炮齐施，各人争逃性命，所带之物，盖被抢去。至六七日之久，经西宁派来接洽之通事李、傅二人四路寻找，始得重聚。查点人数，唯吕推不见。据通事云：闻受伤后，弃河身死……以上，润藩从西人游藏之大概情形也。②

关于杜特雷依的死亡地点，也是众说纷纭。《丝绸之路上的外国魔鬼》说：由于下大雨，杜氏一行在通布达滞留3夜。杜氏向当地居民投宿被拒，杜氏手下的哥萨克兵便破门而入，强行住在居民家中。天亮时，发现丢失了两匹马，认为是居民所盗，便夺了乡民两匹马充数。准备启程时，被持枪居民拦截，杜氏受伤，助手格瑞纳德想要救下杜氏，不料杜氏却被居民夺下并投入通天河激流。《新疆探险史》则认为是在长江上游的唐布达。斯文·赫定认为杜氏死于澜沧江上游的主流"札曲河"（Tsachu），③ 斯文·赫定在《亚洲腹地旅行记》中记录道："荷兰传教士林哈特夫妇一同入藏受阻于纳克苏，返回时在杜氏遇难的

---

① 房建昌：《〈藏游日记〉考》，《西北民族学院学报》1991年第1期，第80页。
② 杨镰：《法国杜特雷依探险队遭际考实》，第94—95页。
③ 孙仲宽译：《我的探险生涯》中为"察楚"。

札曲河损失了全部物资。"①杜氏助手格瑞纳德死里逃生后在《西藏与西藏人》中记载："6月1日离开赴西宁，两日后，吕推在称多拉布寺附近的通本多（tumbumdo）被杀。""通本多"即"通天河，"②房建昌先生和杨镰先生均以汉文文献《藏游日记》为中心，认为杜特雷依真正的遇难地点在通天河（长江流域），又名木鲁乌苏河或直曲，"曲"即河。③

三、彼得罗夫斯基对杜特雷依死因的追查

彼得罗夫斯基不仅对法国探险家杜特雷依西域探险提供了协助，还对杜氏遇难地点和原因进行了追查。1895年1月16日，彼得罗夫斯基给外交部上司奥斯丁·萨肯的信中写道："在我的建议下，斯文·赫定已经做了些事情，但这远远不够，我们还需要获取新的消息。"④彼得罗夫斯基由此对杜氏的死因展开了调查。

前不久，我这儿送来一个叫拉祖莫夫的俄国士兵，他曾在法国探险队服务。我对他进行了审问，做了记录，并遣送回国。之后，中国官员把另外一个在探险队做过事的拉达克居民（穆罕默德·伊萨）送到我这儿，让他和我讲一下事情的经过。从斯文·赫定发表在《公报》上的信函可以看出其中有多少奇怪的事情。（审问穆罕

---

① [瑞典]斯文·赫定著，李述礼译：《亚洲腹地旅行记》，第251页。
② Fernand Grenard. Xizang: The Country and its Inhabitants. London: Hutchinson. 1904. p. 119.
③ 杨镰：《法国杜特雷依探险队遭际考实》，第62页。
④ Мясников. В.С.В.Г. Бухерт. Н.Ф.Петровский Туркестанские письма. с. 55.（米丝尼科夫编：《彼得罗夫斯基，新疆书信》，第55页。）

默德·伊萨的时候，斯文·赫定也在场）。再之后，有人从市场上将一件麂皮做的男裤送到我这儿，裤子的背面是杜特雷依手写的名字"Rhins"。①

穆罕默德·伊萨把裤子拿到市场上去卖。一番盘问后才知道，伊萨还有很多欧洲人的东西。在马继业家里的时候，彼得罗夫斯基将这些告诉了马继业，建议他仔细盘查一下，但马继业坚决表示不参与此事，还和斯文·赫定发生了激烈的争吵。彼得罗夫斯基认为这些东西可能出自格瑞纳德之手，杜特雷依死后，从西宁府通过其他道路寄出遗物。彼得罗夫斯基认为格瑞纳德的做法很奇怪，他本该把这些遗物交给死者的亲人，在遗物中还有一些古代的小宝石，肯定来自和田地区，这些东西本应被强盗抢走。格瑞纳德自己写道，所有的东西都被抢走了。彼得罗夫斯基和斯文·赫定都陷入了谜团，不知如何解释杜特雷依的死因。

难道是格瑞纳德隐瞒了事实？这件事当然和俄国驻喀什噶尔领事没有关系，但我希望，当有人问起是否知道杜特雷依死因的时候，我可以摸着自己的良心，为了将来的旅行家，为了真理，告诉他们，我所知道的和我所怀疑的。②

彼得罗夫斯基千方百计找到了杜氏探险队中的哥萨克兵拉祖莫夫

---

① 俄罗斯科学院档案馆圣彼得堡分馆藏，档案编号：СПбФ АРАН. Ф. 777. Оп. 2. Д. 345. Л. 1–1 об.。
② 俄罗斯国家古文献档案馆藏，档案编号：РГАДА. Ф. 1385. Оп. 1. Д. 466. Л. 315–317.。

和穆罕默德·伊萨并对他们进行了审问，了解事情经过，还从当地居民手里收购了一件印着杜氏名字的麂皮男裤。起初，彼得罗夫斯基怀疑杜氏死在同伴格瑞纳德手中，当格瑞纳德返回巴黎以杜特雷依的名义发表考察报告表明他并没有私吞考察成果，彼得罗夫斯基排除了格瑞纳德为凶手的可能性。经过半年的调查，彼得罗夫斯基确定杜氏的死亡地点在通本多村，即通天河。1895年7月7日，彼得罗夫斯基给奥斯丁·萨肯的信中汇报杜氏的死亡地点确为通本多，并表示将通过外交部寄送杜氏生前写给彼得罗夫斯基的信函。

> 法国旅行家杜特雷依在通本多村（库库淖尔往南走差不多20天）被杀死了，他在俄属中亚期间一直与我保持联系。他的全部材料都丢失了，但写给我的信仍然保存在我手中。信中杜特雷依和我讲述了探险经历、收获及目的。无论对学术机构还是他的家人，这些信函都有重要的意义。您认为以哪种方式将这些信函交出去最好？[1]

1895年12月底，彼得罗夫斯基把杜特雷依的全部书信寄到了俄国外交部。笔者虽未找到彼得罗夫斯基和杜氏的书信，但从彼得罗夫斯基给外交部的信中可以猜测，书信内容大多是探讨法国探险队如何顺利经俄属中亚到达新疆喀什。从"无论我给他们提供多少帮助，没有一个人公开对我表示感谢"可以判断，彼得罗夫斯基为法国探险队提供了不少帮助。

---

[1] 俄罗斯国家古文献档案馆藏，档案编号：РГАДА. Ф. 1385. Оп. 1 Д. 466. Л. 318–318 об。

您怎么看很久之前我寄给您的那些信，都是杜特雷依写给我的。博朗、杜特雷依、格瑞纳德这些法国先生们，无论我给他们提供多少帮助，没有一个人公开对我表示感谢。①

1896年1月12日，彼得罗夫斯基给外交部上司奥斯丁·萨肯的信中写道：

我认为现在是把杜特雷依的信函交给地理协会的最好时机，他不喜欢自己的亲人，尽管不止一次和我说，他有亲人，并且和他们经常通信。可能，维纽科夫有些不满意，为什么我不把这些信函寄给他。他好像不大喜欢巴黎地理协会。②

1896年初，在彼得罗夫斯基的建议下，俄国外交部把书信作为杜氏遗物转赠巴黎地理协会，由协会转交杜氏亲人。

四、彼得罗夫斯基为德国探险家施拉格什维特树碑

彼得罗夫斯基对欧洲探险队的另一贡献是确定了德国探险家阿道夫·施拉格什维特遇害的准确地点，并从当地居民手中购买施拉格什维特生前私人物品，为施拉格什维特建造了纪念碑。

阿道夫·施拉格什维特（Adolf Schlagintweit，1829—1857），是19世纪中叶到过新疆喀什的德国探险家。1829年，阿道夫·施拉格什维特生

---

① 俄罗斯国家古文献档案馆藏，档案编号：РГАДА. Ф. 1385. Оп. 1. Д. 466. Л. 321–322 об。
② 俄罗斯国家古文献档案馆藏，档案编号：РГАДА. Ф. 1385. Оп. 1. Д. 466. Л. 323–328 об。

于德国慕尼黑，年少时的施拉格什维特就对神秘的东方充满了幻想。从柏林大学毕业后，阿道夫三兄弟一起去印度学习佛教知识。其间兄弟3人走遍了印度东北部地区，是进入尼泊尔的第一批欧洲人，随后三兄弟进入中国西藏探险。施拉格什维特将其所见所感记录在《西藏的佛教》中，这本书让他在欧洲东方学界名声大噪。1854—1857年，在奥斯特公司（Ост-Индской компании）的资助下，施拉格什维特和他的兄弟阿道夫·盖尔曼、阿道夫·罗伯特翻越喀喇昆仑山脉、从昆仑山到撒马尔罕、布哈拉汗国和中国的喀什进行探险。1856年，施拉格什维特的兄弟盖尔曼和罗伯特返回德国，施拉格什维特决定只身一人继续前行到喀什和浩罕汗国考察。

19世纪中叶起，英、俄两国开始在中亚进行激烈的"博弈"，英属印度政府觊觎浩罕汗国、希瓦汗国和布哈拉汗国已久，受到英国政府支援的施拉格什维特自告奋勇表示愿意替英国人给浩罕大汗捎一封密信，英国人提供了向导、必要的武器和装备。施拉格什维特就这样一个人上路了。喀什是施拉格什维特的必经之路，这里曾经是最大的丝绸贸易、棉花贸易等商品的贸易中心，作为中亚的东北大门，与塔什干、浩罕、库车贸易往来不断。施拉格什维特认为应该在此处寻找消失的文明，因此拜访了穆罕默德·雅霍甫，也就是阿古柏。起初阿古柏对德国探险家非常友好，施拉格什维特不光进献了武器还带去了怀表等作为礼品。当阿古柏得知这位探险家将带信去浩罕汗国，便起了疑心，要求施拉格什维特说出信函的内容，被拒绝后，阿古柏一气之下命人取了施拉格什维特的头颅。

1861年，俄国探险家乔康·瓦力汗诺夫（Чокан Валиханов）以商人的身份到喀什探险时首次触及了这一问题。瓦力汗诺夫只是听当地人口传施拉格什维特在喀什广场被杀害,但没有拿到任何书面证明,也没有找到受害者的遗物。

彼得罗夫斯基上任之初就对德国探险家遇害地点展开了调查,根据目击者的口述记录了施拉格什维特被杀害的过程。欧洲人在喀什被杀害的事实让彼得罗夫斯基产生了几分惧怕。1884年7月,彼得罗夫斯基给历史学家柯别克的信中写道:

> 我还是老样子,我将德国探险家施拉格什维特被杀害的地方临摹下来了,并且将目击者口述的施拉格什维特被杀害的过程记录下来。下一次骑手来的时候,我让他把图片和事情经过的记录带给您。第一,您可以看看我的绘画水平如何,第二,作为施拉格什维特之死的部分材料。您可以把这些连同施拉格什维特的生平经历一起发表在《涅瓦河》或《历史公报》上……不管怎样,我不会在这里停留很长时间,尽管喀什噶尔有许多值得留恋的美好之处,但我不想把这里作为长久生活之地。再挑选一位像施拉格什维特一样愿意将头颅埋在这里的人选吧。①

1885年年初,彼得罗夫斯基完成了施拉格什维特遇害地的画作。彼得罗夫斯基给历史学家柯别克的信中写道:"我快要完成施拉格什维特遇害地点的画作了,一画好就寄给您,之前画的一幅沾上油料了,而一直没有时间再画一幅。"②1885年11月,彼得罗夫斯基把遇害地画

---

① 俄罗斯国家文化艺术档案馆藏,档案编号:РГАЛИ. Ф. 2555. Оп. 1. Д. 1150. Л. 35-36 об。
② 俄罗斯民族博物馆藏,档案编号:ОР РНБ. Ф. 354. Оп. 1. Д. 93. Л. 36-37 об。

作寄给了圣彼得堡历史学家柯别克。"随信寄了一幅施拉格什维特遇害地点的画作,我还收集了施拉格什维特遇害的所有资料。"①1886年8月,彼得罗夫斯基萌生了在施拉格什维特遇害地建纪念碑的想法。彼得罗夫斯基从当地人手里收购了施拉格什维特生前的私人物品望远镜、温度表和眼镜,并希望通过俄国地理协会从圣彼得堡订了一块儿用于立碑的青铜板。

> 这几天,我想在施拉格什维特遇害的地点建一座纪念碑,就此,我已通知了地方政府。您能否从彼得堡订一块铜板,大理石的运不到这里。我正在调查此事,这不是为了我,是为了施拉格什维特的家人,瓦力汗的身边人不想再说起这件事,一个小男孩跑来向我兜售体温计,我答应他,只要保守秘密,我可以以高价购买施拉格什维特遗留的物品。②

1886年8月,在德国驻华大使参赞博朗斯的协助下,彼得罗夫斯基通过总理衙门向喀什地方政府施压的方式让喀什地方官员同意为德国探险家立纪念碑。彼得罗夫斯基给奥斯丁·萨肯的信中写道:

> 我最终让顽固的中国官员同意为施拉格什维特立碑。这得感谢博朗斯,总理衙门现在倒是催着我赶快完成这件事。我已经着手此事了,大概一两个月就能完成工作,到时,我将自己拍的照片寄给

---

① 俄罗斯国家古文献档案馆藏,档案编号:РГАДА. Ф. 1385. Оп. 1. Д. 466. Л. 242-243 об。
② 俄罗斯国家古文献档案馆藏,档案编号:РГАДА. Ф. 1385. Оп. 1. Д. 466. Л. 248-251 об。

您。现在，我可以将一些资料寄给您（只寄给了您），包括施拉格什维特遇难地点和准备立碑的地点等。①

为德国探险家立碑一事遭到时任新疆巡抚刘锦棠的强烈反对，彼得罗夫斯基只能把纪念碑建在俄国墓地。1887年2月，彼得罗夫斯基给外交部上司奥斯丁·萨肯的信中写道：

> 我把关于施拉格什维特的信件复印件寄给您了，您就知道中国官员刘不同意在其遇害地点建纪念碑。现在只能把纪念碑建在俄国的墓地了。这样也好，一来纪念碑装点了墓地，二来纪念碑也有了保护。亚洲司可以利用刘官员的不配合，让德国对中国施压。这样做又没什么坏处。②

1886年10月，彼得罗夫斯基给外交部上司奥斯丁·萨肯的信中表示将继续查找施拉格什维特的其他遗物。③此后，立碑一事被搁置到1891年才再次被提上日程。1891年10月，彼得罗夫斯基收到了德国驻华大使博朗斯关于从巴黎寄出木板等物品的通知，彼得罗夫斯基给奥斯丁·萨肯的信中汇报"博朗斯通知我，从地理协会寄来了木板等物品。"④然而地理协会的木板并没有寄到喀什，装饰纪念碑的只有一块青铜板，由俄国皇家地理协会和彼得罗夫斯基完成。1892年5月，彼得

---

① 俄罗斯国家古文献档案馆藏，档案编号：РГАДА. Ф. 1385. Оп. 1. Д. 466. Л. 271-274 об。
② 俄罗斯国家古文献档案馆藏，档案编号：РГАДА. Ф. 1385. Оп. 1. Д. 466. Л. 262-263 об。
③ 俄罗斯国家古文献档案馆藏，档案编号：РГАДА. Ф. 1385. Оп. 1. Д. 466. Л. 254-255。
④ 俄罗斯国家古文献档案馆藏，档案编号：РГАДА. Ф. 1385. Оп. 1. Д. 466. Л. 282-285 об。

罗夫斯基收到了巴伐利亚驻俄国参赞伽赛尔①的信函，信中伽赛尔代表巴伐利亚政府对彼得罗夫斯基为德国探险家施拉格什维特建纪念碑表示了感谢。②

1899年，德国探险家施拉格什维特纪念碑建起，上面写着一行小字："阿道夫·施拉格什维特在这里遇害。"纪念碑在1918年后被去除。

五、结语

关于俄国领事彼得罗夫斯基对法国和德国探险队给予支持和协助的原因，笔者认为主要有三。

一是彼得罗夫斯基希望借此获取考古信息，以便手下代理寻欧洲探险家踪迹获得更多古代写本或文物。1893年3月25日，彼得罗夫斯基给罗曾的信中谈到杜特雷依在和田购买了不知名语言书写的古代手稿：

> 法国旅行家杜特雷依从和田给我写信说，他在那里找到了古文书，和喀什噶尔文献很像，也是用不知名的语言书写，但又说像西藏文书，很难讲他到底发现了什么，杜特雷依这个人，怎么说呢，是个正派的法国人，法国水手出身，没什么水平，却酷爱草原探险，身边也都是一些自以为是的法国人。③

---

① 伽赛尔·鲁多里夫（Гассер Рудольф，1829－1904），巴伐利亚驻俄国参赞（1884—1904）。
② 俄罗斯军事历史博物馆藏，档案编号：РГВИА. Ф. 1396（Штаб Туркестанского военного округа）. Оп. 2. Д. 1482. Л. 10–10 об.
③ И.В.Тункина. *Н.Ф.Петровский как собиратель древних памятников письменности в востосном туркестане* // ВОСТОК–ЗАПАД. с. 114.（图金娜：《彼得罗夫斯基在新疆收集的手稿和艺术品》，第114页。）

在彼得罗夫斯基看来杜特雷依并非考古专家，只是喜欢探险而已。杜特雷依在和田买到的几页写在桦树皮上的佉卢文写本，后经苏联梵语学家、东方学家阿列克谢·阿列克谢耶维奇·维加西研究确定为公元1—2世纪古印度语文献残片，是现存于印度的梵文文献《法句经》珍本的一部分。①同年，彼得罗夫斯基购得杜氏所获同一写本的开篇页，俄国的奥登堡和法国的塞纳尔（Э.Сенар）分别于1897年和1898年在本国公布了这部经典的文献残片照片。②这部古印度婆罗谜文书写的佛教经典文献原著的发现在欧洲轰动一时。英国学者布腊夫（John Brough）将两部分缀合，全部刊布在《犍陀罗语法句经》（The Gāndhārī Dharmapada, London 1962），成为研究早期西域佛教的重要史料。至今关于二人所发现的文献残片在学术界还有很大争议。在俄罗斯科学院档案馆圣彼得堡分馆保存着彼得罗夫斯基寄到圣彼得堡的石板残片印刷照片。

二是树立俄国和俄国皇家地理协会在欧洲考古学界的威信和地位。1887年3月和4月，彼得罗夫斯基给奥斯丁·萨肯的信中谈到"这是一件光荣的事"。

> 上一封信中我忘记向您汇报了，就立碑一事，如果能不经意间向普鲁士人提出感谢地理协会的建议，那将再好不过了。或许，他

---

① И.В.Тункина. *Н.Ф.Петровский как собиратель древних памятников письменности в восточном туркестане* // ВОСТОК–ЗАПАД. c. 114.（图金娜：《彼得罗夫斯基在新疆收集的手稿和艺术品》，第114页。）

② И.В.Тункина. *Н.Ф.Петровский как собиратель древних памятников письменности в восточном туркестане* // ВОСТОК–ЗАПАД. c. 114.（图金娜：《彼得罗夫斯基在新疆收集的手稿和艺术品》，第114页。）

们自己可以领悟到。①

　　非常感谢您就施拉格什维特一事做出的努力。如果我把施拉格什维特遇害地点的图片和当地目击者的描述寄给您的话,能否在德国某家报社刊登?对俄国人而言,这是件光荣的事。②

　　应该在国外宣传下施拉格什维特这件事,让德国人知道我们俄国人。③

三是彼得罗夫斯基个人对施拉格什维特的敬佩,在彼得罗夫斯基看来,施拉格什维特是真正的探险家。

　　我可能不太清楚,施拉格什维特是否为普鲁士公民。看完他的资料您会发现,他不仅在工作上是个非常有趣的人,而且一眼就能看出他是个真正的学者、探险家,而不是什么"勘察员",这是对在西部游荡的所谓的探险家的称谓。④

彼得罗夫斯基认为施拉格什维特是真正的学者,他严谨的学术态度和其他游荡在西部的探险家不一样。

---

① 俄罗斯国家古文献档案馆藏,档案编号:РГАДА. Ф. 1385. Оп. 1. Д. 466. Л. 264-265 об。
② 俄罗斯国家古文献档案馆藏,档案编号:РГАДА. Ф. 1385. Оп. 1. Д. 466. Л. 267-268 об。
③ 俄罗斯国家地理档案馆藏,档案编号:АРГО. Ф. 13. Оп. 2. Д. 185. Л. 25-26 об。
④ 俄罗斯国家古文献档案馆藏,档案编号:РГАДА. Ф. 1385. Оп. 1. Д. 466. Л. 254-255。

第二节 彼得罗夫斯基对斯文·赫定探险的协助及评价

提到斯文·赫定西域探险，就无法避开"俄国""领事彼得罗夫斯基"等几个关键词。年轻时的斯文·赫定就和俄国结下不解之缘。他对俄国考察家普尔热瓦尔斯基的中亚探险异常感兴趣，甚至将普氏亚洲探险翻译成瑞典语。斯文·赫定（1890—1902）的10年探险更是和俄国紧密相连。从1891年1月10日至1899年8月12日，彼得罗夫斯基寄往俄国的信函中20次提及"赫定"。也就是说，彼得罗夫斯基始终关注着斯文·赫定亚洲的考察进展并与其保持着书信联系，为斯文·赫定提供帮助的同时掌握他的行踪及所获考古学、地理学资料。斯文·赫定在《亚洲腹地》一书中这样描写彼得罗夫斯基："彼得罗夫斯基领事是一位热情且友善的领事，和他谈话让我感到愉悦，他对喀什周边耳熟能详，是一位真正从事科学研究的学者。他的研究和发现对考古学界意义重大。他的房间像物理学办公室，里面有连探险家都无法想象的昂贵精密仪器。"[1]在彼得罗夫斯基的帮助下，斯文·赫定获得了进入中国新疆的许可及交通、物资保障，俄国驻喀什领事馆的哥萨克兵作为斯文·赫定的陪同，全程为斯文·赫定提供向导并保障其安全。为了感谢彼得罗夫斯基为斯文·赫定亚洲探险提供的帮助，瑞典国王奥斯卡授予彼得罗夫斯基最高骑士勋章。而斯文·赫定在亚洲考察的消息传到了俄国上层，如彼得罗夫斯基的直接上司奥斯丁·萨肯[2]耳中。

---

[1] [瑞典]斯文·赫定著，徐十周等译：《亚洲腹地探险八年》，乌鲁木齐：新疆人民出版社，1992年，第92页。

[2] 奥斯丁·萨肯，俄国地理协会秘书长（1865—1871），外交部亚洲司副司长（1871—1875），俄国外交部内务司司长（1875—1897）。

一、与彼得罗夫斯基的初次见面

1885年夏天，一个偶然的机会使刚毕业的斯文·赫定迈出了亚洲探险的第一步。瑞典工业巨头诺贝尔在俄国巴库开发油田，同行的瑞典总工程师需要一名家庭教师辅导儿子功课，斯文·赫定应邀前往，经俄国圣彼得堡、莫斯科、罗斯托夫抵达高加索石油城巴库并停留7个月。1890年4月，斯文·赫定随瑞典国王使团乘船"罗斯托夫·敖德萨"（Rostov-Odessa）号经第比利斯和巴库访问波斯。结束访问后，在老师李希霍芬的建议下，斯文·赫定给瑞典国王奥斯卡二世电报申请继续向东游历，探索亚洲奥秘。奥斯卡二世不但同意了赫定的请求，还给予8100美元经费支持。1890年10月，斯文·赫定从马什哈德出发，取道俄属中亚经我国新疆乌鲁克恰提（Ulugchat）到达喀什。出于与英国抗衡的考虑，尼古拉二世对斯文·赫定的新疆考察活动表示支持，并提供各种便利。斯文·赫定经俄属中亚外里海首府阿斯萨巴德（Askabad）时得到了俄国军官库罗帕特京司令（Kuropatkin）的放行。到达塔什干（Baron von Mremski）时，勒思启县长为斯文·赫定准备了地图、护照和介绍信。经过奥什时，杜步涅（Colonel Deubner）长官为其顺利通过特勒克达坂（Terek-davan）准备了厚衣物、毛毡并雇了3个仆人和4匹马。1890年12月1日，斯文·赫定随往返丝绸之路的商队从奥什城出发，12月14日进入中国喀什。

我们来到了城外的俄国领事馆。一个身材高大，有白发的中年人，戴着金边眼镜和尖圆的绿帽，穿着长袍，出来很客气地接待我们到院里去。他名叫尼古拉·费奥多洛维奇·彼得罗夫斯基（Nicolai

Feodorovitch Petrovshy），是新疆的俄国领事和俄国枢密院顾问官。我在他的家里住了10天。我以后几次旅行住在喀什噶尔的时候，他对我亦很好。①

1891年1月10日，彼得罗夫斯基给上司奥斯丁·萨肯的信中谈到来喀什的客人时也提到了瑞典探险家斯文·赫定：

> 来了四个英国人（扬哈斯本、马继业、毕驰和雷纳德），他们现在还在喀什噶尔，还有法国人博朗斯和瑞典人斯文·赫定……斯文·赫定随瑞典国王使团访问波斯后，在老师李希霍芬的建议下，想要去探索罗布泊的奥秘。他们认为普尔热瓦尔斯基没见到罗布泊，只是到了罗布泊南部的淡水湖。然而斯文·赫定去罗布泊的申请没有得到中国政府的允许，可能是没有拿到许可证，我认为，他们也没损失什么，他来这儿完全没有经过充分准备，身上没带任何设备，只是想见见罗布泊的样子而已。②

这是斯文·赫定和彼得罗夫斯基的首次见面。自此，斯文·赫定的西域探险与彼得罗夫斯基紧密地结合到一起。斯文·赫定对普氏和科兹洛夫等俄国考古学家的西域探险非常感兴趣，在领事馆停留期间，斯文·赫定和彼得罗夫斯基谈论了普氏的罗布泊考察，彼得罗夫斯基认为斯文·赫定装备不足以经历长途跋涉。因没有从中国政府拿到许可证，加上彼得罗夫斯基的劝说，斯文·赫定放弃了继续东行的执念，他一路

---

① [瑞典] 斯文·赫定著，孙仲宽译：《我的探险生涯》，第86页。
② 俄罗斯国家古文献档案馆藏，档案编号：РГАДА. 1385. Оп. 1. Д. 466. Л. 280-281 об。

追随普氏的西域考察路线到了伊塞克湖，穿过126里山地到普氏的墓地祭扫后返回布哈拉，又在俄国公使勒塞（Lessar）家里住了一周后经里海、高加索、莫斯科和圣彼得堡返回斯德哥尔摩，结束了第一次旅行。

二、1894—1902年彼得罗夫斯基对斯文·赫定的多次协助

彼得罗夫斯基任喀什（总）领事期间，斯文·赫定探险队共完成了3次亚洲探险，途经喀什时下榻于彼得罗夫斯基官邸。"以喀什作为出发点和休息点，每次考察结束返回喀什休息，整理材料、照片，将收集到的文献寄回国，为新的探险做准备。"[1]在彼得罗夫斯基的庇护下，斯文·赫定考察后期即使将护照压在箱底一样可以在新疆自由穿行。彼得罗夫斯基不仅向斯文·赫定详细讲述了喀什附近的古遗迹概况，还对斯文·赫定的探险活动提出了很多中肯意见，如建议斯文·赫定将一次长期考察拆分成几次短途考察，建议斯文·赫定考察并研究欧洲探险队没有关注到的慕士塔格山脉，这让斯文·赫定一举成名。在彼得罗夫斯基的建议下，斯文·赫定雇佣杜氏的仆人帕皮巴依沿杜氏探险路线经和田到达尼雅（今民丰县）一路追查法国探险家杜特雷依的死因直到喀帕村。帕皮巴依作为斯文·赫定的忠实仆人追随他直到生命最后一刻。依靠彼得罗夫斯基在和田的人脉，在道台的帮助下，斯文·赫定找到了自己遗失的手枪、相机、感光板等物件。在考察专款未到达时，彼得罗夫斯基个人垫付了斯文·赫定的全部旅费，协助完成斯文·赫定与李鸿章在北京、与尼古拉二世在圣彼得堡的会面。

---

[1] И.В.Тункина. Н.Ф.Петровский как собиратель древних памятников письменности в востосном туркестане // ВОСТОК-ЗАПАД. с. 109. （图金娜：《彼得罗夫斯基在新疆收集的手稿和艺术品》，第109页。）

(一) 协助斯文·赫定完成首次西域探险

1893年10月16日，在瑞典国王奥斯卡二世和商人诺贝尔的资助及尼古拉二世的协助下，斯文·赫定经俄国奥伦堡（1893年11月14日）、莫斯科抵达里海，穿越2080公里96个驿站的吉尔吉斯草原到达塔什干。在塔什干，斯文·赫定继续住在勒思启县长家中，购买了帐篷、毛毯、皮衣、食物、手枪、地图等物品。1894年2月23日，斯文·赫定带着3名雇员和2名马夫向喀什出发，到达俄军在帕米尔驻地时得到军队"160个哥萨克兵在壁垒边列队欢迎，卫队总司令萨特塞夫大尉和6个官佐在正门迎接"[①]的极高礼遇。1894年5月1日，斯文·赫定到达喀什，在"老朋友彼得罗夫斯基领事"的安排下，拜访了喀什的张道台，拿到了护照和考察的权限。早在1893年12月15日，彼得罗夫斯基给奥斯丁·萨肯的信中就提到了斯文·赫定：

> 斯文·赫定准备到喀什噶尔来，他是个讨人喜欢的瑞典人，您可能知道，他给我写信说想要经俄国探险家尝试多次的路去趟西藏，杜特雷依和格瑞纳德也尝试了多次，最终从新疆的地平线消失了。[②]

不难猜测，1893年10—12月，斯文·赫定确定了经费和路线后，给彼得罗夫斯基写信告知自己的探险计划。之所以再次选择将俄国喀什领事馆作为自己探险的大本营和驻地，主要有以下几点原因。其一，

[①]［瑞典］斯文·赫定著，孙仲宽译：《我的探险生涯》，第107页。
[②]俄罗斯国家古文献档案馆藏，档案编号：РГАДА. Ф. 1385. Оп. 1. Д. 466. Л. 307–308 об.

瑞典在喀什乃至新疆都没有设立领事馆及代办机构,而斯文·赫定需要驻地存放沉重的测量仪器设备等考察必备物品,也需要休息调整储备精力的安全住处,为长途跋涉考察提供体力;其二,斯文·赫定认为俄国领事彼得罗夫斯基比英国驻喀什代表马继业有更多的资源和更强的实力,能够帮他办妥探险所需手续,协调当地官员准许其在新疆各处考察。事实也正如斯文·赫定所料,抵达喀什后,彼得罗夫斯基立即带斯文·赫定拜访了张道台,道台不但"和善友爱地接待我,允许给我护照并让我到各处自由游览,"[1]并在官邸设宴款待,"一共有46样菜。"[2]在彼得罗夫斯基的关照下,斯文·赫定俨然成了喀什张道台的座上宾。斯文·赫定将一切看在眼里,在其旅行日记中写下"中国的长官是道台,但那里最有势力的是彼得罗夫斯基,本地人称他为新察合台汗。"[3]其三,彼得罗夫斯基是斯文·赫定新疆考古情报、民间考古消息,以及普尔热瓦尔斯基等俄国考察家西域探险细节信息的重要来源。继1890年彼得罗夫斯基在俄国皇家考古协会会议上展示了从新疆带来的古钱币后,1892年,奥登堡又公布了彼得罗夫斯基在中国库车发现的文物古迹的照片影印本,引发了欧洲探险家西域考察的热潮。斯文·赫定知道从彼得罗夫斯基处定能获得往来西域的欧洲探险队和民间考古挖掘的最新消息。

(二) 建议斯文·赫定向慕士塔格山出发

彼得罗夫斯基认为征服慕士塔格山将是"一项非常有成效的工作",当时还没有探险家征服过这座冰山。1894年8月,在彼得罗夫斯

---

[1] [瑞典]斯文·赫定著,孙仲宽译:《我的探险生涯》,第110页。
[2] [瑞典]斯文·赫定著,孙仲宽译:《我的探险生涯》,第111页。
[3] [瑞典]斯文·赫定著,孙仲宽译:《我的探险生涯》,第86页。

基的提示下，斯文·赫定迫不及待向慕士塔格山出发，攀登慕士塔格山6300米处后败下阵来。在俄军的协助下，斯文·赫定在俄国地界待了12天后，"又从那里悄悄回到了中国境内。"①1894年11月6日，斯文·赫定安全返回大本营——俄国驻喀什领事馆。尽管斯文·赫定没有攀到山顶，这段经历却是他探险生涯中一段美好的回忆："当冰河南面的半圆弧石壁上方升起一轮满月时，我步出帐篷走进黝黑的夜色里，陶醉在眼前这片我在亚洲见过最壮观的景色之中。"②1900年和1904年，斯文·赫定又进行了两次攀登都未能成功。1947年，他又邀请英国登山家希普顿和犹尔曼尝试攀登，再次以失败告终。

征服慕士塔格山失败后，斯文·赫定将目标转向了塔克拉玛干沙漠，发现了死胡杨环绕的丹丹乌里克的塔克拉玛干古城和喀拉墩等古遗迹，探访了通古斯巴孜特和原始部落，横穿沙漠后顺塔里木河抵达罗布泊。回国后，他完成了《穿越亚洲》等著作，名声大噪。1896年1月12日，彼得罗夫斯基给奥斯丁·萨肯的信中写道：

> 应该告诉您的是，是我建议他考察并研究慕士塔格山脉。喀什噶尔处在山岭一个奇怪的方向，除了普尔热瓦尔斯基，没人注意和关心这一点。这将是一项非常有成效的工作，但斯文·赫定貌似搞不定这些，他带的随从太少，商队的装备也很差，自己差点儿就死了。本质上讲，他在这儿也没什么收获，但他不愿意回去。探险是他的爱好，用去了他的全部精力。我仍然记得，普尔热瓦尔斯基从

---

① [瑞典]斯文·赫定著,孙仲宽译:《我的探险生涯》,第122页。
② [瑞典]斯文·赫定著,孙仲宽译:《我的探险生涯》,第107页。

最后一次探险中返回，还没进入俄国境内，就给我写信说准备新的探险。斯文·赫定也有同样的热情。①

信中彼得罗夫斯基提到"差点儿就死了"指的是斯文·赫定1895年2月17日离开喀什，在塔克拉玛干沙漠因缺水和迷路差点渴死的遭遇。斯文·赫定对普氏的探险达到痴迷程度，认为从西向东穿越塔克拉玛干沙漠定会遇到自南向北流淌的和田河，也是普氏曾经抵达的流域。彼得罗夫斯基认为斯文·赫定和普氏一样具有极高的探险热情，但也注意到他装备差、没有经验、力量薄弱的事实。1895年6月7日，彼得罗夫斯基给历史学家柯别克的信中写道：

> 斯文·赫定差点没死在和田河附近的沙漠里，他扔了所有的东西，一个人走了四天的路，吃草根充饥，已经在回喀什噶尔的路上了。②

1895年6月21日，斯文·赫定回到俄国领事馆。因沙漠探险中损失了测量高度仪，斯文·赫定不得不取消直接去西藏探险的计划，返回俄国领事馆暂住等待从欧洲寄来新的仪器。这段时间，斯文·赫定沿罕塞拉布河一路走到兴都库什山。斯文·赫定请求到坎巨提考察，被英国军官以"这条路不许旅行者通过"③的理由拒绝。而后斯文·赫定因患热病，

---

① 俄罗斯国家古文献档案馆藏，档案编号：РГАДА. Ф. 1385. Оп. 1. Д. 466. Л. 323-328 об.
② 俄罗斯民族博物馆藏，档案编号：ОРРНБ. Ф. 354. Оп. 1. Д. 93. Л. 57-58。
③ [瑞典]斯文·赫定著，孙仲宽译：《我的探险生涯》，第169页。

在俄国领事馆住了半年有余。1895年12月14日,收到新仪器后,斯文·赫定带上4名雇工和9匹马从喀什向和田出发。经彼得罗夫斯基介绍,和田道台刘嘉德接待了斯文·赫定,帮他购买了物资,准许斯文·赫定到出产和田玉的河床考察。仗着彼得罗夫斯基在新疆的影响和威望,斯文·赫定最后竟然将中国护照留在了和田:"因为没有这个我们也能处置若如了。"①

(三) 为斯文·赫定提供经费补给

从1894年5月1日至1895年12月14日,斯文·赫定在俄国驻喀什领事馆陆续住了约两年七个月。彼得罗夫斯基已习惯有斯文·赫定的陪伴。1895年12月14日,斯文·赫定收到新仪器后赴和田考察,12月25日,略感失落的彼得罗夫斯基给奥斯丁·萨肯的信中写道:

> 本来还有斯文·赫定陪着聊天,他这几天也离开喀什噶尔去了和田以及更远的地方。我给他拿了一些钱,您寄来的钱应该这些天就能收到了。杜特雷依要来领事馆,您怎么看?博朗、杜特雷依、格瑞纳德这些法国先生们,无论我给他们提供多少帮助,没有一个人公开对我表示感谢。英国人就更不用提了,我为他们换钱,找向导,提供人力,他们却觉得这是应有的尊重。提到我的考古事业,可以很骄傲地告诉您,如果可以到喀什噶尔25俄里以外的地方走一走,我会有更大的收获,现在这些古文书离我越来越远了。格里戈里耶夫(В.В. Григорьев)说得对,新疆要比巴克特里亚(Бактрия)的历史还要悠久。罗曾公爵和奥登堡给我了很多建议。附上维钮科

---

① [瑞典]斯文·赫定著,孙仲宽译:《我的探险生涯》,第184页。

夫的信函。①

19世纪末20世纪初，喀什是欧洲探险家赴中国南疆探险的必经之地，俄国驻喀什领事馆的客人络绎不绝。信中提到的"巴克特里亚"建于公元前3世纪，位于塔吉克斯坦、乌兹别克斯坦和阿富汗三国交界的中亚古城，在兴都库什山脉南段和费尔干纳峡谷北侧，是中国到印度的交通枢纽。彼得罗夫斯基愈发认识到中国新疆古文书文物的重要性，在他看来西域文明可以与古希腊文明相媲美。

瑞典国王和富商支持的探险经费不足以让斯文·赫定完成剩下的旅程直至返回瑞典。俄国拨付专款经外交部寄到喀什领事馆。但斯文·赫定急于到和田寻宝，彼得罗夫斯基只有给斯文·赫定垫付了全部旅费。1896年1月12日，彼得罗夫斯基给上司奥斯丁·萨肯的信中再次提到俄国给斯文·赫定的经费补给，这笔钱由哥萨克兵从经俄属中亚奥什一路送到喀什：

> 从伊尔凯什达姆②来的哥萨克给斯文·赫定带来了经费。由于地方政府的阻拦，哥萨克兵需经过军事政权才接受指令，这使经费到达奥什后又过了快一个月才到我们这儿。斯文·赫定已经离开快一个月了，先从我这儿拿了等额的钱用，他不可能等到经费到了才走……非常高兴，关于斯文·赫定到帕米尔，您和我意见一致。斯文·赫定在我这儿住了很长时间，我们已经很熟了，所以可以直言

---

① 俄罗斯国家古文献档案馆藏，档案编号：РГАДА. Ф. 1385. Оп. 1. Д. 466. Л. 321-322 об.
② 伊尔凯什达姆（Иркештам），吉尔吉斯斯坦奥什州的小村落，位于阿莱依盆地东部。

不讳地和他说，通讯员的身份对他来说太不体面了。刊登在《图像》《勘探者》的图片和信函不符合他的学者身份……他现在在和田考察，之后去罗布泊，我觉得完全没有必要再去，已经有很多旅行家都去过了。之后他通过中国到西伯利亚，符拉迪沃斯托克，再到北京。总之，学术考察变成了游客行。①

罗布泊始终是斯文·赫定魂牵梦萦的目的地，普氏等俄国考察家的探险让斯文·赫定神之向往。他追随普氏的路线东行，见到了卖给普氏野骆驼皮的船夫库尔班（Kurban）和普氏在阿不旦小村庄的老朋友昆其康（Kunchekkan-bek）首领，到达普氏所发现的巴士库木·库勒（Bash-kum-kol）上沙湖，雇用了科兹洛夫在戈壁沙漠的带路人马来克阿浑（Malek Ahun），沿着科兹洛夫上尉1893年发现的孔雀河河床发现了沙河。彼得罗夫斯基对斯文·赫定的罗布泊之行持否定态度，认为那是很多旅行家去过的地方，没有必要再去。

（四）吩咐和田商人寻找斯文·赫定遗失的物件

1895年10月12日，斯文·赫定探险队通过柴达木盆地向东行进，目的地是北京。10月底，斯文·赫定穿过喀喇淖尔湖（Khara-nor）后遇到强盗夜袭斯文·赫定所在营地。1896年2月，斯文·赫定在沙漠中发现了野骆驼。1896年5月，斯文·赫定完成沙漠考察后没有原路返回和田，而是追随普氏的路线到达罗布泊，他发现罗布泊是季节性湖泊后迫不及待给李希霍芬写信汇报自己的重大发现。书信由哥萨克兵送到喀什领事馆后由圣彼得堡寄到瑞典。1896年6月，彼得罗夫斯基收到斯文·

---

①俄罗斯国家古文献档案馆藏，档案编号：РГАДА. Ф. 1385. Оп. 1. Д. 466. Л. 323–328 об.

赫定给李希霍芬的信后，立即给奥斯丁·萨肯写信汇报斯文·赫定对罗布泊的研究成果：斯文·赫定证实了李希霍芬的推测，得出罗布泊所在塔里木三角洲随着汛期变化也会发生变化的结论，这是斯文·赫定首次西域探险的重要成果。

斯文·赫定捎来一封给李希霍芬的书信，没有封口，我想应该是为了方便我查看，也许是这个原因。您看过后，一定觉得非常有意思。如果这是个季节性湖泊，而这会儿正逢汛期，在这些地方经常有这样的湖泊，那么李希霍芬的推测是完全正确的。像格涅利赫王子①那些知名的探险家，甚至都不知道李希霍芬对普尔热瓦尔斯基的评价。斯文·赫定的成果非常重要。在寄给李希霍芬的包裹里，我放了邮票，也许，最好通过您寄出，您觉得如何。②

为了表达对彼得罗夫斯基的信任及感谢，斯文·赫定允许彼得罗夫斯基查阅这封学术书信。彼得罗夫斯基把书信等物寄到圣彼得堡，经外交部转寄于李希霍芬。1900年，斯文·赫定再次到罗布泊考察，返程途经圣彼得堡时向尼古拉二世展示了其绘制的河流地图，讲述了帕米尔地区形势。

斯文·赫定返回和田后第一件事就去了道台府拿到了穿越塔克拉玛干沙漠时遗失的手枪。在彼得罗夫斯基的吩咐下，和田商人萨义德·阿克蓝·巴找到了斯文·赫定的手枪并交给和田道台刘嘉德。与此同时，

---

① 格涅利赫（Генрих，1867—1901），奥尔良王子，旅行家。
② 俄罗斯国家古文献档案馆藏，档案编号：РГАДА. Ф. 1385. Оп. 1. Д. 466Л. 335–336.

彼得罗夫斯基让萨义德差遣一名伶俐的侦探以牧羊人的身份潜伏在和田周围的塔瓦库勒村落继续追查斯文·赫定丢失的其他物品。一次偶然的机会，侦探发现曾帮助斯文·赫定寻物件的托格达·巴克、猎人阿莫德·麦根及其儿子卡西姆·阿浑和托格达萨正蹲守在斯文·赫定沙漠中遗失的旧箱子旁，侦探火速赶回和田告诉商人萨义德，后者马上向刘道台报告了此事。道台立即派两个官兵到塔瓦库勒村去。知道逃不掉的猎人和托格达·巴克只好交代，他们寻着野兽的足迹找到了斯文·赫定丢弃的帐篷。

因为往西没有狐狸的足迹，猎夫们便断定这是我们丢弃帐篷和箱子的地方。他们掘了一会儿，寻着那帐篷。它尚未被夏天的大风沙覆没以前，或者曾被风刮倒。继续掘出我们留在帐篷里的箱子容易得很。他们一点儿也不知道那死在帐篷外的我们的两个仆人。他们将掘出的箱子用骡子驮着，自己拿了他们的羊皮口袋中剩下的水。①

在道台的审讯和催问下，官兵找到了斯文·赫定被偷的相机、感光板等物品。此时斯文·赫定从欧洲预定的新仪器已经寄到喀什。虽然不再需要这些物品，斯文·赫定仍在《穿越亚洲》一书中对老朋友彼得罗夫斯基表达了感谢。

（五）协助斯文·赫定分别面见了李鸿章、尼古拉二世

在三年七个月的时间里，斯文·赫定完成了一万多公里的路程，实

---

① [瑞典]斯文·赫定著,孙仲宽译：《我的探险生涯》,第194页。

现了第一次名副其实的探险考察。结束考察后,斯文·赫定经阿拉善(Ala-shan)和乌兰阿利苏(Ulan-alesu)沙漠、鄂尔多斯沙漠到达北京。接俄国尼古拉二世指令,俄国外交部遣彼得罗夫斯基和俄国驻华大使帕夫洛夫协助斯文·赫定完成与清政府官员李鸿章会面一事。

> 我的轿子如一只船似的摇摆着,从皇城南门城洞下走过。在使馆租界中走的时候,我看见左边有一个大白门,外面站着两个哥萨克兵。我大声问他们那是谁的房屋,他们回答:俄国公使馆。外表堂皇华丽。当时瑞典还没有公使在中国,我从摇摆的轿子上跳下来,通过一个大院子走进一所中国式的房屋,里面满是中国仆人。一个下人传我的名字,不到两分钟,俄国代理公使帕甫罗夫(Pavloff)出来接待我。他极热烈地祝贺我完成了旅行。①

在帕夫洛夫公使地引荐下,斯文·赫定见到了时任外交大臣李鸿章,并向其介绍了西域探险经过,也为之后中瑞联合考察埋下伏笔。12天后,斯文·赫定经西伯利亚抵达圣彼得堡,与尼古拉二世见面。与尼古拉二世会见的细节,斯文·赫定在《我的探险生涯》中描述如下:

> 那皇帝(尼古拉二世)穿了一套大佐的军装,样子简单而又谦逊,很像一个平民。他对于我的旅行极关心,又极熟悉亚洲内部的地理。他将一大张中亚细亚地图放在桌上,以便我指出我的路程。他用红钢笔画出我的重要停处,如喀什噶尔、莎车、和田、塔克拉

---

① [瑞典]斯文·赫定著,孙仲宽译:《我的探险生涯》,第224页。

玛干和罗布泊等，并且故意指到普尔热瓦尔斯基探险过的地方中我所到的几处。他听见我曾经在帕米尔的英俄划界局住过几天，特别高兴。他坦白无私地问我对于俄国和英属印度在世界屋脊所割的界限有无意见。我只得按我的断案来说在平地上用人工的碑石为界，因游民们散漫来往的关系，容易发生纠纷，不如沿着那分水岭兴都库什山脊为界比较自然而又简单。①

与斯文·赫定见面时，尼古拉二世非常娴熟地在地图上指出了斯文·赫定所到之处，可见沙皇对斯文·赫定行程的关注程度，俄国以非常小的代价和成本换得大量实时信息。当沙皇询问斯文·赫定界定英俄在帕米尔高原边界线的看法时，斯文·赫定答道："以分水岭兴都库什山脊为界比较自然又简单，"沙皇尼古拉二世大叹道："那正是我自始至终所说的。"②此时的俄国正需为界定英俄势力范围收集信息，沙皇非常赞同斯文·赫定关于以自然分界界定势力范围的观点，两年前，俄国和清政府的协议也是以萨雷阔勒岭作为自然边界线。③尼古拉二世答应斯文·赫定继续为其亚洲探险提供尽可能的协助。

（六）协助斯文·赫定完成第二次亚洲探险

1899年6月24日，斯文·赫定在瑞典国王奥斯卡和以马利内·诺贝尔（Emanuel Nobel）的赞助下再次动身赴西域探险。为继续得到免费通过俄境的权限，在探险途中得到俄国各方特别是喀什总领事彼得罗夫斯基的庇护，出发前几个月斯文·赫定再次拜访了俄国尼古拉二世。沙皇

---

① [瑞典]斯文·赫定著，孙仲宽译：《我的探险生涯》，第227页。
② [瑞典]斯文·赫定著，孙仲宽译：《我的探险生涯》，第227页。
③ 俄罗斯对外政策档案馆藏，档案编号：АВПРИ. Ф143. Оп. 491. Д. 1173. Л. 46–46 об。

下令派出4名哥萨克兵保护斯文·赫定的安全。

  他多方帮助，免除了我所有的运费、车费和铁路上的关税，还要派20个哥萨克兵分文不取地保送我去。我对他说那些人太多，四个兵便可以了。所以我们决定只用四个兵。哥萨克兵的问题是和陆军总长库罗帕特京大将商定的。①

  1899年，斯文·赫定亚洲考察享受到了中亚铁路开通带来的交通便利，从里海东岸到安集延的路途畅通无阻，他不但再次经俄境及俄属中亚进入中国新疆，所到之处还受到各项优待，甚至为斯文·赫定安排了专属车厢，斯文·赫定可以指定这节车厢挂在穿梭在亚洲土地的任何一列俄国列车上。

  我需坐火车走3180里路才能到俄属土耳其斯坦的安集延（Andizhan）。在里海东岸的克拉斯诺沃茨克（Krasnovodsk），有一节客室车厢预备好给我作为在亚洲俄国旅行时的住所。我可以在各个城市随便居住多久，并可以指定将我的这节车厢挂在某一次列车上。我的车厢总是挂在最末一节，所以从后面的平台上，我可以看到一切掠过的风景……我到安集延的时候，斯拉木巴依已在那里等着我了，他穿了一件蓝外套，胸前挂了皇帝给他的金牌。②

---

① [瑞典]斯文·赫定著，孙仲宽译：《我的探险生涯》，第231页。
② [瑞典]斯文·赫定著，孙仲宽译：《我的探险生涯》，第231页。

19世纪末20世纪初，英、俄之争愈演愈烈，为方便运送物资及必需品，1880年，俄国政府在距克拉斯诺沃茨克要塞（今土库曼斯坦巴什市）不远的米哈伊洛夫湾附近开始修建外里海铁路。1888年，铁路通到撒马尔罕城。这是俄国在中亚的第一条铁路，全长1810公里。1895—1899年，外里海线铁路向南北延伸到安集延和塔什干，总长达2510公里，称为中亚大铁路。①1893年，斯文·赫定的探险也选择了中亚大铁路，不同的是当时铁路只修到塔什干，从塔什干到安集延再到喀什只能依靠往来商路的驼队完成。

1898年，中亚大铁路从塔什干修到安集延。安集延是斯文·赫定等欧洲探险家从撒马尔罕进入中国新疆喀什的重要中转城市，因往来撒马尔罕和喀什的商人众多，安集延很早就成为集散地，当地人习惯将丝绸之路上的俄国商人统称为"安集延商人"。彼得罗夫斯基在书信中也将往来俄属中亚和喀什的商人称为"安集延人"。抵达安集延后，斯文·赫定见到了早已为他安排好的仆人斯拉木巴依，连他也有在中亚自由通行的特殊权限，斯拉木巴依的"金牌"既是奖赏也是西行的"尚方宝剑"。仆人斯拉木巴依和4名哥萨克兵一方面可以作为斯文·赫定探险的向导，另一方面随时向彼得罗夫斯基汇报斯文·赫定的行踪，达到监视斯文·赫定的目的。1899年8月，斯文·赫定探险队到达喀什。

在喀什噶尔我只遇见老朋友彼得罗夫斯基领事、佐治马卡特尼和亨特立克神父。彼得罗夫斯基和从前一般不但口说而且实实在在

---

① 马大正、冯锡时主编：《中亚五国史纲》，乌鲁木齐：新疆人民出版社，2005年，第99页。

帮助我。①

在斯文·赫定看来，尽管喀什的外国友人都对自己的探险表示过关心和帮助，但实实在在对其伸出援助之手的只有彼得罗夫斯基一人。斯文·赫定亲切地称他为"老朋友"。彼得罗夫斯基不仅为斯文·赫定"兑换了银元宝，分装在几只箱子里，"②还为斯文·赫定准备了沙都尔（Shagdur）和瑟顿（Cherdon）两名哥萨克兵，在其探险目的地之一罗布泊汇合，"他们费了四个月工夫，从外贝加尔和赤塔起身，经过迪化，焉耆和库尔勒到这里。"③尼古拉二世对斯文·赫定西域探险的重视程度可见一斑。色琴（Sirkin）和切尔诺夫（Chernoff）另外两名哥萨克兵从塞米巴拉金斯克（今塞米伊）赶到喀什领事馆随斯文·赫定出行。

斯文·赫定追随俄国探险家普尔热瓦尔斯基的路线到达上沙湖，对科兹洛夫发现的500年前干涸的古河床进行了测绘，见到了科兹洛夫曾用过的向导阿布都热依木（Abd-ur-Rahim），"他们是沙漠中仅有的几位知道阿提米西布拉克（Altmish-bu-lak，六十个泉）的猎人之一。"④1900年4月2日，斯文·赫定再次来到罗布泊并进行测绘，5月到达塔里木河测量了支流谢尔格恰普干（Shirge-chapan）的面积，7月18日，对中国西藏东部进行测绘，而后一个偶然机会，斯文·赫定发现了楼兰古城并挖出"很多魏晋南北朝时期的通用钱币。"⑤斯文·赫定对彼得罗夫

---

① [瑞典]斯文·赫定著，孙仲宽译：《我的探险生涯》，第231页。
② [瑞典]斯文·赫定著，孙仲宽译：《我的探险生涯》，第231页。
③ [瑞典]斯文·赫定著，孙仲宽译：《我的探险生涯》，第262页。
④ [瑞典]斯文·赫定著，孙仲宽译：《我的探险生涯》，第262页。
⑤ [瑞典]斯文·赫定著，孙仲宽译：《我的探险生涯》，第307页。

斯基安排的哥萨克兵非常满意，"他们是我用过最好的人中的两个，"①勇敢的哥萨克兵在旅途中承担着最艰难的工作，为斯文·赫定猎取野兽、长途跋涉寄送信件、守夜、探路、运送文献：

> 切尔诺夫和奥尔得克向前去寻找西南和东南方向的沟里骆驼最可能走的路途，下午3点钟忽然停住，我以为他们又看见野骆驼了，但是这次事情有点不同，并且很有关注价值。他们立在一个小顶上，在那里他们发现了几所木屋的遗迹。②

1901年夏，塔什干总督因边境局势变化紧急召回斯文·赫定随身的两名哥萨克兵。

> 信差只带着一封彼得罗夫斯基来的信，这必定是要紧的事。塔什干的总督吩咐两个哥萨克人色琴和切尔诺夫回到喀什噶尔去，因为俄国与亚细亚的交接起了乱事。③

斯文·赫定写信抗议，沙皇亚历山大三世下令让哥萨克兵必须返回，彼得罗夫斯基立即安排色琴和切尔诺夫带着"斯文·赫定的相机、胶片和27个银元宝"连夜回到斯文·赫定驻地。

> 我出乎意料遇到我的忠实的哥萨克兵切尔诺夫，上年夏季他和

---

① [瑞典]斯文·赫定著,孙仲宽译：《我的探险生涯》,第262页。
② [瑞典]斯文·赫定著,孙仲宽译：《我的探险生涯》,第270页。
③ [瑞典]斯文·赫定著,孙仲宽译：《我的探险生涯》,第277页。

色琴因为亚洲边境的乱事已经被塔什干总督唤回喀什噶尔去。他又到这里来的原因如此：那总督没有权可以唤回俄皇所派的4个哥萨克兵，所以我写信向俄皇抗议。那些哥萨克兵到喀什噶尔去的时候将我的信带走。俄皇接到我的信后，立刻给彼得罗夫斯基打了一个电报，让他将哥萨克兵切尔诺夫和色琴因赶快差到我的驻地来。切尔诺夫告诉我说那天星期六夜间，他们接到到亚洲中部去找我的命令时是如何的高兴。他们要求过了星期日再动身，但是领事说俄皇的命令不可迟延，所以他们配好了马，带了我的照相机、干片和27个银元宝动身。①

前往西藏受阻后，斯文·赫定绕行到印度拉合尔、德里、亚格剌、勒克瑙、加尔各答。因舍不得哥萨克兵，斯文·赫定没有选择乘坐从孟买来的汽船直接回瑞典，而是从印度再次穿越西藏返回喀什。"我不舍得那哥萨克人和伊斯兰教徒。"②1902年5月13日，斯文·赫定回到喀什作短暂休整，"我和我的朋友彼得罗夫斯基、马卡特尼和亨特利克神父住在喀什噶尔，"③最后经俄国城市彼得罗夫斯克到达圣彼得堡。斯文·赫定在圣彼得堡再一次见了沙皇，他对哥萨克兵给予了高度赞扬。沙皇下令边境驻军各处兵营宣传4个哥萨克兵如何在探险中为俄国争光，"赏给他们每人250卢布和圣安那品级"④，瑞典国王亦授予哥萨克兵荣誉奖牌。

---

① [瑞典]斯文·赫定著，孙仲宽译：《我的探险生涯》，第312页。
② [瑞典]斯文·赫定著，孙仲宽译：《我的探险生涯》，第352页。
③ [瑞典]斯文·赫定著，孙仲宽译：《我的探险生涯》，第352页。
④ [瑞典]斯文·赫定著，孙仲宽译：《我的探险生涯》，第352页。

三、彼得罗夫斯基对斯文·赫定探险的评价

从1891年1月10日，彼得罗夫斯基给上司奥斯丁·萨肯的信中第一次提到斯文·赫定，到1899年6月19日，彼得罗夫斯基给奥斯丁·萨肯信中最后一次汇报关于斯文·赫定的情况，前前后后8年多时间里，彼得罗夫斯基一直关注着斯文·赫定的亚洲探险及成果报告。除了向外交部汇报斯文·赫定的西域考察情况外，彼得罗夫斯基在信中还对斯文·赫定的西域考察作了评价。评价包含正负两方面，既有肯定也有批评。前期评价多为正面，逐渐负面评价居多。

1894年5月，初到喀什的年轻法国人斯文·赫定给彼得罗夫斯基留下了不错的印象，与博朗、杜特雷依、格涅纳尔这些"法国先生们"不同的是，赫定是个"讨人喜欢的瑞典人，"①他和普氏一样是西域探险的痴迷者。彼得罗夫斯基关注并肯定了斯文·赫定首次中亚探险的成果，认为他对罗布泊的定性分析是首次西域探险的重要成果。彼得罗夫斯基认为通讯员的身份对这位名副其实的探险家而言不够体面，与刊登在欧洲杂志上的斯文·赫定的身份不符。同时，彼得罗夫斯基也指出斯文·赫定装备差、人手少、缺乏经验等，加上杜特雷依和格瑞纳德等欧洲探险家的失败经历，不赞成斯文·赫定去西藏考察。"杜特雷依和格瑞纳德也尝试了多次，最终从新疆的地平线消失了"。对于很多探险家到过的罗布泊，彼得罗夫斯基不建议斯文·赫定再去一次。彼得罗夫斯基对斯文·赫定的北京行也持否定态度。在彼得罗夫斯基看来，探险就应该扎根于荒芜的西域，而不应该像游客一样到北京浪费

---

① 俄罗斯国家古文献档案馆藏，档案编号：РГАДА. Ф. 1385. Оп. 1. Д. 466. Л. 307-308 об。

时间。斯文·赫定从帕米尔寄信到喀什,一向敏感严谨的彼得罗夫斯基认为斯文·赫定不够小心,不应该从"俄国与阿富汗勘定帕米尔边界委员会"寄信回来,这会让清政府和英国人生疑。1895年10月16日,彼得罗夫斯基给奥斯丁·萨肯的信中写道:"我觉得他不应该去帕米尔和委员会,并从那里寄信过来。"①彼得罗夫斯基担心领土争端问题很有可能使俄英关系进一步恶化。

10余年间,彼得罗夫斯基对斯文·赫定的评价也从"讨人喜欢""不错的瑞典人"到"傲慢"的法国"朋友"。以1899年为例,彼得罗夫斯基几次给上司奥斯丁·萨肯的信中抱怨斯文·赫定的傲慢。1899年8月12日,彼得罗夫斯基给奥斯丁·萨肯的信中写道:

> 我给卡尔维格的信函复印件中,您可以看到,我们国家及我个人对法国朋友是多么地溺爱。这些先生们带着两个箱子就来了,想要住在这里,而我从没得到任何推荐信,他们就把这里当作自己的家了。斯文·赫定可不像从前那样了,变得傲慢起来,满嘴都是自己的辉煌成绩。他又要去罗布泊,这样最好了,罗布泊又要被研究一次了。我不相信他将乘火车去西藏,他所说的火车,只是想在报纸上达到效果罢了。

卡尔维格全名是卡尔维格·尼古拉·凯利霍维奇(Гартвиг Николай Генрихович,1853—1914),1900—1906年任俄国外交部亚洲司司长。1899年8—9月,斯文·赫定抵达喀什住在彼得罗夫斯基官邸,随后去了

---

① 俄罗斯国家古文献档案馆藏,档案编号:РГАДА. Ф. 1385. Оп. 1. Д. 466. Л. 319-320 об。

西藏，1902年5月13日返回喀什再次住在俄国领事馆。此时的斯文·赫定已名声在外，对自己的辉煌成绩毫不谦逊地展示给彼得罗夫斯基，令领事反感的不是斯文·赫定的成果，而是其对接纳俄国帮助的理所应当的态度和傲慢的方式，以及没有充分表达对俄国及喀什领事馆的感谢之情。"我从没得到任何推荐信，他们就把这里当作自己的家了。"[1]

彼得罗夫斯基不喜欢斯文·赫定1892—1893年出版的旅行日记《呼罗珊和新疆》及1898年出版的《穿越亚洲》两本书中对自己的评价。1899年2月24日，彼得罗夫斯基给奥斯丁·萨肯的信中写道：

> 我收到了斯文·赫定出版的两本书，尽管书中对我大力称赞，但这些赞许看起来很假，我不喜欢这本书，我完全不是他所描述的那样，而且书中有很多错误，有些事并不真实，我对全部错误做了订正和注释。[2]

彼得罗夫斯基给上司奥斯丁·萨肯的信中直接指出自己不喜欢斯文·赫定在书中对自己的评价。虽然自己性格内向，不善交际，任喀什领事期间，因为要经常处理政治事件，他给人留下了"冷静的政治家"的印象，但远非斯文·赫定所描述那样独断专行。1899年，彼得罗夫斯基首次在信函中谈到了自己的性格：

---

[1] 俄罗斯国家古文献档案馆藏，档案编号：РГАДА. Ф. 1385. Оп. 1. Д. 466. Л. 350-351。
[2] 俄罗斯国家古文献档案馆藏，档案编号：РГАДА. Ф. 1385. Оп. 1. Д. 466. Л. 344-345 об。

就我个人性格而言，我不是那种乱交朋友，和谁都能打成一片的人，尽管这里来过很多社会活动家，我尽量避免在公开场合讲话。①

彼得罗夫斯基对斯文·赫定考察日记的评价是"不真实，错误百出"，并对其中涉及新疆史地的明显错误做了订正，体现了彼得罗夫斯基的严谨和认真。笔者从俄罗斯科学院东方文献研究所和俄罗斯科学院档案馆彼得罗夫斯基档案中未寻到斯文·赫定的两本书及彼得罗夫斯基作出的批注，也许1907年彼得罗夫斯基离任时带回了塔什干住所，也许因为不喜欢这两本书而留在了喀什。这是本节的遗憾之处。

四、结语

斯文·赫定年轻时就和俄国结下不解之缘。在他一生5次西域探险生涯中，有3次是经俄国和俄属中亚进入中国新疆，俄国驻喀什（总）领事馆是斯文·赫定3次中亚探险的大本营和情报基地，他先后8次抵达或返回喀什调整休息，和彼得罗夫斯基领事告别后返回瑞典。1891年，斯文·赫定前往中国西藏受阻后到达印度的加尔各答，他没有选择"坐从孟买来的汽船回家"，而是长途跋涉返回喀什经俄属中亚、圣彼得堡回到斯德哥尔摩。在旅程中，斯文·赫定受到俄属中亚驻地官员、喀什道台、和田道台的关照和帮助，并在俄国财力、物力、人力全方位支持下完成对帕米尔地区、丹丹乌里克、楼兰古城等的考察。俄国以非常小的代价和成本换得大量边疆实时信息。斯文·赫定两次经俄国返回瑞典途经圣彼得堡面见俄国沙皇。彼得罗夫斯基对斯文·赫定的负面评

---

① 俄罗斯科学院东方文献档案馆藏，档案编号：ИВР РАН. Ф. 43. Оп. 2. Д. 6. Л. 21–24 об.

价有一定的合理性，斯文·赫定的探险生涯从某种程度上讲是为了追求荣誉，填补欧洲探险的"空白"。

第三节　彼得罗夫斯基对斯坦因的协助

英国探险家斯坦因主要研究从波斯湾到远东地区的古代和中世纪历史，但他的精力和重点还是在中亚。斯坦因共组织过4次大型中亚考察活动，小型的考察活动更是不计其数。在东方学研究方面，斯坦因始终和俄国东方学者保持着联系，除了和俄国学者奥登堡讨论中国西北部考察内容的细节并交换资料外，斯坦因还请奥登堡帮他的朋友艾伦从圣彼得堡的皇家图书馆查找"伊拉斯谟文献资料"和照片影印件。[1] 斯坦因的第一次和第三次中亚考察结束后都是经俄国属地返回英国。[2]

1900—1910年，斯坦因实现了首次西域探险之行，完成了对南疆部分地区的平面测绘和天文观测，先后对喀什周边古迹、约特干古城、托古雅遗址、尼雅遗址进行了考察，获得了大批古钱币和金属制品，他在窣堵坡所获大量珍贵美术遗物，在中亚考古史上是罕见的。斯坦因和俄罗斯学者保持着紧密联系。[3] 时任俄国驻喀什总领事彼得罗夫斯基对斯坦因的协助主要体现在将斯坦因探险队所获1500余件文物经喀什海关运出境外，经俄国属地费尔干纳、安集延、马尔吉兰、撒马尔

---

[1] 郑丽颖：《俄藏斯坦因致奥登堡信件研究》，《敦煌学辑刊》2017年第4期，第179页。

[2] Stein M.A. *Preliminary Report on a Journey of Archæological and Topographical Exploration in Chinese Turkestan*. Eyre and Spottiswoode. 1901.p．69.

[3] 郑丽颖：《俄藏斯坦因致奥登堡信件研究》，第178页。

罕、巴库运回英国伦敦。1915年，斯坦因将敦煌所获文书卷子运到喀什后经俄国属地撒马尔罕运送回国。在彼得罗夫斯基档案中保存着国外学者写给彼得罗夫斯基请求协助访问中国新疆的信函。其中有两封是来自英国著名考察家斯坦因。

一

马克·奥莱尔·斯坦因出生于匈牙利，1879年，年仅16岁的斯坦因大学预科毕业后，决意从事东方学研究，斯坦因在德国和奥地利游学期间遇到两位印度学导师，一位是图宾根大学教授鲁道尔夫·罗斯（Rudolf Roth，1821—1895），另一位是维也纳大学教授乔治·布勒（Georg Buhler，1837—1898），在他们的指导下，斯坦因系统学习了梵语研究和比较语言学理论，掌握了梵语和古代波斯语。受法国汉学家儒莲（Stanislas Julien，1799—1873）翻译的《大唐西域记》和亨利·俞勒伯爵（Henry Yule，1820—1889）校注的《马可·波罗游记》影响，斯坦因把到东方王国游历当作自己毕生追求的梦想。1887年，斯坦因到印度工作，任拉尔东方学院院长。在拉合尔期间，斯坦因将主要精力放在对当地博物馆藏《犍陀罗艺术》（Коллекция Искусства Гандхары）的研究上，利用闲暇时间对拉合尔的古迹及废墟进行考察。

虽然斯坦因远在英属印度，却一直关注欧洲的东方学研究和发展。19世纪90年代，英国鲍尔中尉等欧洲探险家从中国新疆库车等地获取桦树皮古卷和古代梵文佛经残片手稿，[①]这项重大发现使斯坦因更加向往神秘的东方。

---

① [英]马克·奥里尔·斯坦因著,殷晴等译:《沙埋和阗废墟记》,乌鲁木齐:新疆美术摄影出版社,1994年,第4页。

1899年10月，在罗马召开的第12届东方学国际会议上，俄国探险家克莱门茨（Д.А.Клеменц）向与会者展示了在古丝绸之路北部分支吐鲁番发现的佛像画和古文书残片，俄国东方学家奥登堡在会上作了彼得罗夫斯基收集品的报告，引起了包括斯坦因在内的欧洲东方学家对中国新疆的关注。1879年，俄国探险家雷格尔（И.А.Регель）对吐鲁番进行了考察，但雷格尔的关注点不在考古学，他主要从地理学、动物学、植物学角度对吐鲁番进行了考察。克莱门茨是首批对吐鲁番的文物、文献、文书作出详细描述的欧洲考古学家之一。此后的二百多年间，欧洲东方学者，特别是英俄东方学家加大了对中国新疆古文书的关注、收集和考察研究。1890年前后，古文书贩子阿訇利用英俄两国驻地代表迫切得到当地古文献的心理，向俄国驻喀什领事彼得罗夫斯基和英国驻喀什代表马继业兜售了他从自己家乡和田北部的沙漠里发现的古代文书和木版书。这些古文书用一种不知名的印度婆罗谜文字书写，俄国领事彼得罗夫斯基把文书寄给俄国科学院常务书记奥登堡研究。马继业把所谓的古文书寄给加尔各答亚洲协会（Бенгальское Азиатское общество）主席霍恩勒研究。1897年，霍恩勒在亚洲协会学报上公布了马继业所获部分文书残片及自己的研究成果，此后不断传出霍恩勒所研究的手稿系当地居民伪造的传言，1899年，霍恩勒发文驳斥了质疑学者的观点。

这些争辩使热衷于考古的英国探险家斯坦因对喀什产生了浓厚兴趣，他认为喀什的情况并非想象中那么简单，必须亲自考察才可以尽可能接近事实。1898年，斯坦因提出到中国新疆进行考察的申请。他把俄国探险家克莱门茨的考察作为自己考察的主要论据："我要强调的一点是，也是我刚刚得到的确切消息，即中国新疆南部的吐鲁番发现了古文书后，俄国皇家科学院正准备派出三支考察队到那里进行考察。"①1899年，斯坦因到新疆考察的申请得以批准。"1899年7月，在当时总督政务会议成员、现任副总督查理斯·瑞瓦兹先生的热情关注下，这项计划最终得到了英属印度政府的批准。"②斯坦因得到来自英国国税、农业和勘测部门、英国王室等的9000卢比财政支持，英属印度勘测部门特派一名勘测员作为斯坦因的助理。出发之前，霍恩勒给斯坦因写信请他格外关注和田的古代手稿和文书，"和田河附近有个洞窟，在那很有可能找到《法句经》"。

1900年5月31日，在英属印度政府的支持下，斯坦因从斯利那加出发，经吉尔吉特和罕萨，穿过盖孜峡谷于1900年7月29日抵达喀什。

二

此时，英、俄两国驻喀什代表的关系非常紧张，特别是在涉及各自考古利益时表现得尤为突出。1890年，马继业作为扬哈斯本的翻译来到喀什，直到1909年，马继业外交官的身份才得以确定。在此之前，彼得罗夫斯基在喀什的影响力远超马继业。到1899年末，彼得罗夫斯基不再和英国驻喀什代表马继业讲一句话。即使两人共同出现在一次聚会中，擦肩而过也当作互不认识。彼得罗夫斯基加强了护卫队力量，英国在喀什的弱势显而易见，"和俄国领事相比，英国代表的日子明显不好过……马继业没有护卫队，更不用说仆人。俄国领事一应俱全，每次去衙门都是带着哥萨克护卫队和仆人，穿着笔挺的制服，和他的

---

① Съюзан Витфилд. Взаимоуважение в отношениях учёных в период политического противостояния.с. 206.(苏珊：《政治对抗背景下两国学者的关系》，第206页。)

②[英]马克·奥里尔·斯坦因著，殷晴等译：《沙埋和阗废墟记》，乌鲁木齐：新疆美术摄影出版社，1994年，第4页。

领事身份非常匹配"①。

斯坦因为新疆考察做准备期间，英俄两国驻喀什代表的关系紧张程度达到最高峰。斯坦因在处理与英国驻喀什代表、俄国驻喀什领事的关系上，表现近乎完美。准备期间，斯坦因借本国驻地代表之便，从喀什代表马继业那里获得了很多帮助和支持，1899年1月22日，斯坦因通过霍恩勒首次给马继业写信咨询考察所需仪器设备及考察相关琐碎细节。马继业在3月22日给斯坦因写了回信并对斯坦因提出的问题一一作答。②随后斯坦因马上给彼得罗夫斯基写了一封请求考察期间登门拜访的信，但遭到彼得罗夫斯基的婉言谢绝。作为俄国在南疆利益代表的彼得罗夫斯基，在斯坦因抵达之初不免怀疑他也是英国派来的间谍。在俄罗斯科学院档案馆圣彼得堡分馆保存着斯坦因写给奥登堡的9封信，③在彼得罗夫斯基档案中保存着国外学者写给彼得罗夫斯基请求协助访问新疆的信函，其中有两封是来自英国著名考察家斯坦因。马继业在每两周给印度和伦敦上司的例行工作汇报中写道："斯坦因博士昨天白天给彼得罗夫斯基写了一封正式函，希望与彼得罗夫斯基在喀什见上一面，彼得罗夫斯基先生答复，因为有病在身不能和斯坦因博士见面。事实上是彼得罗夫斯基先生不愿意见到斯坦因。"④斯坦因在《沙埋和阗废墟记》中也谈到初到喀什未能见到彼得罗夫斯基领事的遗憾："俄国驻喀什噶尔领事彼得罗夫斯基对这一地区的古代历史和人

---

① Deasy H.H.R *In Xizang and Chinese Turkestan*. p.294.
② 马继业给斯坦因的信(1899年3月22日)，1899年1月22日，斯坦因通过霍恩勒的介绍与马继业建立了书信联系。英文手稿原件藏于牛津大学包德利图书馆，斯坦因手稿第289号。
③ 俄罗斯科学院东方文献研究所藏，档案编号：F208-3-67-1-12。
④ 落款日期是1900年8月1日。英文手稿原件藏于牛津大学包德利图书馆，档案编号：L/P&S/7/127，斯坦因手稿第1081号。

种学有着浓厚的兴趣，加上他作为中亚古物收藏家，使得我格外渴望向他问候，可惜他身体不适不能接受我的拜会。一直到九个月我从和田归来，才满足了与这位才华出众的官员相识的心愿。"①

斯坦因在喀什停留了一个半月，完成了考察物资储备及跟从马继业学习中国文化历史、拜访当地官员以求支持和协助等几件大事。1900年8月10日，在马继业的联络下，斯坦因应喀什道台邀请去道台官邸赴宴。斯坦因希望喀什道台为他去和田考察提供便利条件，却没有得到正面回复。一周后，马继业再次拜访道台请其为斯坦因在新疆特别是和田考察出具推荐信，也遭到了拒绝。马继业在例行报告中写道："道台非常清楚彼得罗夫斯基的顾虑，当然这些怀疑也不是没有依据。道台哪敢违背彼得罗夫斯基先生的意愿，擅自批准英国探险家到处考察。"②在马继业的反复请求甚至威胁下，道台只得瞒着彼得罗夫斯基私自为斯坦因手写了推荐信，这样斯坦因在和田期间顺利得到了7峰骆驼、12头毛驴等，和田知州潘震还提供了用于挖掘古文物的工人。1900年10月起，斯坦因考察队在和田及其周边地区进行活动，并对喀拉喀什山脉、丹丹乌里克遗址、约特干古镇、热瓦克遗址、安迪尔废墟等进行探察，获得12木箱古文书文物。

1901年5月12日，斯坦因结束考察从和田返回喀什。此时彼得罗夫斯基和马继业的关系似乎得到了缓解。马继业在1901年1月6日的报告中指出："近两个月，俄国驻喀什噶尔领事馆对当地政府的态度有所

---

① Stein M.A. *Ancient Khotan*. Oxford. 1907. p. 122–123.
② 落款日期为1900年8月31日。英文手稿原件藏于牛津大学包德利图书馆，档案编号：L/P&S/7/127，斯坦因手稿第1141号。

转变，缓和了许多。"①斯坦因返回喀什见到了英俄两国代表为数不多的一次交流：即将回国休假的马继业到俄国总领事馆告别。斯坦因再次向彼得罗夫斯基发出了请求，他希望得到俄国领事彼得罗夫斯基的协助，经俄属中亚和俄国本土返回欧洲。斯坦因非常清楚俄国所建中亚大铁路带来的便利，"俄国铁路交通的发展，使通向俄属中亚这样一个遥远的偏僻角落的路变得更为便捷"②。这一次斯坦因如愿得到了彼得罗夫斯基的帮助。彼得罗夫斯基不但接待了马继业，还接待了刚考察回来修整的斯坦因。

印度政府外交部根据我从加尔各答出发时提出的请求，取得圣彼得堡当局的同意，允许我经俄国乘坐横跨里海的火车返回欧洲。在俄国驻喀什噶尔领事彼得罗夫斯基的善意帮助下，我们得到了很大方便。③

英属印度政府非常重视斯坦因在新疆的考察活动，马继业随时将斯坦因在新疆的考察活动作为例行工作的一部分向上级汇报，包括斯坦因在地形测绘方面的工作和对沿途的考察情况。当英国政府得知斯坦因被允许经俄国返回欧洲时，印度外交大臣霍勒斯·沃波尔（Horace Walpole）亲自给斯坦因发了电报祝贺。④斯坦因在考察报告《沙埋和

---

① 英文手稿原件藏于牛津大学包德利图书馆,档案编号:L/P&S/7/131,斯坦因手稿第367号。
② [英]马克·奥里尔·斯坦因著,殷晴等译:《沙埋和阗废墟记》,乌鲁木齐:新疆美术摄影出版社,1994年,第134页。
③ [英]马克·奥里尔·斯坦因著,殷晴等译:《沙埋和阗废墟记》,乌鲁木齐:新疆美术摄影出版社,1994年,第301页。
④ 落款日期是1901年3月12日。英文手稿原件藏于牛津大学包德利图书馆,档案编号:L/P&S/7/130,斯坦因手稿第352号。

阗废墟记》不遗余力表达对彼得罗夫斯基利用业余时间从事考察的敬佩及热情相助的感谢：

> 俄国驻喀什噶尔领事彼得罗夫斯基先生极大地减轻了我出发前的准备工作，有机会和他相识，我感到十分荣幸。据我所知，彼得罗夫斯基长期在新疆从事外交公务的同时，也以满怀好学的热情专心研究当地的历史和古代文物，这一点当我在俄国领事馆里与他进行建设性交谈时，我已多次注意到了。他尽力保证把我的考古文物安全地运到英国，并且帮我向俄属中亚当局联系，请他们给我以友好的帮助。对于他的热情相助，请允许我在这里表示衷心的谢忱。①

终于，斯坦因在俄国驻喀什总领事馆与彼得罗夫斯基见了面，彼得罗夫斯基答应斯坦因与俄属中亚当局联系，将其所获文物安全地运到英国。

三

在彼得罗夫斯基的帮助下，斯坦因首次新疆考察获得的所有古文物妥善地装在了12个大木箱中，经俄国领事馆进行海关检查，盖上俄国的印章，于1901年5月29日从乌鲁木齐经奥什、马尔格兰、撒马尔罕顺利运抵欧洲。所到之处，彼得罗夫斯基都安排了同事或朋友接待，为斯坦因提供帮助。

---

① [英]马克·奥里尔·斯坦因著，殷晴等译：《沙埋和阗废墟记》，乌鲁木齐：新疆美术摄影出版社，1994年，第301页。

斯坦因通过阿莱山脉穿过克孜勒苏河抵达俄国边防站伊尔克斯塘，踏上俄国领土的斯坦因受到了热情接待。

> 当我进入哥萨克驻军碉堡旁边的修得很好而舒适的屋子时，就好像真的回到了欧洲。①

伊尔克斯塘海关官员派来了向导在暴风雪中引导斯坦因翻过山口到达吉尔吉斯斯坦。6月7日晚，斯坦因经费尔干纳河谷进入奥什。

> 这个地区的首脑，有卓越功绩的扎伊谢夫上校以最大的热情接待了我……在迷人的别墅里——我在那里受到他的殷勤款待。②

在奥什得到充分休息后，斯坦因穿过开阔肥沃的平原到达了安集延。1901年6月11日，斯坦因离开安集延向马尔吉兰和撒马尔罕出发。

> 我在马尔吉兰和撒马尔罕的省府曾作短暂停留，受到总督柴可夫斯基和梅定斯基将军友好热情的接待，并有机会参观考察了当地博物馆搜集保存的古代文物……我身边都是热情而好心的俄国旅伴和地方官员。③

---

① [英]马克·奥里尔·斯坦因著，殷晴等译：《沙埋和阗废墟记》，乌鲁木齐：新疆美术摄影出版社，1994年，第324页。

② [英]马克·奥里尔·斯坦因著，殷晴等译：《沙埋和阗废墟记》，乌鲁木齐：新疆美术摄影出版社，1994年，第304页。

③ [英]马克·奥里尔·斯坦因著，殷晴等译：《沙埋和阗废墟记》，乌鲁木齐：新疆美术摄影出版社，1994年，第306页。

1901年6月16日，斯坦因顺利到达撒马尔罕后给彼得罗夫斯基写了一封感谢信：

> 尊敬的喀什噶尔领事彼得罗夫斯基阁下：在离开这里之前，向您表示最真诚的谢意！感谢在喀什噶尔期间您向我提供的帮助。在您的推荐下，我在俄属中亚的行程非常顺利，一踏入俄属中亚的土地，多什克就热情地接待了我。他提供的骑兵，路上可是帮了我不少忙。在奥什，我非常高兴认识了扎伊采夫上校，他不但帮了我很多忙，还提供很多有用的信息，这些都将牢牢地存在我的记忆里。此外，在马尔格兰我和恰伊科夫斯基总督成了要好的朋友。最后，撒马尔罕总督不但热情地接待了我，还提供了一名对当地古遗迹可以如数家珍的向导给我。我对这一切铭记在心，这都是您推荐的结果。请接受我最真诚的谢意，感谢您周到和细致的安排。我对俄属中亚这片土地简直着了迷，这里远比我想象的发达。特别是这里，美丽的撒马尔罕，它的历史古迹深深地吸引了我，我在博物馆发现了非常有意思的展品。请给我一次机会报答您，如果有一天您或您的朋友到印度访问的话，我会非常高兴！9月起，我的地址变更为：c/o India Office, London, S.W. 斯坦因。①

在奥什，费尔干纳州的扎伊采夫·瓦西里·尼古拉耶维奇（1851—1931）上校接待了斯坦因，并向他提供了很多宝贵的信息。在马尔格

---

① Под общ. ред. М.Д. Бухарин. Эпистолярные документы из архивов Российской академии наук и Турфанского собрания. с. 206. (布哈林编：《俄罗斯科学院档案馆藏吐鲁番考察书信》，第206页）。

兰,时任费尔干纳州军事总督恰伊科夫斯基·安德烈·彼得洛维奇大尉(1841—1920)亲切接见了斯坦因。1901年6月16日后,斯坦因抵达撒马尔罕得到了时任撒马尔罕总督为维克多·尤里诺维奇·梅金斯基的亲切接见。①在总督的安排下,斯坦因考察了撒马尔罕的古代建筑遗迹。

> 我在撒马尔罕度过了印象深刻的愉快的日子,主要是访问了帖木儿时期雄伟无比的建筑遗迹,他们代表着中亚艺术的高峰……②

在中亚总督的协助下,斯坦因回程仅用了35天,经奥什、马尔格兰、撒马尔罕、梅尔夫、克拉斯诺沃茨克、巴库、彼得罗夫斯基斯克、罗斯托夫、波特沃洛西齐斯卡、克拉科夫、柏林等10余个城市,最终于1901年7月2日顺利抵达伦敦。

斯坦因回国后在《沙埋和阗废墟记》中向彼得罗夫斯基表达了诚挚的谢意。

> 俄国驻喀什噶尔领事彼得罗夫斯基先生提供的帮助极大地减轻了我此行的负担,认识彼得罗夫斯基先生是我莫大的荣幸。彼得罗夫斯基先生在新疆任职期间对历史研究和考古研究的兴趣让我深深折服,在俄国领事馆与彼得罗夫斯基先生交谈是一大乐事。现在,彼得罗夫斯基又在尽全力保障我此行的收集品安全运回英国,俄国

---

①梅金斯基在塔什干担任了十年军事长官,又在马尔格兰当了两年县长,1879—1895年任费尔干纳州军事总督助理,1882—1884年参与了《中俄伊犁条约》的签署,1899年后成为撒马尔罕州军事总督。

②[英]马克·奥里尔·斯坦因著,殷晴等译:《沙埋和阗废墟记》,乌鲁木齐:新疆美术摄影出版社,1994年,第306页。

领事馆对我的帮助我将铭记在心。①

回国后,斯坦因又到德国拜访格伦威德尔,这时的格伦威德尔也在为新疆考察做准备。斯坦因请欧洲东方学家加入亚洲考察报告的修订工作中,并在第13届国际东方学会议上宣读了亚洲考察报告,在报告中斯坦因不忘向彼得罗夫斯基表达谢意。俄国东方学家奥登堡、拉德洛夫也参加了这次会议。斯坦因的亚洲考察报告《沙埋和阗废墟记》出版后给奥登堡也寄了一份,奥登堡在回信中用英文写道:"最近几年,我也在做和田和喀什噶尔古文献材料的研究工作,可以说,您的研究取得了丰硕的成果,我等您的新作出版后再公布彼得罗夫斯基从和田收集的古文献。"②

1902年,彼得罗夫斯基休假期间,领事馆全部工作交由秘书拉夫罗夫(И.П. Лавров)处理。1904年4月,马继业才带着妻子和刚出生的儿子返回喀什。1904年5月,马继业给斯坦因的信中告知彼得罗夫斯基病情严重。1904年10月,科洛科洛夫被任命为俄国驻喀什领事馆第二任领事。这对马继业而言是天大的好消息,他和科洛科洛夫早就建立了联系并且关系还不错,甚至可以用法语进行交流。这段时间,斯坦因完成了自己首次新疆考察报告,并为第二次考察做准备。1906年,斯坦因第二次亚洲考察途中再一次访问喀什,时任俄国驻喀什领事科洛科洛夫热情地接待了斯坦因,"我一进城就受到领事热情的接待。"③俄国驻喀什第二任领事科洛科洛夫延续了彼得罗夫斯基的做法,继续

---

① Stein M.A. *Sand-Buried Ruins of Khotan*. London.1904. c. 471.
② 奥登堡给斯坦因的信(1903年9月13日)斯坦因手稿第101号。
③ 英文手稿原件藏于牛津大学包德利图书馆,斯坦因手稿第96号。

为英国探险家斯坦因提供协助。

1917年，斯坦因当选俄国地理学会荣誉院士。斯坦因不止一次对俄国政府提供的支持表示感谢，这些支持来自费尔干纳县县长扎伊采夫上校、圣彼得堡政府①和俄国驻喀什总领事彼得罗夫斯基。②斯坦因谈到彼得罗夫斯基时说道：

> 俄国驻喀什噶尔领事彼得罗夫斯基先生向我提供了无微不至的帮助，他在研究俄属中亚和西域历史上表现出极大的科研热情，在俄国领事馆与他的交谈让我受益匪浅。现在，他竭尽所能将我在西域所获考古文物安全运回英国，在他的协调下，俄属中亚政府给了我友情支持。③

四

在英俄中亚考古激烈角逐之际，英国探险家斯坦因却向俄国总领事彼得罗夫斯基提出了援助请求，笔者认为原因主要有以下几个方面。首先，1897年斯坦因参加了在巴黎召开的第11届印度学代表大会。会议上奥登堡的俄国驻喀什领事彼得罗夫斯基的和田文献报告引起了斯坦因对西域文献的兴趣，普尔热瓦尔斯基等俄国探险家在西域所获文

---

① Stein M.A. A *Third Journey of Exploration in Central Asia* // The Geographical Journal. 1916. Vol. XLVIII. No. 2. p. 52.

② Stein M.A. Innermost *Asia: Detailed Report of Explorations in Central Asia, Kan-su and Eastern Iran. 4 vols*. Oxf. Clarendon Press.1928. p. 27.

③ Stein M.A. Innermost *Asia: Detailed Report of Explorations in Central Asia, Kan-su and Eastern Iran*. p. 438.

献让斯坦因羡慕不已,在俄国科学院常务书记奥登堡的引荐下,斯坦因找到了彼得罗夫斯基。其次,俄国在新疆的地位和优势明显高于英国。19世纪末20世纪初,英国在喀什尚未建立领事馆,俄国(总)领事彼得罗夫斯基在中国喀什的地位和所掌握的资源明显超越英属印度政府驻喀代表马继业。俄国在喀什的政治地位略胜英国。在西域考古探险方面,俄国占有明显优势。俄国建了一条通向俄属中亚塔什干(而后修到安集延)的中亚大铁路,此外还在北部修了一条到达伊犁河谷再到乌鲁木齐的通道。俄国在帕米尔地区的军队随时监控帕米尔以西的形势。英国只能翻越崇山峻岭从英属印度进入新疆,其中大部分道路在一年中只有几个月可以通行。

1898年7月,英国军官吉森(H.H.Deasy)打着考古的旗号到喀什考察,彼得罗夫斯基以敏锐的观察力发现,收集路况信息并对喀什及其周边进行考察是吉兹所隐藏的真实目的之一。此外,在考察过程中与彼得罗夫斯基暗中较劲的吉森处于完全被动的地位。

> 彼得罗夫斯基会让那些头脑不清楚的愚蠢官员听从自己的摆布,即使英国探险家没有做错任何事,在彼得罗夫斯基的指示下,我们的探险家也好,考察队也罢,都会寸步难行,彼得罗夫斯基在外交事务上游刃有余。他还到处散播英属印度政府准备将边境拓展到兴都库什山外的言论,并向中国政府官员暗示我就是英属印度政府派来的密探,为了拓展边界到喀什噶尔。谁会看得上那些寸草不生的秃山和荒凉的沙漠。①

---

① Deasy H.H.R *In Xizang and Chinese Turkestan*. p. 294.

从吉森考察报告中可以看出,吉森并不擅于处理外交关系。尽管吉森口口声声说看不上寸草不生的喀什,但彼得罗夫斯基通过观察发现吉森的探险活动带有明显的政治目的。发现吉森行踪可疑后,他借清政府之力对吉森施压使其所获甚少。因为没有得到清政府的支持和许可,吉森的探察工作并不顺利,特别是在和田南部的"考察"中,遇到了很多困难,成果也非常不理想。

斯坦因吸取吉森的教训,他知道作为中亚探险家不可能在英俄角逐中独善其身,他深谙彼得罗夫斯基在南疆的影响力,知晓彼得罗夫斯基能够说服清政府官员为自己获得在新疆考察的资质和许可,为考察扫清障碍。他知道和彼得罗夫斯基作对没有一点儿好处。"我逗留在喀什噶尔的一个主要目的,就是要使中国地方衙门的官员了解我探险计划的目的,并取得他们的同情和支持。"[1]斯坦因非常谨慎地处理了与俄国驻喀什总领事彼得罗夫斯基的关系,通过求援打消了彼得罗夫斯基的戒心,拉近了关系,借俄国领事之力完成了将古代手稿偷运到伦敦的任务。

本章小结

英、俄两国的政治竞争在19世纪50年代末自然而然地向科学领域推进,两国探险队的西域考察活动也上升至国家层面,成为实现国家意图的方式和手段。英、俄两国迫切了解边疆地区形势、地理、测绘

---

[1][英]马克·奥里尔·斯坦因著,殷晴等译:《沙埋和阗废墟记》,乌鲁木齐:新疆美术摄影出版社,1994年,第87页。

等方面的情报，两国以地理探察的名义分别派出探险家、考古学家、地理学家在新疆开展大规模近乎疯狂的古文物文书收集、收购和挖掘工作。喀什虽偏居一隅，但在收集情报方面确是理想之地，加之处于繁忙的古丝绸之路商道上，是19世纪末和20世纪初西方列强在中国新疆探险和掠取文物的桥头堡，是欧洲探险家通往南疆和西藏的必经之路。

彼得罗夫斯基为杜特雷依、斯文·赫定、斯坦因、伯希和等欧洲探险家的出行和考察提供了种种便利。除了提升俄国在欧洲学界的声望外，彼得罗夫斯基从这些走南闯北的欧洲探险家身上获取了大量考古信息、地理测绘信息甚至帕米尔地区情报信息。彼得罗夫斯基通过法国探险家博朗斯了解到"英国对俾路支斯坦和伊朗的政治形势非常感兴趣"[1]和"英国人仍与中国政府私下谈着秘密签订协议。"[2]派兵协助斯文·赫定的过程中了解到斯文·赫定对上沙湖和罗布泊测绘的细节及发现楼兰古城的全部细节，斯文·赫定亲手将考察期间绘制的地图交给俄国；通过密探对杜特雷依的跟踪获得了杜氏收集品《法句经》珍本的首页部分；寻斯坦因足迹在和田获得一捆古代手稿和文物。

---

[1] Мясников. В.С.В.Г. Бухерт. *Н.Ф.Петровский Туркестанские письма*. с. 217.
[2] Мясников. В.С.В.Г. Бухерт. *Н.Ф.Петровский Туркестанские письма*. с. 217.

第五章 彼得罗夫斯基与俄国学者关于新疆考察的讨论

第一节 罗曾对彼得罗夫斯基的指导

喀什（总）领事彼得罗夫斯基是中国新疆古代写本和文物的偷运者，俄国皇家考古协会东方部主席罗曾院士是彼得罗夫斯基新疆收集品的接收者。对二人学术交往细节的爬梳有助于我们了解19世纪末20世纪初新疆古文书文物流失俄国的过程。

1886年，俄国驻喀什领事彼得罗夫斯基开启了新疆古文物和古代写稿的搜集工作，他将工作之余的时间用在古代钱币、带碑文的版画、古代写本和文献残片的收集上。只要是圣彼得堡学术界感兴趣的，哪怕是细小的碎片，彼得罗夫斯基尽可能通过驻地代理收购并寄给俄国科学界研究。圣彼得堡大学东方学语言系主任、东方学家罗曾（Розен Виктор Романович,1849—1908）是彼得罗夫斯基新疆收集品的主要接收者。1885年，罗曾当选俄国皇家考古协会东方部主席，俄国皇家考古协会东方部是彼得罗夫斯基收集品的集结地。

一、彼得罗夫斯基和罗曾交往的建立——新疆古代写本和文物流失的开始

1886年11月27日，彼得罗夫斯基把一张刻着叙利亚文字的石头照片寄给罗曾院士鉴定。

> 我把从吐鲁番寄给我的一块印有叙利亚文字石头的照片寄给了罗曾院士，因为看不出任何叙利亚文字的痕迹，我以为石头上是某种昆虫的遗骸，一直把这块石头留在身边，直到我看到七河区收集古文物的照片上也有这样的文字，才知道这是古叙利亚文字。[①]

到1887年2月，彼得罗夫斯基已收集了很多古代写本，这些都是他为罗曾准备的。1887年2月20日，彼得罗夫斯基给外交部内务司司长奥斯丁·萨肯的信中写道：

> 我为罗曾院士准备了很多资料。究竟有多少，您都难以想象，这些都是没有被触及的领域。有不为人知或未被充分研究的突厥文，喀什噶尔周围还有石窟，大量的古迹和美丽的传说。我正有意无意地收集着。（1887年2月20日于喀什）[②]

此后直到1890年，彼得罗夫斯基陆陆续续将收集的古文书文物寄给俄国皇家考古协会东方部主席罗曾。1890年3月15日，在罗曾的邀请下，

[①] Мясников. В.С.В.Г. Бухерт. Н.Ф.Петровский Туркестанские письма. с. 192. （米丝尼科夫编：《彼得罗夫斯基，新疆书信》，第192页。）

[②] 俄罗斯国家古文献档案馆藏，档案编号：РГАДА. Ф. 1385. Оп. 1. Д. 466. Л. 262-263 об.

彼得罗夫斯基赴圣彼得堡参加俄国皇家考古协会东方部大会并在会议上展示了几枚从塔什干带来的古钱币，①引起了俄国东方学者对亚洲古代遗迹的兴趣。在时任财政部人事司司长、俄罗斯科学院通讯院士、俄国历史学家柯别克（Д.Ф.Кобеко）的邀请下，罗曾公爵和喀什领事彼得罗夫斯基在柯别克家里就喀什和库车周边的古代遗迹进行了交流。彼得罗夫斯基答应罗曾将完成喀什相关历史材料的翻译。在此后的21年间，二人保持着频繁的书信往来，内容均围绕新疆考察展开。书信中，二人探讨喀什及其周边古代废墟的价值，以及代理从和田、库车、阿克苏等地所获古代写本或文物情况、欧洲考察队在新疆的考察及收获、俄国派考察队对新疆进行考察的方案等。彼得罗夫斯基每次返回圣彼得堡都会和罗曾公爵匆匆见一面。

英国中尉鲍尔②在库车南部发现的古梵语写本为笈多王朝统治下的印度北部往来书信和古文书文献简史修订提供了数据。在英、俄大角逐的时代背景下，鲍尔的发现在俄国考古学界引起了不小的风波，俄国东方学家感受到来自英国的强大压力。基于圣彼得堡考古学界与俄国驻喀什领事馆业已建立的联系，1891年11月28日，在罗曾学生奥登堡的建议下，俄国皇家考古协会东方部向领事馆发出了"请求彼得罗夫斯基领事提供库车或喀什噶尔现存古代文献和古迹情况"的公函，并第一次提出了组织俄国科考队前往该地区考察的计划。③这一提议得

---

① *Записки Восточного отделения Императорского Русского археологического общества.* СПб. 1891. Т. V. Вып. I. с. 2-3.(《俄国皇家考古协会东方部纪要》1891年第5卷，第2—3页。)

② Bower H. *A Trip to Turkestan* // The Geographical Journal.1895. No.5. pp. 240-257.

③ *Протокол заседания ВО РАО от 28 ноября 1891 г* // ЗВОРАО. 1892. Т. 6. Вып. 1-4. с. 10.(《俄国皇家考古协会东方部纪要（1891年11月28日）》，《俄国皇家考古协会东方部学报》1892年第6卷，第10页。)

到彼得罗夫斯基的积极回应。彼得罗夫斯基在回信中详细阐述了中国新疆的文献资料记录①并寄了一部分自己的考察研究笔记给协会。②回信引起了包括罗曾在内的俄国东方学家对新疆古代遗迹和废墟的浓厚兴趣。针对喀什周边古遗迹，罗曾提出了十几个问题，他和协会突厥语专家维谢列夫斯基在信函上的注释依旧清晰：

1.在喀什噶尔三俄里以外的古代遗迹是不是古墓？从外观上看仅仅是个古堡的样子？建古堡的原材料砖土来自哪里？（文中提到的古墓是位于喀什噶尔郊区没有门窗的古庙。）2.如果是一座非常大的古墓，而且正位于商贸要道上，当时佛教是否已经传入西域？在商贸要道上是否还可以发现类似的古墓？3.在新疆大一点的城市是否还有这样的城堡？或者古墓？大一点的古墓是什么样子？古墓的内部是民居，墙面是黏土砌成？当地居民经常在古墓中发现古物吧。4.在新疆地区应该还有汉人建的城堡，他们是什么样的？5.如果能够收集所有古代城堡的信息并绘制古代废墟地图就最好了。这些废墟的旧称和新称的变换可以作为古雅利安人曾到过西域的证

---

① Петровский Н.Ф. *Ответ консула в Кашгаре Н.Ф. Петровского на заявление С.Ф. Ольденбурга* // ЗВОРАО. с. 293-298.（彼得罗夫斯基：《俄国驻喀什领事彼得罗夫斯基对奥登堡所提问题的答复》，第293—298页。）

② Петровский Н.Ф. *Буддийский памятник близ Кашгара* // ЗВОРАО.с. 298-301；Петровский Н.Ф. *Загадочные яркендские монеты* // ЗВОРАО. 1893. с. 307-310；Петровский Н.Ф. *К статье «О христианстве в Туркестане»* // ЗВОРАО. 1894. Т.8. Вып.1-2. с. 150-151；Петровский Н.Ф. *Башня Бурана близ Токмака* // ЗВОРАО.1894.Т. 8.Вып. 3-4.с. 354-358.（彼得罗夫斯基：《喀什周边的佛教遗迹》，第298—301页；彼得罗夫斯基：《来自莎车县的神秘古钱币》，第307—310页；彼得罗夫斯基：《关于俄属中亚的基督教徒》，第150—151页；彼得罗夫斯基《托克马克附近的佛塔》，第354—358页。）

明。6.最后，希望可以收集刻在岩石上的碑文和题字，据说这是佛教信徒祈求平安最常用的方式（六字真言：唵嘛呢叭咪吽），如果仔细查找，是否还有其他碑文。除了碑文还有岩画，其他很少引起学者的注意。①

返回喀什后，彼得罗夫斯基继续将收集的古代写本和珍贵文物寄给罗曾，罗曾根据收集品内容交给学生奥登堡或其他东方学者研究。1892年1月，彼得罗夫斯基把自己两年前在喀什购买的一页用未知语言书写的古代写本寄给俄国皇家考古协会研究，②罗曾和奥登堡都认为这是一项非常重要的发现。1892年1月末，彼得罗夫斯基寄给罗曾一些库车古代写本，并为未完成早先答应的资料翻译致歉。

我将关于库车的古文献及此封信一同寄出，非常惭愧，上次在圣彼得堡柯别克家里见面时，我答应您会把喀什噶尔相关的历史材料翻译完寄给您。可惜到现在我还没有完成。和其他驻地官员不一样的是，我完全没有空暇时间。喀什噶尔领事馆事务繁重，除了护照办理，还要处理警察局、邮局、法院的事务，此外，还要处理一些非常严肃的政治事件。领事馆只有我和秘书柳特什两个人，这也是我一直没能完成翻译的原因所在，我无法从领事馆脱身去寻找古迹，连一周的时间都没有。鲍尔竟然在我之前有了新发现，这让我

---

① 俄罗斯科学院东方文献研究所藏，档案编号：ИВР РАН. Ф. 43. Оп. 1. Д. 4. Л. 1—2 об.
② Петровский Н.Ф. *Ответ консула в Кашгаре Н.Ф. Петровского на заявление С.Ф. Ольденбурга* // ЗВОРАО. с. 294.（彼得罗夫斯基：《俄国驻喀什领事彼得罗夫斯基对奥登堡所提问题的答复》，第294页）。

非常痛心，有时也会想，如果我有时间的话，那个幸运儿应该是我，而不是这个旅行者。如果俄国皇家考古协会东方部准备派考察队来喀什噶尔的话，我将义无反顾为考察队和考古学家提供帮助。①

关于彼得罗夫斯基因领事工作繁杂难以长时间离开喀什亲自到各地勘考的问题，罗曾和俄国皇家考古协会成员商议后提出利用当地居民搜寻古代写本的建议，他们有大把的时间并对当地古迹和传说了如指掌。尽管落款签字潦草，难以辨别是维谢洛夫斯基还是罗曾的字迹，可以肯定的一点是俄国皇家考古协会为彼得罗夫斯基的新疆珍本搜集计划提供了切实可行的方案：

在喀什噶尔有正式职务的彼得罗夫斯基不便于也不可能利用空暇时间放下工作到处进行古代遗迹、废墟的勘查，找寻古代手稿和文物，但可以借助于当地居民的信息资源及对周边地形地貌甚至各种古代传说的熟识，一方面，他们有充足的时间监视并收购最新发现的古代文物；另一方面，他们可以不着慌地收集各地古代遗迹的信息，提供尽可能详尽的描述。②

起初彼得罗夫斯基会把所获古代写本简单分类后寄出，"从库车

---

① Под общ. ред. М.Д. Бухарин. Эпистолярные документы из архивов Российской академии наук и Турфанского собрания...с. 45.（布哈林编：《俄罗斯科学院档案馆藏吐鲁番考察书信》，第45页）。

② Под общ. ред. М.Д. Бухарин. Эпистолярные документы из архивов Российской академии наук и Турфанского собрания...с. 23.（布哈林编：《俄罗斯科学院档案馆藏吐鲁番考察书信》，第23页）。

拿到的古文书，我按照字迹和尺寸进行分类。"①罗曾认为本来就脆弱的文书不堪一击，要求彼得罗夫斯基不要随便改变文书的次序，必须按照拿到时的本来样子寄到俄国皇家考古协会东方部。在彼得罗夫斯基看来，部分文献残片价值难确定且需修补：

> 寄了一些从和田拿到的碎片给您，我没有仔细查看，也许都需要修补，请你们研究一下，是否值得再寄出这样的碎片。②

笔者没有查到罗曾的回信，但从两周后彼得罗夫斯基寄给罗曾的信中可以看出，罗曾等东方学者不愿放过任何一页古文献，哪怕是极其碎小的残片：

> 我告诉他们（代理）再不要购买碎片，尽量找一些完整的购买，但既然你们感兴趣，我会把找到的全部买下来。③

我们从彼得罗夫斯基与罗曾早期通信中截取几段内容，借此了解彼得罗夫斯基寄给罗曾的古代写本数量之大和内容之丰富。1892年5月25

---

① И.В.Тункина. *Н.Ф.Петровский как собиратель древних памятников письменности в восточном туркестане* // ВОСТОК–ЗАПАД. с. 112.（图金娜：《彼得罗夫斯基在新疆收集的手稿和艺术品》，第112页。）

② И.В.Тункина. *Н.Ф.Петровский как собиратель древних памятников письменности в восточном туркестане* // ВОСТОК–ЗАПАД. с. 114.（图金娜：《彼得罗夫斯基在新疆收集的手稿和艺术品》，第114页。）

③ 俄罗斯科学院档案馆圣彼得堡分馆藏，档案编号：СПб. ФА РАН. Ф. 208. Оп. 3. Д. 459. Л. 5–8 об。

日，彼得罗夫斯基用俄国驻喀什领事馆的官方信纸给俄国皇家考古协会主席罗曾院士写了一封信，感谢协会对其收集品给予的关注并随信寄去在沙漠中找到的文书残片：

> 尊敬的阁下，我寄去的一页梵文文献引起了东方部的注意，我想把另外一页类似文献残片也寄给您，这页文献夹在两片木板中间，是我的一个驻地代理在距离库车100俄里远的沙漠中发现的。①

1892年9—12月，彼得罗夫斯基寄给罗曾143份古文献残片，其中有17捆87份来自库车、28份来自库尔勒、28份来自阿克苏。1892年9月3日，彼得罗夫斯基给罗曾的信中写道：

> 从库车送来了87份古文献残片（1892年9月3日于喀什）。②

1892年9月15日的信中写道：

> 前不久，在代理的协助下，我从库车当地人手里又拿到了一些文献，上面的文字和我在喀什噶尔拿到的以及那12份文献的文字一样。我把这些文献寄给您供研究。我前面提到的文献，一共有17捆，编号从1到17，共87页，还有一些文献残片。我很荣幸将所获

---

① И.В.Тункина. Н.Ф.Петровский как собиратель древних памятников письменности в востосном туркестане // ВОСТОК-ЗАПАД. с. 112.（图金娜：《彼得罗夫斯基在新疆收集的手稿和艺术品》，第112页。）

② 俄罗斯科学院档案馆圣彼得堡分馆藏，档案编号：СПб. ФА РАН. Ф. 777. Оп. 2. Д. 337. Л. 8-9об。

文献供皇家考古协会东方分部研究。（1892年9月15日于喀什）①

1892年11月29日，彼得罗夫斯基给罗曾的信中详细告知库尔勒地区发现的古文书情况：

我得到消息说，很快我就能拿到从库尔勒寄来的28份古文书，据说和喀什噶尔附近得到的文书类似，这些文书是在一个树窟窿里发现的，而这棵树下有很多种鸟类的尸骨。一拿到这些文书，我就立马寄给您。难道我们还怕英国人不成，最近我打算从和田、库车再搜罗些文书，还不知道结果如何。（1892年11月29日于喀什）②

1892年12月25日，彼得罗夫斯基寄出了这28份古文书残片，随后又寄出了来自阿克苏的28份残片：

给您寄了28份从阿克苏获得的残片，具体情况还没了解到。（1892年12月25日于喀什）③

---

① 俄罗斯科学院档案馆圣彼得堡分馆藏，档案编号：СПб. ФА РАН. Ф. 777. Оп. 2. Д. 337. Л. 10-10 об。
② И.В.Тункина. Н.Ф.Петровский как собиратель древних памятников письменности в восточном туркестане // ВОСТОК-ЗАПАД. с. 112.（图金娜：《彼得罗夫斯基在新疆收集的手稿和艺术品》，第112页。）
③ И.В.Тункина. Н.Ф.Петровский как собиратель древних памятников письменности в восточном туркестане // ВОСТОК-ЗАПАД. с. 112.（图金娜：《彼得罗夫斯基在新疆收集的手稿和艺术品》，第112页。）

1892—1893年，彼得罗夫斯基又陆续寄给俄国皇家考古协会100多件写在动物皮、树皮、纸张上的梵文佛经等珍贵写本，罗曾把这些交给奥登堡研究。1893年，彼得罗夫斯基拿到了《妙法莲华经》第7卷梵文手稿并寄给罗曾，这是彼得罗夫斯基收集品中极其珍贵的一部分。

二、罗曾对彼得罗夫斯基喀什周边考察的指导

俄国皇家考古协会东方部和俄国驻喀什领事馆建立了稳定的联系后，1892年夏秋之交，罗曾盘算把自己的学生圣彼得堡大学东方学语言系编外副教授奥登堡和谢尔巴茨基派到中国新疆地区考察。1892年年底至1893年初，彼得罗夫斯基和罗曾商量了奥登堡去新疆的路线、需要的马匹、行李、钱款等事宜。1893年1月4日，彼得罗夫斯基给罗曾的信中就俄国考察队如何合法入境、雇用翻译等细节交代如下：

> 应该提早让北京方面准备护照，我的护照只能给当地的商人签发。需要一个突厥语翻译，而不是波斯语。通过翻译就可以和当地中国人交流，最好再雇个东干人，他们天生会讲汉语，也能听懂所有的突厥语。但这些的前提都是谢尔巴茨基懂突厥语，否则就只能再雇一名懂俄语的鞑靼人或吉尔吉斯人。（1893年1月4日于喀什）①

彼得罗夫斯基给罗曾寄了一份喀什古城报告和新疆古文献报告（大部分来自库车）。彼得罗夫斯基还为俄国考察队绘制了南疆考古地

---

① И.В.Тункина. Н.Ф.Петровский как собиратель древних памятников письменности в востосном туркестане // ВОСТОК-ЗАПАД. с. 112.（图金娜：《彼得罗夫斯基在新疆收集的手稿和艺术品》，第112页。）

图。彼得罗夫斯基寄出的西域古代手稿激发了俄国东方部学者的工作热情。①1893年2月1日，彼得罗夫斯基在私人书信中告诉罗曾："前不久，我的代理拿到了中文版库车周边地形地图并在地图上对古代遗迹做了标记，但标记不全，而且也没有相应的描述。我想等完成这部分工作再把中文地图寄给您"。4天后，彼得罗夫斯基给罗曾的官方函中表示为协会准备的库车古代遗迹地图已寄出。

  我委托当地的代理从政府手中拿到了一份非常重要的库车周边地理地形图，并让代理把重要的古代废墟在地图上做了标记。前不久，我把这张地图寄给了协会。我让人把相应的汉文和突厥文译成了俄文，并在相应地名旁边标记出来，可能译得不完全准确，做这份工作的中文抄写员或是东干人抄写员的中文水平也不是很好，特别在汉字的辨识上。标记了古遗迹的地图还没有拿到，如果协会东方部的研究员对此感兴趣，我一定全力协助。（1893年2月1日于喀什）②

彼得罗夫斯基绘制的考古地图现藏于俄罗斯科学院东方文献研究所，俄罗斯学者称之为彼得罗夫斯基地图，③地图长208厘米，宽45厘

---

①И.В.Тункина. *Н.Ф.Петровский как собиратель древних памятников письменности в востосном туркестане* // ВОСТОК-ЗАПАД. с. 112.（图金娜：《彼得罗夫斯基在新疆收集的手稿和艺术品》，第112页。）

②И.В.Тункина. *Н.Ф.Петровский как собиратель древних памятников письменности в востосном туркестане* // ВОСТОК-ЗАПАД. с. 112.（图金娜：《彼得罗夫斯基在新疆收集的手稿和艺术品》，第112页。）

③И.В.Тункина. *Н.Ф.Петровский как собиратель древних памятников письменности в востосном туркестане* // ВОСТОК-ЗАПАД. с. 112.（图金娜：《彼得罗夫斯基在新疆收集的手稿和艺术品》，第112页。）

米，彩色印刷。①根据二人书信往来日期可以确定，地图创建日期不晚于1893年2月1日。遗憾的是，由于缺少考察资金，罗曾的计划没有实现。俄国当时的注意力还停留在其他地区，"波兹德涅耶夫前不久去蒙古考察半年，喀什噶尔根本不在他的视线范围内。"②彼得罗夫斯基也认为派出考察队为时尚早，即使派出考察队也不一定立即有所收获，"即便那里有古文书，他们也不会立刻就找到，即使冒险到非常遥远的地方也有可能无功而返。"③1893年，代替奥登堡实现中亚和哈萨克斯坦七河之行的是东方学家巴托尔德，艺术家杜丁作为随员一同出行。1898年，奥登堡的同事克莱门茨（1848—1914）在圣彼得堡科学院的支持下，实现了中国新疆北部绿洲之行。④在圣彼得堡科学院、俄国皇家考古协会和几名贵族的支持下，1898年克莱门茨在6个月内完成了吐鲁番及其周边地区的考察。克莱门茨在信中写道："吐鲁番地区的考古工作够欧洲干100年了。"⑤1905—1907年，探险家别列佐夫斯基

---

① И.В.Тункина. *Н.Ф.Петровский как собиратель древних памятников письменности в востосном туркестане* // ВОСТОК-ЗАПАД. с. 114.（图金娜：《彼得罗夫斯基在新疆收集的手稿和艺术品》，第114页。）

② Под общ. ред. М.Д. Бухарин. *Эпистолярные документы из архивов Российской академии наук и Турфанского собрания*..с. 22.（布哈林编：《俄罗斯科学院档案馆藏吐鲁番考察书信》，第22页。）

③ И.В.Тункина. *Н.Ф.Петровский как собиратель древних памятников письменности в востосном туркестане* // ВОСТОК-ЗАПАД. с. 112.（图金娜：《彼得罗夫斯基在新疆收集的手稿和艺术品》，第112页。）

④ Ольденбург С.Ф. *Об экспедиции Д.А. Клеменца в Восточный Туркестан в 1898* // Известия Восточно-Сибирского отдела РГО. 1916. Т. 45. с. 219-232.

⑤ 1904年1月9日的信，原件藏于俄罗斯科学院档案馆圣彼得堡分馆，档案编号：Ф. 208, оп. 3, ед. хр. 269. Л. 15 об.

(1848—1912)被派往库车考察。①奥登堡到中国考察的愿望17年后才实现。

在俄国派出大规模考察队之前，彼得罗夫斯基自己组织了几次考察，他利用闲暇时间带着哥萨克兵走访了喀什近郊三仙洞石窟、莫尔佛塔，远郊汗诺依遗址、鸽子窝等古代遗迹，罗曾为彼得罗夫斯基考察提供了后方智库支持。在罗曾的调动下，圣彼得堡的东方学者纷纷加入彼得罗夫斯基考察结果的研究。

1891年，彼得罗夫斯基带着哥萨克兵考察了喀什以北16公里的三仙洞石窟。彼得罗夫斯基给罗曾的信中写道：这些日子在喀什噶尔周边研究古窗，我准备了包括梯子和绳索在内的所需工具。彼得罗夫斯基给罗曾的信中对三仙洞石窟的外部形态、特征及内部结构做了非常详细的描述，将三仙洞石窟确定为佛教遗迹。

> 三个洞窟处于同一高度，洞窟就在这个被挖成平行四边形的山谷的一面。通向其中最大的一个洞窟还要通过3条长廊，洞窟内有一尊坐佛。这处古迹毫无疑问是佛教遗迹，来自东部的旅行家给我讲过佛教在喀什噶尔一度盛行，这处古代佛教遗迹的发现再次证明了这一事实。②

---

① Воробьева-Десятовская М.И. Экспедиция М.М. Березовского в Кучу // Российские экспедиции в Центральную Азию в конце XIX–начале XX века / Под ред. И.Ф.Поповой. СПб.: Славия. 2008. с. 65–74.(瓦洛比耶娃·杰夏托夫斯卡娅：《别列佐夫斯基的库车考察》，《19世纪末20世纪初俄国的中亚考察》，圣彼得堡：斯拉夫出版社，2008年，第65—74页。)

② Петровский Н. Ф. Буддийский памятник близ Кашгара // ЗВОРАО. 1893. Т. VII, Вып. I-IV.с. 297.(彼得罗夫斯基：《喀什周边的佛教遗迹》，第297页。)

彼得罗夫斯基对三仙洞石窟的研究成果以《喀什周边的佛教遗迹》[①]为题发表在《俄国皇家考古协会东方部学报》第7卷，文中附了一张彼得罗夫斯基绘制的三仙洞洞窟平面图。这是彼得罗夫斯基在协会学报上发表的第一篇文章。

1892年7—10月，彼得罗夫斯基两次到汗诺依古城考察。1892年9月13日，彼得罗夫斯基给罗曾的信中谈到汗诺依古城的建筑特色和防御功能。

> 这处旧城不仅是一座城市，更重要的职能是保护城中居民，城市被包裹在坚固的城墙内，城市周围是护城河，城墙由红色的土砖和水泥筑成。城角堆放的瓦片似乎在述说这座古城的历史。第一位接受伊斯兰教的喀喇汗王朝大汗萨图克·布格拉汗（Сатук-Богра-хан）的子孙葬于此地。19世纪60年代，阿古柏在喀什噶尔创建了哲德沙尔政权（Йутишаар）后，下令在此地修建麻扎，作为伊斯兰教徒朝觐之地。[②]

彼得罗夫斯基怀疑汗诺依古城正是喀什旧城。罗曾请圣彼得堡大学教授、东方学家伊万诺夫斯基（Ивановский Алексей Осипович，1863—1903）协助彼得罗夫斯基开展汗诺依古城遗址溯源研究。1894年8月初，

[①] Петровский Н. Ф. *Буддийский памятник близь Кашгара* // ЗВОРАО. 1893. Т. VII, Вып. I-IV. с. 298.（彼得罗夫斯基：《喀什周边的佛教遗迹》，第298页。）

[②] Кузнецов В.С. *Первооткрыватель кашгарских древностей* //Вестн. Новосиб. гос. ун-та. Серия: История, филология.2014. Т.13. вып. 4: Востоковедение.с. 88.（库兹尼措夫：《喀什古迹的首位发现者》，第88页。）

第五章　彼得罗夫斯基与俄国学者关于新疆考察的讨论 | 315

彼得罗夫斯基的信中写道："非常期待伊万诺夫斯基的研究成果，我非常想知道，民间流传的回城'汗诺依'，是不是就是现在的喀什噶尔。"①在圣彼得堡东方学家伊万诺夫斯基的指导下，经过两年的研究，彼得罗夫斯基最终确定汗诺依古城就是喀什旧城。

现今的喀什噶尔由两部分构成。旧城，维吾尔语称库尼·沙尔和新城亚吉·沙尔。新城是城市的堡垒，供中国士兵居住，里面的小型巴扎建于50—70年前。新旧两城相距8俄里。旧城里住的是喀什土著居民，14世纪末，他们从吐曼河支流克孜勒苏河右岸，靠近第一任哈里发阿布·伯克尔管辖区域迁到此地。克孜勒苏河左岸，也就是喀什噶尔新城的对面是库尔干村，那里大片的空地上有成千上万座坟墓建在穆斯林麻扎的周围，其中最著名的一处是阿帕克和卓麻扎，是喀什地区阿帕克和卓的墓地。吐曼河自东向西流淌，将喀什噶尔新城和旧城分隔开。②

彼得罗夫斯基对喀什古城汗诺依高台废墟的研究长达三年之久，他寄给罗曾关于汗诺依高台的文章也在圣彼得堡学者的指导下反复修改了几次。1895年11月底，彼得罗夫斯基给罗曾的信中对俄国皇家考古协会提供的帮助表示感谢。③1896年，《俄国皇家考古协会东方部学报》

---

① 俄罗斯科学院档案馆圣彼得堡分馆藏，档案编号：СПб. ФА РАН. Ф. 208. Оп. 3. Д. 459. Л. 5-8 об。

② Петровский Н.Ф. Заметки о древностях Кашгара. Вып.1: Хан-Уй // ЗВОРАО. с.147-148.（彼得罗夫斯基：《喀什的古代遗迹汗诺依》，第147—148页。）

③ Под общ. ред. М.Д. Бухарин. Эпистолярные документы из архивов Российской академии наук и Турфанского собрания. с.152.（布哈林编：《俄罗斯科学院档案馆藏吐鲁番考察书信》，第152页。）

第9期刊发了彼得罗夫斯基研究喀什汗诺依高台古城的文章。

彼得罗夫斯基在喀什郊区古代废墟及考察途中收集了一百多枚"玻璃钉子"。彼得罗夫斯基寄了4份样本到圣彼得堡交由罗曾院士研究。"古墓方圆两俄里埋有大量的玻璃碎片和形状奇异的玻璃钉子。我寄了四份样本给您，能否告诉我这些物品的用途。"①在罗曾的提示下，彼得罗夫斯基逐渐意识到这些所谓的"钉子"是佛教寺庙中常见的莲花造型艺术品中断裂的荷花茎。

莫尔佛塔是中国最西部的佛教遗迹。1893年12月7日，彼得罗夫斯基给罗曾寄去了委托贸易长在阿图什拍摄的麻扎照片，并在照片背面对莫尔佛塔进行了详细描述。他给罗曾的信中解释因未亲自考察，故不能确定其中的一座是坟冢还是塔楼。

  抱歉，答应的照片直到今天才腾出时间寄出，背面有相应说明。其中一座尚未确定，不知道是坟冢还是塔楼。其他的都可以确定是坟冢。②

鸽子窝是保存较好的位于汗诺依古城内的一处佛教遗迹。彼得罗夫斯基给罗曾的信中对鸽子窝的外部形态、内部结构、历史渊源、可挖掘文物情况进行了细致描述。废墟上一排排小孔的用途一直困扰着

---

① 俄罗斯科学院档案馆圣彼得堡分馆藏，档案编号：СПб. ФА РАН. Ф. 777. Оп. 2. Д. 337. Л. 8–9об.

② М.Д.Бухарин.Эпистолярные документы из архивов Российской академии наук и Турфанского собрания.Москва:Памятники исторической мысли.2018.с.131.（布哈林编：《俄罗斯科学院档案馆藏吐鲁番考察书信》，第131页。）

彼得罗夫斯基。罗曾推荐彼得罗夫斯基阅读俄国东方学家波塔宁[①]发表在《历史公报》的文章后，彼得罗夫斯基关于鸽子窝上小孔的出身疑问也迎刃而解，他给罗曾院士的信中明确指出"这些小孔无疑是佛教上使用的。"[②]彼得罗夫斯基的《喀什周边的佛教遗迹》[③]《来自莎车县的神秘古钱币》[④]《喀什的古代遗迹汗诺依》[⑤]《新疆的基督教研究》[⑥]等6篇考察报告全部发表在罗曾主编的《俄国皇家考古协会东方部学报》上。

三、罗曾与彼得罗夫斯基里应外合应对英、俄考古竞争

19世纪90年代起，霍恩勒公布英国中尉鲍尔在库车所获古文献资料后，英国人疯狂地冲向中国新疆寻找宝藏，英国驻喀什代表马继业也在其列，他将收集的未知文字古文书源源不断地寄给身在印度的英国东方学家鲁道夫·霍恩勒（1841—1918）研究。1892年11月15日，彼得罗夫斯基在信中告诉罗曾：

> 我在等库尔勒的两份古文书。如果这份古文献的价值能够超过

---

① 波塔宁·格里戈里·尼古拉耶维奇（1835—1920），中亚考古学家，探险家。
② 俄罗斯科学院档案馆圣彼得堡分馆藏，档案编号：СПб. ФА РАН. Ф. 777. Оп. 2. Д. 337. Л. 6–6 об。
③ Петровский Н. Ф. *Буддийский памятник близ Кашгара* // ЗВОРАО. 1893. Т. VII, Вып. I–IV.（彼得罗夫斯基：《喀什周边的佛教遗迹》，第298—301页。）
④ Петровский Н. Ф. *Загадочные яркендские монеты* // ЗВОРАО.1893. Т.VII. Вып. I–IV.（彼得罗夫斯基：《来自莎车县的神秘古钱币》，第307页。）
⑤ Петровский Н. Ф. *Заметки о древностях Кашгара. Вып.1: Хан-Уй* // ЗВОРАО. 1896. Т. IX. Вып. I–IV.（彼得罗夫斯基：《喀什的古代遗迹汗诺依》，第147—155页。）
⑥ Петровский Н. Ф. *К статье <О христианстве в Туркестане>* // ЗВОРАО.1894. Т. VIII. Вып. I–II.（彼得罗夫斯基：《新疆的基督教研究》，第150—151页。）

鲍尔拿到的那页，能为俄国考古增砖添瓦，我也许能稍微高兴一点。（1892年11月15日）①

时隔3年，彼得罗夫斯基仍在为错过库车古文书耿耿于怀，也因此更加卖命地为俄国科学界收集古文书。1893年8月，彼得罗夫斯基察觉到英国人也在收购古代写本，他答复罗曾关于喀什古代手稿流失到英属印度问题时写道：

如果没有人鬼鬼祟祟做些勾当，喀什噶尔的古代手稿怎么会运到加尔各答。听说往阿克苏方向去了两名英国人，他们不是去找古文献，而是去打猎。（1893年8月）②

仔细打探后，彼得罗夫斯基终于弄清楚是英国驻喀什代表马继业在暗中作祟。1894年8月，彼得罗夫斯基给罗曾的信中告知：

现在又有了竞争对手马继业，他是英国驻喀什噶尔代表，实际是个间谍，他努力为霍恩勒购买文献。（1894年8月于喀什）③

---

① 俄罗斯科学院档案馆圣彼得堡分馆藏，档案编号：СПб. ФА РАН. Ф. 208. Оп. 3. Д. 459. Л. 5–8 об.。

② И.В.Тункина. Н.Ф. Петровский как собиратель древних памятников письменности в востосном туркестане // ВОСТОК–ЗАПАД. с. 117.（图金娜：《彼得罗夫斯基在新疆收集的手稿和艺术品》，第117页。）

③ И.В.Тункина. Н.Ф. Петровский как собиратель древних памятников письменности в востосном туркестане // ВОСТОК–ЗАПАД. с. 117.（图金娜：《彼得罗夫斯基在新疆收集的手稿和艺术品》，第117页。）

此时，欧洲其他探险家对新疆考古也趋之若鹜。法国旅行家杜特雷依是较早来到南疆的欧洲探险家之一。他在和田发现了一部书写在桦树皮上的有近2000年历史的古印度婆罗谜文写本的尾页，是现存印度梵文写经珍本的一部分。[①]本不宽松的古文献搜罗环境变得越发紧张。1893年5月，彼得罗夫斯基拿到了代理从库尔勒寄到领事馆的古文献，他给罗曾的信中激动地写道：

> 我安插在当地的代理在距离罗布泊不远的遗址中找到的，奥登堡一定很高兴。他们在沙漠中发现了一处建筑，墙面是用木板搭的。我们的波斯学者认为这是一处阁楼，不是粪棚。在墙边的木板上发现了这些古文献，几页文献被风吹落到地上，沙土里很有可能还掩埋着文书。我让库尔勒的俄商又派了两个人去那里仔细排查。（1893年5月于喀什）[②]

在奥登堡的请求下，彼得罗夫斯基向库尔勒代理问清了发现文书的整个经过：这些古文书一部分来自库尔勒城外以北库车县的一片草地上，还有一部分来自库尔勒以南的和田。塔克拉玛干沙漠中埋藏着大量的古遗迹废墟，村民挖到古文书后首先拿到和田出售。[③]1893年，彼

[①] И.В.Тункина. Н.Ф. Петровский как собиратель древних памятников письменности в востосном туркестане // ВОСТОК-ЗАПАД. с. 114.（图金娜：《彼得罗夫斯基在新疆收集的手稿和艺术品》，第114页。）

[②] И.В.Тункина. Н.Ф.Петровский как собиратель древних памятников письменности в востосном туркестане // ВОСТОК-ЗАПАД. с. 114.（图金娜：《彼得罗夫斯基在新疆收集的手稿和艺术品》，第114页。）

[③] И.В.Тункина. Н.Ф.Петровский как собиратель древних памятников письменности в востосном туркестане // ВОСТОК-ЗАПАД. с. 114.（图金娜：《彼得罗夫斯基在新疆收集的手稿和艺术品》，第114页。）

得罗夫斯基派密探寻杜特雷依足迹在和田购得印度梵文写经首页。彼得罗夫斯基把这些古文书寄给罗曾后转交奥登堡研究。1897年，奥登堡公布了彼得罗夫斯基所获梵文写经首页，次年，法国东方学家塞纳尔（Э.Сенар）在法国公布了杜特雷依所获梵文写经尾页及其研究成果。①

1895—1898年，彼得罗夫斯基加大了对南疆古代手稿的搜索力度。1895年1—6月，彼得罗夫斯基从中国新疆给罗曾寄出了数量相当可观的古文书。1月，彼得罗夫斯基寄给罗曾一份从库车酋长手中收购的写在桦树皮上的手稿、从和田拿到的一页古代手稿、各种小石头、一件木制的看上去非常古旧的绘有非东方形象的小木片。②2月，彼得罗夫斯基给罗曾寄出了7个装着文书的包裹、几页来自和田的古代手稿和小佛像、用金色字母书写的一本古书，③按罗曾的要求，彼得罗夫斯基将这些珍宝原封不动地寄到圣彼得堡。④3月，彼得罗夫斯基寄出了"从和田寄来的古代手稿和一枚印着图案和题字的金色纪念章，"⑤两箱子

---

① И.В.Тункина. Н.Ф.Петровский как собиратель древних памятников письменности в восточном туркестане // ВОСТОК-ЗАПАД. с. 118.（图金娜：《彼得罗夫斯基在新疆收集的手稿和艺术品》，第118页。）

② И.В.Тункина. Н.Ф.Петровский как собиратель древних памятников письменности в восточном туркестане // ВОСТОК-ЗАПАД. с. 118.（图金娜：《彼得罗夫斯基在新疆收集的手稿和艺术品》，第118页。）

③ И.В.Тункина. Н.Ф.Петровский как собиратель древних памятников письменности в восточном туркестане // ВОСТОК-ЗАПАД. с. 118.（图金娜：《彼得罗夫斯基在新疆收集的手稿和艺术品》，第118页。）

④ 俄罗斯科学院档案馆圣彼得堡分馆藏，档案编号：СПб. ФА РАН. Ф. 208. Оп. 3. Д. 459. Л. 26–27。

⑤ И.В.Тункина. Н.Ф.Петровский как собиратель древних памятников письменности в восточном туркестане // ВОСТОК-ЗАПАД. с. 118.（图金娜：《彼得罗夫斯基在新疆收集的手稿和艺术品》，第118页。）

古文物包括用脏手帕裹着的腐烂文书、卷轴文书及文书残片。①4月，彼得罗夫斯基将来自和田的三捆古代手稿包裹和夹在薄木板中间的照片底板寄往圣彼得堡。②6月，彼得罗夫斯基给罗曾寄去了和田的古代手稿。"没有打开，发现时是什么样子寄给您就是什么样子。也许，能有吸引奥登堡的好东西。包裹里还有从和田寄来的印着题字的小石头。"③

英、俄加大从村民中收购古代文书的后果是文书的价格被哄抬。1894年11月15日，彼得罗夫斯基给罗曾的信中写道：

> 给您寄了几页从阿克苏寄来的古文书，文字印在黑色的纸张上，从和田寄来的古文书，是我费了好大劲儿以高价买到的，虽然我也认为他们不值这个价钱。（1894年11月15日于喀什）④

1895年6月4日至7月25日，彼得罗夫斯基给罗曾的信中抱怨由于文献的激烈竞争导致寻找古代手稿时遇到的困难：文书价格上涨，代理

---

① И.В.Тункина. Н.Ф.Петровский как собиратель древних памятников письменности в востосном туркестане // ВОСТОК-ЗАПАД. с. 118.（图金娜：《彼得罗夫斯基在新疆收集的手稿和艺术品》，第118页。）

② И.В.Тункина. Н.Ф.Петровский как собиратель древних памятников письменности в востосном туркестане // ВОСТОК-ЗАПАД. с. 118.（图金娜：《彼得罗夫斯基在新疆收集的手稿和艺术品》，第118页。）

③ И.В.Тункина. Н.Ф.Петровский как собиратель древних памятников письменности в востосном туркестане // ВОСТОК-ЗАПАД. с. 118.（图金娜：《彼得罗夫斯基在新疆收集的手稿和艺术品》，第118页。）

④ И.В.Тункина. Н.Ф.Петровский как собиратель древних памятников письменности в востосном туркестане // ВОСТОК-ЗАПАД. с. 116.（图金娜：《彼得罗夫斯基在新疆收集的手稿和艺术品》，第116页。）

的工资上涨，搜寻古文书的成本越来越高。

> 英国人在和田及周边地区安插了很多收购古代玉石和古文献的代理。我的代理没有透露如何搜找文献的风声，即便如此，文献的价格也越来越高，因此，我决定只购买那些完整的文书，古文献残片只购买从未见过的。无论如何，我都会吩咐代理继续寻找古文书。（1895年6月4日于喀什）①

对古文书需求的激增导致投机分子的出现和文书价格的上涨，彼得罗夫斯基决定只购买完整的手稿和未见过的手稿残片。此外，代理的要价也越来越高。

> 我的代理耍起了滑头，他们提出的价格高到离谱。去年和今年的文书价格差了650卢布！不仅如此，还要搭上100卢布的礼物给代理。这样下来就太贵了，我只能结束和代理的关系，找机会再买古文书。（1895年7月25日于喀什）②

在罗曾的邀请下，1897年2月25日，彼得罗夫斯基在圣彼得堡休假期间参加了俄国皇家考古协会东方部会议，做了"中国南疆古文献的

---

① И.В.Тункина. Н.Ф.Петровский как собиратель древних памятников письменности в востосном туркестане // ВОСТОК-ЗАПАД. с. 119.（图金娜：《彼得罗夫斯基在新疆收集的手稿和艺术品》，第119页。）

② И.В.Тункина. Н.Ф.Петровский как собиратель древних памятников письменности в востосном туркестане // ВОСТОК-ЗАПАД. с. 119.（图金娜：《彼得罗夫斯基在新疆收集的手稿和艺术品》，第119页。）

收集条件"的演说并现场展示了自己在新疆收集的几页古代写本。①
"当地人残忍地将文献分成几部分，分别卖给俄国人和英国人。"②这份报告成为科研工作者和专家研究讨论的焦点。③

彼得罗夫斯基返回喀什后，他继续找寻古代手稿，及时把最新的考古情报向罗曾通报。圣彼得堡的东方学家也加紧了对彼得罗夫斯基收藏品的研究工作。罗曾的学生奥登堡对彼得罗夫斯基寄给他的文献做了大量的标注、复制和保存工作。④1897年，英国考察家斯坦因和俄国东方学家奥登堡一同参加了在巴黎召开的第11届印度学代表大会。1877年巴黎会议和1899年罗马会议正式确认将中亚探险列入工作议程。奥登堡被选为罗马中亚探险队国际筹备委员会成员。在会议中，奥登堡做了"关于俄国驻喀什噶尔领事彼得罗夫斯基（1937—1908）收集的和田古代手稿"的报告。当时，斯坦因的导师、加尔各答经学院的院长霍林勒也在努力破译英国驻喀什代表马继业从和田的伊斯兰教徒手中购得的不知名语言写本。1897年10月，彼得罗夫斯基给罗曾的信中表示不会因手稿价格飙升而停止收购。这次彼得罗夫斯基寄出了三份手稿，来自和田和莎车。秘书拉夫罗夫在和田拿到了一份用金色字母书写的手稿，这和彼得罗夫斯基之前收购并在俄国皇家考古协会上展示的手稿如出一辙。

---

① Ольденбург С.Ф. *Отрывки кашгарских санскритских рукописей из собрания Н.Ф.Петровского* // ЗВОРАО. Т. VIII. 1899. Т. XI. с. I–II.

② И.В.Тункина. *Н.Ф.Петровский как собиратель древних памятников письменности в востосном туркестане* // ВОСТОК–ЗАПАД. с. 119.（图金娜：《彼得罗夫斯基在新疆收集的手稿和艺术品》，第119页。）

③ ЗВОРАО. СПб.1897/1898. Т. XI. Вып. I–IV. с. I–II.

④ *Археологические известия и заметки* // Московское археологическое общество. 1897. с. 92–93.

我了解到，英国人格外关注我们拿到的古文书，①马继业已经把大量古代手稿和陶制品（哪怕是一些不重要的残片，甚至是头骨）寄到了印度。那枚头骨上有一些印记，古代手稿就放在死者的头下。我不应该遇到困难就退缩，让俄国受辱，必须继续加紧找寻古文献。我们又找到的三份古代手稿（两本小册子和一张古文书）就是最好的证明，小册子是从莎车寄给我的，尚不清楚在哪儿发现的。古文书属于领事秘书谢尔盖·亚历山大洛维奇·科洛科洛夫，②他在和田拿到的。这页古文书，在我看来，不知您是否记得，和我在考古协会东方部会议上展示的如出一辙：同样的印章，同样的金色字母。请您把小册子转给谢尔盖·费多洛维奇研究。（1897年10月于喀什）③

1898年后，彼得罗夫斯基得知穆斯林商人伊斯拉姆·阿訇在和田伪造文书后，文书搜罗重点又从南部回到了北部库车、库尔勒一带。1898年1月，彼得罗夫斯基给罗曾寄了18本用婆罗谜文书写的手稿，2月又寄了一批古书。④他给罗曾的信中强调：

---

① И.В.Тункина. Н.Ф.Петровский как собиратель древних памятников письменности в востосном туркестане // ВОСТОК-ЗАПАД. с. 120.（图金娜：《彼得罗夫斯基在新疆收集的手稿和艺术品》，第120页。）

② И.В.Тункина. Н.Ф.Петровский как собиратель древних памятников письменности в востосном туркестане // ВОСТОК-ЗАПАД. с. 120.（图金娜：《彼得罗夫斯基在新疆收集的手稿和艺术品》，第120页。）

③ И.В.Тункина. Н.Ф.Петровский как собиратель древних памятников письменности в востосном туркестане // ВОСТОК-ЗАПАД. с. 120.（图金娜：《彼得罗夫斯基在新疆收集的手稿和艺术品》，第120页。）

④ И.В.Тункина. Н.Ф.Петровский как собиратель древних памятников письменности в востосном туркестане // ВОСТОК-ЗАПАД. с. 120.（图金娜：《彼得罗夫斯基在新疆收集的手稿和艺术品》，第120页。）

这批古书是非常有价值的，所使用的是木板印刷，符合中国人的印刷习惯，但内容上又和印度古文有关，每本书的印字各不相同。（1898年2月于喀什）①

1900年1月，彼得罗夫斯基把"库车当地人在沙漠中找到的几份保存完好的文献残片"②寄到了圣彼得堡。领事工作的繁忙导致彼得罗夫斯基与圣彼得堡东方学家罗曾的联系中断长达半年之久。1900年8月，彼得罗夫斯基给罗曾的信中写道：

很久没有给您写信了，但这并不意味我的古文书搜罗工作停滞不前了。和这封信一同寄给您的还有古文书和文物，您看一下，也许还不错。（1900年8月于喀什）③

1903年6月13日，彼得罗夫斯基从俄国驻喀什领事馆寄出最后一捆资料。④1903年8月，彼得罗夫斯基卸任喀什领事，留下秘书拉夫罗夫

---

① И.В.Тункина. *Н.Ф.Петровский как собиратель древних памятников письменности в востосном туркестане* // ВОСТОК–ЗАПАД. с. 120.（图金娜：《彼得罗夫斯基在新疆收集的手稿和艺术品》，第120页。）

② И.В.Тункина. *Н.Ф.Петровский как собиратель древних памятников письменности в востосном туркестане* // ВОСТОК–ЗАПАД. с. 121.（图金娜：《彼得罗夫斯基在新疆收集的手稿和艺术品》，第121页。）

③ И.В.Тункина. *Н.Ф.Петровский как собиратель древних памятников письменности в востосном туркестане* // ВОСТОК–ЗАПАД. с. 122.（图金娜：《彼得罗夫斯基在新疆收集的手稿和艺术品》，第122页。）

④ И.В.Тункина. *Н.Ф.Петровский как собиратель древних памятников письменности в востосном туркестане* // ВОСТОК–ЗАПАД. с. 122. 图金娜：《彼得罗夫斯基在新疆收集的手稿和艺术品》，第122页。）

在喀什处理业务。1904年3月18日，在俄国皇家考古协会东方部大会上，罗曾提议将俄国驻喀什领事彼得罗夫斯基列为俄国皇家考古协会荣誉理事候选人，[①]以此肯定彼得罗夫斯基在科研领域的贡献。5月14日，俄国皇家考古协会全会一致通过授予彼得罗夫斯基协会荣誉理事称号。[②]1904年8月，当年迈的彼得罗夫斯基准备离开喀什时，罗曾给奥登堡的信中遗憾地写道："这样的领事我们打着灯笼也难找到。"[③]

四、结语

据不完全统计，彼得罗夫斯基和罗曾结识的15年间，彼得罗夫斯基从新疆共运出10000余件写本和文物，俄国成为新疆古代写本和文物主要收藏地之一。彼得罗夫斯基收集品丰富了俄国的东方文献馆藏，其中用不同语言书写的新疆古文书是东方收集品中极其特殊的一部分。[④]彼得罗夫斯基与罗曾书信中涵盖了大量的考古情报，为俄国科学界制定新疆考察计划，以及组建大规模考察队远赴新疆考察提供了翔实的资料和素材。根据罗曾等东方学家的建议，彼得罗夫斯基在南疆逐渐建立了庞大的古文搜集网络，对古文书及残片进行地毯式搜索，这种方式虽有利于构建完整的新疆收集品目录，但造成了我国古代珍贵手稿的大量流失，少数当地居民在利益驱使下将完好的文书撕成碎片分别

[①] 俄罗斯国家古文献档案馆藏,档案编号：РГАДА. Ф. 1385. Оп. 1. Д. 466. Л. 321‐322 об.

[②] *Протоколы общих собраний Имп. Русского археологического общества за 1899‐1908 годы.* 1915. с. 198-199.(《俄国皇家考古协会会议纪要（1899—1908）》,第198—199页。)

[③] Под общ. ред. М.Д. Бухарин. Эпистолярные документы из архивов Российской академии наук и Турфанского собрания.. с.86. (布哈林编：《俄罗斯科学院档案馆藏吐鲁番考察书信》,第86页。)

[④] Крачковский И.Ю. Очерки по истории русской арабистики // Крачковский И.Ю.Избр. соч. М.‐Л. 1958. Т. V. с. 134.(科拉奇科夫斯基：《俄国阿拉伯学研究史》,第134页。)

出售给英、俄代理，造成的损失不可小觑。

第二节　彼得罗夫斯基与奥登堡关于新疆考察的探讨

谢尔盖·费多洛维奇·奥登堡是19世纪末20世纪初俄国印度学家，俄国佛学研究集大成者，俄国皇家地理协会、俄国皇家考古协会、俄国委员会主要成员，彼得罗夫斯基收集品的主要研究者。2010年，俄罗斯科学院档案馆整理公布了彼得罗夫斯基和奥登堡的35封书信，2019年又补录了18封书信。笔者将其中关于新疆古代手稿和奥登堡新疆考察的书信进行了梳理。

一、奥登堡——19世纪末20世纪初俄国佛学研究集大成者

提起俄国西域考察活动就不能越过俄国学者、印度学家、东方学家奥登堡。1881年，年仅18岁的奥登堡考入了圣彼得堡大学东方学语言系的梵语—波斯语班。学生时代的奥登堡好学上进，跟着俄国经典东方学家学到了很多基本语言学知识。在吠陀语和阿维斯罗语专家卡艾唐·安德烈耶维奇·科索维奇的课上，奥登堡掌握了这两门消失的语言；在伊万·巴甫洛维奇·米纳耶夫的指导下，奥登堡学会了古梵语和中世纪的古印度语，包括研究印度佛学必备的巴利语；俄国科学院亚洲博物馆馆长查列曼院士教会了奥登堡古波斯语和中世纪波斯语。在东方学各种书籍和思想的影响下，年轻的奥登堡对人类历史文化发源地之一的东方产生了浓厚的兴趣，他的思路也逐渐成熟，他的研究具有典型的东方民族特征。罗曾对奥登堡从事东方学研究的影响最大，他推动了东方学的新进展并鼓励奥登堡继续做俄国东方学研究。早在

19世纪80年代初，罗曾就制定了研究东方学的科研计划。罗曾认为俄国作为欧洲强国，和东方国家自古以来交往密切。俄国东方学家的主要任务是研究生活在俄国的信仰佛教和伊斯兰教的亚洲民族的历史文化，研究他们信仰的宗教所依附的形式，研究操不同语言民族间的文化、政治、经济、历史的相互影响。① 俄国文化正是在东西方文化交融、相互影响下形成的。因此，俄国学者在研究过程中切要注意不可将二者对立起来。奥登堡的观点和罗曾非常相似，后来奥登堡也展开了对欧洲中心论的批评。他的观点集中体现在20世纪30年代发表的《苏联东方学研究》《新道路下的东方学发展思考》等几篇文章中。② 奥登堡认为"东方在本质上和他们眼中的西方文化没什么差别"这种判断是不正确的，他想竭力证明东方和西方事实上存在差异。③

毋庸置疑，奥登堡在传统东方学领域对佛学研究作出了杰出贡献。他是研究巴利三藏文献的印度学家，首次提出了应根据历史学派和宗教方向研究佛教史料文献，而不应该仅局限于巴利三藏这个小范围内。奥登堡、谢尔巴茨基、巴扎尔·巴拉基耶维奇·巴拉金、安德烈·伊万诺维奇·瓦斯特里科夫、叶甫盖尼·叶夫盖尼耶维奇·奥别尔米烈儿、阿

---

① Марр Н.Я. *Барон В.Р. Розен и христианский Восток* // Памяти барона Виктора Романовича Розена. СПб.Тип. Академии наук. 1909. с. 19.（马尔：《罗曾公爵与东方的基督教》，《纪念罗曾公爵》，1909年，第19页。）

② Ольденбург С.Ф.*Советское востоковедение* // Фронт науки и техники.1931. № 7/8. с. 64-66; Ольденбург С.Ф. *Востоковедение в Академии наук на новых путях* // Вестник Академии наук.1931. № 2. с. 10-15.（奥登堡：《苏联东方学研究》，《科学院学报》1931年第2期，第10—15页。）

③ Ольденбург С.Ф. *Мысли о научном творчестве* // Ольденбург С.Ф. Этюды о людях науки. РГГУ. 2012.с. 469.（奥登堡：《科研的意义》，2012年，第469页。）

顿·阿顿诺维奇·罗曾别尔克、鲍里斯·弗拉基米尔诺维奇·谢米乔夫、米哈伊尔·伊莱诺维奇·图宾斯基的研究和著作奠定了俄罗斯佛学研究发展的基础。1883年后，奥登堡对北传佛教的兴趣逐渐演变为自己的研究方向。他决定从古印度文化和中世纪早期印度文化着手，把佛教作为一种历史现象研究，从布里亚特人和卡尔梅克人使用的梵语入手研究佛教梵文文献。奥登堡在佛教研究上最重要的贡献是提出了建立佛教来源的理论体系，他是中亚语言学和古文书学的创始人之一。① 1887年，奥登堡第一次到国外进修，了解了西欧佛教研究情况，这使他萌生了出版佛学系列丛书的想法。19世纪90年代起，奥登堡开启了对佛教由印度向中亚和远东传播的历史文化进程研究。1897年，在老师罗曾院士的支持下，奥登堡终于实现了在俄国科学院创建佛学图书馆的梦想，他竭尽所能收集了大量印度原版文献和佛学文献译文，出版了梵文、汉文、蒙文多卷本佛学丛书，丛书的出版得到谢尔巴茨基、拉德洛夫、弗拉基米尔措夫、马洛夫、罗曾别尔克、叶甫盖尼·叶甫盖尼耶维奇·奥别尔米莱尔、莱维、南条文雄等世界各地东方学家的支持和加入。40年间，佛学图书馆共出版30卷，为世界佛学的发展添了色彩浓重的一笔。

除理论研究之外，奥登堡积极组织或参与亚洲探险活动。奥登堡是仅有几位在俄国皇家考古协会、俄国皇家地理协会和俄国委员会同时任重要职务的东方学家和考古学家。1896年奥登堡成为俄国皇家地

---

① Бонгард-Левина Г.М. Воробьевой-Десятовской М.И. Тёмкина.Э.Н. *Памятники индийской письменности из Центральной Азии.* // Изд. текстов, исслед. пер. и коммент. М. ИФ《Восточная литература》РАН. 2004.c.98.(博加尔德·莱维，瓦洛比耶娃·杰夏托夫斯卡娅：《中亚的印度文献》，2004年，第98页。)

理协会正式会员，1898年奥登堡担任俄国皇家考古协会东方部秘书长，1899年，在罗马举办的东方学国际会议上，拉德洛夫[①]做了"关于在新疆的发现"的报告，引起了与会者的广泛关注，大会决定创建中亚东亚研究协会。很快德、法、英等欧洲国家相继组建了新疆考古专门委员会。1902年，在德国汉堡举办的第13届东方学会议上，大会授权拉德洛夫和奥登堡组织俄国中亚东亚历史考古语言学研究委员会（俄国委员会）研究中亚东亚历史、考古学和语言学关系等问题，与会成员讨论并通过了由俄国学者草拟的委员会章程。因考察目的地在国外，委员会由俄国外交部管辖，以方便活动。委员会任命拉德洛夫为主席，奥登堡为副主席。1904年，奥登堡当选圣彼得堡科学院院士，1908年，奥登堡当选俄国皇家科学院院士。1916年，奥登堡成为苏联科学院东方文献研究所亚洲博物馆馆长。作为印度学家和俄国委员会发起人之一的奥登堡，先后两次到中国西北地区进行考察，在中国西部土地上留下了足迹。

二、彼得罗夫斯基寄给奥登堡的新疆收集品及二人关于新疆考察的探讨

从1887年起，彼得罗夫斯基就开始陆续将文献及残片寄给罗曾院士供俄国皇家考古协会东方系研究，罗曾院士委托年仅28岁的圣彼得

[①] 拉德洛夫，俄国学者，俄国政府高级顾问，主要研究南西伯利亚和中亚突厥诸民族的人种志、民俗学、文化、古代抄本和语言学。

大学东方学语言系的编外教授奥登堡从事这项工作。①作为印度学家，奥登堡的科研兴趣主要在北传佛教遗迹，而对北传佛教的研究兴趣集中体现在俄国驻喀什领事彼得罗夫斯基从中国新疆寄回的印度佛教手稿研究上。彼得罗夫斯基为奥登堡顺利开展科研工作提供了重要文献资料。截至1891年，彼得罗夫斯基共寄给奥登堡近300件手稿残片，部分内容发表在《俄国皇家考古协会东方部学报》。②彼得罗夫斯基收集品中有一份写在桦树皮上的《护法神》手稿残片。1891年11月28日，在俄国皇家考古协会东方部的例会上，奥登堡作了《英国亚洲协会成员鲍尔中尉在中国库车发现梵文写本》的报告并向考古协会东方部提出"请俄国驻喀什噶尔领事彼得罗夫斯基回答库车及周边地区现存古代写本概况"的建议，建议得到协会全体成员的一致认可。这份以考古协会名义寄到俄国驻喀什领事馆的官函得到了领事彼得罗夫斯基的积极回应，他不但详细回答了喀什和库车周边古迹和古代写本情况，还给协会寄送了1890年在喀什购买的一页古代写本残片，"我把两年前在喀什噶尔购买的一页用不知名语言书写的古代写本残片寄给协会，和鲍尔拿到的那些很像。"③奥登堡研究后认为是印度古文书，但使用的

---

① И.В.Тункина. Н.Ф.Петровский как собиратель древних памятников письменности в востосном туркестане // ВОСТОК-ЗАПАД. с.105-123.（图金娜：《彼得罗夫斯基在新疆收集的手稿和艺术品》，第105—123页。）

② Ольденбург С.Ф. Доклад С.Ф. Ольденбурга О геммах Петровского в заседании ВОРАО 14 октября 1894 г.//Археологические известия и заметки. 1894. Т. II. No 11. с. 47-67.（奥登堡《彼得罗夫斯基在1894年10月14日俄国皇家考古协会东方部会议的报告》,《俄国皇家考古协会东方部学报》1894年第2卷，第47—67页。）

③ Петровский Н. Ф. Ответ консула в Кашгаре Н.Ф. Петровского на заявление С.Ф. Ольденбурга // ЗВОРАО. с. 294.（彼得罗夫斯基：《俄国驻喀什领事彼得罗夫斯基对奥登堡所提问题的答复》，第294页。）

是从未见过的未知语言。①1892年的一文中，奥登堡在《俄国皇家考古协会东方部学报》发表了《彼得罗夫斯基的喀什写本》②，首次向世界公布了彼得罗夫斯基在库车发现的文物古迹的照片影印本，文献用从未见过的字母书写，称为吐火罗语B或者库车语，属于印度北部地区行书，这种文字至今只有在新疆发现过。奥登堡公布彼得罗夫斯基收集品中的影印本文献是吐火罗语作为一门独立学科的标志。③此后彼得罗夫斯基又陆续将大量与佛教相关的古代写本和文物寄回俄国。我们从彼得罗夫斯基给奥登堡的通信中摘取了一段：

> 对您而言，最重要的是在当地拿到印度古代手稿，我会努力完成您的心愿。我收集了很多与佛教有关的古代文物，形态各异：有铜制的女性佛形象（好像是镀金的）、面部表情非常夸张的铜像、非常多的印章。这些我下次再寄给您。陶器都已经寄出了，我本告诉代理再不要购买碎片，尽量找一些完整的购买，但既然你们感兴趣，我会把找到的古物全部买下来。我在等从库车寄来的古代手稿。（1894年8月1日于喀什）④

1895年，彼得罗夫斯基给奥登堡的信中表示将全力投入到古代手稿

---

① Ольденбург С.Ф. *Ещё по поводу кашгарских буддийских текстов* // ЗВОРАО. с. 97.（奥登堡：《再议喀什佛教写本》，第97页。）

② Ольденбург С.Ф. *Кашгарская рукопись Н.Ф. Петровского* // ЗВОРАО. с. 81-82.（奥登堡：《彼得罗夫斯基的喀什写本》，第81—82页。）

③ Краузе К. *Тохарский язык* // Тохарские языки. с. 59.（克拉乌兹：《吐火罗语》，第59页。）

④ 俄罗斯科学院档案馆圣彼得堡分馆藏，档案编号：СПб. ФА РАН. Ф. 208. Оп. 3. Д. 459. Л. 5-8 об.

第五章 彼得罗夫斯基与俄国学者关于新疆考察的讨论 | 333

的搜寻中。

我开始全心全意地投入到手稿的搜集中，这都是您的功劳。同这封信一起寄给维克多·罗曼诺维奇公爵①的是我收集的全部陶制品和青铜制品。这要比之前陆陆续续寄给你们的全部物件还要多。除了一些有题字的印章，其他印章和照片也全部寄出。陶器碎片，还有3个保存完整的陶罐以及一些小物件没有寄出，一小部分印章没有寄出。（1895年3月1日于喀什）②

1895年3月2日，彼得罗夫斯基又收到代理从和田寄来的古代手稿和佛教遗珍，包括硬币、陶器、泥塑佛像、金钩、金镯、玻璃镶金的钉子（后来证明是佛寺用品即莲花底座的一部分）等。彼得罗夫斯基把这些全部寄到圣彼得堡交给奥登堡研究。

尊敬的谢尔盖·费多洛维奇，给您的信已经写好封了口，随后就准备寄些文献给您。很多琐事都是非常有趣的。棉花中包了一些文献，打开时要小心点，碎石也有很多，我就不寄了。刊物大多寄给您了，我只留了一两本。硬币很多，但是种类很少，最有意思的一枚是刻着一匹马的硬币。除了陶器，还有一些泥塑的残臂和佛像头，所有这些都来自和田。包裹里面有个玻璃镶金的手镯和一枚玻璃镶金的钉子（又是钉子），是在和田发现的罕见孤品。在喀什噶

---

① 指罗曾公爵。
② 俄罗斯科学院档案馆圣彼得堡分馆藏，档案编号：СПб. ФА РАН. Ф. 208 (С. Ф. Ольденбург). Оп. 3. Д. 459. Л. 1-4 об.。

尔，阿克苏到巴楚的小路上，阿克苏、库车、莎车、和田可以找到很多钉子。下面这些没有寄给您：一枚非常小的金钩和一个小裸人，如果您需要，下回寄给您。这些都是今晚收拾打包装箱，我才发现，竟然在短时间内收集了这么多东西。您忠诚的，彼得罗夫斯基（1895年3月2日于喀什）。①

在彼得罗夫斯基和奥登堡的信中有很多关于喀什民族溯源的探讨。1893年5月，彼得罗夫斯基给奥登堡的信中谈到喀什的喀喇·图乌里克族、阿克·图乌里克族、安吉族、都龙人和萨尔塔人。

您亲自挑选整理我的收集品并在欧洲学术界名声大噪，这让我由衷地感到高兴。现在我尽我所能回答您的问题。我可以把密约和写着咒语的古代手稿寄给您。我还在收集其他手稿。前不久，瓦姆别利请我收集些喀什噶尔的诗歌、谚语等，我以这样的工作需要大量的时间精力和天资，礼貌地拒绝了。至于您的委托，是另外一码事：这是我们共同感兴趣的事业。只苦于业余时间太少，不然的话，我不但可以收集到有别于俄属中亚的一些特别物件，还能找到大量的古代手稿或文物。格里格耶夫写信说，喀喇·图乌里克和阿克·图乌里克不具有民族特色，只是伊斯兰教蜕化的不同表现形式而已。但我看到的是另外一副样子：我认为一般而言阿克·图乌里克和安集延人是安吉族的后裔，他们中有一些人现在还居住在俄属

---

① Мясников. В.С.В.Г. Бухерт. Н.Ф.Петровский Туркестанские письма. с.256-257.（米丝尼科夫编：《彼得罗夫斯基，新疆书信》，第256—257页。）

中亚附近。而喀喇·图乌里克是当地土著居民。不用怀疑，无论从人类学还是民族学角度讲，他们之间都有相当大的差别。阿克·图乌里克一定是伊斯兰教的传播者，他们是来自巴格达、布哈拉等地的教徒；喀喇·图乌里克是土著居民。再举个例子：莎车县周边居住着"都龙人"，就像他们的名字（意为"模仿"）一样。至于怎样模仿？无论如何都不是对穆斯林人的模仿，他们有自己真正虔诚的信仰，这些信仰不是臆想出来的。再举一个例子。喀什噶尔居住着萨尔塔居民（俄属中亚也有），当地人称其为"吉兹"（当地人认为他们是双性人）。很久以前，这些萨尔塔人时常聚在一起，穿着女性的衣服跳舞唱歌。他们是阿斯塔尔特（传说中的母性神和爱神）崇尚者后代吗？总之，喀什噶尔还有很多值得研究、推敲和挖掘的东西。（1893年5月15日于喀什）①

彼得罗夫斯基认为阿克·图乌里克和安集延人是安吉族的后裔，阿克·图乌里克是伊斯兰教的传播者，而土著居民喀喇·图乌里克可能是伊斯兰教反对派的后裔。彼得罗夫斯基怀疑喀什的萨尔塔人是阿斯塔尔特崇尚者的后代。

彼得罗夫斯基书信中还有关于喀什宗教的记录。尽管当时伊斯兰教是喀什民众信仰的主要宗教，但从彼得罗夫斯基和喀什人的交流中了解到，佛教三位一体的思想至今还流传于喀什。

　　我的一位已故的毛拉朋友以前和我讲过，他在阿克苏的老师、

---

① 俄罗斯科学院档案馆圣彼得堡分馆藏，档案编号：СПб. ФА РАН. Ф. 208（С. Ф. Ольденбург）. Оп. 3. Д. 459. Л. 1-4 об。

年长的毛拉家里时曾嘲笑过我们的三位一体，老师因此把他叫作傻瓜。年长的毛拉解释道，三位一体是最伟大的圣礼，我还隐约记得，老师给学生讲了佛教的三位一体。您瞧，佛教思想到现在还流传于喀什噶尔。（1893年5月15日于喀什）[1]

彼得罗夫斯基还对新疆古代文字做了研究。他把一些不知名的古代手稿寄给奥登堡：

尽管个别字母和我们之前发现的北部佛经手稿相似，我查阅印度古文稿后可以肯定地说，这份手稿和以往发现的古文书都不一样，是一份新发现。[2]

1902年10月，彼得罗夫斯基给罗曾的信中写道：

不断有古文书寄到我这里，我收集了一些，除了手稿外，其他还没来得及整理。手稿的数量非常大，我觉得还都不错，这些都是为谢尔盖·费多洛维奇准备的……（1902年10月4日于喀什）[3]

彼得罗夫斯基把这些不知名的珍贵手稿全部寄到圣彼得堡交给奥

---

[1] 俄罗斯科学院档案馆圣彼得堡分馆藏，档案编号：СПб. ФА РАН. Ф. 208（С. Ф. Ольденбург）. Оп. 3. Д. 459. Л. 1-4 об。

[2] Ольденбург С. Ф. *Кашгарская рукопись Н. Ф. Петровского* // ЗВОРАО. с. 81-82.（奥登堡：《彼得罗夫斯基的喀什写本》，第81—82页。）

[3] И.В.Тункина. *Н.Ф.Петровский как собиратель древних памятников письменности в восточном туркестане* // ВОСТОК–ЗАПАД. с. 122.（图金娜：《彼得罗夫斯基在新疆收集的手稿和艺术品》，第112页。）

登堡研究。

三、关于库车考察方案的探讨

神秘的新疆对俄国学者产生了巨大的吸引力。1880年，普尔热瓦尔斯基完成了西域考察工作。他是首批研究新疆古代手稿的俄国学者。此外格鲁姆·格尔日麦洛[①]也到过新疆考察。获得资料最多的当属俄国皇家地理学会的戈利果里·尼古拉耶维奇·波塔宁、彼得·库兹米奇·科兹洛夫[②]、米哈伊尔·瓦西里耶维奇·别夫措夫[③]，他们得出了"很久以前，在中国西北地区的绿洲上住着操印欧语的居民，他们在公元后前几个世纪受到印度文化和佛教的深刻影响"的结论。彼得罗夫斯基和奥登堡、罗曾的书信、报告中也反复提出"广泛而深入地研究中亚和印度文献遗产是紧迫而必要的任务"。1892年夏秋之交，东方学家罗曾院士打算派自己的学生，圣彼得堡大学东方学语言系编外教授奥登堡和年轻的同事谢尔巴茨基赴新疆库车进行考察，以求获取更多的考察资料。1892—1893年，在老师罗曾地支持下，奥登堡首次向圣彼得堡大学和俄国科学院提出了考察申请。申请中写道："东方学语言系请求圣彼得堡大学同意奥登堡副教授于1893年5月1日—11月1日到中国新疆考察，罗曾院士请科学院为奥登堡1893年中国新疆考察提供经费资助。"

此时俄国皇家考古协会东方部和俄国驻喀什领事馆已经建立了稳定的联系，1892年12月末，罗曾给俄国驻喀什领事馆的电报中请求彼得罗

[①] 格鲁姆·格尔日麦洛（1860—1936），俄国地理学家，主要从事中国西部、帕米尔高原、天山地区及远东的政治、地理、历史和民族研究。
[②] 科兹洛夫（1863—1935），俄国地理学家，主要从事中国新疆、西藏等地区研究。
[③] 别夫措夫（1843—1902），俄国考察家，上校，中亚研究学者。

夫斯基对奥登堡的库车考察给予协助。

先来回答关于考察的问题。首先，考察时间太短，您自己可以算下路上的时间。从弗拉基高加索到第比利斯最快也要一天半的时间。第比利斯到巴库要两天时间，而在巴库要花上两天甚至3天时间等候去里海的轮船，到里海需要14个小时，到撒马尔罕还要3天时间，在撒马尔罕就算不考察那里的古废墟也要花上一天时间，从撒马尔罕到塔什干最快也要两天时间，塔什干到奥什最快3—4天。在奥什要为接下来的行程准备车马，雇几名工人和翻译，如果时间允许的话，翻译最好在塔什干找，需要的话，下次信中我会详细和您说翻译的事儿。从奥什到喀什噶尔，熟悉道路的邮局骑手都要走9天时间，拿我自己来说，要走12天，不熟悉道路（途经7座陡峰，其中三座有11000—12000俄尺高）的至少15天。喀什到阿克苏要走12天，阿克苏到库车需要8—10天。这样算下来，从圣彼得堡到库车最快也要58天。返程也是58天。来回路上就要120天。在库车要先在城里转转熟悉情况，之后再去考察古代废墟。以现在的条件算，一天时间可以走30俄里路，既然不远千里来了新疆，很多古迹需要仔细查看。①

彼得罗夫斯基在回信中就考察的路线、时间、必备物资、开销等细节进行了详细而周全的答复。彼得罗夫斯基认为首要问题是考察时间

---

① Под общ. ред. М.Д. Бухарин. Эпистолярные документы из архивов Российской академии наук и Турфанского собрания. c.104.（布哈林编：《俄罗斯科学院档案馆藏吐鲁番考察书信》，第104页。）

太短，他给出的建议路线为弗拉基高加索—第比利斯—巴库—里海—撒马尔罕—塔什干—奥什—喀什—阿克苏—库车，全程需要58天，仅往返就需要约4个月，奥登堡用6个月时间完成库车考察的想法不太现实。第二个问题是协会考察预算不足：

> 到奥什的花销您可以自己算一下，从撒马尔罕到塔什干要40卢布，塔什干到奥什的四轮马车要70卢布。奥什到喀什噶尔需要10—12匹马，奥登堡和谢尔巴茨基各骑一匹，翻译骑一匹，雇工一道两匹，剩下的要拉行李，这些马需要8普特的干草，大概100卢布。从喀什到库车需要3匹马，60卢布。如果只有1000卢布的预算，可能很快就花光了。①

1893年1月初，彼得罗夫斯基在信中又对考察队合法入境和雇佣翻译等细节进行了补充。

> 应该提早让北京方面准备护照，我只能给当地的商人签发护照。需要一个突厥语翻译，而不是波斯语。通过翻译就可以和当地中国人交流，最好再雇个东干人，他们天生会讲汉语，也能听懂突厥语。但这些的前提都是考察队懂突厥语，否则就只能再雇一名懂俄语的鞑靼人或吉尔吉斯人。从塔什干沿着邮路到普尔热瓦尔斯克，需要6—7天，从那儿直接去吐鲁番，考察结束后再去阿克

---

① Под общ. ред. М.Д. Бухарин. *Эпистолярные документы из архивов Российской академии наук и Турфанского собрания.* с.104.（布哈林编：《俄罗斯科学院档案馆藏吐鲁番考察书信》，第104页。）

苏和库车。①

喀什领事馆签发的护照仅面向往返俄属中亚和南疆的俄商，彼得罗夫斯基提醒奥登堡考察队应尽早落实护照事宜，同时给出第二种入境方案供考察队选择，即阿斯特拉罕—里海—撒马尔罕—奇姆肯特—比什凯克—普尔热瓦尔斯克—吐鲁番—阿克苏—库车。

1893年2月，彼得罗夫斯基的代理从地方政府手中拿到了一份库车及周边地理地形图，彼得罗夫斯基让代理在地图上标明重要古代遗址和废墟的地点，译成俄语后寄给协会供奥登堡考察队使用。

> 我让人把相应的汉语和突厥语译成了俄语，并在相应地名旁边标记出来。可能译得不完全准确，做这份工作的中文抄写员或是东干人抄写员的中文水平也不是很好，特别在汉字的辨识上。②

遗憾的是，奥登堡1893年库车考察最终因经费不足没有实现，喀什领事彼得罗夫斯基也觉得最好把这一计划先放一放。③

> 即便那里有古文书，他们也不会立刻就能找到，即使冒险到非

---

① И.В.Тункина. Н.Ф.Петровский как собиратель древних памятников письменности в восточном туркестане // ВОСТОК–ЗАПАД. с. 112. (图金娜：《彼得罗夫斯基在新疆收集的手稿和艺术品》，第112页。)

② И.В.Тункина. Н.Ф.Петровский как собиратель древних памятников письменности в восточном туркестане // ВОСТОК–ЗАПАД. с. 112. (图金娜：《彼得罗夫斯基在新疆收集的手稿和艺术品》，第112页。)

③ 原件藏于俄罗斯科学院档案馆圣彼得堡分馆，档案编号：Ф. 208, оп. 1, ед. хр. 167. Л. 2。

常遥远的地方也有可能无功而返。①

1893年,代替奥登堡实现中亚和哈萨克斯坦七河之行的是俄国皇家考古协会东方部的东方学家巴托尔德,艺术家杜丁作为随员一同出行。1898年,奥登堡的老友克莱门茨在圣彼得堡科学院的支持下实现了中国新疆北部绿洲之行。②克莱门茨在信中写道:"吐鲁番的考古工作够欧洲干100年了。"③奥登堡的西域之行在17年后才实现。

四、关于俄国委员会新疆考察方案的探讨

在英、俄中亚竞争的激烈时期,俄国向中国西部派出了精锐部队、侦察兵和考察队,④研究当地的地理、民族、经济和当地居民留下的民间资料。⑤1903年1月1日,奥登堡向俄国委员会提出派克莱门茨带队赴中国新疆吐鲁番和库车考察的建议,同年2月6日,俄国外交部批准了

---

① И.В.Тункина. *Н.Ф.Петровский как собиратель древних памятников письменности в восточном туркестане* // ВОСТОК-ЗАПАД. с. 112.(图金娜:《彼得罗夫斯基在新疆收集的手稿和艺术品》,第112页。)

② Ольденбург С.Ф. *Об экспедиции Д.А. Клеменца в Восточный Туркестан в 1898* // Известия Восточно-Сибирского отдела РГО. 1916. Т. 45. с. 219-232.(奥登堡:《1898年克莱门茨的新疆考察》,《俄国地理协会东西伯利亚分部学报》1916年第45卷,第219—232页。)

③ 1904年1月9日克莱门兹给奥登堡的信,原件藏于俄罗斯科学院档案馆圣彼得堡分馆,档案编号:Ф. 208. оп. 3, ед. хр. 269. Л. 15 об。

④ Постников А.В. *Схватка на 《крыше мира》. Политики, разведчики, географы в борьбе за Памир в XIX веке* / Общ. ред. и предисл. акад. В.С. Мясникова. М. РИПОЛ классик. 2005. с. 45.(米斯尼科夫:《19世纪的帕米尔之争》,2005年,第45页。)

⑤ Смирнов А.С. *Власть и организация археологической науки в Российской империи (очерки институциональной истории науки XIX-начала XX века)* / Отв. ред. И.В. Тункина. М. Инт археологии РАН, 2011. с. 334-365.(斯米尔诺夫:《19世纪初至20世纪初俄罗斯帝国的考古活动》,2011年,第334—365页。)

俄国委员会的申请考察经费的报告。2月底，尼古拉二世同意从国库中拨款5000卢布。这笔金额显然不足以支撑考察队完成考察活动，克莱门茨为此到处筹款，也因此没有参加新疆考察。在克莱门茨的推荐下，俄国委员会同意派别列佐夫斯基和艺术家杜丁分别去库车和吐鲁番。我们对别列佐夫斯基已不陌生，他参加过1884—1886年波塔宁组织的考察，参与了俄国地理协会组织的1892—1893年四川考察。杜丁参加过拉德洛夫带队的考察，此后杜丁越来越多地参与到考察工作中，成为拉德洛夫、奥登堡、巴托尔德（В.В. Бартольд）等考古学家并肩作战的同事。19世纪90年代，杜丁随巴托尔德到俄属中亚考察，完成了民族学草图的绘制并拍摄了大量照片。1895年，杜丁在撒马尔罕完成了近200张照片的拍摄。1900年，俄国博物馆民族学分部成立前，在拉德洛夫的建议下，杜丁再一次被派往中亚为新博物馆的建立收集展品，杜丁拍摄的照片为俄国民族学博物馆的成立打下了基础。

1904年，俄国委员会计划派出别列佐夫斯基和杜丁赴中国新疆考察，奥登堡先征求了俄国驻华特命全权大使来萨尔·巴维尔·米哈伊尔洛维奇（Лессар Павел Михайлович, 1851—1905）和时任喀什领事科洛科洛夫的意见，来萨尔声称到中国西部考察可能会遇到无法预见的危险，科洛科洛夫给出了模棱两可的回复。奥登堡最终还是辗转找到已退休在塔什干休养的彼得罗夫斯基并从他那儿获得了帮助。1903年6月28日，奥登堡给彼得罗夫斯基的信中写道：

> 我们想请您帮个大忙，俄国委员会拿到了一笔可以去库车和吐鲁番考察的经费，在中国游历多次的别列佐夫斯基将完成库车考察，对俄属中亚非常熟悉的艺术家杜丁将完成吐鲁番考察。他们已

经从中国政府拿到了护照。来萨尔写信说，考察途中可能会遇到危险，无法预见将要面临的困难。科洛科洛夫也认为可以去考察，但和我们的想法一样，最好征求尼古拉·费多洛维奇的意见，我们知道，在中亚问题上您无所不知。我们想向您请教，在取得中国护照的情况下，现在能否向新疆派出考察队，是只在近处经喀什噶尔进入库车，还是可以由乌鲁木齐到更远的吐鲁番考察？您的意见对我们而言异常重要。①

1904年7月10日，彼得罗夫斯基在回信中就奥登堡提出的问题全部给出了明确回复。回信保存在俄罗斯科学院档案馆圣彼得堡分馆。

您对我的称赞让我非常感动。我们所做的工作并不多，英国的先生们拿到的好处更多。的确，我收集了各种各样的手稿和文物，在如何收集和处理手稿这一问题上，我是深思熟虑过的。您提出的问题开启了新的视角和研究方向，我们的工作中也有您的功劳。关于我们的手稿收集和我自身，我找机会和您聊一聊。现在，回答您的问题。

来萨尔的回答真是太奇怪了，他竟然会认为到喀什噶尔考察有危险！我的回答如下。

1.您完全可以用北京的护照去想去的地方。不存在危险，即使

---

① Под общ. ред. М.Д. Бухарин. Эпистолярные документы из архивов Российской академии наук и Турфанского собрания. c. 184-185.（布哈林编：《俄罗斯科学院档案馆藏吐鲁番考察书信》，第184—185页。）

北京方面宣战，靠近俄国边境的当地居民和我们的探险家最多被赶到边境。

2.我觉得应该去维尔内、普尔热瓦尔斯克、吐鲁番、阿克苏、库车等地找寻需要的手稿。这条路的好处在于一半是俄属领地，不受阻拦，而中国部分全部都是古丝绸之路经过的地点，从奥什到喀什噶尔的12天路程中，也只是偶尔有一段古代通道。并且，您还可以在普尔热瓦尔斯克作短暂休整，城市比奥什好一些，到了吐鲁番再派人去喀什噶尔找寻沿路的古迹。剩下的人可以在吐鲁番一边等派去的人返回，一边打听好路再动身。所到之处都要事先给当地领事去函说明情况，这样当地中国政府才不会刁难，特别在格伦威德尔考察后，他们已经对这样的探险习以为常了。

3.（对您个人）杜丁来过我这儿，他人很好，但也是个外行。他用经费一股脑买了很多民族特色纪念品，这些东西在大巴扎就能买到，您得好好教育一下他。

4.给您准备了翻译，一些只会说当地话的普通翻译，正所谓受到的教育越少越有益。最合适的翻译要数东干人，在比什凯克、托木马克和普尔热瓦尔斯克都可以找到这样的翻译，除了母语汉语外，他们还懂俄语和突厥语。县长们推荐的翻译一般都很差，不是骑兵就是警察局的公职人员，都是滑头。倒是可以在神学院找找，可以和奥斯特洛乌木函商此事。这几天，我抽空和他说一下，这个小男孩，对探险工作而言并不多余。该提醒的差不多就这么多了。①

---

① 俄罗斯科学院档案馆圣彼得堡分馆藏，档案编号：СПб. ФА РАН. Ф. 208. Оп. 3. Д. 459. Л. 47-49 об。

彼得罗夫斯基认为在取得护照的情况下到新疆考察完全不存在危险，即使发生战争，也不会对遥远的西部造成影响。来萨尔对中国新疆完全不了解，给出的答案对俄国皇家考古协会的决定造成了误导。他建议到吐鲁番、阿克苏、库车等地考察。这些绿洲城市位于丝绸之路的干道上。考察队可以在俄属中亚城市作短暂休整，入境后兵分两路分别去吐鲁番和喀什找寻古迹。在奥登堡最担心的考察是否受当地政府阻碍问题上，彼得罗夫斯基提醒考察队所到之处一定事先给当地领事报备，中国政府"已经对这样的探险习以为常了"，不会刁难。此外，彼得罗夫斯基还交代了雇用受教育程度低的翻译等细节。1901年4月，杜丁在喀什考察期间住在了俄国领事馆，彼得罗夫斯基对他的评价是"人很好，但是个外行"。1904年，受俄国博物馆民族学分部委托的杜丁从外里海州出发，先后经撒马尔罕、塔什干、比什凯克，抵达新疆喀什，在彼得罗夫斯基的建议和协助下，完成了大量照片的拍摄和考察报告的撰写。别列佐夫斯基的库车考察由于经费不足等原因直到1906年才实现。

奥登堡的两次中国之行是在俄国委员会的支持下完成的。彼得罗夫斯基虽然没有亲眼看到奥登堡的两次（1909—1910,1914—1915）考察，但考察是两位一直积极促成并希望实现的。考察前，奥登堡也做了充足的准备：研究文献，[1]阅读关于喀什考察的文章，收集图片。1909—1910年，奥登堡带队赴吐鲁番盆地考察，杜丁作为主要成员参加。奥登

---

[1] Ольденбург С.Ф. *Отрывки кашгарских санскритских рукописей из собрания Н.Ф. Петровского. III* // ЗВОРАО. 1904. Т. 15. Вып. 4. с. 113–114.（奥登堡：《彼得罗夫斯基收集品中梵语手稿及残片（第三部分）》，第113—114页。）

堡采纳了彼得罗夫斯基的建议，走访了喀什、吐鲁番和库车，在塔城雇了翻译侯侯。12月19日，在翻译的陪同下，奥登堡考察了库车苏巴什的两座寺庙遗迹和什姆山谷的洞窟，详细调查了焉耆、吐鲁番和库车的古建筑群，绘制了平面图和个别建筑的细节图。

　　奥登堡新疆考察成果丰富，带回了大量抄本，包括17件异常罕见的梵文手稿，其中的16件来自吐鲁番的吐峪沟麻扎。此外，考察队还获得了88件伊斯兰教经典文书，这些具有重要科研价值的历史档案现存于俄罗斯科学院东方文献研究所。1910年4月5日，奥登堡在俄国委员会全体大会上汇报了考察成果。1910年10月2日，奥登堡就收集古文书、抄本、古文物等情况做了公开演讲并现场展示了考察队绘制的古建筑平面图。1914年，奥登堡公开发表了新疆考察初步成果的报告，俄国委员会授予奥登堡最高金质奖章。

五、结语

　　彼得罗夫斯基和奥登堡的学术交往奠定了俄国对中国新疆古代手稿海外研究的基础。二人书信中关于喀什民族来源、宗教信仰、地理名称的探讨为奥登堡从语言学、民族学、地名学、历史学角度研究新疆古代手稿提供了思路。

　　在奥登堡地指引和请求下，彼得罗夫斯基更偏重印度古代手稿的收集，他尽一切可能购买奥登堡所需的不知名语言佛教手稿，不放过任何一页残片。彼得罗夫斯基提供的新疆考察路线、经费预算、沿途注意事项、与清政府打交道的方式等情报为俄国委员会策划的1893年奥登堡新疆考察、1904年别列佐夫斯基库车考察、1904年杜丁吐鲁番考察提供了重要信息。尽管奥登堡17年后才实现新疆考察的愿望，但彼得罗夫斯基的建议和意见对俄国委员会和奥登堡具有重要参考价值。

第三节　奥登堡对彼得罗夫斯基收集品的研究

19世纪80年代起，身在圣彼得堡的奥登堡不断收到从中国新疆寄来的珍贵文献资料，寄件人就是彼得罗夫斯基，他是俄国驻喀什第一位领事。1887年起，彼得罗夫斯基就开始陆续将手稿残片和资料寄给罗曾院士，供皇家考古协会东方部研究。[1]

一、奥登堡对彼得罗夫斯基收集品的研究

彼得罗夫斯基和奥登堡一直保持着通信。1886年以后，奥登堡将主要工作精力放在从中国新疆运回的佛教文物和印度写本的研究上。[2]在俄罗斯科学院档案馆圣彼得堡分馆保存着彼得罗夫斯基陆续寄到圣彼得堡的手稿及残片，把它们装在一个个单独的信封里，手稿上还有奥登堡标记的注释。[3]1891年11月28日，俄国皇家考古协会东方部在奥登堡的倡议下向彼得罗夫斯基提出了"提供一些库车或喀什噶尔其他地

---

[1] И.В.Тункина. Н.Ф.Петровский как собиратель древних памятников письменности в востосном туркестане // ВОСТОК-ЗАПАД. с. 105-123.（图金娜：《彼得罗夫斯基在新疆收集的手稿和艺术品》，第105—123页。）

[2] Бонгард-Левин Г.М. Воробьева-Десятовска М.И. Тёмкина.Э.Н. Памятники индийской письменности из Центральной Азии. // Изд. текстов, исслед. пер. и коммент. М. ИФ 《Восточная литература》 РАН. 2004. с.15.（博加尔德·莱维，瓦洛比耶娃·杰夏托夫斯卡娅：《中亚的印度文献》，2004年，第15页。）

[3] И.В.Тункина. Н.Ф.Петровский как собиратель древних памятников письменности в востосном туркестане // ВОСТОК-ЗАПАД. с. 112.（图金娜：《彼得罗夫斯基在新疆收集的手稿和艺术品》，第112页。）

区剩余文献概况"的请求，并首次提出组织俄国科考队前往中国新疆考察的计划。彼得罗夫斯基在回信中详细阐述了中国新疆的古文书概况并寄了部分考察研究笔记给协会。1892年，彼得罗夫斯基从喀什寄给奥登堡一件一页纸篇幅的手稿首次出版，向世界公布了中国库车发现的文物古迹的照片影印件。①1894年1月，奥登堡给罗曾院士的信中高度评价了彼得罗夫斯基新疆收集品的价值："彼得罗夫斯基从事的这项事业，对我们异常重要。"②1897年2月，在皇家考古协会东方部的会议上，奥登堡做了《新疆收集品中两件书写在白桦树皮上的印度写本》的研究报告。③同年，在巴黎召开的第十一届印度学代表大会上，奥登堡做了《关于俄国驻喀什噶尔领事彼得罗夫斯基收集品中和田手稿》的报告。④

奥登堡促进了彼得罗夫斯基收集品国际协作研究机制的建立，他把各国学者聚集起来对彼得罗夫斯基收集品中古代手稿进行印度文化研究和中亚印欧研究。1893年秋到1894年夏，奥登堡在巴黎出差期间，他请法国学者加入彼得罗夫斯基收集品研究中。奥登堡谈到自己向欧洲学者展示彼得罗夫斯基发现的手稿照片时写道：

---

① Ольденбург С.Ф. *Кашгарская рукопись Н.Ф. Петровского I*//ЗВОРАО. с. 81-82. （奥登堡：《彼得罗夫斯基的喀什写本》，第81—82页。）

② Под общ. ред. М.Д. Бухарин. *Эпистолярные документы из архивов Российской академии наук и Турфанского собрания.* с.84.（布哈林编：《俄罗斯科学院档案馆藏吐鲁番考察书信》，第84页。）

③ *Археологические известия и заметки* // Московское археологическое общество. 1897. с. 92-93.（莫斯科考古协会：《考古消息》，第92—93页。）

④ 英文手稿原件藏于牛津大学包德利图书馆，斯坦因手稿第101号，第45张。

我向他们展示了彼得罗夫斯基拍摄的照片，在座各位无不惊叹。①

在彼得罗夫斯基收集新疆古代手稿及残片的同时，欧洲考古学家、探险家也陆续将大批手稿带回本国，奥登堡提出了把藏于各国的同一篇文献碎片复原的想法。②在奥登堡的号召下，德国梵语学家毕勒尔、斯特拉斯堡大学教授莱曼（1859—1931）、亚洲孟加拉语协会主席、加尔各答大学前任校长肖尔列、俄国学者米罗诺夫纷纷加入彼得罗夫斯基收集品研究中。在俄罗斯科学院东方文献研究所保存了欧洲东方学家莱维（1887—1932）、毕勒尔（1893—1897）、理查德（1899）、斯文·海京（1899）、伯希和（1906—1932）、斯坦因（1910—1933）、勒柯克（1923—1924）与俄国学者罗曾、奥登堡、谢尔巴茨基、克莱门兹关于新疆考古关键问题的书信。维也纳大学古文书学家毕勒尔也参与了古代手稿语言的破解工作。1891年起，印度学家谢尔巴茨基开始听毕勒尔的课，1893年，谢尔巴茨基请奥登堡把彼得罗夫斯基收集的文献寄给他，以便在课堂讨论时和毕勒尔一起尝试解读。毕勒尔也从法国人理查德教授手里拿到了奥登堡文章的法译本，仔细研究后对彼得罗夫斯基拿到的喀什古代手稿提出了几点疑问。③1896年5月，奥登堡返回圣彼

---

① Под общ. ред. Попова И.Ф. *Сергей Федорович ОЛЬДЕНБУРГ Учёный и организатор науки.* Москва: Наука – Восточная литература. М. 2016. с. 121.（波波娃主编：《谢尔盖·费多洛维奇·奥登堡》，2016年，第121页。）

② Ольденбург С.Ф. *Рец. на:* Hörnle R. Th eBower Manuscript // ЗВОРАО.Т.XII.1900.c. 28–36. （奥登堡：《评霍恩勒获鲍尔写本》，《俄国皇家考古协会东方部学报》1900年第12卷，第28—36页。）

③ 原件藏于俄罗斯科学院档案馆圣彼得堡分馆，档案编号：Ф.777,оп.2,ед. хр. 320. Л. 21-25 об.

得堡后和毕勒尔继续保持着通信。

奥登堡25年间关于彼得罗夫斯基收集品的研究成果大部分发表在《俄国皇家考古协会东方部学报》上。1893至1898年,奥登堡在《俄国皇家考古协会东方部学报》上陆续发表了6篇关于中国西部考察的文章,分别是《彼得罗夫斯基的喀什写本》《彼得罗夫斯基收集品中梵语手稿及残片》《再议喀什佛教写本》《彼得罗夫斯基收集品中的梵语佛教手稿简记》《佉卢文佛教手稿概述》《关于中国新疆古代遗迹的研究》。①奥登堡不止一次在文章中指出,从新疆收集的写本和残片应该按音译本、校对本、影印本、俄语译本、古印度文和梵文译本进行比较研究,分类公开出版系列书籍,让藏于俄罗斯科学院东方文献研究所的"碎片垃圾"发挥作用。

奥登堡也做柳特什收集品研究。毕业于圣彼得堡大学东方学语言系雅科夫·雅科夫列维奇·柳特什(Яков Яковлевич Лютш)是罗曾院士的学生,他在中国新疆喀什为彼得罗夫斯基做了整整10年(1883—1894)的秘书,其间亦收集了大量古代手稿和文物。彼得罗夫斯基给罗曾的信中提醒道:

---

①Ольденбург С.Ф. *Кашгарская рукопись Н.Ф. Петровского* // ЗВОРАО. с. 81–82;Ольденбург С.Ф. *К кашгарским буддийским текстам* // ЗВОРАО. с.152–153;Ольденбург С.Ф. *Отрывки кашгарских санскритских рукописей из собрания Н.Ф. Петровского. I* // ЗВОРАО. 1894.Т.8. Вып.1–2.с.47–67;Ольденбург С.Ф.Еще по поводу кашгарских буддийских текстов // ЗВОРАО. 1894 (1893–1894).Т. 8. Вып. 3–4. с. 349–351;Ольденбург С.Ф. *Предварительная заметка о буддийской рукописи, написанной письменами kharosthi*,Издание факультета восточныхязыков Имп.С.-Петербургского университета ко дню открытия XI международного конгресса ориенталистов в Париже.СПб.1897;Ольденбург С.Ф.*Отрывки из Pañcarak ṣā*,ЗВОРАО.1899 (1897–1898).Т.9.Вып. 1–4. с.207–264. (奥登堡:《彼得罗夫斯基的喀什写本》,第81—82页;奥登堡:《彼得罗夫斯基收集品中梵语手稿及残片(第一部分)》,第47—67页;奥登堡:《再议喀什佛教写本》,第349—351页。)

第五章　彼得罗夫斯基与俄国学者关于新疆考察的讨论 | 351

柳特什和你说起过我们收集的古代手稿吗？他手里也有一部分，虽然比我收集的要少很多，但终归还是有一些古写本。①

在柳特什收集品中有一件精美的花瓶和几枚印章，1904年前转入艾尔米塔什博物馆保存，②其他收集品最终保存在圣彼得堡人类学和民族学博物馆。奥登堡尽力把彼得罗夫斯基和柳特什1883—1894年的手稿片段拼接到一起，形成一篇完整的手稿。③20世纪初，奥登堡提出了把彼得罗夫斯基和柳特什收集品的研究成果作为俄国皇家考古协会《考察材料》中的一个卷本出版，遗憾的是，奥登堡最终没有完成这项工作。④在俄国皇家科学院奥登堡个人资料里保存着他本人的工作痕迹。⑤

彼得罗夫斯基撰写的工作报告完整地保存在圣彼得堡档案中，随着时间的推进，奥登堡愈发认为，在这些材料的基础上可以清晰并明确地重建彼得罗夫斯基令所有俄国人骄傲的外交官形象。1904年，奥登堡谈到彼得罗夫斯基收集品时说道：

25年前，我们开始准备彼得罗夫斯基收集品第一部分的出版工

---

① И.В.Тункина. *Н.Ф.Петровский как собиратель древних памятников письменности в восточном туркестане* // ВОСТОК-ЗАПАД. с.114. （图金娜：《彼得罗夫斯基在新疆收集的手稿和艺术品》，第114页。）

② И.В.Тункина. *Н.Ф.Петровский как собиратель древних памятников письменности в восточном туркестане* // ВОСТОК-ЗАПАД. с.115.（图金娜：《彼得罗夫斯基在新疆收集的手稿和艺术品》，第115页。）

③ 原件藏于俄罗斯科学院档案馆圣彼得堡分馆，档案编号：Ф.725, оп. 4, ед. хр. 54. Л. 96。

④ Ольденбург С.Ф. *Исследование памятников старинных культур Китайского Туркестана*. I. Южная часть Китайского Туркестана // ЖМНП. с. 366-387.（奥登堡：《中国新疆古文化研究》，第366—367页。）

⑤ 原件藏于俄罗斯科学院档案馆圣彼得堡分馆，档案编号：Ф.208,оп.1,ед. хр. 188. Л. 48。

作，当时对业内人士而言，这是一个全新的发现，每一段文献残片都能够引起大家足够的兴趣……这些宝藏只有很小的一部分被出版和描写。①

1909年2月26日，在俄国皇家考古协会东方部会议上，奥登堡做了《彼得罗夫斯基收集品的科学意义》②的报告，报告中着重强调了保存于圣彼得堡科学院亚洲博物馆中的彼得罗夫斯基书信的价值。根据彼得罗夫斯基的遗嘱，彼得罗夫斯基的后代将其收集品转交俄国皇家考古协会博物馆收藏。

二、奥登堡对彼得罗夫斯基收集品中梵语文献的研究

1892年，奥登堡和罗曾收到第一批来自喀什领事馆的梵语文献，此后二人做了陆续将这批古文书公布于世的计划。

> 当从中国的喀什噶尔寄来第一批包裹时，我和罗曾公爵就制定了陆续将这批文献公之于众的计划列表，并且先后发表了几篇文章和随笔。③

奥登堡将俄国驻喀什（总）领事彼得罗夫斯基寄到圣彼得堡的梵语

---

① И.В.Тункина. Н.Ф.Петровский как собиратель древних памятников письменности в востосном туркестане // ВОСТОК-ЗАПАД. с. 116.（图金娜：《彼得罗夫斯基在新疆收集的手稿和艺术品》，第116页。）

② Ольденбург С.Ф. О научном значении коллекции Н.Ф. Петровского // ЗВОРАО. 1910. Т. 19.Вып.4. с. .22—28.

③ Под общ. ред. Попова И.Ф. Сергей Федорович ОЛЬДЕНБУРГ Учёный и организатор науки.с.207-215.（波波娃主编：《谢尔盖·费多洛维奇·奥登堡》，第207—215页。）

文献整理后发表，统称为《彼得罗夫斯基收集品中的喀什梵语文献残片》，并准备出版其中40段残片。他将彼得罗夫斯基寄回的梵语文献分为5个部分，为每份残片依次编号，第1部分（编号1—9，两张附表）于1894年在《俄国皇家考古协会东方部学报》上刊登，①第2部分刊登于1899年（编号10—12，两张附表），②第3部分刊登于1904年（编号15—19，三张附表），③第4部分（编号13—14，22）未出版，保存在奥登堡1917—1918年的校样档案中，第5部分《彼得罗夫斯基收集品中的喀什噶尔梵语文献摘录》已完成了音译的准备工作（编号19，21—40）。未出版的第4部分和第5部分"彼得罗夫斯基收集品中的喀什噶尔梵语文献研究"零星散存于俄罗斯科学院档案馆圣彼得堡分馆的奥登堡档案和谢尔巴茨基档案中。

21世纪初，俄罗斯科学院档案馆圣彼得堡分馆收到了从其他研究所寄来的装有彼得罗夫斯基收集品手稿残片的信封，隐约可见的文书修补痕迹证明了奥登堡在修复彼得罗夫斯基收集品中梵语文献方面所做的工作。④从梵语手稿内容上看，奥登堡发现了由近200个文献残片组成的34

---

① Ольденбург С.Ф. *Отрывки кашгарских санскритских рукописей из собрания Н.Ф.Петровского* // ЗВОРАО. с. 47–67.с. 123.（奥登堡：《彼得罗夫斯基收集品中梵语手稿及残片（第一部分）》，第123页。）

② Ольденбург С.Ф. *Отрывки кашгарских санскритских рукописей из собрания Н.Ф.Петровского II* // ЗВОРАО. 1899. с. 207–264.（奥登堡：《彼得罗夫斯基收集品中梵语手稿及残片（第二部分）》，第207—264页。）

③ Ольденбург С.Ф. *Отрывки кашгарских санскритских рукописей из собрания Н.Ф.Петровского III* // ЗВОРАО. 1904. с. 113–114.（奥登堡：《彼得罗夫斯基收集品中梵语手稿及残片（第三部分）》，第113—114页。）

④ И.В.Тункина. *Н.Ф.Петровский как собиратель древних памятников письменности в востосном туркестане* // ВОСТОК–ЗАПАД. с. 108.（图金娜：《彼得罗夫斯基在新疆收集的手稿和艺术品》，第108页。）

份文献目录，包括各式各样的咒语。大部分手稿残片属于经文《五佛母》。这些经文的其他部分在德国，英国和法国也有发现。2004年，俄罗斯东方学家吉奥姆金再次刊出奥登堡曾在《俄国皇家考古协会东方部学报》上发表的文章，再版文章中对相应文献在俄罗斯科学院东方文献研究所的具体存放位置做了标注。①

这些梵语文献从喀什领事馆运到圣彼得堡的一百年后，遭受了不应有的错误修复，部分文献磨损严重，一些段落难以辨读，一些写在棕榈叶上的文献变成了碎末。②2010年，俄罗斯科学院档案馆圣彼得堡分馆馆长伊琳娜·弗拉基米洛夫娜·图金娜③证实了奥登堡并没有将全部资料公布于世。俄罗斯科学院档案馆圣彼得堡分馆保存的谢尔巴茨基院

---

① Публикации С.Ф. Ольденбурга санскритских фрагментов из Центральной Азии.Пояснения к публикации С.Ф. Ольденбурга // Памятники индийской письменности из Центральной Азии. Вып. ИФ 《Восточная литература》РАН. с. 34-74.(奥登堡：《中亚梵语手稿及残片》，第34—74页。)

② Тёмкин Э.Н. Новые данные о санскритских рукописях в коллекции Н.Ф. Петровского // Памятники индийской письменности из Центральной Азии. Вып.ИФ Восточная литература РАН. с. 81-88.(杰姆金：《彼得罗夫斯基收集品中的梵语文献新资料》，第81—88页。)

③ Тункина И.В.Экспедиции С.Ф. Ольденбурга в Восточный Туркестан（1909-1910, 1914-1915）в документах Санкт-Петербургского филиала Архива РАН // Фундаментальная наука: Проблемы изучения. сохранения и реставрации документального наследия. Материалы Международной научной конференции. Москва, Архив РАН. 4-7 июня 2013. с. 36-42; И.В. Тункина. Н.Ф.Петровский как собиратель древних памятников письменности в востосном туркестане // ВОСТОК-ЗАПАД. с. 105-123; Тункина И.В.О судьбе неопубликованного научного наследия С.Ф. Ольденбурга // Наука и техника. Вопросы истории и теории:Материалы XXXIV годичной международной конференции Санкт-Петербургского отделенияРоссийского национального комитета по истории и философии науки и техники РАН 《Историко-научный Санкт-Петербург. СПб. СПФ ИИЕТ РАН. 2013. с. 55-61.(图金娜:《俄罗斯科学院档案馆圣彼得堡分馆藏奥登堡新疆考察活动资料(1909—1910, 1914—1915)》，第36—42页；图金娜:《彼得罗夫斯基在新疆收集的手稿和艺术品》，第105—123页；图金娜:《未公布的奥登堡资料的去向》，第55—61页。)

士档案中，有一个名为"奥登堡资料"的文件袋，图金娜从中发现了奥登堡手写的梵语音译文献和未发表的印刷字盘《彼得罗夫斯基收集品中梵语文献及残片（第四部分）》。[①]遗憾的是，法国学者莱维、俄罗斯（苏联）学者瓦洛比耶娃·杰夏托夫斯卡娅和吉奥姆金等将彼得罗夫斯基收集品中的梵语文献残片带入科学界的学者，并不知道未公布于世的《彼得罗夫斯基收集品中梵语文献及残片》第四部分和第五部分的存在，他们在音译文章和发表文章中也没有用到这些内容。[②]

三、奥登堡对彼得罗夫斯基收集品中古代手稿的语言鉴定

1892年至1893年冬，奥登堡收到了彼得罗夫斯基从库车、库尔勒、阿克苏发现的100多页文献残片，其中有纸质文献，也有写在桦树皮和动物皮上的手稿。[③]奥登堡把手稿拿去做化学分析，主要成分是中国的丝制品和中亚灌木树叶，随着时间的推移，纸张逐渐变黄。这些手稿大部分是从拉丁文转译的影印本，只有一小部分内容被翻译出来。其他西欧学者也逐步公布他们获取的东方学手稿。彼得罗夫斯基和欧洲考察队拿到的新疆古代手稿有很多类似部分，部分手稿残片出自同一篇文章。

西欧学者关于彼得罗夫斯基收集品手稿中的语言而展开的讨论也是异常激烈。可以确定的一点是，除了梵语文献，手稿中还使用了3种古

[①] 原文藏于俄罗斯科学院档案馆圣彼得堡分馆，档案编号：Ф. 725, оп. 4, ед. хр. 54. Л. 62-65。

[②] 原件藏于俄罗斯科学院档案馆圣彼得堡分馆，档案编号：Ф.208,оп.1,ед.хр.131.Л.43-44。

[③] Веселовский Н.И. История Императорского Русского археологического обществаза первое пятидесятилетие его существования. 1846–1896. с. 450.（维谢洛夫斯基：《俄国皇家考古协会50年发展史（1846—1896）》，第450页。）

印欧文字，但没人说得上是哪种语言。奥登堡花大量时间和精力投入彼得罗夫斯基收集品语言破译上。奥登堡发现这3种文字在和田发现得最多，他判定其中一种源自东伊朗，曾经被伊朗人使用，很早以前在和田发现：

公元前2500年左右，讲伊朗语的库车后代逐渐迁移到中亚地区，称为和田—梵语。另外两种语言分布在吐鲁番、焉耆和库车这些绿洲。①

1892年，奥登堡首次向世界公布了在中国库车发现的手稿照片，②手稿用从未见过的字母书写，称为吐火罗语B或者库车语，属于印度北部地区的行书，这种语言至今只有在新疆发现过。第二年，霍恩勒公布了德国社会学家韦伯收集品中的相似语言手稿。③1900年，莱蒙将这两份手稿残片及彼得罗夫斯基收集品中的一份手稿刊布。④这种不为人知的语言被奥登堡定义为吐火罗语，标记为吐火罗语A（吐鲁番语和焉耆语）。库车发现的语言被称为吐火罗语B或者库车语。两种语言很相似，或者被认为是不同的方言。德国学者资克林克把公元5至8世纪神

---

① Под общ. ред. Попова И.Ф. *Сергей Федорович ОЛЬДЕНБУРГ Учёный и организатор науки*. Москва: Наука–Восточная литература. M. 2016. с. 69.（波波娃主编：《谢尔盖·费多洛维奇·奥登堡》，第69页。）

② Ольденбург С.Ф. *Кашгарская рукопись Н.Ф. Петровского I* // ЗВОРАО. с. 81–82.（奥登堡：《彼得罗夫斯基的喀什写本》，第81—82页。）

③ Hoernle R. The Weber Manuscripts // JRASB. 1893. Vol. 62, pt 1. pp. 1–40.

④ Leumann E. *Über eine von den unbekannten Literatursprachen Mittelasiens* // Mémoires de l'Académie Imp. des Sciences de St.-Pétersbourg. 1900. Ser. 8, t. IV, No. 8. S. 1–28, tafel 1, 2.

秘的印欧语定义为吐火罗语A，主要分布在中国新疆东北部，靠近吐鲁番和喀什地区，吐火罗语B为库车语，分布在包括吐鲁番和喀什地区的整个新疆地区。①这种说法到现在也没有被明确。

显而易见，语言的载体，吐火罗人和伊朗的萨基人，在公元前两千年左右迁徙到新疆。公元前几百年，吐火罗人和萨基人很可能没有自己的文字，来源于印度的婆罗谜文字被他们所接收，佛教文化和印度文化也被他们所接收。②

俄罗斯学者认为，奥登堡公布彼得罗夫斯基收集品中的手稿影印本是吐火罗语作为一门独立学科的标志。西欧学者对奥登堡的研究也表示认可。

奥登堡将彼得罗夫斯基收集品中的婆罗谜文手稿分为竖体和斜体两类。他在这些手稿中找到了10份（其中的一份由16块文献残片拼成）用新疆北部婆罗谜文的变体斜体书写的手稿，其他婆罗谜文手稿属新疆南部竖体婆罗谜文。奥登堡研究后发现彼得罗夫斯基收集品中的古代手稿大多数和吉尔吉特婆罗谜文的变体相似，只有一小部分是书写在棕榈叶或白桦树叶上的消失的贵霜王朝婆罗谜文。③奥登堡还发现彼

---

① Краузе К.Тохарский язык // Тохарские языки. с. 59.(克拉乌兹：《吐火罗语》，第59页。)

② Под общ. ред. Попова И.Ф. *Сергей Федорович ОЛЬДЕНБУРГ Учёный и организатор науки*. Москва: Наука–Восточная литература. М. 2016. с. 69.（波波娃主编：《谢尔盖·费多洛维奇·奥登堡》，第69页。）

③ И.В.Тункина. *Н.Ф.Петровский как собиратель древних памятников письменности в востосном туркестане* // ВОСТОК–ЗАПАД. с. 117.（图金娜：《彼得罗夫斯基在新疆收集的手稿和艺术品》，第117页。）

得罗夫斯基收集品中的古文献使用了不同的字体：

> 部分字体明显受到印度语的影响，部分字体又可以使人感觉到突厥文对书法艺术或多或少有些影响。我们对中亚地区梵语文献中古字体的研究尚处于起步阶段，仍需查阅大量资料，做大量工作。①

到1909年考察前，奥登堡对彼得罗夫斯基收集品中的古文献做了大量的标注、复制和保存工作。从档案资料中可以查知，当各部门收到彼得罗夫斯基的收集品后，奥登堡会把其中最有价值的文献影印保存，这些文献资料中的大部分未公布于世。1904年，奥登堡提到彼得罗夫斯基收集品时指着堆了一屋子的古代手稿说道：

> 手稿很多，有梵文、古印度文、藏文，以及来自印度的未知语言……内容也是包罗万象，其中很多是古代咒语。彼得罗夫斯基收集品汇集了各种笔迹和各种语言的古文献资料，大部分文书让人赞叹不已。②

四、奥登堡对彼得罗夫斯基收集品中佛教手稿的确定及研究

俄国克莱门茨考古队、别列佐夫斯基考古队、德国格伦威德尔考古

---

① Под общ. ред. Попова И.Ф. *Сергей Федорович ОЛЬДЕНБУРГ Учёный и организатор науки*. Москва: Наука–Восточная литература. М. 2016. с. 69.（波波娃主编：《谢尔盖·费多洛维奇·奥登堡》，第69页。）

② Ольденбург С.Ф. Исследование памятников старинных культур Китайского Туркестана. I. Южная часть Китайского Туркестана // ЖМНП. с. 385.（奥登堡：《中国新疆古文化研究》，第385页。）

队、塞维尔·亨廷顿考古队、查理斯·列果克考古队、英国斯坦因考古队、法国伯希和考古队在新疆的考察发现皆取得了"丰硕"成果。俄国驻新疆喀什外交官彼得罗夫斯基、拉夫罗夫、科洛特科夫和英国驻喀什代表马继业也拿到了大量手稿。随着新手稿新资料层出不穷并已陆续公布，奥登堡不得不更改原先的出版计划。

当时，塞维尔和我们正在准备《法句经》的出版。从文学抑或从语言学的角度而言，这些文献的出版可能已经很难再引起人们的兴趣了。但从古文字学角度出发，大家还是有极大的兴趣了解。因此，这次我们准备了自己偏爱的文献，并有最简短的注释。①

奥登堡从彼得罗夫斯基收集品手稿中发现了3段不同的文献残片，并完成两个图表的拼接，内容包括经文、佛祖和众神的对话及咒语。《法句经》是彼得罗夫斯基收集品中分量最重的一部分，证明了10世纪下半叶这部经文在新疆的广泛流传。奥登堡从彼得罗夫斯基收集品中挑出了《法句经》经文并做了单独研究。英国和德国探险家的收集品中也保存着《法句经》残片，相对完整的部分保存在俄国，俄国保留着4份目录，其中2份目录已公布。1896年，奥登堡完成了《法句经》中30件手稿残片5份目录的拼合。1897年，奥登堡公布了书写在白桦树皮上

---

① Под общ. ред. Попова И.Ф. *Сергей Федорович ОЛЬДЕНБУРГ Учёный и организатор науки*. Москва: Наука-Восточная литература. М. 2016. с. 441.（波波娃主编：《谢尔盖·费多洛维奇·奥登堡》，第441页）。

的古印度佉卢文文献《法句经》的照片。①随后，奥登堡着手准备发表《法句经》的俄语音译文，繁杂的工作使奥登堡没能完成这项工作，这项工作最后由谢尔巴茨基收尾。②彼得罗夫斯基收集品中占第二位的是《妙法莲华经》文献及残片。奥登堡在彼得罗夫斯基收藏品中共发现27份这样的目录。比较知名的两种经文是中亚经文和尼泊尔吉尔吉特经文。原始版本共计450页，奥登堡已经找到了其中的399页，其中324页是有完整标记的页码。其他国家藏有56页，还有12页至今没有找到。彼得罗夫斯基收集品中数量占第三位的文献是《般若波罗蜜多心经》。奥登堡拿到了其中的24页文献及残片，其中大部分是《道行般若经》《八千颂般若波罗蜜多》。奥登堡的研究证明，10世纪下半叶《法句经》、大乘佛经中《妙法莲华经》及《般若波罗蜜多心经》佛经在新疆南部绿洲地区的流传和10世纪末新疆最流行的《般若经》中的《小品般若》。奥登堡陆续发表的文章中③大量引用了佛教文献中的众神、圣观

---

① Ольденбург С.Ф. *Предварительная заметка о буддийской рукописи, написанной письменами kharosthi.* (Издание факультета восточных языков Имп. Санкт-Петербургского университета ко дню открытия XI Международного съезда ориенталистов в Париже). СПб. 1897.c. 6. (奥登堡：《圣彼得堡大学东方学语言系出版的亚洲佛教手稿》，第6页。)

② Щербатской Ф.И. С.Ф. Ольденбург как индианист // Записки. с. 21. (谢尔巴茨卡：《印度学家奥登堡》，第21页。)

③ Ольденбург С.Ф. *Кашгарская рукопись Н.Ф. Петровского* // ЗВОРАО.c.81-82; ОльденбургС.Ф. *К кашгарским буддийским текстам* // ЗВОРАО.c.152-153; Ольденбург С.Ф. *Отрывки кашгарских санскритских рукописей из собрания Н.Ф. Петровского.I* // ЗВОРАО. 1894.Т.8. Вып. 1-2.c.47-67; Ольденбург С.Ф. *Еще по поводу кашгарских буддийских текстов* // ЗВОРАО. 1894 (1893-1894).Т.8.Вып.3 -4.c.349 -351; Ольденбург С.Ф. *Предварительная заметка о буддийской рукописи,написанной письменами kharoṣṭhi*,Издание факультета восточныхязыков Имп.С.-Петербургского университета ко дню открытия XI международного конгресса ориенталистов в Париже. СПб. 1897; Ольденбург С.Ф. *Отрывки из Pañcarakṣā*,ЗВОРАО. 1899(1897-1898). Т. 9. Вып. 1-4. c. 207-264.(奥登堡：《彼得罗夫斯基的喀什写本》，第81—82页；奥登堡：《彼得罗夫斯基收集品中梵语手稿及残片（第一部分）》，第47—67页；奥登堡《再议喀什梵语手稿》，第349—351页；奥登堡：《圣彼得堡大学东方学语言系出版的亚洲佛教手稿》，第6页。)

音、金刚手菩萨形象。

从存放在圣彼得堡未出版的文献残片中，我们能够辨别出，哪些属于长部佛经，哪些属于《波罗提木叉》。其中还有大量《妙手莲花经》和《陀罗尼》残片。由此可见，这两部佛经在库车、和田、喀什噶尔有多常见。①

奥登堡由于工作繁忙未能将彼得罗夫斯基所获全部资料整理公布，但也保留了工作痕迹。俄罗斯科学院东方文献研究所文献部保存着奥登堡手写的音译梵文手稿，奥登堡让冯·斯塔利·格勒什因（А. фон Сталь-Гольштейн）和米洛霍夫（Н. Д. Миронов）两位东方学者加入彼得罗夫斯基收集品的研究中。1926年，格勒什因音译了《大乘经》中的《巴利三藏，咖沙巴佛》，米洛霍夫完成了彼得罗夫斯基收集品中吐火罗语B《护法神》文献残片的音译工作。1919年，米洛霍夫移居中国，继续从事《妙法莲华经》残片研究，《妙法莲华经》是和田非常重要的发现之一，另一重要发现是用和田塞语文书写的《梵文文献E》，米洛霍夫称其为一部完美的佛教教材。

五、未完待续工作

彼得罗夫斯基从新疆寄回的珍贵手稿至今都没有被系统且有针对性地研究过。1900年，奥登堡准备将彼得罗夫斯基新疆收集品纳入俄国皇

---

① Ольденбург С.Ф. *Предварительная заметка о буддийской рукописи, написанной письменами kharoṣṭhi.* с. 6. (奥登堡：《圣彼得堡大学东方学语言系出版的亚洲佛教手稿》，第6页。)

家考古委员会即将出版的《俄国考察收集品》，但最终没有实现。[①]1910年，以奥登堡为代表的俄国学者多次呼吁对彼得罗夫斯基收集品进行分类，将彼得罗夫斯基收集品中的珍贵文书梳理后与俄罗斯国立艾尔米塔什的和田古手稿一同出版。[②]遗憾的是，这项工作至今也没有完成。

从中国西部地区带回的佛教文物宝库遭到了严重破坏，目前还没有形成一份完整的清单和目录。工作难度极大且进展缓慢，哪怕是一段极其琐碎的残片，想要确定其大体内容和时间，也需要投入大量的时间和精力。[③]

未公布的喀什梵文手稿更是引起了东方学者的广泛关注，在修复碎片之余，学者们还要从未公布的手稿残片中判定佛经名称。俄罗斯学者在奥登堡研究的基础上正在一步步完成彼得罗夫斯基收集品的目录，这些收集品主要来自中国的库车、和田、喀什、吐鲁番及罗布泊和敦煌周边一些不知名的地方。俄罗斯科学院档案馆圣彼得堡分馆保存了奥登堡对彼得罗夫斯基收集品中的梵文手稿的阶段性总结和工作方案。[④]目

---

① И.В.Тункина. *Н.Ф.Петровский как собиратель древних памятников письменности в восточном туркестане* // ВОСТОК-ЗАПАД. с. 106.（图金娜：《彼得罗夫斯基在新疆收集的手稿和艺术品》，第106页。）

② Ольденбург С.Ф. *Разведочная археологическая экспедиция в китайском Туркестане в 1909-1910 гг.* // ЗВОРАО. СПб. 1910. Т. XIX. Вып. IV. с. 22-28.（奥登堡：《1909—1910年中国新疆考察》，第22—28页。）

③ И.В.Тункина. *Н.Ф.Петровский как собиратель древних памятников письменности в восточном туркестане* // ВОСТОК-ЗАПАД. с. 109.（图金娜：《彼得罗夫斯基在新疆收集的手稿和艺术品》，第109页。）

④ И.В.Тункина. *Н.Ф.Петровский как собиратель древних памятников письменности в восточном туркестане* // ВОСТОК-ЗАПАД. с. 108.（图金娜：《彼得罗夫斯基在新疆收集的手稿和艺术品》，第108页。）

前，俄罗斯东方学者正着手做彼得罗夫斯基收集品中的梵文手稿总结工作，①以及对《彼得罗夫斯基捐给皇家考古协会的文物（源自中国新疆）》《彼得罗夫斯基带回的和田文物注释》《喀什噶尔领事馆秘书拉夫罗夫完成但未公布的关于喀什噶尔的报告》②《彼得罗夫斯基送给俄国皇家考古协会的礼物：来自新疆的古文书片段分析》③《彼得罗夫收集品中的小文物略记》④《佛教雕像艺术》等进行研究。尽管过去了一百多年，彼得罗夫斯基收集品中仍有大量文献及残片等待全世界考古学家、历史学者去研究，未知部分等待学者们去研究和辨识。

本章小结

彼得罗夫斯基和古文书接收者罗曾、古文书研究者奥登堡学术关系的建立加强了圣彼得堡和喀什的考古情报沟通，里应外合应对英国驻喀什代表马继业和英国东方学家霍恩勒的考古之争。1886年11月，彼得罗夫斯基和罗曾公爵建立了联系，二人交往的建立即新疆古代写本和

---

①原件藏于俄罗斯科学院档案馆圣彼得堡分馆,档案编号:Ф.208,оп. 1, ед. хр. 356. Л. 1; Ф. 725,оп. 4,ед. хр. 54. Л. 45,48,51。

②原件藏于俄罗斯科学院档案馆圣彼得堡分馆, 档案编号:Ф.208, оп. 1, ед. хр. 131. Л. 131。在奥登堡档案中保存着俄国驻喀什领事秘书拉夫罗夫完成但未出版的关于中国新疆（涉及文物考古地区）的报告和125份中国库车的图片影印本。1903年，彼得罗夫斯基离开喀什后，拉夫罗夫承担起了领事馆的管理工作。从1904年12月21日—1905年4月14日，拉夫罗夫行走了2886俄里,收集了5箱手稿和文献,这些资料现存于俄罗斯科学院东方文献研究所。

③И.В.Тункина. Н.Ф.Петровский как собиратель древних памятников письменности в востосном туркестане // ВОСТОК-ЗАПАД. с. 108.（图金娜:《彼得罗夫斯基在新疆收集的手稿和艺术品》,第108页。）

④И.В.Тункина. Н.Ф.Петровский как собиратель древних памятников письменности в востосном туркестане // ВОСТОК-ЗАПАД. с. 108.（图金娜:《彼得罗夫斯基在新疆收集的手稿和艺术品》,第108页。）

文物流失的开始。二人的书信内容较为完整地记录了19世纪末20世纪初通过喀什领事馆陆续运回俄国的中国新疆古文书文物的时间及细节。

彼得罗夫斯基为罗曾等东方学家研究中国新疆古文献提供了大量东方学资料，罗曾为彼得罗夫斯基的西域珍宝搜集提供了近乎完美又切实可行的方案，"以当地居民和俄商作为找寻古文书人选，建立庞大的文书搜罗网络"的方式解决了彼得罗夫斯基不能长时间离开喀什搜罗古文书的问题。此外，罗曾还就彼得罗夫斯基对喀什周边古迹三仙洞和汉诺依古城的考察进行了专业指导。在罗曾的引荐下，彼得罗夫斯基越来越多地参与到俄国皇家考古协会组织的学术活动中，使更多俄国东方学家了解和参与到西域古文书研究中。罗曾委托奥登堡研究彼得罗夫斯基收集品中的古代写本部分，奥登堡对彼得罗夫斯基收集品中的文献做了大量的标注、复制和保存工作，并对部分梵语文献、佛教文献进行了研究。

第六章　19世纪末20世纪初的英俄考古之争

第一节　英俄在中国新疆的考古之争
——以彼得罗夫斯基书信为中心

19世纪末20世纪初，英、俄两国为了拓展在中国新疆的势力，稳固根基，在政治、军事等方面展开了激烈的竞争，史称英俄大角逐。除勘探中亚地区地形获取情报外，英、俄两国对新疆古文书的争夺是大角逐的重要表现之一，这场没有硝烟的战争暗地里风起云涌。本文选取1890至1904年英俄在新疆考古竞争最为激烈的15年，以俄英驻喀什外交官彼得罗夫斯基、马继业及各自收集品主要研究者奥登堡、霍恩勒为主要研究对象，以保存在俄罗斯科学院档案馆圣彼得堡分馆和大英博物馆的英俄官员书信、密函、日记、官方记录[1]为主要材料，揭示19世纪末20世纪初英俄在新疆地区，特别是南疆的考古竞争细节，真实还原我国新疆珍贵古文书的外流过程。

---

[1] 和英国其他外交官及驻地代表一样，马继业必须每隔两周向上级上报所在地每日情况记录及公文日记。

一、以国家为支撑的考古竞争

英俄两国的政治竞争在19世纪50年代末自然而然地向科学领域推进，英俄两国探险队的西域考察活动也上升至国家层面，成为实现国家意图的方式和手段。两国以地理探察的名义分别派出探险家、考古学家、地理学家在中国新疆开展古文物文书收集、收购和挖掘工作。喀什虽偏居一隅，但在收集情报方面确是理想之地，加之处于繁忙的古丝绸之路商道上，成为英俄考古争霸的重要据点。1830年，英国皇家地理协会（Королевское географическое общество）成立，协会以资助各种大型考察探险活动著称。19世纪中叶以来，英国重大考察活动大多由英国皇家地理协会资助，对英国探险"黄金时代"的到来起到了巨大的助推作用。起初，英国的考察活动以地理考察和地图绘制为主要特征。1865年，英国考古学家乌里杨·约翰逊（Уилья Джонсон）就关注到了西域遗迹并先后走访了和田、且末等地。1870年和1873年，约翰逊随托马斯（Thomas Douglas Forsyth）带队的英国官方使团到喀什考察。托马斯提交给英国皇家地理协会的报告中谈到了风沙堆砌的古代城镇，以及埋藏在风沙之下的古代艺术品，这份考察报告在俄国出版后反响强烈。到过喀什的英国探险家有福赛斯（T.D.ForSyth）、贝柳（(H.W.Bellew）、扬哈斯本（E.Younghusband）、斯坦因（Mark Aurul Stein）等。俄国现存的普尔热瓦尔斯基和科兹洛夫档案资料中，保存很多英国考古学者当时做过的英语标注，从另一个角度证明英国考古学家也在研究俄国学者的西域考察成果。

英国成立皇家地理协会后，俄国紧随成立了俄国皇家考古协会、俄国皇家地理协会和俄国委员会，为俄国中亚探险队提供智力、财力支持。19世纪中叶起，俄国就制定了系统地研究中亚地理、历史、民族、文化的方案。俄国沙皇政府和总司令部①依托俄国皇家地理协会和俄国皇家考古协会等半学术机构，从国家层面开始有计划地组织考察队到中国等地进行侦察活动。俄国考察队的活动不仅是俄国外交政策在上述国家的体现，更是执行俄国外交政策的重要力量。1870至1888年，在俄国皇家地理协会的支持下，普尔热瓦尔斯基5次到中国新疆探险。获得资料最多的当数俄罗斯地理学会的波塔宁（1884—1885）、科兹洛夫（1883）、别夫措夫（1889—1890）、罗伯罗夫斯基（1893—1895）和克莱门茨（1898）。1905年，别列佐夫斯基被派往库车考察，这是首次有俄国委员会成员参与的新疆考察，这次考察持续到1907年。1909—1910年，奥登堡终于实现了西域考察的愿望。

在英、俄竞争的激烈时期，俄国向中国新疆派出了精锐部队、侦察兵和考察队，②研究当地的地理、民族、经济和居民留下的文献资料。③很显然，资料的收集工作不能公开进行，英俄两国西域驻地代表竭尽所能研究曾经对于欧洲人而言的空白地带。无论是过去还是现在，这些资料的研究都涉及尖锐的政治问题。考古之争与政治考察相辅相成，政治考察在科研探险的名义下悄然进行，科研考察借力于政治考察。

---

① 司令部全称"俄国皇家军队总司令部"，俄国军事力量管理最高组织机构，始建于1865年，1917年十月革命后撤销。总部下设军事学术委员会、机动委员会等。司令部亚洲分部监视阿穆尔州、中亚地区、中国新疆边界区、高加索地区，以及西伯利亚地区军事动态。

② Постников А.В. *Схватка на 《крыше мира》. Политики, развед- чики, географы в борьбе за Памир в XIX веке* / Общ. ред. и предисл. акад. В.С. Мясникова. М. РИПОЛ классик. 2005.c.45.（米斯尼科夫：《19世纪的帕米尔之争》，第45页。）

③ Попова И.Ф. *Российские экспедиции в Центральную Азию на рубеже XIX–XX веков.* c.334-365.（波波娃：《19世纪末20世纪初俄国的中亚考察》，第334—365页。）

这是19世纪末20世纪初英俄大角逐的一个重要特点。俄国派出的普尔热瓦尔斯基、格罗姆切夫斯基、库洛巴特金等探险家皆具有军官和探险家双重身份，西域考察的实质是以国家为背景，以考古探险为掩饰而进行的地形勘察、情报收集等政治活动。1891年，俄国地形学家别捷尔斯基随帕米尔军队伊奥诺夫上校的侦察队及奥伦堡哥萨克6号军团考察帕米尔地区。俄国军队对边界沿线的侦查促使英国在1897年10月底向帕米尔塔戈杜姆巴什地区派出了两名英国人：吉森在叶尔羌河河谷做地形测绘，科博尔德在私人身份的掩饰下来到了喀什。① 监视英国人在帕米尔地区的秘密活动是彼得罗夫斯基的政治任务。他严密监视从英国或印度到喀什考察的英国人动态并随时向圣彼得堡科学界汇报。1885至1886年，英国探险家凯利完成了中国新疆和西藏考察，1887年1月，彼得罗夫斯基给普氏的信中提到凯利在新疆的行踪。

> 凯利从乌鲁木齐返回莎车县，并从那里出发去了印度。他们二位去年从和田，沿着普尔热瓦尔斯基的路线，先后到了罗布泊、哈密、经乌鲁木齐到莎车县。所到之处皆得到中国政府官员的热情接待。②

1887年2月，彼得罗夫斯基和普尔热瓦尔斯基的通信中谈到对英国探险家达利吉什和凯利的监视。

---

① Серебренников И.И. *Сведения, касающиеся стран, сопредельных с Туркестанским военным округом*. Ташкент, 1898. Вып. IV. с. 33–34. （谢列勃列尼科夫：《俄属中亚军区相关见闻》，第33—34页）。

② 俄罗斯国家古文献档案馆藏，档案编号：РГАДА. Ф. 1385. Оп. 1. Д. 466. Л. 269–270 об.

上次给您写信提到的英国人达利吉什和凯利不小心在我的密探面前泄露了秘密，密探在信中告诉我，他们会选择您当初的路线去罗布泊和哈密，他们对您所做的研究深信不疑。据我所知，达利吉什曾是个卖器材的商人，除了指南针，他什么都有。这是个喜欢吹牛的人，他的话得掂量一下。①

1887年5月末，彼得罗夫斯基致信普氏表示掌握了凯利在亚洲探险的细节。

能否把凯利发表的文章让我看一下，看过之后，我再将他们在西部探险的细节向您汇报。前不久，我把和田金矿的简要介绍及原矿的图片寄给亚洲司了，在当地大巴扎可以见到金矿石在出售。②

1890年9月30日，彼得罗夫斯基向俄国外交部亚洲司司长申什金汇报了8月份英国派荣赫鹏一行到莎车准备帕米尔地区考察一事。③1890年11月23日，新任俄属中亚总督勃列夫斯基给外交部部长的信中写道：英国使团被赋予"界定中国巴基斯坦帕米尔边界"的任务。④假使英国得逞，俄国将失去通往克什米尔、奇特拉尔、坎巨提和印度北部其他汗国的唯一通道。⑤具有外交官敏锐性和洞察力的彼得罗夫斯基一眼识

---

① 俄罗斯国家地理协会档案馆藏,档案编号：АРГО. Ф. 13. Оп. 2. Д. 185. Л. 27-28。
② 俄罗斯国家地理协会档案馆藏,档案编号：АРГО. Ф. 13. Оп. 2. Д. 185. Л. 29-30。
③ 俄罗斯帝国对外政策档案馆藏,档案编号：АВПРИ. Ф. 147. Оп. 485. Д. 864. Л. 1 об。
④ 俄罗斯帝国对外政策档案馆藏,档案编号：АВПРИ. Ф. 147. Оп. 485. Д. 864. Л. 5 об。
⑤ 俄罗斯军事历史档案馆藏,档案编号：РГВИА. Ф. 846 (Военно-учёный архив [коллекция]). Оп. 1. Д. 106. Л. 1 об。

别出科博尔德是吉尔吉特的间谍。1898年1月25日，彼得罗夫斯基给外交部官员普兰索的私人信件中表示自己已掌握英国间谍的行踪："我还可以猜到，英国间谍会为了某种目的冒着各种风险潜入俄属中亚。虽然到处都有间谍，但我第一次见，还有这种无耻的方式"。此时的英国人正在为界定喀什和克什米尔地区做准备，"他们会跟在那些准备和中国人争取叶尔羌河周边属地的坎巨提人的后面行动。"①

英俄外交官员对新疆的古文献搜罗证明了两国考古之争不是个人行为，而是国家意志的体现。英国外交官乔治·马嘎特尼（George Macartney，中文名马继业）、舍利弗（D.Sheriff）、威廉姆斯（F.Williams）先后收购了大量艺术品和古代文书。当地居民为了获取更多利益，经常将一份文献撕为几份，分别卖给英俄外交官，②由此可见当时的考古竞争有多激烈。以科洛特科夫、彼得罗夫斯基、柳特什为代表的俄国外交官员在西域建立了广泛的文献搜集网络，陆续将西域古文献宝藏运回俄国，成为欧洲西域文献重要收藏地之一。

二、鲍尔获得库车梵文写本——英俄古文书竞争的催化剂

1890年前后，英属印度军队侦察员中尉鲍尔③在中国西藏和新疆考察期间在库车民间获得的一件写在白桦树皮上的古代梵文文书，并赠予加尔各答亚洲协会，这份文书由7部分组成，后经印欧语系专家鲍

---

①俄罗斯帝国对外政策档案馆藏，档案编号：АВПРИ. Ф. 143. Оп. 491. Д. 503. Л. 14-15-об.

②И.Ф.Попова. Российские экспедиции в Центральную Азию на рубеже XIX— XX веков. с.36.（波波娃：《19世纪末20世纪初俄国的中亚考察》，第36页。）

③Bower H. *A Trip to Turkestan* // The Geographical Journal.1895. pp. 240-257.

尔·如多夫（Paul Rudolph August Bartels，1841—1918）鉴定，系晚期婆罗谜字母构成的梵文医学佛经，初步鉴定属于公元4—6世纪手稿，这在考古界引起了一场不小的风波，就此打开了英国西域研究的大门。这份手稿为古文书文献简史修订提供了依据，手稿最终落入加尔各答亚洲协会主席詹姆斯·沃特霍斯（James Waterhouse）手中。1890年11月5日，加尔各答亚洲协会展出了这件珍贵的古代文献。鲍尔在库车考察期间彼得罗夫斯基正在塔什干，因而错过了这份手稿。

> 鲍尔竟然在我之前有了新发现，这让我非常痛心，有时也会想，如果我有时间的话，那个幸运儿应该是我，而不是这个旅行者。①

此后彼得罗夫斯基更加卖力地投入搜寻古代手稿的工作中，1892年11月15日，彼得罗夫斯基在信中告诉罗曾院士：

> 我在等库尔勒的两份古文书。如果这份古文献的价值能够超过鲍尔拿到的那页，为俄国考古增砖添瓦，我也许能稍微高兴一点。我当时要在喀什噶尔该有多好！②

---

①Петровский Н. Ф. Ответ консула в Кашгаре Н.Ф. Петровского на заявление С.Ф. Ольденбурга // ЗВОРАО. с. 294.（彼得罗夫斯基：《俄国驻喀什领事彼得罗夫斯基对奥登堡所提问题的答复》，第294页。）

②И.В.Тункина. Н.Ф.Петровский как собиратель древних памятников письменности в востосном туркестане // ВОСТОК−ЗАПАД. с. 112.（图金娜：《彼得罗夫斯基在新疆收集的手稿和艺术品》，第112页。）

1891年4月，霍恩勒在报告中首次尝试对文献内容进行解读。霍恩勒公布英国中尉鲍尔在库车所获古文献资料后，英国人疯狂地冲向中国新疆寻找宝藏。

俄国考古学界感受到来自英国探险家的强大压力。1891年1月10日，彼得罗夫斯基给外交部内务司司长奥斯丁·萨肯的信中谈到喀什的欧洲探险家不断增多，俄国考古任重而道远。

> 来喀什噶尔的客人不断。先是格里钦大公从纳伦来到这里停留了4天，之后又返回了纳伦。来访的原因不清楚，他没什么重要的事情做，对这里的一切也不感兴趣。格罗姆切夫斯基差不多和格里钦同一时间抵达喀什噶尔。之后来了4个英国人，分别是扬哈斯本、马噶特尼、毕驰和莱纳德，他们现在还在喀什噶尔，还有法国人博朗斯和瑞典人斯文·赫定。扬哈斯本和马噶特尼是来完成与中国政府谈判的任务，毕驰和莱纳德这两位少爷什么都不懂，受父辈之令去了印度，又和扬哈斯本来到喀什噶尔闲逛。博朗斯是个见过世面的人，但心思缜密，看上去好像要收集些信息，而到喀什噶尔只是转转……关于英国秘密使团，不用说，我给亚洲司写信问，中英政府私下签署协议，却没有告知俄国，是否应该对这种行为提出抗议。①

1891年11月28日，在俄国皇家考古协会东方部的例会上，奥登堡作了《关于加尔各答亚洲协会展出鲍尔中尉在中国库车所获白桦树文献》

---

① 俄罗斯国家古文献档案馆藏，档案编号：РГАДА. Ф. 1385. Оп. 1. Д. 466. Л. 244-245 об.

的报告，会议纪要在《俄国皇家考古协会东方部学报》刊登。1892年1月，彼得罗夫斯基给考古协会的信中写道：

> 我把两年前在喀什购买的一页文献寄给协会，文字我不认识，但和霍恩勒拿到的那些文献很像。①

罗曾和奥登堡都认为这是一项非常重要的发现。1892年，在俄国皇家考古协会东方部出版的《彼得罗夫斯基所获喀什噶尔文献》中，奥登堡首次向世界公布了在中国库车发现的文献影印本，文献用从未见过的字母书写，称为吐火罗语B或者库车语，属于印度北部地区的行书，这种语言至今只有在新疆发现过。随后，俄国皇家考古协会东方部在奥登堡的倡议下向彼得罗夫斯基提出了"提供一些库车或喀什噶尔其他地区剩余文献概况"的请求，②并首次提出了组织俄国科考队前往该地区考察的计划。③彼得罗夫斯基在回信中详细阐述了自己掌握的中国新疆古代手稿概况④并寄了一部分自己的考察研究笔记给协会。⑤

---

① Петровский Н.Ф. Ответ консула в Кашгаре Н.Ф. Петровского на заявление С.Ф. Ольденбурга // ЗВОРАО. с. 294.（彼得罗夫斯基：《俄国驻喀什领事彼得罗夫斯基对奥登堡所提问题的答复》，第294页。）

② Под общ. ред. М.Д. Бухарин. Эпистолярные документы из архивов Российской академии наук и Турфанского собрания. с. 19.（布哈林编：《俄罗斯科学院档案馆藏吐鲁番考察书信》，第19页。）

③ Протокол заседания ВО РАО от 28 ноября 1891 // ЗВОРАО. 1892. с. 10.（《俄国皇家考古协会东方部纪要（1891年11月28日）》，第10页。）

④ Петровский Н.Ф. Ответ консула в Кашгаре Н.Ф. Петровского на заявление С.Ф. Ольденбурга // ЗВОРАО. с. 293-298.（彼得罗夫斯基：《俄国驻喀什领事彼得罗夫斯基对奥登堡所提问题的答复》，第293—298页。）

⑤ Петровский Н.Ф. Буддийский памятник близ Кашгара // ЗВОРАО. с. 298-300.（彼得罗夫斯基：《喀什周边的佛教遗迹》，第298—300页。）

在中亚地区，和佛教相关的古迹非常多，在帕米尔地区也许可以发现这样的古迹。鲍尔在库车附近发现的文献实属偶然。他向领事馆的秘书柳特什展示了他拿到的文献，柳特什给别夫措夫上校的信中谈到了此事，希望能够引起他们对库车古文献的重视，考察队返回时经过库车。并且，我把自己两年前在喀什噶尔购买的一页不知名语言书写的文献寄了出去，和鲍尔找到的那些非常相似。得知东方部想要拿到这些文献后，我自费派了一名机灵的当地人去库车及周边地区打探消息，具体到在什么位置发现了什么样的文献。我付了25卢布用于购买废墟中的文献。如果当地居民谁能提供更有价值的文献信息，我会把他们请到领事馆。①

回信引起了俄国历史学家、东方学家、考古学家、突厥学专家维谢洛夫斯基（Н.И. Веселовский）和罗曾（В.Р. Розен）对新疆古文书的浓厚兴趣。俄国皇家考古协会东方部1892年3月29日的会议纪要记录着当时的情况。

东方部主席仔细阅读了喀什噶尔领事彼得罗夫斯基关于西域剩余古代手稿概况的回信，领事在信函中附了几张当地重要古代废墟和遗迹的照片。此外，彼得罗夫斯基还把他在喀什噶尔收购的几页文献残片寄给了协会。②

---

① Петровский Н.Ф. Ответ консула в Кашгаре Н.Ф. Петровского на заявление С.Ф. Ольденбурга // ЗВОРАО. с. 298. （彼得罗夫斯基：《俄国驻喀什领事彼得罗夫斯基对奥登堡所提问题的答复》，第298页。）

② Протокол заседания ВО РАО от 28 ноября 1891 г// ЗВОРАО. 1892. с. 11.（《俄国皇家考古协会东方部纪要（1891年11月28日）》，第11页。）

出于各种顾虑，直到1893年这份会议纪要才公布于世，彼得罗夫斯基的回信内容终于被俄国学术界和考古界所了解。协会主席罗曾和喀什领事彼得罗夫斯基联系的建立标志着俄国皇家考古协会系统研究中国新疆古代手稿的开始。

三、彼得罗夫斯基和马继业的古文书搜集

19世纪末20世纪初，驻扎在喀什的俄国（总）领事彼得罗夫斯基和喀什英国常驻代表乔治·马噶特尼（George Macartney，中文名马继业），分头秘密搜集尽可能多的中亚古物，源源不断地运回本国交给东方专家研究，以求在考古文献资料方面占得"大博弈"的先机。

英国编制形成了所谓的《蓝皮书》，记录英俄大角逐所有相关信息。1890年，弗朗西斯·扬哈斯本[①]随使团到喀什与清政府商谈在中国新疆建立英国领事馆一事，企图将领事馆作为英国扩张的领地。1891年，扬哈斯本返回英国，马继业（1867—1945）作为英国首任驻喀什代表留在了新疆，并在新疆度过了28年。其间，马继业从当地居民手中获得大量文献文物。英国驻喀什代表马继业时刻关注着俄国在中国西部的动态，他的文书收集从1893年开始。马继业收集了用未知文字写成的古文书并源源不断寄给身在印度的英国东方学家鲁道夫·霍恩勒（1841—1918）研究和鉴定。得知文书的价值后，马继业更加疯狂地投入古代手稿的购买和搜寻中。马继业的妻子凯瑟琳在回忆录中写道：

早在1893年，我丈夫（马噶特尼）就得到了大量的破碎陶器，

[①] 扬哈斯本，中文译名荣赫鹏，出生于印度，英国军官，中亚探险家。

石质和金属公章，泥质佛教人像，35卷手稿——所有这些都是在巴扎上从当地的找宝人那里买到的。很显然，正是在沙漠中，这些人捡到了它们。我丈夫和众多的珍品收集者一样，把他的收集品看得很重。但后来他把它们送到已故的霍恩勒教授那里。这位教授是加尔各答的一位非常有名的梵语学者。当教授写信给我的丈夫告诉他这些手稿是迄今所见到的最古老的印度文字手写文书时，我丈夫惊呆了，因为它们是公元4世纪的东西。[1]

1890年起，在领事工作之外，俄国驻喀什（总）领事彼得罗夫斯基利用闲暇时间完成俄国皇家科学院、俄国皇家考古协会、俄国地理协会、俄国中亚东亚研究委员会等科研机构下达的在新疆地区搜索古代文书和文物的任务。彼得罗夫斯基在南疆建立了广泛的古文书收集网络，利用俄商、贸易长阿克萨卡尔收集文书，足迹遍及库车、莎车、和田、库尔勒等地，收集了大量古文物文书并陆陆续续经俄属中亚运回俄国。彼得罗夫斯基亲自考察了喀什近郊的莫尔佛塔、三仙洞石窟等佛教遗迹。他是最早对喀什古城、汗诺依古城作出定义和研究的外交官员。

英俄考古之争表面风平浪静，暗下却风起云涌。1895年，马继业的代理在库车收购了一份重要的古代手稿，彼得罗夫斯基为此狠狠训了自己的代理。

一份库车手稿在我的眼皮底下送到了印度，我们的代理没来得

---

[1] [英]凯瑟琳·马噶特尼、戴安娜·西普顿著，王卫平、崔延虎译：《外交官夫人的回忆》，乌鲁木齐：新疆人民出版社，2010年，第56页。

及将它买下，为此，我狠狠训了库车的代理。①

彼得罗夫斯基紧盯欧洲探险家对古文书的收购动态，当他发现南疆古代文书流失到英属印度时，彼得罗夫斯基立即向俄国科学界汇报：

喀什噶尔的古代手稿怎么会运到加尔各答。听说往阿克苏方向去了两名英国人，格瑞菲尔德和柔克，听说他们不是去找古文献，而是去打猎。②

起初彼得罗夫斯基没有料到，英国驻喀什代表马继业③也是古代文书收集者。经过一年的侦察，彼得罗夫斯基终于查明马继业收购古文书的事实。1894年8月，彼得罗夫斯基给俄国委员会副主席、其收集品的主要研究者奥登堡的信中写道，他已查明马继业正在为霍恩勒收集古代手稿：

我在等从库车寄来的古代手稿，现在又出现了竞争对手马继业，他是英国驻喀什噶尔代理，实际是个间谍，他想尽一切办法为

---

① И.В.Тункина. *Н.Ф.Петровский как собиратель древних памятников письменности в восточном туркестане* // ВОСТОК-ЗАПАД. с. 119.（图金娜：《彼得罗夫斯基在新疆收集的手稿和艺术品》，第119页。）

② И.В.Тункина. *Н.Ф.Петровский как собиратель древних памятников письменности в восточном туркестане* // ВОСТОК-ЗАПАД. с. 117.（图金娜：《彼得罗夫斯基在新疆收集的手稿和艺术品》，第117页。）

③ И.В.Тункина. *Н.Ф.Петровский как собиратель древних памятников письменности в восточном туркестане* // ВОСТОК-ЗАПАД. с. 117.（图金娜：《彼得罗夫斯基在新疆收集的手稿和艺术品》，第117页。）

霍恩勒购买手稿。①

得知马继业也在和田招募代理后,彼得罗夫斯基立即向圣彼得堡学术界汇报,1894年11月15日,彼得罗夫斯基给奥登堡的信中写道:

英国人在和田招募收购文物的商人,目前来看,他们买到的东西不如我的好。②

在彼得罗夫斯基看来,马继业收集的古代手稿远不如自己的好。1893年,英国东方学家霍恩勒(1841—1918)向英属印度政府内务部部长查尔斯·里奥爵士(Sir C.Lyall)建议英国政府出面组织收集新疆出土文献,收集品将归英国博物馆所有。1893年8月22日,英属印度政府下令特命克什米尔驻扎官巴尔(D.W.R.Barr),并由他转令英国驻吉尔吉特、喀什、列城等地的官员收集新疆等地古代手稿。1893—1899年,30余批收集品送到霍恩勒手中,其中18批由马继业收集,12批由先后任英国驻列城、拉达克、吉尔吉特的政治代表戈福雷(Stuart H.Godfrey)上尉提供,英国驻克什米尔政治代表塔博特公爵(Sir Adeblert C.Talbot)也提供了一部分。这些文献和文物来自和田、库车、库尔勒等地,多是英国驻地代表通过当地英商从挖宝人手中收购,统称"霍恩勒收集品"

---

① И.В.Тункина. *Н.Ф.Петровский как собиратель древних памятников письменности в востосном туркестане* // ВОСТОК–ЗАПАД. с. 117.(图金娜:《彼得罗夫斯基在新疆收集的手稿和艺术品》,第117页。)

② 俄罗斯科学院档案馆圣彼得堡分馆藏,档案编号:СПб. ФА РАН. Ф. 208. Оп. 3. Д. 459. Л. 14–15。

(Hoernle Collection)。霍恩勒在中国新疆的古文献资料搜索加剧了英俄外交官员在中国新疆的文献竞争。彼得罗夫斯基也加快了古代手稿和文物的收集速度。彼得罗夫斯基陆续收集并运回俄国的古文物文书计一万余件，其中文物部分计3000余件，古代写本、残片总计7000件，[①]俄罗斯学术界称之为"彼得罗夫斯基收集品"，最早的文物已有1500多年的历史，包括梵文文献、印度文献、藏文文献、吐火罗文文献等，其中不乏《妙法莲华经》《般若波罗蜜多心经》等珍贵佛教文献资料。

四、英、俄对中国新疆古文书的研究

新疆古文书文物流失到英俄科学界后，两国科学界立即组织科研人员对收集品展开研究，争先占领欧洲考古学研究高地。1897年，英国探险家斯坦因和俄国探险家奥登堡同在巴黎参加了第11届印度学代表大会。1877年巴黎会议和1899年罗马会议正式确认将中亚探险列入工作议程，奥登堡被选为罗马中亚探险队国际筹备委员会成员。会议中，奥登堡做了俄国驻喀什领事彼得罗夫斯基（1937—1908）带回的和田手稿的报告。[②]英国驻喀什代表马继业的收集品主要由19世纪末中亚研究奠基人、英籍德裔东方学家、斯坦因的导师加尔各答经学院的院长霍恩勒研究。当时，霍恩勒正努力破译英国驻喀什代表马继业从和田的伊斯兰教徒阿訇手中购得的不知名语言写本文献。霍恩雷收集品中收录了许多残卷，当时被称作"未知语言A"和"未知语言B"，后来经证实

---

① Под общ. ред. Попова И.Ф. *Сергей Федорович ОЛЬДЕНБУРГ Учёный и организатор науки*. Москва: Наука–Восточная литература. М. 2016. с. 267.（波波娃主编：《谢尔盖·费多洛维奇·奥登堡》，第267页。）

② 英文手稿原件藏于牛津大学包德利图书馆，斯坦因手稿第101号，第45张。

为于阗文（Khotanese）和龟兹文（Kuchean, Tocharian B）文献，俄国学者称其为库车文，吐火罗语B。另外一种不知名的"语言"，霍恩勒花费了几年时间研究，但始终不得其解，最后证实是古物"生产者"阿訇仿造的赝品。霍恩雷在收到这些资料后，在一系列文章中阐述自己的研究成果。1887年，霍恩勒在亚洲协会创办的期刊上发表《中亚地区发现的三批古代文书》（Three further collections of ancient manus from Central Asia），对阿訇伪造的3批古代文书进行了初步解读。1899年，霍恩勒的第一次报告中详细介绍的45块"木板印刷品"，实际都是伊斯拉姆·阿訇伪造的。1898年末，霍恩勒对中国南疆的搜集品中30多批文物进行了系统的分析和研究，写成长篇报告《关于中亚文物英国搜集品的报告》（A collection of antiquities from Central Asia, Part I），上报英属印度政府，同时要求印度政府准许他将此报告作为《孟加拉亚细亚学会会刊》的增刊公布于世。① 1899年，霍恩勒发表了第二份马继业收集品中关于古文书的详细报告。报告中，霍恩勒根据和田古文书的纸张类别、字体将其分为10部分，霍恩勒认为这些古文书从字迹上辨认，使用了佉卢文、印度婆罗谜文、藏文、汉文、回鹘文、波斯文、阿拉伯文、阿拉米文及希腊文9种文字。但霍恩勒还是无法破译其内容。同年，霍恩勒在英国亚洲协会增刊上发表名为《英国大不列颠的新疆收集品（第一部分）》②讲述了寻宝人伊斯拉姆·阿訇找寻古文书的经历和塔克拉玛干沙漠中古废墟的巨大价值，霍恩勒认为这是此前从未发现

---

① 王冀青：《霍恩勒与中亚考古学》，《敦煌学辑刊》2011年第3期，第149页。
② Хёрнле. Отчет о Британской коллекции древностей из Центральной Азии. Часть I.Журнал Азиатского общества Бенгалии. дополнительный номер. 1899. с. 91.(霍恩勒：《英国大不列颠的新疆收集品（第一部分）》，《英国亚洲协会》增刊1899年，第91页。)

过且已失传千年以上的古印度传统医学《阿育吠陀》（Ayuverda）典籍中的一部分。此消息一公布，立即引起欧洲考古学界的强烈兴趣。霍恩勒收集品中的古代手稿部分先由英国博物馆东方部（Department of Oriental Printed Books and Manus）收入，后来梵文、于阗文和龟兹文材料转交印度事务部图书馆收藏。留在英国博物馆的汉文写本共13件，也在1973年转归英国图书馆收藏。①

俄国科学院院士、东方学家奥登堡是彼得罗夫斯基收集品的主要研究者。奥登堡认为彼得罗夫斯基早期寄给协会的文献残片是古印度梵文文献，但很难确定文献上的字母究竟是哪种文字。1892年，奥登堡发表了《彼得罗夫斯基收集的喀什噶尔文献》，②1900年，俄国东方学家莱蒙将这两份文献残片及彼得罗夫斯基收集品的一份文献刊布。这种不为人知的语言被称为吐火罗语，标记为吐火罗语A（吐鲁番语和焉耆语）。库车发现的语言被称为吐火罗语B或者库车语。第二年，霍恩勒公布了德国社会学家韦伯收集品中的相似文献资料。彼得罗夫斯基10年间陆续寄到圣彼得堡的文献残片装在信封里保存，文献上还有奥登堡标记的注释。1893—1903年，奥登堡在《俄国皇家考古协会东方部学报》上陆续公布彼得罗夫斯基文献收集品资料，文献大部分是从拉丁文转译的影印本，只有一小部分内容被翻译出来。此外，奥登堡花大量时间和精力用于彼得罗夫斯基收集品写本语言的破译上。他把彼得罗夫斯基寄到圣彼得堡的梵语文献整理后发表，统称为《彼得罗夫斯基收集品中梵语手稿及残片》。彼得罗夫斯基寄回的梵语文献共划分为

---

① 荣新江：《敦煌学十八讲》，第198页。
② 俄罗斯科学院东方文献研究所藏，档案编号：ИВР РАН. Ф. 43. Оп. 1. Д. 4. Л. 1-2 об。

五部分，奥登堡准备出版的梵语文献残片共40段，并给每份残片编号，第一部分（编号1—9，两张附表）于1894年在《俄国皇家考古协会东方部学报》上刊登，①第二部分出版于1899年（编号10—12，两张附表），②第三部分于1904年出版（编号15—19，三张附表），③第四部分（编号13—14，22）还未出版，保存在1917—1918年的校样中，第五部分《彼得罗夫斯基收集品中梵语手稿及残片》已做了音译的准备工作（19，21—40），在其档案中我们看到了奥登堡准备收入的第五部分文献残片。彼得罗夫斯基收集品中还有很多印度婆罗谜文手稿，奥登堡将这些手稿分为新疆南部竖体和新疆北部斜体两类。他在这些手稿中找到了10份（其中的一份由16块文献残片拼成）用新疆北部婆罗谜文斜体书写的手稿，其他手稿是用新疆南部竖体婆罗米文书写的。奥登堡研究后发现彼得罗夫斯基收集品中的古代手稿很像吉尔吉特婆罗谜文的变体。只有非常少的一小部分是书写在棕榈叶或白桦树叶上的消失的贵霜王朝婆罗米文。④

---

① Ольденбург С.Ф. *Отрывки кашгарских санскритских рукописей из собрания Н.Ф. Петровского* // ЗВОРАО.с. 47–67.（奥登堡：《彼得罗夫斯基收集品中梵语手稿及残片》（第一部分），第47—67页。）

② Ольденбург С.Ф. *Отрывки кашгарских санскритских рукописей из собрания Н.Ф. Петровского II*// ЗВОРАО. с. 207-264.（奥登堡：《彼得罗夫斯基收集品中梵语手稿及残片》（第二部分），第207—264页。）

③ Ольденбург С.Ф. *Отрывки кашгарских санскритских рукописей из собрания Н.Ф. Петровского III* // с. 113-114.（奥登堡：《彼得罗夫斯基收集品中梵语手稿及残片》（第三部分），第113—114页。）

④ И.В.Тункина. *Н.Ф.Петровский как собиратель древних памятников письменности в востосном туркестане* // ВОСТОК-ЗАПАД. с. 105.（图金娜：《彼得罗夫斯基在新疆收集的手稿和艺术品》，第105页。）

五、影响

以彼得罗夫斯基和马继业为代表的俄英驻喀什外交官对古代手稿的收购导致古文书价格一路飙高。寻宝成为一种热潮，成为当地人获取高额收益的特殊职业。1895年3月，彼得罗夫斯基给奥登堡的信中谈到英国人高价回收抬高了古代文书的市场价。

> 我把所有的心思都放在了搜寻当地古代手稿上，这都怪您。2月4日，我在阿克苏、库车、和田三地安置了更为灵通的密探，他们或收购或偷窃文书，很有可能，他们更愿意卖给英国人。①

同年7月，彼得罗夫斯基给奥登堡的信中抱怨获取古代手稿越来越难。

> 我把和田寄来的文书寄给维克多·罗曼诺维奇公爵了，和我寄给您的差不多。包裹中还有带题字的模塑品，从我给公爵的信中可以看出，获取文书越来越难了，我的两个通讯记者告诉我，有人在和田帮助英国人购买文书，所有文书的价格涨得很快。②

---

① И.В.Тункина. *Н.Ф.Петровский как собиратель древних памятников письменности в восточном туркестане* // ВОСТОК−ЗАПАД. с.117. （图金娜：《彼得罗夫斯基在新疆收集的手稿和艺术品》，第117页。）

② И.В.Тункина. *Н.Ф.Петровский как собиратель древних памятников письменности в восточном туркестане* // ВОСТОК−ЗАПАД. с.119. （图金娜：《彼得罗夫斯基在新疆收集的手稿和艺术品》，第119页。）

彼得罗夫斯基给俄国科学界的书信中抱怨"不但手稿价格越来越高，自己安插在各地的代理也耍起了滑头"。与1894年相比，1895年代理的报价高出了650卢布，还要搭上100卢布的礼物。

英国人在和田及周边地区安插了很多收购古代玉石和古文献的代理。我的代理没有透露如何搜找文献的风声，但即便如此，文献的价格也越来越高，因此，我决定只购买那些完整的、从未见过的文书古文献残片。无论如何，我都会吩咐代理继续寻找古文书。

我的代理耍起了滑头，他们提出的价格高到离谱。去年和今年的文书价格差了650卢布！不仅如此，还要搭上100卢布的礼物给代理。这样下来就太贵了，我只能结束和代理的关系，找机会再买古文书。

我安插的人手没有告诉我什么消息，他们却干了这样的事儿：他们为了拿到奖赏，买到古代手稿后，将其中的一半或更少的部分寄给我，或先让骑手送过来一部分手稿包裹，过一段时间再把剩余手稿包裹送过来。他们还在信中强调，为了拿到这些手稿，他们是多么地不容易，付出了多么大的代价。前不久，其中的一个代理人给我写信说，他赶着3匹马去沙漠寻找手稿，他以为我会立即寄钱给他，好让他自由自在地旅游，他错了。我可不愿意白白浪费钱。[1]

---

[1] И.В.Тункина. Н.Ф.Петровский как собиратель древних памятников письменности в востосном туркестане // ВОСТОК-ЗАПАД. с.119. （图金娜：《彼得罗夫斯基在新疆收集的手稿和艺术品》，第119页。）

当地居民将手稿撕成几份分别卖给英国人和俄国人，对古代手稿造成了不可弥补的损失。尽管彼得罗夫斯基和马继业是从不同人手中购得的文献，但是可以确定的一点是这些文献来自同一个地点，也许都是在喀什附近的一处废墟中挖出来的，而后撕成两份，分别卖给彼得罗夫斯基和马继业的代理。1897年2月，在俄国皇家考古协会东方部的会议上，彼得罗夫斯基作了《中国南疆古文献的收集条件》的演说，并现场展示了自己收集的部分文献。他说：

当地人残忍地将文献分成几部分，分别卖给俄国人和英国人。[1]

英俄考古之争是出现伪造古代手稿的直接原因，伪造手稿的出现是英俄考古竞争激烈的体现。伪造文书给汉学家辨别文书真伪带来了巨大困扰。笔者会在下一节细述阿訇伪造文书，此处不再赘述。

20世纪初，奥登堡提出了把藏于各国的同一篇文献碎片复原的想法，[2]让藏于俄罗斯科学院东方文献研究所的"碎片垃圾"发挥作用，计划由于一战爆发而搁置。随着时代的发展，古代手稿研究走向国际合作是历史的必然趋势。

六、结语

在英、俄政治竞争和军事竞争的复杂局面下，彼得罗夫斯基为当时

---

[1] Ольденбург С.Ф. *К кашгарским буддийским текстам* // ЗВОРАО. 1894. Т. VIII. Вып. I–II. с. 7.（奥登堡：《喀什的佛教手稿》，第7页。）

[2] Ольденбург С.Ф. *Рец. на* Hörnle R. *The Bower Manuscript* // ЗВОРАО. с. 28–36.（奥登堡：《评霍恩勒获鲍尔写本》，第28—36页。）

的俄国做了许多工作，损害了我国利益，造成我国珍贵文物手稿的大量流失。在英、俄大角逐中，彼得罗夫斯基同时接受俄国外交部、军事部、总司令部等多个部门的差遣，完成各部门下达的任务，多次为俄国在英俄大角逐中赢得主动权，扩大了俄国在新疆的势力范围及俄国考古在欧洲的国际影响力。

在这场没有硝烟的考古竞争中，俄国占有明显优势，主要原因有三：首先，彼得罗夫斯基熟练掌握法语、德语、英语和突厥语。

> 突厥语的用途非常广，和警察局、边界哨所等当地政府部门、近千人住在喀什噶尔的俄国公民、俄属中亚和布哈拉汗国不懂俄语的商人交流都要用到突厥语。①

在中国新疆，彼得罗夫斯基通过突厥语与当地居民的交流，了解新疆的古代传说，这是彼得罗夫斯基搜罗文书的重要线索，他用这种"接地气"的方式获得大量不为人知的考古信息。彼得罗夫斯基在喀什的影响力远超马继业，消息来源更加广泛。当地居民、俄商、官员更愿意把古代文书来源告知俄国领事以此获取彼得罗夫斯基的庇护。彼得罗夫斯基对古文书研究的细致程度远超马继业，他综合利用地名学、语言学、地理学、历史学知识断定古文献的来源。

彼得罗夫斯基和马继业同时在南疆搜罗文书文物，相同之处是寻宝方式，觅宝人从沙漠的古废墟中将所获文书文物卖给和田、库车、莎车、阿克塞等地的代理，马继业或彼得罗夫斯基从各自代理手中拿到

---

① 俄罗斯对外政策档案馆藏，档案编号：АВПРИ. Ф. 143. Оп. 491. Д. 502. Л. 8-8 об。

古文书后分别交给英国政府和俄国科学院，后者再转交文书给东方学家进行研究。不同的是，英国所获古文书大多出自和田地区，由马继业收集得来，只有一小部分文书来自拜城。而彼得罗夫斯基建立的古文书搜集网络，遍布和田、库车、莎车、库尔勒、阿克塞甚至喀什周边村落，无论是文书的质量还是数量都远超马继业所搜集的古文书。

第二节 伊斯拉姆·阿訇伪造"未知文字"古文书再考

2011年，王冀青教授在敦煌学辑刊上发表了《霍恩勒与中亚考古学》①，其中提到了伊斯拉姆·阿訇伪造古文书一事。该文以论述英籍德裔考古学家鲁道尔夫·霍恩勒（Rudolf Hoernle，1841—1918）中亚考察为中心，对英国探险家斯坦因发现这些古文书系维吾尔族奸商伊斯拉姆·阿訇伪造一事进行了简要叙述。其他论述霍恩勒对新疆古文书研究的文章及斯坦因新疆考察的文章也只对和田伪文书一笔带过。笔者根据英国大英博物馆、俄罗斯科学院档案馆圣彼得堡分馆和俄罗斯科学院东方文献研究所保存的19世纪末20世纪初探险家斯坦因、奥登堡、伯希和、彼得罗夫斯基间的书信及斯坦因亚洲考察旅行日记《沙埋和阗废墟记》，特别是外交官彼得罗夫斯基与霍恩勒书信中的蛛丝马迹，真实还原彼得罗夫斯基、斯坦因对伊斯拉姆·阿訇伪造文书的调查及阿訇伪造"未知文字"古文书的全过程。

---

① 王冀青：《霍恩勒与中亚考古学》，《敦煌学辑刊》2011年第3期，第134—157页。

一、伪造古文书的出现

喀什特殊的地理位置使其成为英、俄展开竞争的角逐场，这里是英俄角逐中收集情报、相互监视的理想之地，同时这里也是西方列强在新疆探险、掠夺文物的桥头堡。斯文·赫定、格鲁姆·格尔日麦洛、普尔热瓦尔斯基、斯坦因等欧洲探险家多次经喀什进入新疆和田寻宝。俄国（总）领事彼得罗夫斯基和英国驻喀什代表马继业也直接参与了新疆地区，特别是以和田为中心的南疆古文书文物的收集。二人在南疆各地设有多名代理人，通过收购或赎买的方式获得大批珍贵古文书。在利益的驱使下，和田、莎车、库车等地掀起了在塔克拉玛干沙漠古代废墟搜寻古文书的热潮。和田本地盗宝人伊斯拉姆·阿訇（Islām Ākhūn）平时以向西方探险者贩卖手稿、文物，留意到欧洲探险家对古文书的疯狂掠夺及收购，阿訇从中看到了商机，但又不愿意受苦去沙漠中寻找古书，"虽然和田附近的遗址中确实出现过一些古代抄本，但是数量稀少，即使冒险进入塔克拉玛干沙漠努力搜寻，运气好时最多找到零星古文书残片。"[1]想要大赚一笔的阿訇，伪造了一些不知名文字的古文书。当时在喀什巴扎市场及和田周边地区源源不断地流通一些奇怪文字的古文书，寻宝人称其来自塔克拉玛干沙漠的古代废墟和遗址，后证实为伊斯拉姆·阿訇所造。

1894—1898年，伊斯拉姆·阿訇造出了包括数种文字在内的"古文书"，大部分通过英俄驻南疆代理卖给了俄国驻喀什（总）领事彼得罗

---

[1] [英]马克·奥里尔·斯坦因著，殷晴等译：《沙埋和阗废墟记》，乌鲁木齐：新疆美术摄影出版社，1994年，第283页。

夫斯基和英国驻喀什代表马继业，其中马继业获得的伪文书尤其多。"近年来，这些赝品从和田大量贩出，不仅出现在加尔各答而且出现于伦敦、巴黎、圣彼得堡的大图书馆。"[①]1895年，伊斯拉姆·阿訇将一些带有沙土的各类古文书带到英国驻喀什代表马继业面前，这部分古文书大部分用铜线装订。1890年，英国德裔东方学家霍恩勒因破解了鲍尔中尉从库车南部带回的"不知名"古文献而名声大起，马继业将这些文书寄到印度交给霍恩勒辩读、破解和研究。直到1898年，印度政府购买的无名文字古文书大多来自和田寻宝人伊斯拉姆·阿訇。阿訇的同伙毛拉懂一点俄语，他主要负责向彼得罗夫斯基的代理兜售伪造文书。阿訇一伙源源不断地向马继业和彼得罗夫斯基提供所谓的古文书，以霍恩勒为代表的欧洲东方学家将大量精力和时间用于伪文书的解读，霍恩勒对马继业搜集的新疆古文书做了近3年研究，这批古文书交到霍恩勒手里后，霍恩勒并不知道其中有伪造品，他将全部精力用于破解这批未知文字的古文书上。"这些符号是我从来没有见过的，我将空闲时间都用于这些古文书的解读和研究上，并陆续向英属印度政府提交了研究报告"。1897年，霍恩勒在加尔各答亚洲协会创办的期刊上发表了《中亚地区发现的三批古代文书》，对阿訇伪造的三批古代文书进行了初步解读。1898年末，霍恩勒对来自中国南疆搜集品中30多批文物进行了系统地分析、研究，写成《关于中亚文物英国搜集品的报告》并上报英属印度政府，同时要求印度政府准许他将此报告作为《孟加拉亚细亚学会会刊》的增刊公布于世。[②]这份报告中详细介绍的45块

[①] [英]马克·奥里尔·斯坦因著，殷晴等译：《沙埋和阗废墟记》，乌鲁木齐：新疆美术摄影出版社，1994年，第287页。
[②] 王冀青：《霍恩勒与中亚考古学》，第149页。

"木板印刷品"实际都是伊斯拉姆·阿訇伪造。1899年,霍恩勒发表了第二份马继业收集品中古文书的详细报告。报告中,霍恩勒根据和田古文书的纸张类别、字体分为10部分,霍恩勒认为这些古文书使用了佉卢文、印度婆罗谜文、藏文、汉文、回鹘文、波斯文、阿拉伯文、阿拉米文及希腊文九种文字,但霍恩勒还是无法破译其内容。同年,霍恩勒在英国亚洲协会增刊上发表名为《英国大不列颠的新疆收集品(第一部分)》,①讲述了寻宝人伊斯拉姆·阿訇找寻古文书的经历和塔克拉玛干沙漠中古废墟的巨大价值,霍恩勒认为这是已失传千年以上的古印度传统医学《阿育吠陀》(Ayuverda)典籍中的一部分,此前从未发现过,此消息一公布,立即引起欧洲考古学界的强烈兴趣。

随着和田"未知文字"古文书在欧洲出现得越来越多,且很多内容至今难以破解,这让欧洲东方学家产生了疑惑。喀什的瑞典传教士马格努斯·贝克隆德(Magnus Bäcklund)是第一位对这批来自和田古文书的真伪质疑的学者。他曾在伊斯拉姆·阿訇手中购得大量古文书,现藏于瑞典国家博物馆的一个角落里。1898年4月7日,瑞典传教士贝克隆德听到仆人转述,他们从伊斯拉姆·阿訇未成年的小儿子口中得知古文书是由伊斯拉姆·阿訇自己的工厂加工制作后,贝克隆德立即给马继业写信说明他收集的"未知语言"古文书很有可能是赝品。1898年6月29日,贝克隆德给霍恩勒去信正式提出赝品说。②贝克隆德的说法缺乏确

---

① Хёрнле. Отчет о Британской коллекции древностей из Центральной Азии. Часть I. Журнал Азиатского общества Бенгалии . дополнительный номер. 1899. c.91.(霍恩勒:《英国大不列颠的新疆收集品(第一部分)》,《英国亚洲协会》增刊1899年,第91页。)

② 1898年6月29日,贝克隆德致霍恩勒的信。Rudolf Hoemle.A.F. *A Collection of Antiquities from Central Asia (Part 1)* // Jounal of Asiatic Socity of Bengal. Part 1. Vol. 68. 1899. pp 57-59.

切证据，霍恩勒还在1899年给英属印度政府的报告中专设《伪文献之说》（The Question of Genuineness）一节，对欧洲考古学家及贝克隆德本人提出的赝品说进行了回应。①"我最近的研究可以证明，这批古文书是真迹，而非赝品。"②贝克隆德也多次向马继业、彼得罗夫斯基提起兜售文献的阿訇。瑞典探险家斯文·赫定曾从文献贩子手中购买过同样的古抄本。

尽管这些伪造文献纸张粗糙发黄、稍有残缺、略带烧灼痕迹，但这些文书奇特难解的文字、众多的出土数量、异常良好的保存状况、没头没尾地突然出现，以及奇怪的装订方式让瑞法英俄探险家起了疑心。

> 后期的产品采用的是仿欧洲式的装订方法，很粗糙而不恰当（往往使用铜钉或纸捻）。必然会使人对他的真实性产生严重的怀疑。③

彼得罗夫斯基寄给俄国专家研究的文献中出现的类似俄文西里尔字母或者倒写的俄文字母的字符，也让俄国汉学家起了疑心。斯坦因之所以对部分收购文献起疑，是因为伪造的文献中写有简单符号的古代于阗文抄本，而这些所抄本和斯坦因在废墟中挖到的古于阗文完全不同。斯坦因在和田考察中获得的文书多为佉卢文、印度婆罗谜文、中亚婆罗

---

① 王冀青：《霍恩勒与中亚考古学》，第149页。

② Хёрнле. Еще три коллекции древних рукописей из Центральной Азии // Журнал Азиатского общества Бенгалии. Vol. 66. 1887. p. 250.（霍恩勒：《英国大不列颠的新疆收集品（第一部分）》，《英国亚洲协会》增刊1899年，第250页。）

③ [英]马克·奥里尔·斯坦因著，殷晴等译：《沙埋和阗废墟记》，乌鲁木齐：新疆美术摄影出版社，1994年，第292页。

谜文、藏文、汉文,尽量避开购买这些无名文字的文书。①

这些文书同样在形式上千篇一律,但字体上显示出很大的差异,而且在字的大小、笔画粗细上也常发现明显的不同。②

在伊斯拉姆·阿訇的伪造文书中,除了装订粗糙外,也找不到真正文书所具备的纸张质地和色泽。

二、彼得罗夫斯基对伪造文书的调查

彼得罗夫斯基是最早查明阿訇伪造文书过程的欧洲人。1899年前后,在代理的协助下,彼得罗夫斯基很快查明了阿訇制造古代手稿的全过程,包括纸张的生产、伪造文书的刻字模板、用沙子做旧等细节。1898年4月,彼得罗夫斯基给罗曾的信中抱怨古文献中混杂着伪造文献,伪造文书的纸张在和田生产,并且完全实现了工厂化生产,木板印刷的伪文书抹些油和沙子,就达到了做旧的效果。

我完全肯定的一点是,在英国人的诱惑下,和田开始有人伪造文献。他们手中有用于印刷的木板,以此完成各种形式的伪造文书。纸张也是在和田生产的,在伪造的古书上抹些芝麻油,再撒些沙漠中的沙子,赝品就这样完成了。卷轴式的古文书还没发现伪造

---

① [英]马克·奥里尔·斯坦因著,殷晴等译:《沙埋和阗废墟记》,乌鲁木齐:新疆美术摄影出版社,1994年,第287页。
② [英]马克·奥里尔·斯坦因著,殷晴等译:《沙埋和阗废墟记》,乌鲁木齐:新疆美术摄影出版社,1994年,第291页。

品，但寄给您的古代手稿中，可能就掺杂着伪造文书，但也不一定，我安插的各地代理非常忠诚，但也说不上，万一他们自己被骗了还不知道，但我敢肯定的是，我的代理不会做这样的事。大部分伪造的古文书流向了马继业和英国驻地官员，在我离开喀什噶尔期间，他们不惜一切手段从和田收购文书。现在看来，我以后收购文书要万分小心才是。我找了个密探，答应给他10卢布让他帮我找到印伪文书的那块木板。①

彼得罗夫斯基离开喀什回塔什干休假期间是阿訇伪造文书最为成熟的时期，也是马继业等英国官员收集文书最为疯狂的时期。可以肯定的是俄藏收集品中的伪造文书不多，大部分伪造文书被马继业和其他英国官员在彼得罗夫斯基离开喀什期间收购，最终流向了英属印度。1898年7月，彼得罗夫斯基给奥登堡的信中写到近期拿到古代手稿中确定有伪造文书且价格高昂。

马继业给我看了一本小册子，经他允许，我把这本册子寄给您，请您两周内一定寄还。我觉得，这本册子是在印度出版。除了赝品，还有更奇怪的事，前几天，有人给我拿来一个本子，很旧，上面是一样的字母，仔细一看就知道也是伪造品，这样的文献我没有购买，他们要价非常高，也许还会碰到类似的。②

---

① 原件藏于俄罗斯科学院档案馆圣彼得堡分馆，档案编号：СПб. ФА РАН. Ф. 777. Оп. 2. Д. 348. Л. 11–12 об。

② 原件藏于俄罗斯科学院档案馆圣彼得堡分馆，档案编号：СПб. ФА РАН. Ф. 208. Оп. 3. Д. 459. Л. 45–45 об。

当罗曾请求在《俄国皇家考古协会东方部学报》上公布新疆出现的伪文书时，彼得罗夫斯基表示可以再等一等，此时彼得罗夫斯基还不知道文书伪造者的名字，还在追踪伪造文书的证据——刻字模板。

> 关于新疆出现的伪造文献当然可以发表，但我希望可以再等一下，我还不知道文书伪造者的名字，还没有拿到伪造文书所用的刻字模板，目前正为此事奔波。①

1898年7月底，彼得罗夫斯基安插在和田的代理在沙漠附近拿到了用于伪造文书的刻字模板。

> 昨天从和田传来消息，我要的带图案和题字的木板已经在塔克拉玛干沙漠附近买上了，很快寄给我。②

此后，彼得罗夫斯基收购来自和田的古代手稿更加小心谨慎。1899年3月，彼得罗夫斯基给罗曾寄了"一个熟人从和田给我了一份古代手稿，我怀疑是不是赝品，不管怎样，我还是寄给奥登堡鉴定。"③1899年6月底，彼得罗夫斯基又把从和田获得的两张古文献寄出，一份写在桦树皮上，彼得罗夫斯基明确表示是伪造品，另一份写在纸张上，彼得

---

① 原件藏于俄罗斯科学院档案馆圣彼得堡分馆，档案编号：СПб. ФА РАН. Ф. 777. Оп. 2. Д. 348. Л. 13 об.
② 原件藏于俄罗斯科学院档案馆圣彼得堡分馆，档案编号：СПб. ФА РАН. Ф. 208. Оп. 3. Д. 459. Л. 45–45 об.
③ 原件藏于俄罗斯科学院档案馆圣彼得堡分馆，档案编号：СПб. ФА РАН. Ф. 777. Оп. 2. Д. 349. Л. 3.

罗夫斯基怀疑也是伪造品。"奇怪的是，写在桦树皮上的古代手稿上的字母又基本是一样的符号，杂序无章地排列着。也许我的猜测是错的，原封不动地寄给您辨别。"①1899年10月，彼得罗夫斯基收到了3页用无序钩型字母书写的古代手稿，寄给奥登堡鉴定。"3页古文书和一些残片。文书好像是伪造品，但不妨再次鉴定一下，又是那种无序的钩型字母，这个任务交给奥登堡了。"②

彼得罗夫斯基及其他考古爱好者用来辨别文书真伪的一个重要依据是伪造文书从未用已知的任何一种语言生产过一本意思连贯的文章。此外，欧洲探险家在新疆发现的古文书没有一本和伊斯拉姆·阿訇提供的古文书文字一样。

在长时间的摸索中，彼得罗夫斯基和其他欧洲探险家一样具备了辨别真伪文书的能力。此外，彼得罗夫斯基斩获的刻字模板为俄国东方学家对比辨别彼得罗夫斯基收集品手稿的真伪提供了工具。

三、斯坦因对伪造文书的调查

伊斯拉姆·阿訇曾伪装成英国驻喀什驻地代表马继业先生的代理人对山民进行敲诈勒索，这件事被马继业发现后，他向和田知州告发了阿訇的不轨行为，英国军官吉森上尉也向和田官员提到过伊斯拉姆·阿訇的行为可疑，但尚缺乏证据加以证实。

1901年，斯坦因组织了首次新疆探险，通过实地考察和与伊斯拉

---

① 原件藏于俄罗斯科学院档案馆圣彼得堡分馆，档案编号：СПб. ФА РАН. Ф. 777. Оп. 2. Д. 349. Л.6-6.

② 原件藏于俄罗斯科学院档案馆圣彼得堡分馆，档案编号：СПб. ФА РАН. Ф. 777. Оп. 2. Д. 349. Л. 9.10。

姆·阿訇的接触证实了所谓来自塔克拉玛干沙漠的古文书确实为赝品。斯坦因在《沙埋和阗废墟记》中记录了其在潘震的协助下,在和田调查了伊斯拉姆·阿訇伪造古文献并卖给马继业、彼得罗夫斯基及其他探险家的全部经过。一到和田,斯坦因就拜见了"潘大人(Pan Dārin)",即和田直隶州知州的潘震。①潘震(1851—1926),字鹿碛,安徽当涂人,潘震先后任甘肃华亭县知县、新疆莎车直隶州知州、和田直隶州知州和阿克苏道道员。潘震在斯坦因三次亚洲探险中不但在其辖区给予斯坦因很多便利,还极力消除地方政府对斯坦因的疑心和歧见,致函斯坦因所到之处的中国官员,给以关照。斯坦因在和田的几天内,当地"寻宝人"听到从欧洲来了一位探险家后,纷纷上门兜售自己在沙漠和废墟中找到的古钱币、赤陶像等古文物。斯坦因在挑选古物时特别留神那些用各种不知名文字写成或刻印的"古书",②斯坦因坦言道:"我从丹丹乌里克和安迪尔发掘出的古代文物以及在沙漠中获得的普遍经验,使我很容易辨别出真品与伊斯拉姆·阿訇制造的赝品,这就揭穿了他们从塔克拉玛干沙漠的古代遗址获取古文书的无稽谎言。"③

和田本地出乎意料地缺乏这种书本,而且足以令人惊奇的是,提供给我的第一本这种古书就准确无误地证明是赝品。听说我来

---

① 胡正华:《新疆职官志(1762—1949)》,乌鲁木齐:新疆维吾尔自治区人民政府办公厅,1992年,第311页。

② [英]马克·奥里尔·斯坦因著,殷晴等译:《沙埋和阗废墟记》,乌鲁木齐:新疆美术摄影出版社,1994年,第186页。

③ [英]马克·奥里尔·斯坦因著,殷晴等译:《沙埋和阗废墟记》,乌鲁木齐:新疆美术摄影出版社,1994年,第291页。

到这里，一位来自浩罕的俄国亚美尼亚人拿给我一本桦树皮手稿来检验，10来页破树皮书页，封面上写着无名的文字……我立即看出，这些桦树皮从未经过处理，与我在克什米尔常见而熟知的处理过的桦树皮手稿不一样，也没有试图仿照那种用于书写桦树皮的特殊墨水，当我应用"水试法"，湿指一触到那奇怪的手写和刻印的无明文字，字迹就立即消失。显然，这种伪造的印刷品与加尔各答收藏的这种刻印品极为相似。事实上，我的验证表明，向亚美尼亚人提供这种桦树皮手稿的人与寻宝人伊斯拉姆·阿訇有着密切的关联，伊斯拉姆·阿訇曾谎报发现地在皮山而使我徒劳无获。当地传说，伊斯拉姆·阿訇经营过一个生产古书的小工厂，但目前他已离开了和田，对他的调查只好暂时搁置下来。①

一位自称来自浩罕的亚美尼亚人拿来的一本桦树皮手稿引起了斯坦因的怀疑，这些未经处理的桦树皮和斯坦因在克什米尔常见的处理过的桦树皮手稿不一样，斯坦因用"水试法"测试后，发现这些字体奇怪的手写和刻印的无名文字竟然变得模糊，并没有使用古文书惯用的特殊墨水，这些伪造的印刷品和加尔各答收藏的刻印品极为相似。斯坦因隐约觉得这个亚美尼亚人带来的伪造手稿出自伊斯拉姆·阿訇的工厂。阿訇用调虎离山之计谎称在皮山有古文书，趁斯坦因去皮山考察之际逃离了和田。当斯坦因再次回到和田时，阿訇竟然不在，这使斯坦因更有理由怀疑阿訇与伪造文书活动直接相关。

---

① [英]马克·奥里尔·斯坦因著，殷晴等译：《沙埋和阗废墟记》，乌鲁木齐：新疆美术摄影出版社，1994年，第133—134页。

1901年4月,斯坦因返回和田休息整理所获文献。他迫切希望抓到伪造文献者,在和田的最后几周,斯坦因决定对阿訇伪造文书一事进行彻底调查,他"向潘大人私下表示了希望拘审伊斯拉姆·阿訇的愿望,立刻就得到了他的同意和帮助。"①当听说阿訇出现在和田附近时,斯坦因立即向和田知州潘大人汇报。"4月25日早晨,伊斯拉姆·阿訇从策勒被带回来了。"②斯坦因终于见到了从和田附近的策勒押解到和田的伊斯拉姆·阿訇。

> 他身材修长,脸部和眼睛也表现出机警、狡猾和永不满足的表情;他的容貌有点像克什米尔的血统,不过不敢十分肯定。伊斯拉姆·阿訇是他们一帮人中非常有才智的人,也颇具狡诈和想入非非的特点,他不是一个一般的和田人。③

这是斯坦因对伊斯拉姆·阿訇的第一印象。阿訇被抓时正在策勒村为村民做"法术"驱病,押送阿訇的官员还从他的住地及和田家中搜到了一捆五颜六色的纸张。这些纸张做了人为褪色处理,"上面有和最近在喀什出售的古代木版书上同样形式的无名文字。"④据阿訇交代,1894年以前,他以从和田附近的村子里收集和倒卖古代钱币、印章等

---

① [英]马克·奥里尔·斯坦因著,殷晴等译:《沙埋和阗废墟记》,乌鲁木齐:新疆美术摄影出版社,1994年,第288页。
② [英]马克·奥里尔·斯坦因著,殷晴等译:《沙埋和阗废墟记》,乌鲁木齐:新疆美术摄影出版社,1994年,第288页。
③ [英]马克·奥里尔·斯坦因著,殷晴等译:《沙埋和阗废墟记》,乌鲁木齐:新疆美术摄影出版社,1994年,第293页。
④ [英]马克·奥里尔·斯坦因著,殷晴等译:《沙埋和阗废墟记》,乌鲁木齐:新疆美术摄影出版社,1994年,第288页。

古董为生。大约在 1894 年，他从几个阿富汗商人口中听说，白人"老爷"们喜欢带有文字的古代手抄本。不想费力从沙漠中搜寻古文书残片的阿訇决定伪造文书。伊斯拉姆·阿訇把古文书伪造据点安在了和田。起初，他们根据和田附近古代遗址中出土的真品古文书临摹草体婆罗谜文手抄本。早期伪造品以手抄本为主，一个字一个字从古代遗迹中找到的真品古文书上的文字临摹下来，不但被大英博物馆收藏，被运到加尔各答，更被俄国皇家科学院收藏并研究，其中一个复制品还被斯文·赫定当作真品记载在了他的著作《穿过亚洲》的德文版中。

  当伊斯拉姆·阿訇很快发觉他的书能使人欣然付出高价，而且没有一个欧洲人能够读懂它们的文字或能辨别它们的字迹。于是伪造者们便不再去费心认真临摹古代文献碎片上的真正字体，而是随心所欲编造一些文字。①

在巨大经济利益的驱使下，为了提高效率，阿訇团伙各自随意造出些符号抄到纸上并做旧，后期采用了木版印刷技术的阿訇伪造的古文书特点是体积大、数量多、"文字"是几组符号的无限重复，晚期伪造的文书比较粗糙。用于伪造文献的纸张来源于和田当地，和田作为新疆主要造纸中心，纸张非常易得，阿訇随时可以用各种型号的纸张满足自己的作假需求。阿訇将纸张泡在杨柳枝水中染成浅棕色，再在做旧的古纸上临摹古字，之后在火上熏烤，最后装订成册，再撒些

---

① [英]马克·奥里尔·斯坦因著，殷晴等译：《沙埋和阗废墟记》，乌鲁木齐：新疆美术摄影出版社，1994年，第291页。

沙漠中的细沙，①经过对不同版本的对比分析，仅在大英博物馆中来自和田的一份古文书残片就有12个版本。据阿訇交代，1898年夏，英国军官吉森中尉在皮山附近考察期间请他做向导，第三天阿訇就提前跑掉将伪造的文书放在古废墟城下，制造发现古文书的假象。②

在古文书的销售上，阿訇找了几个帮手，阿訇主要负责与英国人对接"业务"，而他的一个叫作依不拉音·毛拉（Ibrahim Mullah）的同伙，懂一些俄语，则负责满足俄国人对古书的要求。③斯坦因初到和田时遇到了那位俄籍亚美尼亚人，是彼得罗夫斯基驻和田寻找文书的代理，他从依不拉音·毛拉那购买伪造的桦树皮文献，彼得罗夫斯基把这批伪文书寄到圣彼得堡交给俄国科学院奥登堡研究。在斯文·赫定收集品中也同样存在伪造文书，对比俄藏和瑞藏文书可以发现，在两位学者的收集品中发现了相同的文献残片。斯坦因调查阿訇伪造古文书一事也传到了奥登堡耳中，斯坦因考察回国后，奥登堡写给斯坦因的信中迫不及待地询问喀什噶尔的文献收集情况。

我特别期待拿到相关文献的信息，我已经决定推迟对彼得罗夫斯基领事喀什噶尔所获文献资料的出版。1903年9月13日于圣彼得堡。④

斯坦因回复道："无疑，的确是赝品。"⑤斯坦因在此处加了下划

---

① Sims-Williams. Ursula. *ISLAM AKHUN*. Encyclopedia Iranica. 2007. c. 134.
② Дизи. *В Тибете и Китайский Туркестан: будучи послужном исследованию трех лет*. Лондон. 1901. p. 150-155.（吉森：《中国新疆和西藏之行》，第150—155页。）
③ 杨镰编著：《亲临秘境：新疆探险史图说》，乌鲁木齐：新疆人民出版社，2003年，第324页。
④ 英文手稿原件藏于牛津大学包德利图书馆，斯坦因手稿第101号，第45张。
⑤ 英文手稿原件藏于牛津大学包德利图书馆，斯坦因手稿第101号，第45张。

线，还有两个感叹号。

四、调查结论

真相大白后，斯坦因将伊斯拉姆·阿訇伪造古文献一事告诉了霍恩勒。①

> 伊斯拉姆·阿訇是个幽默风趣又机智的骗子，他惊人的记忆力甚至让我瞠目。他承认自己伪造文书后，就开始滔滔不绝甚至自豪地讲述自己编造古文书来源的整个过程，和您在报告中所言一模一样……您来决定再花费时间对所谓的古文书进行研究是否还有意义和价值？②

起初霍恩勒不相信他收到的部分文献是伪造的，伊斯拉姆·阿訇早期伪造的古文书部分来自真品古文书中文字的摘抄和重复，霍恩勒的研究也并非毫无依据。

> 伊斯拉姆·阿訇和他的文盲同伙怎么能被认为有创造力设计出这些文字呢？……总而言之，我根据现有的信息得出的结论是：这些文字是真实的，并且搜集来的大多数（如果不是全部的话）印刷品也是真正的古物，如果有伪造的，也只能是真实文书的复制品。③

---

①Whitfield Susan. *Aurel Stein on the Silk Road*. London: British Museum Press. 2004. p. 36-40.
②Whitfield Susan. *Aurel Stein on the Silk Road*. London: British Museum Press. 2004. p. 40.
③Hoernle A.F.R. *A Report on the British Collection of Antiquities from central Asia* //Journal of the Asiatic Society of Bengal.1899. c.12.

尽管内心不愿意承认，霍恩勒还是停止了对和田古文书的研究。斯坦因完成第一次新疆考察后返回英国的第一件事便是到牛津与霍恩勒见面告知他调研伊斯拉姆·阿訇伪造古文书的经过。1901年7月9日，斯坦因给哥哥的信中写道：

> （霍恩勒）对我带回的和田收集品非常感兴趣，可以理解，他受伊斯拉姆·阿訇的打击太大，好在他现在已经冷静下来了，我们免去了一次不必要的争执。霍恩勒接受了这个不容否定的事实，并想把他考释文书赝品的报告销毁掉。[1]

霍恩勒花费大量时间和精力研究新疆和田古文书竟然建立在赝品基础上，所有成果付之一炬，这无疑是学术界的一大笑话。他给英国的报告中附印的照片正是阿訇自己用无名文字刻印生产的伪文书。

为了引起欧洲考古学家、探险家对伪造古文书的重视，斯坦因在1903年年末举办的国际东方学会议上作的新疆考察报告中也着重强调了和田存在的伪造文书，斯坦因还把阿訇的照片发表在《古代和田》[2]以警后人。至此，阿訇伪造文书一事大白于天下。

阿訇的古文书陷于滞销。阿訇只得改行从事"巫医"，但伪造的文书仍在坊间流传数年，1906至1907年，伯希和第四次亚洲探险期间就在库车买到了差不多10年前阿訇伪造的古文书。在俄罗斯科学院档案馆

---

[1] Jeannette Mirsky. *Sir Aurel Stein: Archaeological Explorer*, Chicago and London: The University of Chicago Press, 1977. p. 197.

[2] Stein, M.A. *Ancient Khotan: Detailed Report of Archaeological Explorations in Chinese Turkestan*. c. 312.

圣彼得堡分馆保存着31封法国探险家伯希和与俄国东方学家奥登堡1906年至1932年的通信，①其中1923年奥登堡邀请伯希和参加纪念俄罗斯科学院成立200周年庆典活动，信中不忘询问伯希和是否拿到了伪造文书："谢尔巴茨基给我写信说，您和勒柯克确定在库车拿到的一些藏文书籍是假的，这难道是真的吗？"②伯希和怒气冲冲地在回信中写道："库车的古文书百分之百是假货。"③

伪造的文书为欧洲学者研究用未知语言书写的古文书带来了极大的困扰，特别是伊斯拉姆·阿訇早期伪造的古文书，还原度相当高，目不识丁的阿訇不但认真临摹真品上的未知文字，甚至会把常见于古文献上的印章和花押移植到伪造品上，因此霍恩勒能够识别出部分有意义的词汇，也正因为如此，霍恩勒不愿相信自己潜心研究的古文书是伪造品。1929年，在伊斯拉姆·阿訇伪造古文书30年之后，依旧有东方学家被坊间流传的古文书所骗。新疆和中亚研究资深专家、北京大学黄文弼先生在新疆购买了自命名为"古和田文印本"的木板印刷古文书，回京请季羡林先生鉴定，并在自己的专著《塔里木盆地考古记》中称"这些文字据季羡林教授初步鉴定，可能是古和田文字，内容不明。"④直到1959年，季老的德国导师瓦尔德施密特（Ernst Waldschmidt）看过黄文弼购得"古文书"后，指出其是阿訇遗留的伪造品。

---

① Popova Irina *Paul Pelliot et ses correspondants russes* // de l'histoire à la légende. Paris. Académie des Inscriptions et Belles-Lettres. p. 318–319.

② 1920年，阿尔伯特·格伦威德尔在柏林出版《古代库车》。伯希和对这本书嗤之以鼻。详情可参考他在1922年《亚洲学报》第19期（第111页）上严厉评论此书的文章。

③ Bongard-Levin G.M. Lardinois R. Vigasin A.A. *Correspondance orientalistes entre Paris et Saint-Pétersbourg*（1887–1935）. Paris. 2002. p. 254.

④ 黄文弼：《塔里木盆地考古记》，北京：科学出版社，1958年，第79页。

本章小结

英俄两国的政治竞争在19世纪50年代末自然而然地转向科学领域，位于古丝绸之路的新疆成为英俄争夺西域珍宝的角逐场。19世纪中叶以来英国重大考察活动多由英国皇家地理协会资助，对英国探险"黄金时代"的到来起到了巨大的助推作用。俄国先后成立俄国皇家考古协会、俄国皇家地理协会和俄国委员会，为俄国中亚探险队提供智力、财力支持。英俄两国驻疆领事（代表）利用一切资源、集中一切力量研究曾经对于欧洲人而言的空白地带。考古之争与政治考察相辅相成，政治考察在科研探险的名义下悄然进行，科研考察借力于政治考察。这是19世纪末20世纪初英俄大角逐的主要特点。

1890年，英国军官鲍尔获得库车写本后，俄国考古界感受到来自英国探险队的巨大压力。在俄国皇家考古协会的督促下，彼得罗夫斯基加紧了对南疆地区古代文书的搜罗，他建立了广泛的古文书收集网络，利用俄商、阿克萨卡尔作为文书收集的代理，足迹遍及库车、莎车、和田、库尔勒等地。英国驻喀什代表马继业的文书收集从1893年开始，马继业把文书寄给霍恩勒鉴定，得知文书的价值后，更加疯狂地投入文书的购买和搜寻中。在这场考古之争中，俄国占有明显优势，彼得罗夫斯基共收集了万余件古代手稿和文物，其中不乏《妙法莲华经》《般若波罗蜜多心经》《法句经》等珍贵佛教文献资料。

俄、英对古代手稿的收购使寻宝成为当地人获取高额收益的特殊职业，对古文书需求的激增导致文书价格的上涨和投机分子的产生。1894—1898年，和田本地盗宝人伊斯拉姆·阿訇造出了包括数种文字在内的"古文书",大部分通过英俄驻南疆代理卖给了彼得罗夫斯基和马继业,其中马继业获得的伪文书尤其多,少量伪文书流入欧洲。彼得罗夫斯基是最早查明阿訇伪造文书过程的欧洲人。1898年,彼得罗夫斯基拿到了阿訇用于伪造文书的刻字模板,他在此后的和田古文书收集中变得更加小心。1901年,斯坦因新疆考察期间调查了阿訇伪造文书的全部经过,证实了英国东方学家霍恩勒用三年时间潜心研究的成果建立在赝品之上。彼得罗夫斯基收集品、斯文·赫定收集品中也都存在这样的伪造文书,伪造文书给欧洲学者研究用未知语言书写的古文书带来了极大的困扰。

第七章　彼得罗夫斯基考察活动的特点、影响及其收集品的价值

第一节　彼得罗夫斯基新疆考察活动的特点

俄国驻华外交官尼古拉·费多洛维奇·彼得罗夫斯基（Н.Ф. Петровский, 1837—1908）任职俄国驻新疆喀什领事期间，利用自己的外交身份想尽一切办法开展考察和古文献文物收集工作。

一、考察活动非常隐蔽，不为人知或鲜为人知

彼得罗夫斯基任职喀什领事期间，喀什的俄国公民从400人涨至1780人，俄国公民数量增长了约5倍，①近1300人加入俄国国籍，身为俄国驻喀什（总）领事，除了为喀什的俄国公民办理出境手续外，保护俄商的权利、维护俄商在南疆的利益是彼得罗夫斯基领事工作极其重要的一部分。"喀什噶尔领事馆的事务越来越多，而且事情远比其他领事馆紧急重要，这5年来，单和俄属中亚、七河地区各机构和重要人物的通信一年就有1000封，包括遗产纠纷、债务问题、吉尔吉斯牧

---

①Мамедова Э.М. Из истории развития консульских отношений между Туркестанским генерал-губернаторством и Синьцзяном. с. 308-309.（玛梅多娃：《俄属中亚总督和新疆总督外交关系发展史》，第308—309页。）

民的迁徙等各种问题……每天都要处理包括索赔、争吵、抢劫、边境区访问证明、为当地居民签发通行证（目前已经为1780名喀什噶尔居民签发了俄国签证）等各种琐事。"①彼得罗夫斯基任职期间，俄国驻喀什领事馆所辖俄商的对华贸易已逐步扩大到整个天山以南，并在政治、文化、军事诸方面向天山以南极力渗透。②到1890年，彼得罗夫斯基通过无限制地扩大领事特权，加强了对喀什及南疆各地在政治、经济方面的控制。彼得罗夫斯基不仅能处理商务和俄商诉讼，甚至还兼管学校、教会、邮政电信和银行。③面对烦杂的领事工作，彼得罗夫斯基"无法从领事馆脱身去寻找古迹，连一周的时间都没有，"④在俄罗斯科学院东方文献研究所有这样一段记录：俄国皇家考古协会已认识到"在喀什噶尔有正式职务的总领事彼得罗夫斯基不便于、也不可能利用空暇时间放下工作到处进行古代遗迹、废墟的勘查，找寻古代手稿和文物。"⑤为此，考古协会提出了"借助当地居民的信息资源寻找珍宝"的建议，理由是他们"对（新疆）周边地形地貌甚至各种古代传说非常了解，一方面，他们有充足的时间监视并收购最新发现的古代文物，另一方面，他们可以不着急地收集各地古代遗迹的信息，提

---

① Мясников. В.С.В.Г. Бухерт. Н.Ф.Петровский Туркестанские письма. с. 212.（米丝尼科夫编：《彼得罗夫斯基，新疆书信》，第212页。）

② 赵剑锋：《晚清俄国驻新疆领事馆考述》，《新疆大学学报》（哲学·人文社会科学版），2014年第4期，第66页。

③ 赵剑锋：《晚清俄国驻新疆领事馆考述》，《新疆大学学报》（哲学·人文社会科学版），2014年第4期，第66页。

④ Петровский Н.Ф.Ответ консула в Кашгаре Н.Ф. Петровского на заявление С.Ф. Ольденбурга. с. 294.（彼得罗夫斯基：《俄国驻喀什领事彼得罗夫斯基对奥登堡所提问题的答复》，第294页。）

⑤ Под общ. ред. М.Д. Бухарин. Эпистолярные документы из архивов Российской академии наук и Турфанского собрания. с. 19.（布哈林编：《俄罗斯科学院档案馆藏吐鲁番考察书信》，第19页。）

供尽可能详尽的描述。"①但落款签字潦草，难以辨别是维谢洛夫斯基还是罗曾的字迹。俄国皇家考古协会为彼得罗夫斯基的西域文献搜集计划提供了近乎完美又切实可行的方案，通过庞大古文书搜集网络的建设，举当地居民之力，达成俄国皇家考古协会大范围收集文物的目的，也解决了总领事彼得罗夫斯基因工作原因不能亲自到各地勘考的问题。在俄国皇家考古协会的指导下，彼得罗夫斯基在南疆绿洲城市逐渐建立了庞大的古文书搜集网络，以和田、阿克苏、库车、莎车、库尔勒等地为中心，派驻熟知当地情况的俄商和阿克萨卡尔作为代理全方位搜集、收购南疆的古硬币，以及用不知名语言刻在石头、木板、纸莎草纸、陶器上的题字等珍贵文书文物并汇集到领事馆，再经俄国邮路运抵奥什中转，最后寄到圣彼得堡交由俄国东方学界专家研究，这是彼得罗夫斯基将南疆古代写本和文物输出到俄国的主要方式。

彼得罗夫斯基的考察工作非常隐蔽，1886年，彼得罗夫斯基在圣彼得堡《亚洲地理学、地形学和统计学选集》上发表了《喀什噶尔报告》，②其缩减版《俄国探险家眼中的新疆》于1988年在阿拉木图刊登，③66页的俄文报告中完全没有涉及彼得罗夫斯基的西域考察活动。连同时期英国驻喀什代表马继业对他收集古文书的工作都一无所知，误以为俄国外交官受语言限制很少离开领事馆。

---

① Под общ. ред. М.Д. Бухарин. *Эпистолярные документы из архивов Российской академии наук и Турфанского собрания*. c. 23.（布哈林编：《俄罗斯科学院档案馆藏吐鲁番考察书信》，第23页。）

② Петровский. Н.Ф. *Отчёт о Кашгарии* // Сборник географических, топографических и статистических сведений по Азии. СПб. 1886. Вып. XX. c. 1-61.（彼得罗夫斯基：《喀什噶尔报告》，第1—61页。）

③ Кляшторный С.Г. Колесников А.А. *Восточный Туркестан глазами русских путешественников*. Алма-Ата. 1988. c. 181-188.（科梁什托尔内：《俄国探险家眼中的新疆》，第181—188页。）

在经济利益的驱使下，南疆居民纷纷投入沙漠寻宝的热潮，有些甚至以寻宝为生，所获手稿或文物以高价卖给彼得罗夫斯基的代理，再由代理寄到俄国驻喀什领事馆。不可否认的是，彼得罗夫斯基在南疆庞大网络的建设导致我国文物文献的大量流失。彼得罗夫斯基利用工作和职务之便，以所在驻地喀什领事馆为中心，周边古城镇为辐射，各地往来商人或派驻代表为依托，丝绸之路为连接本国与西域的通道，不间断地向本国输送新疆古文书文物。和大规模的单次考察相比，彼得罗夫斯基长年累月搜罗散落在新疆各地的古代手稿并逐渐把文献偷运回国。方式隐蔽，不为人知，但所获文献数量巨大。

彼得罗夫斯基的记录明确指出在新疆的古代村镇可能有哪些重要发现。以和田为例，彼得罗夫斯基从和田当地居民中选出伶俐且办事稳妥的俄商或贸易长阿克萨卡尔商人作为收集文物的代理，他们或到约特干古城搜索宝物，或在巴扎上收购当地居民兜售的文物。[①] 1894年后，彼得罗夫斯基从和田获得的收集品以古代写本为主。这些写本大都是彼得罗夫斯基在和田安插的俄商或密探从塔克拉玛干沙漠中的古代废墟中找寻或在和田的巴扎市场上收购所得。此外，相对于炎热的夏季，冬季、春季和深秋是彼得罗夫斯基运送文书文物回国的高峰时段，在与当地居民的交流中，彼得罗夫斯基掌握了寻宝技巧，大风会使埋藏于沙漠下的珍宝和遗迹崭露头角，冬天更易携带冰块作为寻宝途中的水源。

[①] Петровский Н. Ф. Буддийский памятник близь Кашгара. с. 17. （彼得罗夫斯基：《喀什周边的佛教遗迹》，第17页。）

二、利用往来的欧洲探险家落脚领事馆之际了解考古动态

喀什位于帕米尔高原脚下，它北通吉尔吉斯大草原，西通中亚西亚，南到印度，东与阳关、玉门关相连，扼中西交通要冲，是19世纪末20世纪初西方列强在西域探险和掠取文物的重要落脚点。作为古丝绸之路上极为重要的驿站，几乎所有到过新疆的探险家都将喀什作为探险的必经之地。俄国领事馆又是很多欧洲探险家必选落脚点，特别是奥登堡在东方学第12届国际会议上作了彼得罗夫斯基在南疆考察发现的报告之后，"来喀什噶尔的客人络绎不绝。"[①]到过喀什的英国探险家有扬哈斯本、马继业、比驰、莱纳德、吉森中尉；俄国探险家有格罗姆切夫斯基、格鲁姆·格尔日麦洛；法国探险家有博朗斯、杜特雷依、马丁·约瑟夫、格瑞纳德；瑞典探险家有家斯文·赫定，他们或在出发之前就和彼得罗夫斯基取得联系，以便经俄国和俄属中亚入境中国新疆，如斯坦因、杜特雷依、格罗姆切夫斯基。抑或在喀什期间下榻俄国驻喀什领事馆，如斯文·赫定在新疆考察期间屡次把俄国领事馆作为自己的能量补充站和珍宝存储地。尽管彼得罗夫斯基在书信中抱怨过欧洲探险家和各国考古协会没有及时表达感谢，笔者认为，彼得罗夫斯基并不会真正在意欧洲探险家们是否记得他给予的协助，更重要的是从这些走南闯北、携带大量信息的欧洲探险家身上获取政治情报和考古信息。彼得罗夫斯基通过法国探险家博朗斯了解到"英国对俾路支斯坦和伊朗的政治形势非常感兴趣"[②]和"英国人仍与中

[①] 俄罗斯国家古文献档案馆藏，档案编号：РГАДА. 1385. Оп. 1. Д. 466. Л. 280–281 об。
[②] 俄罗斯军事历史档案馆藏，档案编号：АВПРИ. Ф. 143. Оп. 491. Д. 476. Л. 16–17 об。

国政府私下谈着秘密签订协议。"①协助杜特雷依、斯文·赫定、斯坦因的过程中，彼得罗夫斯基对这些探险家的行程、所获手稿掌握得一清二楚，在探险家返回欧洲发布考察报告之前彼得罗夫斯基已将他们探险的全部情况向俄国外交部和科学界进行了细致汇报。斯文·赫定考察期间，彼得罗夫斯基派出了4名哥萨克兵，以保护赫定安全的名义一路跟随，掌握了斯文·赫定对上沙湖和罗布泊测绘细节、对塔里木河支流谢尔格恰普干（Shirge-chapan）面积测绘及发现楼兰古城的全部细节。

彼得罗夫斯基代理跟随探险家的足迹偶尔还会在他们到过的遗址再有些许收获。杜特雷依在和田发现的白桦树皮手稿残片是现存于印度的梵文文献《法句经》珍本的一部分。②1892年，法国旅行家杜特雷依在和田发现了这部经典的尾页。1893年，彼得罗夫斯基购得这部经典的首页，随后寄给罗曾加以研究。1902年11月12日，彼得罗夫斯基给罗曾寄了三捆古代手稿，其中一捆来自斯坦因到过的地方。③1902年10月4日，彼得罗夫斯基给罗曾的信中谈到代理在斯坦因挖过的地方又挖到了宝物：

> 斯坦因来过这里，他雇了40个工人把所有斯文·赫定提到又懒得去的废墟都挖了一遍，好像并没有搜刮干净，我的代理又从他挖

---

① 俄罗斯军事历史档案馆藏，档案编号：АВПРИ. Ф. 143. Оп. 491. Д. 476. Л. 16-17 об。

② И.В.Тункина. *Н.Ф.Петровский как собиратель древних памятников письменности в восточном туркестане* // ВОСТОК-ЗАПАД. с. 114.（图金娜：《彼得罗夫斯基在新疆收集的手稿和艺术品》，第114页）。

③ 原件藏于俄罗斯科学院档案馆圣彼得堡分馆，档案编号：СПб. ФА РАН. Ф. 777. Оп. 2. Д. 350. Л.9-9об。

过的地方捎给我一些古代遗物，是不是从斯坦因那偷的，我没有追查，这些都寄给您。①

俄国以非常小的代价和成本换得大量中国边疆实时信息、探险路线、军事情报及寻宝消息。

三、综合利用语言学、地理学、历史学、地名学等学科知识

在塔什干工作期间，彼得罗夫斯基非常注重通过与当地居民的交流了解塔什干的历史文化，了解当地农业、贸易、宗教的真实情况。在一年半的时间内，彼得罗夫斯基熟练掌握了突厥语。

> 这段时间内，除了收集必要的资料，我将精力放在了当地语言的学习上。在一年半的时间内，已经可以和当地人自由交流了。这项技能对我而言至关重要，可以说我是塔什干唯一一个愿意和当地人心贴心地交流宗教和其他问题的官员了。我给当地人一点小小的恩惠，他们就会告诉我形形色色的消息。给当地政府官员一点资金上的资助，他们就会将布哈拉和其他小国的情况告诉我；而和农民在一起，我了解到了这里的耕作情况；我教法官们俄语，从他们那里学到了伊斯兰法典的精髓；在和商人们的聊天中知道了当地贸易的真实情况。现在，我可以经常写信给您告知当地发生的新鲜事

---

① Под общ. ред. М.Д. Бухарин. Эпистолярные документы из архивов Российской академии наук и Турфанского собрания. с. 180.（布哈林编：《俄罗斯科学院档案馆藏吐鲁番考察书信》，第180页。）

儿，内容只会更加真实可信。①

彼得罗夫斯基调任新疆喀什后，他清楚地认识到了解当地历史地理对获取考察线索的重要意义。彼得罗夫斯基虽不懂汉语，但在塔什干的工作经历使他具有非常明显的语言优势。在喀什熟知当地方言要比熟悉标准的汉语更容易听得到喀什"内心"的声音。在新疆历史发展中，经历了两次文化变革，一次是公元6世纪中叶，新疆多个民族失去了自身原有的语言而使用突厥语系的语言，②另一次是10世纪初，虽然喀什和塔什干使用文字不同，但在口语使用中，很多单词发音相似，语义相近或相同。彼得罗夫斯基可与喀什当地操突厥语的居民自由交流，"这项技能对彼得罗夫斯基而言至关重要"，他从当地居民口中获取考察线索，获取喀什周边古文献和古废墟遗迹情报。往来贸易通道的安集延商人携带大量非官方信息，这也正是其他欧洲官员们容易忽视却又非常重要的消息来源，彼得罗夫斯基借由为往来俄商办理手续之便利，即使不出领事馆，也可以轻而易举了解往来贸易商道上的各类考古消息和传闻。

彼得罗夫斯基对古文书的搜罗非常有目的性和条理性。从起初的碎片化收集到完整文书的收集、从汉文文献到不知名语言文献、从新疆北部到南部，遍地是彼得罗夫斯基代理的足迹。此外，彼得罗夫斯基常常在书信中和俄国学者讨论语言学问题，会细心留意抑或分析一

---

① Под общ. ред. М.Д. Бухарин. Эпистолярные документы из архивов Российской академии наук и Турфанского собрания. c. 103.（布哈林编：《俄罗斯科学院档案馆藏吐鲁番考察书信》，第103页。）

② 张玉艳：《新疆分裂主义中的突厥因素研究》，兰州大学博士论文，2015年12月，第15页。

第七章　彼得罗夫斯基考察活动的特点、影响及其收集品的价值 | 415

些地名的由来及其背后隐藏的深层次含义，借此顺藤摸瓜查找古文献。除了对古代旅行家、地理学家到访过的、至今仍沿用的古代遗迹进行再次搜寻。在考察方式上，彼得罗夫斯基也做了一些创新。他在考察过程中充分利用语言学知识，从语言学角度分析某一地点是否有古代遗迹和何种遗迹是其特有的判断方式。在彼得罗夫斯基给俄国皇家考古协会的书信中，就如何根据地名词素（前缀、词干、词尾）的含义推断某一城市或村落的历史特征有明确且具体的表述：

一是通过访问古代旅行者、地理学家书中提到的当今依然存在并沿用这些名称的古迹，二是找寻世人至今没有听说过的古迹。并给出地名辨别技巧：新疆以及中亚地区的地名可根据以下标志辨识：①根据当地的轮廓，比如杰吉·塔尔（Тенги-Тар），是一条狭长的峡谷。②根据当地的植被，最典型的地名有阿拉米坦（Арамитан），乌拉米坦（Урамитан），凯德（Каинды）——白桦树林，阿尔巴雷克（Арпалык）——大麦地。③根据当地水和土壤的颜色、特征，土壤中的矿物质，比如喀拉苏（Кара-су），阿克苏（Ак-су），苏尔·布拉克（Шур-булак）——由于水中有硝酸钠，呈苦味；克柳齐（Ключ），拉吉兹莱克（Лагизлык）——多沼泽地；库尔噶什康（Курга-шин-кане）——含铅的。④根据当地的动物、鸟类、昆虫，比如乌尔达克里克（Урдаклик）——养鸭的；曲马里克（Чумалик）——有很多蚂蚁；根据当地现存或生活过的部落和民族，比如萨伊德拉尔（Саидлар）——義德族。⑤根据当地居民从事的劳动或居民的外貌。还有很多其他来源不明的命名方式，或是形态或功能发生变化的地名，比如古代喀什噶尔和奥什之间的要塞叫作那嘎喇·恰尔德（Haгapa-Чалды），现如今当地的吉尔吉斯人称其为巴拉邦·普拉比（Барабан пробил），具有这样命名特征的地点，在其周边地区很可能有古遗迹废墟。①

在长期的文献搜罗过程中，彼得罗夫斯基掌握了一些地名的命名规律。无论是根据当地典型植被白桦树命名的"凯恩蒂湖"（今哈萨克斯坦境内），还是根据土壤中所含矿物质命名的"阿克苏"、多沼泽地的"克柳齐"、羲德族聚居的"萨义德拉尔"，在彼得罗夫斯基看来，这些具有悠久历史背景的地名、功能发生变化的地点及其周边地区很可能有古遗迹废墟。在此基础上，彼得罗夫斯基还收集了大量民族学和民俗学资料，绘制了西域文献地图并在地图上对古迹做了标记。②彼得罗夫斯基不仅对新疆物质文化遗产遗迹进行了系统研究，还从民族学角度对古代塔里木河流域居民的宗教信仰做了研究，彼得罗夫斯基考察了撒卡尔塔什（Сакал-Таш）废墟，在触及萨基游牧部落在西域存遗问题时，彼得罗夫斯基还专门研究了地名学。

很多时候，彼得罗夫斯基通过与圣彼得堡东方学家探讨新疆和古代遗迹的历史和词素背后的含义，推测一个城镇或村落的历史和当地古代遗址和废墟的价值。在俄罗斯科学院东方文献研究所保存了很多类似的书信中，彼得罗夫斯基和俄国东方学家、历史学家探讨中亚中世纪古城八剌沙衮的历史和新疆绿洲城市"库车"，甚至"西伯利亚"的语义，以此为线索推断语义背后的历史。1893年10月，彼得罗夫斯基

---

① 俄罗斯科学院东方文献研究所藏，档案编号：АВ ИВР РАН. Ф. 43. Оп. 3, ед.хр. 15。

② И.Ф.Попова. *Российские экспедиции в Центральную Азию на рубеже XIX-XX веков*. c. 27. （波波娃：《19世纪末20世纪初俄国的中亚考察》，第27页。）

给外交部内务司司长奥斯丁·萨肯的信中谈到希望和俄国东方学家巴托尔德探讨吉尔吉斯斯坦托克马克附近的11世纪古城，喀喇汗王朝首都八剌沙衮的历史，不幸的是"巴托尔德从马上摔了下来，在塔拉兹休养，意味着这次考察活动以失败告终。"①这使彼得罗夫斯基感到非常遗憾，"我还想等他们来喀什噶尔帮我确定关于八剌沙衮（Баласагун）的猜测是否正确。"②1894年，马继业给德国东方学家，柏林大学教授韦伯（1825—1901）的书信中错误使用了"库车"的拼写。奥登堡和彼得罗夫斯基的书信中曾提及此问题，经过研究和查阅书籍，彼得罗夫斯基最终确定奥登堡"对库车一词所做的修正完全正确，应该是'Кучар'，而不是'Кугъяр'，马继业因此误导了韦伯的判断。'Кухи'指山或砂石，'яр'指断壁，词尾'ар'和'ур'经常指示地点。"③1895年6月，彼得罗夫斯基给柯别克的一封信中请教"西伯利亚"一词的词源："这次有个学术问题要请教您。前不久，我收到一份可笑的指示，上面写着：'如果您不交出马匹、房子等，你们都将发配去西伯利亚。'其中'西伯利亚'拼写错了，我觉得笔者能犯这么简单的错误，文化程度一定不高。我知道，在帕米尔地区住着一群被称为苏克·区伯利亚（Суук-Чубирь）的人，苏克（Суук）在吉尔吉斯语中是'寒冷'的意思，区伯利亚（Чубирь）是什么意思？难道这是西伯利亚的意思？您知道，我身边没有这样的参考书，您能帮我找找这方面的书

---

① 俄罗斯国家古文献档案馆藏，档案编号：РГАДА. Ф. 1385. Оп. 1. Д. 466. Л. 300-302 об.
② 俄罗斯国家古文献档案馆藏，档案编号：РГАДА. Ф. 1385. Оп. 1. Д. 466. Л. 300-302 об.
③ 俄罗斯科学院档案馆圣彼得堡分馆藏，档案编号：СПб. ФА РАН. Ф. 208. Оп. 3. Д. 459. Л. 12-13。

作参考吗？或许，我们可以找到对'西伯利亚'的准确解释。"[①]

四、英俄大角逐的重要表现之一

俄国对资源丰富、具有重要战略意义的中亚垂涎已久，为了打通到印度洋的出海口和争夺海港，在中亚地区进行大肆侵略扩张，极力推行"南下政策"，1854年，俄国在特别会议上组成"中亚重要决策特别委员会"，决定武力征服中亚。1867年，俄国在中亚成立总督府，考夫曼为总督。19世纪70年代，俄国先后征服了哈萨克斯坦、吉尔吉斯斯坦、塔吉克斯坦、土库曼斯坦和乌兹别克斯坦，将乌拉尔州（1868—1920）、吐尔盖州（1868—1920）、阿克莫林斯克州、七河州、费尔干纳州、锡尔河州、外里海州、撒马尔罕州（1887—1919）等3,501,510平方千米土地（1897年居住人口7,721,684）[②]先后并入俄国版图，名义上保留了布哈拉埃米尔国和希瓦汗国（1512—1920）的自治权。19世纪中后期，英俄两国在中亚展开一场被称为"大角逐"的争斗，争夺焦点主要在帕米尔地区，出海口也是两国争夺的目标之一。此时俄国势力已至阿姆河畔，到达帕米尔高原。19世纪70年代左右，俄国与清政府先后签订了系列不平等条约，《伊犁条约》的签订使俄国获得在喀什建立领事馆的权利。眼看俄国继续南下直接威胁英属印度，英国担心丢失既得利益，不得不采取行动。19世纪90年代，英国达到了在喀什设立"英国驻克什米尔公使中国特别事务助理"的目的。

[①]俄罗斯国家古文献档案馆藏，档案编号：РГАДА. Ф. 1385. Оп. 1 Д. 466. Л. 318-318 об.
[②]Крачковский И.Ю. *Очерки по истории русской арабистики.* с. 135.（科拉奇科夫斯基：《俄国阿拉伯学研究史》，第135页。）

19世纪末20世纪初，英俄两国的政治竞争不断向科学研究领域迈进，俄国驻喀什（总）领事彼得罗夫斯基和英国驻喀什代表马继业在各自国家半科研性质机构和外交部的支持下，在南疆展开了激烈的考古竞争。在英俄政治竞争、军事竞争和考古竞争的复杂局面下，彼得罗夫斯基紧密跟踪英国在中国新疆的动态，努力扩大俄国在新疆的势力范围及俄国考察活动在欧洲的影响力。俄国在喀什的优势明显，彼得罗夫斯基在喀什的影响力远超马继业，彼得罗夫斯基收集品无论在质量上还是数量上都远超马继业收集品，提升了俄国在欧洲考古学界的话语权。

综上所述，彼得罗夫斯基的考察活动是英俄中亚大角逐的重要表现之一，在南疆建立珍宝收集网络并在各主要城镇安插代理的方式解决了彼得罗夫斯基不能长时间离开喀什寻宝的问题，他努力扩大俄国在新疆的势力范围及俄国考察活动在欧洲的国际影响力，利用往来欧洲探险家携带的大量信息，进一步掌握欧洲探险家在新疆的实时动态，为俄国科学界制定探险方案提供了依据。掌握了突厥语的彼得罗夫斯基在英俄古代手稿竞争中具有明显优势，他综合运用语言学、历史学、民族学、地理学、社会学等多学科知识获取线索，当地居民的探险经验和流传了上百年的传说也是彼得罗夫斯基获取信息的重要来源，在文书网罗过程中具有非常明确的目的性和条理性，所获文书文物数量多、价值大、种类丰富。

第二节　彼得罗夫斯基考察活动的影响

彼得罗夫斯基是最早意识到中国南疆古代遗迹考古价值的俄国外交官员，他以喀什、库尔勒、阿克苏、库车、和田为中心，在中国南疆建立了完整的珍宝收集网络并亲自组织了几次佛教遗迹考察工作，源源不断地向圣彼得堡寄出梵文、粟特文、吐火罗文、和田文，以及不知名语言的古代手稿及文物。1892年，俄国皇家考古协会东方部出版了《彼得罗夫斯基收集品中的喀什噶尔手稿》，首次向世界公布了俄国在中国库车发现的文物古迹照片。1897年2月，在皇家考古协会东方部的会议上，彼得罗夫斯基作了题为《中国南疆古文献收集条件》的演说并现场展示了自己收集的部分文献，这是俄国首先得到的消息，并逐渐传到西方学者耳中。彼得罗夫斯基是俄国大规模探险队西域考察的引路人，在他的建议下，俄国皇家地理协会、俄国皇家考古协会、俄国委员会先后组织侦察兵、精锐部队、探险队远赴中国新疆进行地理、民族、文化考察和古文献资料收集。彼得罗夫斯基在喀什工作期间，他绘制了新疆考古地图，不止一次向俄国考察机构提供西域考察情报、考察路线等。1899年，在罗马举办的第十二届国际东方学会议上，俄国东方学家拉德洛夫和奥登堡汇报了俄国探险队西域考察结果并展示了俄国考察队收集的古代手稿及文物，其中奥登堡所作的《俄国驻喀什噶尔领事彼得罗夫斯基在新疆和田的发现》报告引起了德国、瑞典、法国、英国考古学家垂涎，俄国考古在欧洲学界轰动一时并占有一席之地。

一、打开了欧洲探险家新疆研究的大门

1897年2月底，在圣彼得堡召开的俄国皇家考古协会东方学会议上，彼得罗夫斯基做了《中国南疆古文献收集条件》的报告并现场展示了自己收集的古代手稿。1899年，俄国科学院院士、东方学家奥登堡在第十二届国际东方学会议上汇报了俄国考察队西域考察发现，特别是

彼得罗夫斯基在中国新疆喀什及其周边地区发现的文献残片，此消息一发出在欧洲学术界引起了巨大轰动。彼得罗夫斯基在中国新疆的发现为欧洲考古界提供了一片新天地，19世纪末20世纪初的俄国西域研究成果在欧洲学界引起了强烈反响。东方学会议之后，各国纷纷组织考察队远赴新疆考察。"在欧洲探险家眼中，喀什噶尔是神秘诱人的、难以理解又难于抵达的异域城邦，在新疆探险史上，喀什噶尔始终是探险家的集散地。喀什在一百多年间的历史变迁中，成为塔里木、新疆乃至整个中亚的缩影。"[1]

  德国决定立即组织西域考察队，但因经费不足等问题，德国探险家的西域考察在1902年9月才得以启动。在德国中亚东亚研究委员会的推动和建议下，德国民族学博物馆从资本寡头捐赠的经费中划拨40,000马克支持新疆探险，柏林民族学会也提供了部分经费支持。在德国探险家格伦威德尔（A·Grünwedel）和冯·勒柯克（AlbertvonLeCoq，1860—1930）的带领下，德国探险队先后四次完成了对中国北疆的考察。1902至1903年，格伦威德尔从新疆带回的40余箱珍贵文物在欧洲新疆收藏品特展上进行展示，在考古学界引起强烈轰动，其中绝大多数藏品来自库车，尤以库车以西70公里外的克孜尔石窟壁画最为重要。此后直到1909年，格伦威德尔又完成了3次西域探险。1905年12月，格伦威德尔在喀什短暂停留期间与勒柯克探险队相遇，这是勒柯克首次到新疆探险，两支探险队共同工作到次年6月，此后直到1914年，两支德国探险队共带回400余箱文物。

  伯希和是对彼得罗夫斯基新疆考察发现研究最为透彻的法国汉学

---

[1] [英]凯瑟琳·马噶特尼、戴安娜·西普顿著，王卫平、崔延虎译：《外交官夫人的回忆》，乌鲁木齐：新疆人民出版社，2010年，第1页。

家。在法国金石和美文学科学院和公共教育部的经费支持下，1906年6月，法国汉学家伯希和（Paul Pelliot，1878—1945）率军医、摄影师从巴黎出发，经莫斯科、奥伦堡、塔什干、奥什，于8月抵达新疆喀什，寻彼得罗夫斯基足迹用6周时间完成了对喀什及其周边三仙洞、汗诺依古城、鸽子窝佛教遗迹的考察，而后考察了喀什以东的图木舒克遗址群，收获了大量公元6至7世纪的佛教雕塑品。1907年，伯希和在彼得罗夫斯基报告中提到的库车"明屋"发现了大量木雕品和古代钱币，此外还有200余份汉文、婆罗谜文古代手稿及文献残片。伯希和还完善了彼得罗夫斯基绘制的库车地图。1908年，伯希和抵达敦煌，从藏经洞精挑细选了6000余份汉文手稿，200多幅唐画及其他佛教用品。伯希和手稿收藏品语言种类极其丰富，含回鹘文、粟特文、梵文、吐火罗文、于阗文、龟兹文、佉卢文及未比定语言等，价值极高，回国后伯希和出版《敦煌洞窟笔记》等考察报告。

英国早期的西域考察主要体现为地理勘察和情报探察，19世纪的考察主要为小型的探险活动或军事活动附带的考察发现，如英国中尉鲍尔在库车的发现，弗朗西斯·扬哈斯本在南疆的发现等。直到彼得罗夫斯基在新疆的发现轰动欧洲后，英国才派出专业探险队积极参与到西域考察之中。英国皇家地理协会（Королевское географическое общество）对20世纪英国西域探险"黄金时代"的到来起到了巨大的推动作用。英国大规模西域考察以探险家斯坦因为代表，其考察活动是英俄大角逐中争夺西域宝藏的重要表现。欧洲东方学会议后，斯坦因对喀什产生了浓厚兴趣，他认为喀什的情况并非想象中那么简单，必须通过亲自考察才可以尽可能接近事实。1898年，斯坦因提出到中国新疆进行考察的申请，他把俄国探险队的考察作为自己考察的主要论据。①1899年，斯坦因到新疆考察的申请得以批准。1900—1930年，斯坦因组织并完成4次考察，先后在喀什、和田、库车、吐鲁番、敦煌等地进行考古挖掘工作，发现了尼雅遗址、古楼兰遗址、于阗古城，以及在彼得罗夫斯基代理发现大批文物的约特干古镇收获100余件古物，在安德月遗址获汉文、藏文、梵文手稿及残片，在窣堵坡获公元4至7世纪佛像91身。斯坦因第一次考察所获珍品1500余件，经俄属中亚运回英国伦敦。斯坦因第2次及第3次考察依然首战喀什，并将喀什作为大本营，短暂休整后访问了罗布泊楼兰古城、米阮遗址并在敦煌莫高窟收获90余箱写本卷子。

到访喀什的欧洲客人络绎不绝。1891年1月10日，彼得罗夫斯基给奥斯丁·萨肯的信中谈到英国人扬哈斯本、马继业、比驰、莱纳德、法国人博朗斯、瑞典人斯文·赫定因不同考察目的到访喀什：

  来喀什噶尔的客人不断。先是格里钦大公从纳伦来到这里停留了4天，之后又返回了纳伦。来访的原因不清楚，他没什么重要的事情做，对这里的一切也不感兴趣。格罗姆切夫斯基差不多和格里钦同时抵达喀什噶尔。之后来了4个英国人（扬哈斯本、马继业、比驰和莱纳德)，他们还在喀什噶尔，还有法国人博朗斯和瑞典人斯文·赫定。扬哈斯本和马继业是来完成与中国政府谈判的任务，毕驰和莱纳德这两位少爷什么都不懂，受父辈之令去了印度，又和扬哈斯本来到喀什噶尔闲逛。博朗斯是个见过世面的人，但心思缜

---

① Сьюзан Витфилд. Взаимоуважение в отношениях учёных в период политического противос тояния. с. 206.(苏珊：《政治对抗背景下两国学者的关系》,第206页。)

密，看上去好像要收集些信息，而到喀什噶尔只是转转。①

喀什成为欧洲考古界家喻户晓的藏宝之地和进入中国南疆和西藏的必经之路。

二、开启了俄国探险家新疆探险的新纪元

彼得罗夫斯基寄回圣彼得堡的收集品和奥登堡对彼得罗夫斯基收集品的研究使俄国东方学家和探险家对新疆的关注逐步增多，越来越多的探险家和东方学家向往新疆这个神秘的宝藏之地。②彼得罗夫斯基与奥登堡、罗曾的书信，以及俄国皇家考古协会官方报告中均提出"广泛而深入地研究中亚和印度文献遗产是紧迫而必要的任务"。

1898年，俄国科学院组织科考队到中国新疆搜集更多的信息和古代手稿，俄国派出克莱门茨（Дмитрий Александрович Клеменц, 1848—1914）到吐鲁番对吐峪沟麻扎和佛教遗址进行考察，考察为期4个月，考察队对古迹进行了描述和临摹，考察结果保存于克莱门茨随笔中，③回国后克莱门茨完成了考察报告。此外，别列佐夫斯基和奥登堡考察队收集了重要的文献资料。俄国科学院历史学和语言学分部成立特别委员会研究考察队及彼得罗夫斯基从新疆带回或寄回的古代手稿及残

---

① Под общ. ред. М.Д. Бухарин. *Эпистолярные документы из архивов Российской академии наук и Турфанского собрания*. с. 78.（布哈林编：《俄罗斯科学院档案馆藏吐鲁番考察书信》，第78页。）

② Ольденбург С.Ф. *Памяти Николая Федоровича Петровского 1837–1908*. с. 8.（奥登堡：《纪念尼古拉·彼得罗夫斯基（1837—1908）》，第8页。）

③ 现存于俄罗斯科学院东方文献研究所，档案编号：AB ИВР РАН. Ф. 28. Он.1, ед. хр. 121-137。

片，主要成员有东方学家拉德洛夫（В.В. Радлов）、库尼克（А.А. Куник）、瓦西里耶夫（В.П. Васильев）、查列曼（К.Г. Залеман）、罗曾（В.Р. Розен）。在1899年召开的欧洲东方学会议上俄国正式将西域考察列入工作议程。奥登堡被选为中亚探险队国际筹备委员会成员。[①]1902年9月，俄国中亚东亚研究委员会（Русский комитет для изучения Средней и Восточной Азий, РКСВА，简称"俄国委员会"）在德国汉堡成立，委员会的组织协调机构设在圣彼得堡。"俄国委员会"自1903年诞生，1918年结束，策划了一系列在中国的"探察"活动。

1903年，"俄国委员会"下令全部考察活动集中在东方，因考察目的地在国外，委员会由外交部管辖，方便活动。俄国探险家的考察经费从俄国地理考察协会设立的皇家金库中支出。1904年，尼古拉二世向俄国委员会拨款12,000卢布，支持俄国考察队到中国新疆进行各种形式的探险，并准许外交部自1905年起连续4年每年支助7,000卢布"给此项事业。"[②]俄国考察队感兴趣的不仅是清朝时期中国西部边疆的古文献遗产，还有那里的政治经济形势。俄国总司令部[③]也为考察投入了经费。"俄国委员会"在很短的时间内在蒙古语、突厥语及其他方言研究领域做了大量工作，组织了撒马尔罕等进行科研考察，研究叶尼塞铭文等。

在俄国委员会的支持下，1909年，奥登堡带探险队进入中国新疆。

[①] Lia Genovese. *Proceedings（Extract）of XII International Congress of Orientalists* .Rome. October 1899. c.18.

[②] 俄罗斯科学院档案馆圣彼得堡分馆藏，档案编号：ПФА РАН. Ф.148. Оп.1,ед. хр. 49.Л.46。

[③] Мясников В.С. *По следам Маннергейма*. c. 246–254.（米丝尼科夫：《跟随曼德海姆的足迹》，第246—254页。）

奥登堡采纳了彼得罗夫斯基的建议，走访了喀什、吐鲁番和库车，在塔城雇了翻译侯侯。彼得罗夫斯基虽然没有亲眼看到奥登堡的两次（1909—1910，1914—1915）考察，但考察一直是彼得罗夫斯基积极促成并希望实现的，他的建议和意见对奥登堡新疆考察和俄国委员会派出探险队的决策具有重要的指导意义。彼得罗夫斯基和奥登堡的学术交往奠定了俄国在中国西北考察的基础。二人书信中关于喀什民族来源、宗教信仰、地理名称的探讨为奥登堡从语言学、民族学、地名学、历史学角度研究中国新疆古代手稿提供了思路。

三、掀起了俄国外交官员收集新疆古文书的热潮

彼得罗夫斯基是第一位不间断收集中国南疆古文书和文物的外交官员，此后，彼得罗夫斯基的继任者科洛科洛夫（Сергей Александрович Колоколов，1868—1921）、秘书柳特什（Яков Яковлевич Лютш）、喀什领事索科夫（Сергей Васильевич Соков）、乌鲁木齐领事科洛特科夫（Николай Николаевич Кротков，1869—1919）、乌鲁木齐领事拉夫罗夫（Иван Петрович Лавров）、伊宁领事秘书季雅科夫（Алексей Алексеевич Дьяков）、伊宁领事多别热夫（Владимир Васильевич Долбежев）等俄国驻地外交官员继承了彼得罗夫斯基收集古代珍宝的做法，造成了我国珍贵文书文物的大量流失。

俄国外交官成为继俄国军官、俄国东方学家、探险家后收集新疆珍宝的一支特殊队伍。他们利用工作之便在新疆建立庞大的文书收集网络，通过驻地代理到各地网罗或收购文书，利用往来探险家和旅行家了解最新考古动态，他们在文书捕获过程中具有非常明确的目的性和条理性，所获文书文物具有数量多、价值高、种类丰富的特点。

彼得罗夫斯基的秘书柳特什在喀什期间收集了大量古文书。柳特什毕业于圣彼得堡大学东方学语言系，是俄国皇家考古协会东方部主席罗曾院士的得意门生。他在喀什领事馆为彼得罗夫斯基做了10年（1883—1894）秘书，其间对中国新疆文化和物质遗产产生了浓厚兴趣，收集了大量南疆古文书文物。彼得罗夫斯基给罗曾的一次信中写道：

> 柳特什和你说起过我们收集的古文献吗？他手里也有一部分，虽然比我收集的要少很多，但终归还是有一些古文献。[1]

1897年起，柳特什开始陆陆续续向亚洲博物馆捐赠穆斯林手稿，1897年捐赠了20批，1901年捐赠了4批、1903年捐赠了1批、1908年捐赠了3批，10余年间共收集28批有价值的穆斯林手稿[2]。部分文献文物最终保存在圣彼得堡的人类学和民族学博物馆。在喀什领事馆秘书柳特什的收集品中有一件精美的花瓶和几枚印章，1904年前转入艾尔米塔什博物馆保存。[3]俄国东方学家奥登堡也对柳特什收集品进行研究，他能够把彼得罗夫斯基和柳特什收集的文献残片正确拼对在一起。[4]

---

[1] И.В.Тункина. *Н.Ф.Петровский как собиратель древних памятников письменности в востосном туркестане*. c. 114.（图金娜：《彼得罗夫斯基在新疆收集的手稿和艺术品》，第114页。）

[2] Акимушкин О. Ф. *К истории формирования фонда мусульманских рукописей Санкт - Петербургского филиала Института востоковедения РАН* // Письменные памятники Востока. 2007. № 1（6）. c. 218.（阿吉姆什金：《俄罗斯科学院东方文献研究所圣彼得堡分所的穆斯林文献研究史》，第218页。）

[3] Тункина И.В. *Н.Ф. Петровский как собиратель древних памятников письменности в Восточном Туркестане*. c. 115. （图金娜：《彼得罗夫斯基在新疆收集的手稿和艺术品》，第115页。）

[4] Тункина И.В. *Н.Ф. Петровский как собиратель древних памятников письменности в Восточном Туркестане*. c. 115. （图金娜：《彼得罗夫斯基在新疆收集的手稿和艺术品》，第115页。）

1903年彼得罗夫斯基离开喀什后，领事馆的管理工作实际上由拉夫罗夫承担。从1904年12月21日至1905年4月14日，拉夫罗夫收集了5箱手稿及残片，同年，拉夫罗夫向俄国委员会寄赠8组梵文写本，这些资料现存于俄罗斯科学院东方文献研究所。1907年8月29日，俄国外交部第一副部长、俄国大使馆驻北京大使克洛斯拖卫茨（И.Я. Коростовц）把拉夫罗夫关于新疆考察的记录寄给俄国皇家考古协会主席拉德洛夫院士。[1]这份资料为奥登堡首次进行中国新疆考察提供了重要信息，奥登堡不止一次在考察日记中提及拉夫罗夫资料的重要性。[2]

彼得罗夫斯基的继任者科洛科洛夫先后在俄国驻伊犁领事馆、驻吉林领事馆、驻齐齐哈尔领事馆、驻乌鲁木齐领事馆工作。1904—1909年，科洛科洛夫继彼得罗夫斯基之后出任喀什领事，他继承了彼得罗夫斯基收集古文书的爱好。利用工作之余，科洛科洛夫对吐鲁番的土峪麻扎和乌鲁木齐周边地区进行考察。1905年，他寄赠亚洲博物馆3组梵文写本，后经东方学家判定为阿訇所造赝品。1908年，科洛科洛夫成为俄国地理协会正式会员。同年，他向俄国委员会捐赠了新疆所得收藏品。根据俄国科学院历史语言学部1909年9月16日（238号）会议内容，1909年，科洛科洛夫向亚洲博物馆捐赠了第一批手稿，在俄国委员会1906—1912年会议纪要中保存着相关记录。1911年，科洛科洛夫当选俄国委员会通讯院士。1912年2月，科洛科洛夫任俄国驻乌鲁木齐总领事，[3]同年加入俄国皇家考古协会。科洛科洛夫离任返回圣彼得堡后

---

[1] 俄罗斯科学院档案馆圣彼得堡分馆藏，档案编号：СПбФ АРАН. Ф. 208, оп. 1, ед. хр. 188. Л. 66-66 об。

[2] 俄罗斯科学院档案馆圣彼得堡分馆藏，档案编号：СПбФ АРАН. Ф. 208, оп. 1. Ед. хр. 162。

[3] 俄罗斯科学院档案馆圣彼得堡分馆藏，档案编号：СПбФ АРАН. Ф. 32. Оп. 1. № 1。

向亚洲博物馆（今俄罗斯科学院东方文献研究所）捐赠了收集品4000余件，大多来自吐鲁番。他陆续寄赠俄国科学院的几批古代手稿中包括一些草体或半草体的回鹘文残卷、26件梵文残卷、11件龟兹文残卷、3批藏文残卷、31件粟特文摩尼教文献、一件叙利亚文残卷和10件未比定文书。[1]此外，科洛科洛夫还收罗了不少古代艺术品，分几次向艾尔米塔什博物馆捐赠。1909年，科洛特洛夫在乌鲁木齐郊区的家中接待了奥登堡新疆考察团一行并协助考察团将所获手稿运往圣彼得堡。

1908年，俄国驻库尔勒领事季雅科夫收集到一批据说是吐鲁番阿斯塔那出土的文书，共28批，多为回鹘文、汉文写本和印本，其中包括一件回鹘文摩尼教发愿文写本和一件回鹘文《妙法莲华经·普门品》写卷。

20世纪初至中叶，苏联科学院东方文献研究所收藏的西域写本共4228件，其中4073件来自科洛科洛夫收集品，28件为伊宁领事秘书季雅科夫收集，这些珍贵藏品为俄国印度学家、伊朗学家、突厥学家、粟特学家提供了参考资料。

四、造成了我国珍贵文书文物的大量外流

在经济利益的驱使下，外交官员对古代手稿的收购使寻宝成为19世纪末20世纪初新疆民间获取高额收益的特殊职业，对古文书需求的激增导致文书价格的上涨和投机分子的产生。1894—1898年，和田本地盗宝人伊斯拉姆·阿訇造出了包括数种文字在内的"古文书"，大部分通

---

[1] А.Н. Кононов. *Библиографический словарь отечественных тюркологов. Дооктябрьский период.* М. 1989. с. 136.（科诺诺夫：《国内突厥学家百科全书》，第136页。）

过英俄驻南疆代理卖给了俄国（总）领事彼得罗夫斯基和英国驻喀什代表马继业，其中马继业获得的伪文书尤其多，少量伪文书流入欧洲。彼得罗夫斯基发现还有一些居民将废墟中发现的手稿撕成几份分别卖给不同代理人，对古代手稿造成了不可弥补的损失。

俄国驻疆外交官员在华期间的考察和文物搜罗活动造成我国珍贵历史文献文物的大量外流。他们所获新疆收集品中手稿及残片总数19000余件，目前分别收藏于俄罗斯国家档案馆、俄罗斯国家古文献档案馆、俄罗斯地理协会档案馆、俄罗斯科学院东方文献研究所、俄罗斯科学院档案馆圣彼得堡分馆、俄罗斯帝国对外政策档案馆、俄罗斯民族博物馆、俄罗斯国家文化艺术档案馆，包括梵文文献、和田文献、藏文文献、吐火罗文文献、不知名语言文献等多种语言，其中不乏《法句经》《波罗提木叉》《妙法莲花经》《陀罗尼》《大悲咒》等珍贵佛教手稿。最早的文物已有1500多年的历史，其中公元1—9世纪艺术品具有不可估量的价值。在运输方式上，居民所获手稿或文物以高价卖给外交官员的代理，再由代理寄到俄国领事馆。外交官员优先选择每月往返奥什—喀什、奥什—乌鲁木齐的哥萨克骑兵，而较大或较重的物件通过商队运到奥什中转后再运往圣彼得堡。利用哥萨克兵邮递员往来俄属中亚和领事馆的便利条件，俄国外交官员将新疆古代珍宝偷运回国。在文献从乌鲁木齐、喀什领事馆运到圣彼得堡，这些文献遭受了不应有的错误修复，部分文献被磨损，一些段落难以辨读，一些写在棕榈叶上的文献变成了碎末。①

---

① Тёмкин Э.Н. Новые данные о санскритских рукописях в коллекции Н.Ф. Петровского // Памятники индийской письменности из Центральной Азии. Вып.ИФ《Восточная литература》РАН. с. 81-88.（杰姆金：《彼得罗夫斯基收集品中的梵语文献新资料》，第81—88页。）

尽管俄罗斯的东方学者将外交官员收集品带入科学界并做了部分研究。遗憾的是，彼得罗夫斯基收集品中梵文文献片段第4部分和第5部分、科洛科洛夫收集品梵文文献、喀什领事馆秘书柳特什的回鹘文手稿、科洛特科夫的粟特文手稿均未公布于世，俄国学者在音译文章和发表文章中也没有用到这些内容。[1] 俄国外交官员新疆所获收集品中仍有很多未知内容等待全世界历史学家去解读。

第三节　彼得罗夫斯基手稿收集品的价值

彼得罗夫斯基任喀什（总）领事期间在中国新疆收集的古代手稿和文物统称为"彼得罗夫斯基收集品"，收集品分为手稿收集品和文物收集品两类，大部分由彼得罗夫斯基于1886—1903年陆续寄回圣彼得堡。1897年，俄国皇家艾尔米塔什博物馆拿到了俄国驻喀什领事馆第一批收集品中的文物部分，而文献资料部分保存在皇家科学院亚洲博物馆（今俄罗斯科学院东方文献研究所）。1903年，彼得罗夫斯基离任俄国驻喀什总领事职务回到塔什干。1905年，彼得罗夫斯基将自己搜集的第二批文献资料捐给了俄国中亚东亚历史、语言、民族关系研究委员会（俄国委员会），为进一步研究中亚和东亚地区提供了素材，这部分手稿最后也转入亚洲博物馆收藏。[2]1909年，彼得罗夫斯基去世后，他

---

[1] 原件藏于俄罗斯科学院档案馆圣彼得堡分馆，档案编号：Ф.208,оп.1,ед.хр.131.Л.43–44。
[2] Бонгард-Левина Г.М. Воробьевой-Десятовской М.И. Тёмкина.Э.Н. *Памятники индийской письменности из Центральной Азии*. 2004. с. 17.(博加尔德·莱维、瓦洛比耶娃·杰夏托夫斯卡娅:《中亚的印度文献》,第17页。)

的后代将其收集品（共计1500本俄语及其他语言）赠予塔什干藏书馆。①彼得罗夫斯基逝世后，奥登堡向俄国皇家考古协会提出收藏彼得罗夫斯基新疆收集品的建议。1909年2月，第三部分彼得罗夫斯基收集品收入亚洲博物馆，共128件伊斯兰教古代手稿。1909年3月，俄国外交官、东方学家安德烈·德米特里耶维奇·卡尔梅科夫（А.Д. Калмыков，1870—1931）从塔什干带回第四部分彼得罗夫斯基收集品，包括婆罗谜文书写的古代梵文手稿、汉文和维吾尔文手稿。1910年，英国驻喀什领事乔治·马继业向俄国皇家科学院赠送了彼得罗夫斯基部分收集品，大部分是梵文和吐火罗文手稿残片。②马继业转交的这部分手稿残片很可能是彼得罗夫斯基离开喀什时没能带走的部分，或者是彼得罗夫斯基的代理或者当地居民在其离开喀什后发现的古代手稿。

俄罗斯科学院东方文献研究所最新数据显示，彼得罗夫斯基收集品中手稿及残片总数7000余件，③现已统计出582件，计有251件梵文写本，23件梵文木板文书（其中2件佉卢文木牍，1件婆罗谜文和佉卢文混写的文献），297件于阗语文献（其中59件佛教文献，238件世俗文书），3件龟兹语残卷，4件藏语写本，4件未比定文书④，搜索代码

---

① 俄罗斯军事历史档案馆藏，档案编号：РГВИА. Ф. 400. Оп. 1. Д. 3788. Л. 14–14 об.

② Бонгард-Левин Г.М. Воробьёва-Десятовская М.И. Тёмкин Э.Н. *Фрагменты санскритских рукописей из Занг-Тепе (предварительное сообщение)*. с. 17.（博佳尔特·莱维、瓦洛比耶娃·杰夏托夫斯卡娅：《梵语文献及残片》，第17页。）

③ Под общ. ред. Попова И.Ф. *Сергей Федорович ОЛЬДЕНБУРГ Учёный и организатор науки*. Москва: Наука-Восточная литература. М. 2016. с. 263.（波波娃主编：《谢尔盖·费多洛维奇·奥登堡》，第263页。）

④ 荣新江：《敦煌学十八讲》，第163页。

第七章　彼得罗夫斯基考察活动的特点、影响及其收集品的价值 | 433

"SIP"。①手稿部分由俄罗斯科学院东方文献研究所收藏,有梵语、塞语、藏语、吐火罗语、回鹘语及不知名语言手稿等多种语言,其中不乏《法句经》《波罗提木叉》《妙法莲花经》《陀罗尼》《大悲咒》等珍贵佛教手稿。"这些宝藏只有很小一部分被出版和描写,有梵语的,有印度语的,有藏语和不知名的语言……收集品中的内容包罗万象,有关于佛教的,还有一部分是写咒语的",1904年亚洲博物馆馆长奥登堡谈到彼得罗夫斯基收集品时说道。②需要特别提出的是,1898年,彼得罗夫斯基获得圣者传《艾孜赞传》(Тазкира и ходжаган),又称《和卓传》)完整版复制品一部,内容用各种字迹书写,其中相对完整地记录了喀什社会和政治事件,对18世纪南疆的社会生活描述得非常细致,"是研究18世纪20年代至50年代和卓家族在喀什及叶尔羌地区活动情况的重要资料。"③

彼得罗夫斯基从中国掠取的文物部分保存在俄罗斯国家艾尔米塔什博物馆东方部,有3000余件,④最早的文物已有1500多年的历史,其中公元1世纪至9世纪艺术品具有不可估量的价值。他在新疆和田约特干古城找到的黏土烧制的古物,作为和田收藏品(Йотканская коллекция)

---

① Бонгард–Левин. Г.М. Воробьевой–Десятовской. М.И. Тёмкина. Э.Н. Публикации С.Ф. Ольденбурга санскритских фрагментов из Центральной Азии .// Памятники индийской письменности из Центральной Азии.Изд.текстов. исследование, перевод и комментарии ИФ 《Восточная литература》 РАН.Вып.3.с.35.

② Ольденбург С.Ф. Исследование памятников старинных культур Китайского Туркестана .I. с. 385. (博佳卡特·莱维、瓦洛比耶娃·杰夏托夫斯卡娅:《奥登堡中亚梵语手稿残片的出版》,第385页。)

③田向阳:《新疆喀什地区古代维吾尔文献评述》,《图书理论与实践》2007年第3期,第2页。

④И.В.Тункина. Н.Ф.Петровский как собиратель древних памятников письменности в востосном туркестане // ВОСТОК–ЗАПАД. с. 109.(图金娜:《彼得罗夫斯基在新疆收集的手稿和艺术品》,第109页。)

的一部分，是俄国和国外考古学界所知的和田古代收集品中非常重要的一部分。

一、彼得罗夫斯基收集品中的佛教手稿

彼得罗夫斯基收集品中保存着大量佛教传入新疆初期的著作，其中最经典的一部要数1893年转存于亚洲博物馆的《法句经》，这部最早的佛经文本由印度西北部的犍陀罗国古代印度字母佉卢文书写于桦树皮上。《法句经》梵文手稿是彼得罗夫斯基手稿收集品中分量最重的一部分，证明了10世纪下半叶这部经文在新疆的广泛流传。这部用古印度婆罗谜文书写的佛教经典文献原著的发现在欧洲轰动一时。著名梵语学家、东方学家阿列克谢·阿列克谢耶维奇·维加西认为法国探险家杜特雷依在和田发现的白桦树皮手稿系公元1至2世纪古印度语文献，是现存于印度的梵文文献《法句经》珍本的一部分。1892年，法国旅行家杜特雷依在和田发现了这部经典的尾页。1893年，彼得罗夫斯基购得这部经典的首页，随后寄给罗曾加以研究，在俄罗斯科学院档案馆圣彼得堡分馆保存着彼得罗夫斯基将残片寄到圣彼得堡的石板印刷照片。目前学界所知《法句经》由两部分构成，经文结尾部分是1892年杜特雷依在和田考察所获，现存于巴黎国家图书馆。首页部分由喀什领事彼得罗夫斯基在当地收购。1897年，奥登堡公布了彼得罗夫斯基从喀什寄回的写在白桦树皮上的古印度语佉卢文文献《法句经》的影印本，[1]完成了《法句经》残卷中30片手稿残片5份目录的拼合，证明了公元前4

---

[1] Ольденбург С.Ф. *Предварительная заметка о буддийской рукописи, написанной письменами kharosthi.* с.6.（奥登堡：《圣彼得堡大学东方学语言系出版的亚洲佛教手稿》，第6页。）

第七章　彼得罗夫斯基考察活动的特点、影响及其收集品的价值 | 435

世纪，包括阿富汗、巴基斯坦等地的西域经文上所使用的佉卢文很有可能由阿拉米字母演变而来。这份印度犍陀罗佛经上的字母基本确定为佉卢文，佛经为风琴褶皱折合。为了便于保存，收藏者把易损的白桦树皮褶皱铺展并在文书之间放了玻璃片隔离两页文书，这些保护工作在《法句经》收入亚洲博物馆之初就一一完成。随后，奥登堡着手准备发表《法句经》的俄语音译文，但是繁杂的工作使奥登堡没能完成这项工作，最后由谢尔巴茨基收尾。①

1898年，塞纳尔（Э.Сенар）在法国公布了杜特雷依探险队带回的《法句经》尾页残片。②至今关于二人所发现的文献残片学术界还有很大争议。俄国学者瓦洛比耶娃·杰夏托夫斯卡娅认为，杜特雷依很有可能是在当地人手中购得《法句经》文书，而非考察队在古废墟中发现。《法句经》中段部分再没有寻宝人或探险家发现过，至今《法句经》的发现地是个谜。英国和法国保存着《法句经》极少部分残片，相对完整的部分保存在俄国，俄国保留着4份目录，其中的2份目录已出版。

彼得罗夫斯基手稿收集品中占第二位的是《妙法莲华经》手稿及残片。《妙法莲华经》经由古印度、尼泊尔传入中国新疆，在民间得以快速传播和发展，《妙法莲华经》在和田的发现证明该部经文在和田的流传之广泛。1893年，彼得罗夫斯基拿到了梵文手稿《妙法莲华经》的第7卷，这是彼得罗夫斯基收集品中非常珍贵的文书之一。《妙法莲华经》手稿原始版本共有450页，奥登堡已经完成399页的拼合，其中

---

① Щербатской Ф.И. С.Ф. Ольденбург как индианист. с. 21.（谢尔巴茨卡：《印度学家奥登堡》，第21页。）
② 俄罗斯科学院档案馆圣彼得堡分馆藏，档案编号：СПб. ФА РАН. Ф. 208. Оп. 1. Д. 131. Л. 26.

324页有完整标记的页码，56页散落于欧洲其他国家，还有12页至今没有找到。彼得罗夫斯基收集品中保存了《妙法莲华经》梵语抄本的尾署和题记。奥登堡在彼得罗夫斯基收藏品中共发现27份这样的目录。① 比较知名的两种经文是中亚经文和尼泊尔吉尔吉特经文。彼得罗夫斯基收集品手稿的大部分字体和吉尔吉特婆罗谜文的变体非常相似，只有一小部分是书写在棕榈叶或白桦树叶上的贵霜帝国婆罗谜文或早期贵霜帝国后婆罗谜文。②

  从存放在圣彼得堡这些未出版的文献残片中，我们能够辨别出，哪些属于长部佛经，哪些属于《波罗提木叉》。其中还有大量《妙法莲花经》和《陀罗尼》残片。由此可见，这两部佛经在当地有多常见。③

《般若波罗蜜多心经》佛教经典及残片在彼得罗夫斯基手稿收集品中占第三位。作为大乘佛经的精华，《般若波罗蜜多心经》在世界各地广泛流传。从内容上看，彼得罗夫斯基收集品中的《般若波罗蜜多心经》大多属于《道行般若经》《八千颂般若波罗蜜多经》。时任亚洲博物馆馆长的奥登堡完成了其中24页手稿及残片的整理。

  《金刚经》在大乘佛教经典中占有举足轻重的地位。公元10世纪后

---

 ① Бонгард-Левин Л.М. и др. *Fragments of a Manuscript of the Saddharmapun≥d≥arêkasūtra from Khadaliq.* Ed. by Klaus Wille. Soka Gakkai. Tokyo. 2000. c. 161-162.

 ② Петровский Н. Ф. *Буддийский памятник близ Кашгара* // ЗВОРАО. 1893. c. 295.（彼得罗夫斯基：《喀什周边的佛教遗迹》，第295页。）

 ③ Под общ. ред. Попова И.Ф. *Сергей Федорович ОЛЬДЕНБУРГ Учёный и организатор науки.* c. 323.（波波娃主编：《谢尔盖·费多洛维奇·奥登堡》，第323页。）

半叶，《金刚经》在经文内容上宣扬延年益寿、免除灾难，通俗易懂且篇幅短小，得到佛教信徒的青睐。彼得罗夫斯基手稿收集品中保存着数量可观的《金刚经》残片。俄国学者对《金刚经》手稿的研究主要集中在当地居民的信仰和婆罗谜文咒语两方面。目前俄罗斯科学院东方文献研究所已整理出近200份文献残片组成的34份文献目录，包括各式各样的咒语。

彼得罗夫斯基收集品中的咒语大多属于《大悲咒》，收集品手稿中保存有25份《大悲咒》内容残片，组成了12份目录，这样看来，《大悲咒》是彼得罗夫斯基收集品手稿部分咒语类别中分量较重的一部分，证明了10世纪下半叶这部分文书在新疆的广泛流传。尽管英国和德国探险队也拿到了《大悲咒》手稿，但绝大多数为破碎的残片，相对完整的部分保存在俄罗斯。20世纪初，奥登堡已完成了部分工作并公布于世。此外，彼得罗夫斯基收集品还有《五佛母》经文等佛教经典，奥登堡在敦煌发现了大量带彩色图片的汉文经文，彼得罗夫斯基收集品中也有这样带彩色图片的敦煌遗书，这些都具有极高的史料价值。

以上手稿流入俄国后主要由亚洲博物馆馆长、东方学家奥登堡研究。从彼得罗夫斯基收集品内容和数量上，我们发现10世纪下半叶三大佛教经典《法句经》、大乘佛经中的《妙法莲华经》和《般若波罗蜜多心经》在新疆南部广泛流传。2008年，俄罗斯亚洲博物馆（今俄罗斯科学院东方文献研究所）190周年纪念日活动之一《千佛洞：丝绸之路上的俄国探险队》主题展在俄罗斯圣彼得堡艾尔米塔什国家博物馆举办。19世纪末20世纪初外交官员彼得罗夫斯基运回俄国的古代手稿是展品中极为重要的一部分。1893年收入亚洲博物馆的梵文版手稿《法句经》《妙法莲华经》也在展出之列，展品中还有彼得罗夫斯基在和田所获的《大乘佛经》。

二、其他未知语言古代手稿

彼得罗夫斯基从中国喀什寄给奥登堡的一件一页纸篇幅的古代手稿在19世纪80年代首次出版。奥登堡把这一文献定性为印度婆罗谜文字。这种说法到现在也没有被明确。俄国学者在印度发现过婆罗谜文文献残片。彼得罗夫斯基手稿收集品中的婆罗谜文字分为竖体式和斜体式两种。在喀什和和田发现的古代手稿多为竖体式，而斜体式婆罗谜文手稿分布在新疆北部吐鲁番和库车地区。截至2016年，彼得罗夫斯基收集品中已整理出10份婆罗谜文手稿，其中的一份由16块文献残片拼成，是用新疆北部婆罗谜文的变体文（斜体式）书写，其余九份属于新疆南部婆罗谜文（竖体式）。[1]可以确定的一点是，除了婆罗谜文和梵文手稿，文献中还使用了3种古印欧语言，但没人说得上是哪种语言。其中一种文字在和田发现得最多，被认为是东伊朗的某种语言，称为和田梵语（这种语言曾经被伊朗人所用，很早以前在和田被发现）。另外两种语言分布在吐鲁番、焉耆和库车等地。

1892年，奥登堡在《俄国皇家考古协会东方部学报》上刊发了一页用3种古印欧语言中的一种书写的古代手稿[2]，首次向世界公布了彼得罗夫斯基在中国库车发现的未知语言手稿照片影印本，奥登堡研究后认为这类文献不是用梵语写的，而是至今都不知名的一种语言，称为

---

[1] Под общ. ред. Попова И.Ф. *Сергей Федорович ОЛЬДЕНБУРГ Учёный и организатор науки.* с. 78.（波波娃主编：《谢尔盖·费多洛维奇·奥登堡》，第78页。）

[2] Ольденбург С.Ф. *Кашгарская рукопись Н.Ф. Петровского I.* с.81–82.（奥登堡：《彼得罗夫斯基的喀什写本》，第81—82页。）

吐火罗语B或者库车语，属于印度北部地区的行书，这种语言至今只有在新疆发现过，且这页文献不会早于已知的科学。1892年至1893年冬，奥登堡收到了彼得罗夫斯基寄来的在库车、库尔勒、阿克苏发现的100多页文献残片，其中有纸质文献，也有写在桦树皮和动物皮上的文献。1893年，霍恩勒公布了德国社会学家韦伯收集品中与奥登堡公布的彼得罗夫斯基收集品未知语言手稿类似的文献。[1]1900年，德国东方学家莱蒙将这两份未知语言文献残片刊布，以作对比。[2]这种未知语言被称为吐火罗语，标记为吐火罗语A，亦称吐鲁番语或焉耆语。库车发现的古代手稿上的未知语言被称为吐火罗语B或者库车语。吐火罗语A和吐火罗语B很相似，或者被认为是不同的方言。俄国东方学家认为吐火罗语的使用者是吐火罗人和伊朗的塞人，在公元前两千年左右迁徙到中国新疆地区。吐火罗人和塞人很可能没有自己的文字，来源于印度的婆罗谜文字被他们所接收，佛教文化和印度文化也被他们所接收。俄罗斯东方学家习惯将奥登堡公布彼得罗夫斯基收集品中吐火罗语影印本文献作为一门独立学科的标志。[3]

1893—1903年，奥登堡在《俄国皇家考古协会东方部学报》上公布了彼得罗夫斯基文献收集品资料，文献大部分是从拉丁文转译的影印本，只有少部分内容被翻译出来。西欧学者也逐步公布他们所获取的东方文献。令人震惊的是，俄国和西欧考察队拿到的文献类似，有很多文献残片竟出自同一篇文章。关于文献中的语言而展开的讨论也是

---

[1] Hoernle R. *The Weber Manuscripts*. pp. 1–40.

[2] Leumann E.*Über eine von den unbekannten Literatursprachen Mittelasiens* // Mémoires de l'Académie Imp. des Sciences de St.–Pétersbourg. 1900.Ser. 8, t. IV, No. 8. S. 1–28.

[3] Краузе К.*Тохарский язык*. с. 59.（克拉乌兹：《吐火罗语》，第59页。）

异常激烈。既然英国、法国和德国学者带回的文献书信资料上所使用的语言和俄国现存的文献资料使用的是同种语言,全世界的学者面临解决同一个艰巨的难题:研究并判读语言。包括印度学家、伊朗学家、藏学家、汉学家、突厥学家在内的东方学家都被这一课题吸引,其中俄国学者有奥登堡、米洛诺夫和斯塔利·戈利什杰恩,其他国家参与研究的学者有霍恩勒、伯希和、爱德华·沙畹、托马斯·佛朗西斯·威尔逊等。①

尽管过去了一百多年,东方学者对彼得罗夫斯基手稿收集品中的语言辨别和鉴定进行了大量研究,然而彼得罗夫斯基手稿收集品中绝大部分内容没有整理和公布,未知部分等待全世界东方学家和历史学家去钻研。

本章小结

彼得罗夫斯基的考察活动有其积极意义。彼得罗夫斯基对西域古代遗迹的研究和考察资料的收集奠定了俄国新疆考察活动的基础,他对喀什及其周边古代遗迹全面而深入的研究使俄国在19世纪末20世纪初的新疆古代史和考古史研究上占有一席之地。彼得罗夫斯基考察过的喀什古城汗诺依、三仙洞、鸽子窝、麻扎等古代遗迹,至今已难以见到原貌,本文收录的彼得罗夫斯基考察书信成为还原一百年前这些遗迹面貌的仅有的珍贵资料。彼得罗夫斯基收集品中的大量佛教手稿和在库车的考察发现证明了佛教在中国西部的风靡,以及公元1—3世纪

---

① Bailey H.W. *A Half-century of Irano-Indian Studies* // JRAS. 1972. No. 2. pp. 72-100.

第七章　彼得罗夫斯基考察活动的特点、影响及其收集品的价值 | 441

库车风极一时的佛教中心作用。①至今库车仍有大量的佛教庙宇遗迹存在。在彼得罗夫斯基收集品中，有一份写在桦树皮上的《护法神》内容的文献残片，证明了北传佛教在新疆的影响。

彼得罗夫斯基收集的古钱币在新疆钱币史上占有重要地位。彼得罗夫斯基收集品中的喀喇汗王朝钱币对我们全面梳理喀喇汗王朝历史具有重要意义，是丝绸之路频繁贸易往来和民族交往的缩影。彼得罗夫斯基收集品中来自约特干古城的古代钱币、文物和宝石，正是他任外交官期间利用庞大的文物搜集网络搜罗古代珍贵文物的证明。

彼得罗夫斯基收集品在欧洲的轰动引发了欧洲探险家、东方学家蜂拥至西域探险的热潮，以英国探险家斯坦因、法国探险家伯希和、俄国探险家普尔热瓦尔斯基、法国探险家杜特雷依、瑞典探险家斯文·赫定为首的欧洲探险队蜂拥到南疆绿洲和沙漠进行所谓的科学考察研究。

彼得罗夫斯基收集了大量民族学和民俗学资料，并绘制了两份新疆考古地图，目前保存在俄罗斯科学院东方文献研究所。首先，彼得罗夫斯基绘制的新疆考古地图对于了解19世纪末20世纪初新疆南部绿洲古城镇的历史遗迹具有重要的参考价值。地图上除标注有考古潜力的城镇外，还标注了通向古城镇的主要道路、距离及时间，对库车等地的古代遗迹和废墟，以及两处遗迹间的距离作了详细注释②。其次，彼得罗夫斯基在考察方式上有其创新之处，民间传说和故事是其探寻古

---

① Под общ. ред. М.Д. Бухарин. *Эпистолярные документы из архивов Российской академии наук и Турфанского собрания*. c. 22.（布哈林编：《俄罗斯科学院档案馆藏吐鲁番考察书信》，第22页。）

② И.Ф.Попова. *Российские экспедиции в Центральную Азию на рубеже XIX–XX веков*. c.27.（波波娃：《19世纪末20世纪初俄国的中亚考察》，第27页。）

迹的背景和线索，从语言学角度分析某一地点是否有古代遗迹和何种遗迹是其特有的判断方式，这种方式至今值得我们借鉴和学习。再次，彼得罗夫斯基提供了古代佛教手稿研究的新方式。彼得罗夫斯基收集品中的梵文佛教手稿在欧洲引起了巨大轰动，在此之前梵文被认为是即将消失的语言。佛教文献的研究主要用突厥文解疑，鉴别文献只能参考古文献和刻在木板上的藏传佛教文献。今后可以用梵文、藏文、汉文、突厥文研究佛教文献，对比不同语言文献资料的异同，研究佛教文化分布地区和历史等。

彼得罗夫斯基的考察活动客观上造成了我国南疆珍贵史料和文物的外流，欧洲探险家斯文·赫定、斯坦因得知彼得罗夫斯基在约特干古城获得大量古代钱币、文物和宝石后，于1900—1902年到约特干古城搜集了大量陶俑、玻璃制品、陶器、白玉，此外还有金币、十字架和金牌等文物，扩大了新疆文物流失欧洲的范围。彼得罗夫斯基在新疆的考察和收购古代文书文物活动属于盗窃行为，我们对彼得罗夫斯基利用领事职务之便劫掠新疆瑰宝的行为进行严厉谴责，同时保持警惕，以史为鉴，不让历史的悲剧重演。

第八章 结论

　　彼得罗夫斯基是最早发现并收集中亚和新疆考古资源的外交官员，也是第一位把语言学、地名学和民族学应用于考察研究的外交官员。英俄考古之争和国家命令是彼得罗夫斯基20余年源源不断收集新疆古文书文物的根本原因。

　　1892年前后，俄国在喀什的地位和影响力已稳超英国，彼得罗夫斯基也逐步从烦琐的领事工作中解脱出来，将更多时间用在喀什周边古遗址考察和古文书的收集上。1895年，俄国驻喀什领事馆升级为总领事馆，而彼得罗夫斯基和俄国科学院、俄国皇家考古协会、俄国皇家地理协会、俄国委员会等半学术机构，特别是与圣彼得堡学者罗曾、奥登堡的联系也日益频繁，他们是彼得罗夫斯基收集新疆古文物的幕后黑手。在俄国委员会、俄国皇家考古协会、俄国皇家地理协会的委托下，在外交部、军事部、俄国政府财力物力的支持下，古文书发出者彼得罗夫斯基总领事——古文书接收者俄国科学院罗曾院士——古文书研究者奥登堡院士三者之间建立了牢固的西域古文书收集研究网络。

　　彼得罗夫斯基很早就意识到南疆古代遗迹的考古价值。在他的建议下，俄国先后组织十几次大规模西域考察探险队获取大量珍贵的古代文书文物。在俄国皇家考古协会组织大规模考察之前，彼得罗夫斯基自己就组织了几次考察。他是第一位对喀什以北三仙洞石窟、喀什东北方向二十五公里的汗诺依古城及内部的鸽子窝废墟进行考察和研究的俄国外交官。他对古代手工业制作贸易中心汗诺依进行了多次探察和系统研究，从语言学、民族学和地理学角度对三仙洞石窟进行了实地考察，并关注到喀什操突厥语的居民和西亚居民的文化共性。彼得罗夫斯基是最早对喀什古城进行研究的欧洲官员，他在伊斯兰教墓地发现了佛教寺庙常用的莲花元素，找到了佛教在麻扎建筑中的遗存痕迹。

彼得罗夫斯基任职俄国驻新疆喀什噶尔（总）领事的20余年间，他把工作之余的全部时间用在古代手稿和文物的收集上，他利用自己的外交官身份在南疆建立了广泛的珍宝收集网络，以喀什为起点，围绕塔克拉玛干沙漠北部、西北部、南部边缘开展，向东北方向沿塔克拉玛干沙漠的北边缘，经阿图什、阿克苏、库车到达库尔勒，南部经莎车到达和田。彼得罗夫斯基对古文书的搜罗非常有目的性和条理性。从起初的碎片化收集到完整文书的收集、从汉文文献到不知名语言文献、从新疆北部到南部，遍地是彼得罗夫斯基代理的足迹。

1892至1893年的秋冬，彼得罗夫斯基通过俄属中亚寄回国一百余件写在动物皮、树皮、纸张上的写本及残片，这些珍贵的古代写本来自库车、库尔勒、阿克苏地区，其中大部分是佛教经文。彼得罗夫斯基的考察发现证明了佛教在中国西部的传播。1893年后，彼得罗夫斯基将研究和关注重点从北部库车、库尔勒地区转移到塔克拉玛干沙漠南缘绿洲和田地区，利用安插在和田的密探和代理，彼得罗夫斯基在和田及以西10公里的约特干古城遗址收获了大量的古代写本和珍贵文物。彼得罗夫斯基收集品中的古代文物和古代硬币大部分来自和田，和田收藏品是彼得罗夫斯基收集品中非常重要的一部分。在运输方式上，彼得罗夫斯基优先选择每个月往返两次奥什和喀什的哥萨克骑兵，而较大或较重的物件通过商队运到奥什中转后运往圣彼得堡。利用哥萨克骑兵往来奥什和喀什的便利条件，彼得罗夫斯基轻而易举将新疆古代珍宝偷运回国。现存于俄罗斯科学院东方文献研究所的彼得罗夫斯基收集品中的古代写本及残片总计7000余件。

彼得罗夫斯基和普氏的通信是其早期外交思想的体现。在喀什领事馆工作早期（1882—1885），彼得罗夫斯基不遗余力地希望俄国尽快占领喀什，结束英俄之争，从烦琐的工作中解脱出来。在考察方式上，普氏和彼得罗夫斯基持同样态度，二人都竭力主张从中国西部古代城镇入手。彼得罗夫斯基不仅为普氏第5次西藏探险提供了考察路线、办理入境手续等协助，还设计换掉了乌鲁木齐和喀什两名可能对普氏探险造成阻挠的清政府官员。遗憾的是，普氏因意外在途中去世，未能享受彼得罗夫斯基为其探险布置的种种便利条件。

普氏去世后，格鲁姆·格尔日麦洛成为完成普氏西域探险未竟事业的接班人。他先后5次到帕米尔和中国西北部地区进行带有政治意义和军事侦察任务的地理考察。1886年，贵族军官出身的格鲁姆·格尔日麦洛从中国西北边境非法入境新疆。彼得罗夫斯基碍于地理协会的面子，加之避免不必要冲突之考虑，临危受命的彼得罗夫斯基只得与新疆官员沟通将格鲁姆放行。1887年，格鲁姆再次非法入境新疆，在彼得罗夫斯基的要求下，格鲁姆逃往阿莱地区，避免了军事冲突的发生。

与军官格鲁姆·格尔日麦洛、格罗姆切夫斯基的意见不同，彼得罗夫斯基在帕米尔问题上主张与清政府修好以抵制英国。彼得罗夫斯基不希望中俄发生边境冲突让英国有机可乘，他主张以柔和的方式对中国边疆在政治上进行控制，贸易上进行蚕食，把新疆作为俄国和俄属中亚原材料提供和资源输出的市场，提出俄国地理协会派出的探险队应该"有秩序地"从新疆获取所需物资。

英俄两国的政治竞争在19世纪50年代末自然而然地向科学领域推进，两国探险队的西域考察活动也上升至国家层面，成为实现国家意图的方式和手段。英俄两国迫切了解中国边疆地区形势、地理、测绘等方面的情报，两国以地理探察的名义分别派出探险家、考古学家、地理学家在中国新疆开展大规模近乎疯狂的古文物文书收集、收购和挖掘工作。喀什虽偏居一隅，但在收集情报方面确是理想之地，加之处于繁忙的古丝绸之路商道上，是19世纪末和20世纪初西方列强在新疆探险和掠取文物的桥头堡。

喀什（总）领事彼得罗夫斯基为杜特雷依、斯文·赫定、斯坦因、伯希和等欧洲探险家的出行和考察提供了种种便利。除了提升俄国在欧洲学界的声望外，彼得罗夫斯基从这些走南闯北的欧洲探险家身上获取了大量考古信息、地理测绘信息，甚至帕米尔地区情报信息。彼得罗夫斯基通过法国探险家博朗斯了解到"英国对俾路支斯坦和伊朗的政治形势非常感兴趣"和"英国人仍与中国政府私下谈着秘密签订协议"；派兵协助斯文·赫定的过程中了解到斯文·赫定对上沙湖和罗布泊测绘的细节及发现楼兰古城的全部细节，斯文·赫定亲手将考察期间绘制的地图交给俄国；通过密探对杜特雷依的跟踪获得了杜氏收集品《法句经》珍本的首页部分；寻斯坦因足迹在和田获得一捆古代手稿和文物。

彼得罗夫斯基与古文书接收者罗曾、古文书研究者奥登堡学术关系的建立加强了圣彼得堡和喀什的考古情报沟通，里应外合应对英国驻喀什代表马继业和英国东方学家霍恩勒的考古之争。1886年11月，彼得罗夫斯基和罗曾公爵建立了联系，二人交往的建立即新疆古代写本和文物流失的开始。二人的书信内容较为完整地记录了19世纪末20世纪初通过喀什领事馆陆续运回俄国的新疆古文书文物的时间及细节。

彼得罗夫斯基为罗曾等东方学家研究新疆古文献提供了大量资料，罗曾为彼得罗夫斯基的西域珍宝搜集提供了近乎完美又切实可行的方案，"以当地居民和俄商作为找寻古文书人选，建立庞大的文书搜罗网络"的方式解决了彼得罗夫斯基不能长时间离开喀什搜罗古文书的问题。此外，罗曾还就彼得罗夫斯基对喀什周边古迹三仙洞和汉诺依古城的考察进行了专业指导。在罗曾的引荐下，彼得罗夫斯基越来越多地参与到俄国皇家考古协会组织的学术活动中，使更多俄国东方学家了解和参与到西域古文书研究中。罗曾委托奥登堡研究彼得罗夫斯基收集品中的古代写本部分，奥登堡对彼得罗夫斯基收集品中的文献做了大量的标注、复制和保存工作，并对部分梵语文献、佛教文献进行了研究。

彼得罗夫斯基对喀什及其周边古代遗迹全面而深入的研究使俄国在19世纪末20世纪初的新疆古代史和考古史研究上占有一席之地。彼得罗夫斯基考察过的喀什古城汗诺依、三仙洞、鸽子窝、麻扎等古代遗迹，至今已难以见到原貌，本文收录的彼得罗夫斯基考察书信成为还原一百年前这些遗迹面貌的仅有资料。彼得罗夫斯基收集品中的大量佛教手稿和在库车的考察发现证明了佛教在中国西部的风靡。库车至今仍有大量的佛教庙宇遗迹存在。在彼得罗夫斯基收集品中，有一份写在桦树皮上的《护法神》内容的文献残片，证明了北传佛教在新疆的影响。

彼得罗夫斯基收集的古钱币在新疆钱币史上占有重要地位。彼得罗夫斯基收集品中的喀喇汗王朝钱币对于我们全面梳理喀喇汗王朝历史具有重要现实意义，是丝绸之路频繁贸易往来和民族交往的缩影。彼得罗夫斯基收集品中来自约特干古城的古代钱币、文物和宝石，正是他任外交官期间利用庞大的文物搜集网络搜罗古代珍贵文物的证明。

彼得罗夫斯基收集品在欧洲的轰动开启了欧洲探险家、东方学家蜂拥至西域探险的热潮，以英国探险家斯坦因、法国探险家伯希和、俄国探险家普尔热瓦尔斯基、法国探险家杜特雷依、瑞典探险家斯文·赫定为首的欧洲探险队蜂拥到南疆绿洲和沙漠进行所谓的科学考察研究，聚焦新疆地理考察。

彼得罗夫斯基收集了大量民族学和民俗学资料，并绘制了两份新疆考古地图，目前保存在俄罗斯科学院东方文献研究所。首先，彼得罗夫斯基绘制的新疆考古地图对于了解19世纪末20世纪初新疆南部绿洲古城镇的历史遗迹具有重要的参考价值。地图上除标注有考古潜力的城镇外，还标注了通向古城镇的主要道路、距离及时间，对库车等地古代遗迹和废墟，以及两处遗迹间的距离做了详细注释。其次，彼得罗夫斯基在考察方式上有其创新之处，民间传说和故事是其探寻古迹的背景和线索，从语言学角度分析某一地点是否有古代遗迹和何种遗迹是其特有的判断方式，这种方式至今值得我们借鉴和学习。再次，彼得罗夫斯基提供了古代佛教手稿研究的新方式。彼得罗夫斯基收集品中的梵文佛教手稿在欧洲引起了巨大轰动，在此之前梵文被认为是即将消失的语言。佛教文献的研究主要用突厥文解疑，鉴别文献只能参考古文献和刻在木板上的藏传佛教文献。今后可以用梵文、藏文、汉文、突厥文各种语言研究佛教文献，对比不同语言文献资料的异同，研究佛教文化分布地区和历史等。

彼得罗夫斯基的考察活动造成了我国南疆珍贵史料和文物的外流，欧洲探险家斯文·赫定、斯坦因得知彼得罗夫斯基在约特干古城获得大量古代钱币、文物和宝石后，于1900至1902年到约特干古城搜集了大量陶俑、玻璃制品、陶器、白玉，此外还有金币、十字架和金牌等价值连城的文物。彼得罗夫斯基在新疆的考察和收购古代文书文物活动属于盗窃行为，我们对彼得罗夫斯基利用领事职务之便劫掠新疆瑰宝的行为进行严厉谴责，同时保持警惕，以史为鉴，不让历史的悲剧重演。

中文参考文献

古籍类：

1.［汉］司马迁撰：《史记》，北京：中华书局，1959年。

2.［唐］玄奘、辩机著，季羡林等校注：《大唐西域记校注》，北京：中华书局，1985年。

3.［清］穆彰阿、潘锡恩等纂修：《嘉庆重修一统志》，上海：上海古籍出版社，2008年。

4.［清］傅恒等撰：《钦定西域同文志》，乌鲁木齐：新疆美术摄影出版社、新疆电子音像出版社，2016年。

5.［清］傅恒等撰：《钦定皇舆西域图志》，乌鲁木齐：新疆人民出版社，2002年。

6.和宁撰，孙文杰整理：《回疆通志》，北京：中华书局，2018年。

7.故宫博物院明清档案部、福建师范大学历史系整理：《清季中外使领年表》，北京：中华书局，1985年。

8.国家图书馆编：《清代边疆史料抄稿本汇编》，北京：线装书局，2003年。

9.罗振玉、王国维编著：《流沙坠简》，北京：中华书局，1999年。

10.清历朝实录馆臣纂修：《清实录》，北京：中华书局，1986年。

11.王树楠：《新疆图志》，天津：东方学会，1923年。

12.王树楠：《新疆图志·国界志（四）》，天津：天津博爱印刷局，1983年。

13.王彦威、王亮辑编：《清季外交史料》，北京：书目文献出版社，1987年。

14.钟镛：《西疆交涉志要》，北京：线装书局，2006年。

15.钟兴麒、王豪、韩慧校注：《西域图志》，乌鲁木齐：新疆人民出版社，2002年。

16.朱玉麒等整理：《新疆图志》，上海：上海古籍出版社，2017年。

专著类：

1.［法］伯希和著，耿昇译：《伯希和西域探险记》，昆明：云南人民出版社，2001年。

2.［俄］杜丁著，何文津、方久忠译：《中国新疆的建筑遗址》，北京：中华书局，2006年。

3.［德］勒柯克著，陈海涛译：《新疆地下文化宝藏》，乌鲁木齐：新疆人民出版社，2013年。

4.［英］凯瑟琳·马噶特尼、戴安娜·西普顿著，王卫平、崔延虎译：《外交官夫人的回忆》，乌鲁木齐：新疆人民出版社，2010年。

5.［瑞典］斯文·赫定著，徐十周等译：《亚洲腹地探险八年》，乌鲁木齐：新疆人民出版社，1992年。

6.［瑞典］斯文·赫定著，孙仲宽译：《我的探险生涯》，乌鲁木齐：新疆人民出版社，2010年。

7.［英］斯坦因著，殷晴等译：《沙埋和田废墟记》，乌鲁木齐：新疆美术摄影出版社，1994年。

8.［英］斯坦因著，向达译：《西域考古记》，北京：商务印书馆，2013年。

9.［英］斯克莱因、南丁格尔著，贾秀慧译：《马继业在喀什噶尔——1890—1918年间英国、中国和俄国在新疆活动真相》，乌鲁木齐：新疆人民出版社，2013年。

10.魏同贤，［俄］孟列夫主编，俄罗斯国立艾尔米塔什博物馆、上海古籍出版社编撰：《俄藏敦煌艺术品》，上海：上海古籍出版社，2002年。

11.［英］扬哈斯本著，任宜勇译：《帕米尔历险记》，乌鲁木齐：新疆人民出版社，2001年。

12.［瑞典］雅杰著，崔延虎、郭颖杰译：《重返喀什噶尔》，乌鲁木齐：新疆人民出版社，2013年。

13.丁笃本：《中亚探险史》，乌鲁木齐：新疆人民出版社，2009年。冯承钧编，陆峻岭增订《西域地名》，北京：中华书局，1982年。

14.黄文弼著：《西北史地丛论》，上海：上海人民出版社，1981年。

15.何寅、许光华主编：《国外汉学史》，上海：上海外语教育出版社，2002年。

16.刘存宽：《西域考察与研究》，乌鲁木齐：新疆人民出版社，1994年。

17. 姜继为：《斯文·赫定探险记》，上海：三联书店，2009年。

18. 黄文弼著：《西域史地考古论集》，北京：商务印书馆，2015年。

19. 黄文弼：《塔里木盆地考古记》，北京：科学出版社，1958年。

20. 马大正、王嵘、杨镰主编：《西域考察与研究》，乌鲁木齐：新疆人民出版社，1997年。

21. 马大正、冯锡时主编：《中亚五国史纲》，乌鲁木齐：新疆人民出版社，2005年。

22. 孟凡人著：《新疆考古论集》，兰州：兰州大学出版社，2010年。

23. 潘志平著：《中亚浩罕国与清代新疆》，北京：中国社会科学出版社，1991年。

24. 荣新江著：《中古中国与外来文明》，北京：生活·读书·新知三联书店，2001年。

25. 润藩：《藏游日记》，马大正等主编：《西域考察与研究》，乌鲁木齐：新疆人民出版社，1994年。

26. 荣新江著：《中古中国与粟特文明》，北京：生活·读书·新知三联书店，2014年。

27. 荣新江：《敦煌学十八讲》，北京：北京大学出版社，2015年。

28. 沙俄侵略中国西北边疆史编写组：《沙俄侵略中国西北边疆史》，北京：人民出版社，1979年。

29. 田卫疆编著：《新疆：探险家眼中的新疆》，北京：外文出版社，2005年。

30. 王炳华：《丝绸之路考古研究》，乌鲁木齐：新疆人民出版社，

2009年。

31.新疆社会科学院民族研究所：《新疆简史》，乌鲁木齐：新疆人民出版社，1980年。

32.新疆社会科学院历史研究所：《新疆地方历史资料选辑》，北京：人民出版社，1987年。

33.新疆文物局、上海博物馆编：《新疆维吾尔自治区丝路考古珍品》，上海：上海译文出版社，1998年。

34.新疆维吾尔自治区人民政府新闻办公室编：《外国探险家的足迹》，北京：五洲传播出版社，2005年。

35.新疆维吾尔自治区档案馆、日本佛教大学尼雅遗址研究机构编：《斯坦因第四次新疆探险档案史料》，乌鲁木齐：新疆美术摄影出版社，2007年。

36.许新江主编，中国新疆维吾尔自治区档案馆、日本佛教大学尼雅遗址学术研究机构编：《近代外国探险家新疆考古档案史料》，乌鲁木齐：新疆美术摄影出版社，2002年。

37.杨建新、马曼丽：《外国考察家在我国西北》，郑州：河南人民出版社，1983年。

38.杨镰：《法国杜特雷依探险队遭际考实》，马大正等主编：《西域考察与研究》，乌鲁木齐：新疆人民出版社，1994年。

39.杨镰：《亲临秘境：新疆探险史图说》，乌鲁木齐：新疆人民出版社，2003年。

40.杨镰：《寻找失落的西域文明》，北京：北京航空航天大学出版社，2010年。

41.伊弟利斯·阿不都热苏勒、安尼瓦尔·哈斯木主编：《新疆文物考古资料汇编》，乌鲁木齐：新疆人民出版社，2013年。

42. 郑炳林校注：《敦煌地理文书汇辑校注》，兰州：甘肃人民出版社，1989年。

43. 郑炳林主编：《敦煌佛教艺术文化论文集》，兰州：兰州大学出版社，2001年。

44. 郑炳林、俄军主编：《二〇〇九年丝绸之路国际学术研讨会论文集》，西安：三秦出版社，2010年。

期刊论文类：

1. ［日］滨田正美：《关于萨图克·布格拉汗麻扎的研究》，《西域研究》1996年第1期。

2. ［英］维尼提娅·波特：《斯坦因在新疆收集的伊斯兰钱币》，《新疆钱币》1996年第3期。

3. ［英］王海仑：《斯坦因从中国新疆地区搜集的钱币》，《西域研究》1997年第2期。

4. 陈庆英：《〈斯坦因劫经录〉、〈伯希和劫经录〉所收汉文写卷中夹存的藏文写卷情况调查》，《敦煌学辑刊》1981年第1期。

5. ［俄］丘古耶夫斯基、魏迎春：《俄藏敦煌汉文写卷中的官印及寺院印章》，《敦煌学辑刊》1999年第1期。

6. 戴仁、陈海涛、刘惠琴：《欧洲敦煌学研究简述及其论著目录》，《敦煌学辑刊》2001年第2期。

7. 董华锋：《2005年吐鲁番学研究概述》，《敦煌学辑刊》2006年第4期。

8. 樊锦诗、蔡伟堂：《奥登堡考察队拍摄的莫高窟历史照片——俄藏敦煌艺术品第三卷序言》，《敦煌研究》2001年第1期。

9.崔延虎：《英国驻喀什噶尔首任总领事乔治·马嘎特尼（马继业）评述》，《新疆大学学报》1998年第2期。

10.樊明方、王薇：《荣赫鹏对新疆南部地区和坎巨提部的几次探察》，《西域研究》2010年第1期。

11.房建昌：《藏游日记考》，《西北民族学院学报》1991年第1期。

12.房建昌：《近代俄苏英美三国驻新疆总领事馆考》，《新疆大学学报》1995年第2期。

13.房建昌：《外国人入玉树州考及有关玉树的外文史料》，《西北民族研究》1997年第2期。

14.傅振伦：《西北科学考查团在考古学上的重大贡献》，《敦煌学辑刊》2016年第2期。

15.胡静、杨铭：《英藏新疆麻扎塔格、米兰出土藏文写本选介（四）——武内绍人〈英国图书馆藏斯坦因收集品中的新疆出土古藏文写本〉部分》，《敦煌学辑刊》2007年第3期。

16.胡静、杨铭：《英藏新疆麻扎塔格、米兰出土藏文写本选介（四）——武内绍人〈英国图书馆藏斯坦因收集品中的新疆出土古藏文写本〉部分》，《敦煌学辑刊》2008年第2期。

17.胡静、杨铭：《英藏新疆麻札塔格、米兰出土藏文写本选介（五）——武内绍人〈英国图书馆藏斯坦因收集品中的新疆出土古藏文写本〉部分》，《敦煌学辑刊》2009年第1期。

18.黄鸿创：《19世纪末20世纪初俄国人在我国西北边疆"考察"活动》，《西北史地》1987年第3期。

19.高启安：《京都"丝绸之路古文字巡礼——俄国探险队收集文

物"展走笔》，《敦煌学辑刊》2009年第4期。

20.郜同麟：《敦煌吐鲁番道经残卷拾遗》，《敦煌学辑刊》2016年第1期。

21.耿昇：《西方人视野中的喀什》，《西北第二民族学院学报》（哲学社会科学版）2007年第1期。

22.郭锋：《唐代流外官试探——兼析敦煌吐鲁番有关流外文书》，《敦煌学辑刊》1986年第2期。

23.郭锋：《大英图书馆藏未经马斯伯乐刊布之斯坦因第三次中亚探险所获汉文文书》，《敦煌学辑刊》1990年第2期。

24.侯灿：《吐鲁番学与吐鲁番考古研究概述》，《敦煌学辑刊》1989年第1期。

25.季羡林：《回顾与瞻望——一九八五年敦煌吐鲁番学术讨论会论文专辑序》，《敦煌学辑刊》1986年第1期。

26.纪大椿：《沙俄驻新疆各领事馆建立年代》，《新疆社会科学》1982年第2期。

27.贾建飞：《尼雅新发现的佛寺遗址研究》，《敦煌学辑刊》1999年第2期。

28.贾应逸：《浅析乾嘉时期中亚与南疆的贸易》，《敦煌学辑刊》2005年第2期。

29.吉田豊、田卫卫：《有关和田出土8—9世纪于阗世俗文书的札记（三）上》，《敦煌学辑刊》2012年第1期。

30.吉田豊、田卫卫：《有关和田出土8—9世纪于阗世俗文书的札记（三）中》，《敦煌学辑刊》2012年第2期。

31.吉田豊、田卫卫：《有关和田出土8—9世纪于阗世俗文书的札记（三）下》，《敦煌学辑刊》2012年第3期。

32.陆庆夫、郑炳林：《俄藏敦煌写本中九件转帖初探》，《敦煌学辑刊》1996年第1期。

33.李树辉：《"克孜尔尕哈"语源、语义考——兼论新疆的相关维吾尔语地名》，《敦煌学辑刊》2016年第3期。

34.林世田编译：《斯文·赫定与中亚探险》，《中国边疆史地研究导报》1989年第3期。

35.刘波：《古代中亚及西域地区美术考古活动及研究成果回顾》，《敦煌学辑刊》2019年第2期。

36.刘惠琴、陈海涛：《商业移民与部落迁徙——敦煌、吐鲁番著籍粟特人的主要来源》，《敦煌学辑刊》2005年第2期。

37.刘屹：《吐鲁番文书总目（欧美收藏卷）》，《敦煌学辑刊》2008年第2期。

38.刘有安、张俊明：《民国时期哈萨克族在河西走廊的活动述论》，《敦煌学辑刊》2017年第4期。

39.梅郏：《斯文·赫定在中国西北的四次探险考察》，《文物天地》1987年第3期。

40.马大正：《外国探险家新疆探险考察的档案文献资料整理与研究评述》，《西部蒙古论坛》2006年第2期。

41.马振颖、郑炳林：《俄藏敦煌文献中的黑水城文献补释》，《敦煌学辑刊》2015年第2期。

42.马振颖、郑炳林：《英藏黑水城文献〈天地八阳神咒经〉拼接及研究》，《敦煌学辑刊》2016年第2期。

43.宁强：《龟兹史前文明初探》，《敦煌学辑刊》2020年第1期。

44. 潘志平：《1759—1911年新疆的变乱》，《中国边疆史地研究》1994年第3期。

45. 齐陈骏：《敦煌、吐鲁番文书中有关法律文化资料简介》，《敦煌学辑刊》1993年第1期。

46. 齐陈骏、王冀青：《马·奥·斯坦因第一次中亚探险期间发现的绘画品内容总录》，《敦煌学辑刊》2009年第1期。

47. 荣新江：《欧洲所藏西域出土文献闻见录》，《敦煌学辑刊》1986年第1期。

48. 荣新江：《英伦印度事务部图书馆藏敦煌西域文献纪略》，《敦煌学辑刊》1995年第2期。

49. 荣新江：《狩野直喜与王国维——早期敦煌学史上的一段佳话》，《敦煌学辑刊》2003年第2期。

50. 荣新江：《〈王重民向达先生所摄敦煌西域文献照片合集〉序》，《敦煌学辑刊》2007年第3期。

51. 荣新江：《情系高昌著述多——纪念陈国灿先生》，《敦煌学辑刊》2019年第1期。

52. 任曜新：《新疆库车佛塔出土鲍威尔写本骰子占卜辞跋》，《敦煌学辑刊》2011年第3期。

53. 任曜新：《新疆库车出土鲍威尔写本中的印度阿输吠陀药物理论》，《敦煌学辑刊》2016年第4期。

54. 伍光和、唐少卿：《论普尔热瓦尔斯基在亚洲中部地理研究的地位和作用》，《兰州大学学报》1986年第1期。

55. 吴福环、韦斌：《丝绸之路上的中外钱币》，《西域研究》2004年第3期。

56.吴焯：《从考古遗存看佛教传入西域的时间》，《敦煌学辑刊》1985年第2期。

57.王新春：《近代中国西北考古：东西方的交融与碰撞——以黄文弼与贝格曼考古之比较为中心》，《敦煌学辑刊》2011年第4期。

58.王新春：《传统中的变革：黄文弼的考古学之路》，《敦煌学辑刊》2013年第4期。

59.王冀青：《库车文书的发现与英国大规模搜集中亚文物的开始》，《敦煌学辑刊》1991年第2期。

60.王冀青：《英国博物院藏敦煌汉文写本注记目录》中误收的《斯坦因所获和田文书辨释》，《敦煌学辑刊》1987年第2期。

61.王冀青：《奥莱尔·斯坦因的第四次中央亚细亚考察》，《敦煌学辑刊》1993年第1期。

62.王冀青：《英国图书馆藏"舍里夫文书"来源蠡测》，《敦煌学辑刊》1994年第1期。

63.王冀青：《斯坦因第二次中亚考察期间所持中国护照简析》，《中国边疆史地研究》1998年第4期。

64.王冀青：《拉普生与斯坦因所获佉卢文文书》，《敦煌学辑刊》2000年第1期。

65.王冀青：《斯坦因与吉尔吉特写本——纪念吉尔吉特写本发现七十周年》，《敦煌学辑刊》2001年第2期。

66.王冀青：《牛津大学包德利图书馆藏斯坦因与矢吹庆辉往来通信调查报告》，《敦煌学辑刊》2002年第2期。

67.王冀青：《榎一雄与英藏敦煌文献摄影——纪念榎一雄先生诞辰九十周年暨英藏敦煌文献缩微胶卷摄影五十周年》，《敦煌学辑刊》

2003年第2期。

68. 王冀青：《英国牛津大学包德利图书馆藏斯坦因亚洲考古档案文献调查报告》，《敦煌学辑刊》2006年第2期。

69. 王冀青：《胡适与翟理斯关于〈敦煌录〉的讨论》，《敦煌学辑刊》2010年第2期。

70. 王冀青：《霍恩勒与中亚考古学》，《敦煌学辑刊》2011年第3期。

71. 王冀青：《和田文物哈定搜集品获自摩尔多瓦克说》，《敦煌学辑刊》2011年第3期。

72. 王冀青：《伯希和1909年北京之行相关日期辨正》，《敦煌学辑刊》2011年第4期。

73. 王冀青：《蒋孝琬晚年事迹考实》，《敦煌学辑刊》2013年第3期。

74. 王冀青：《清宣统元年（1909年）北京学界　公宴伯希和事件再探讨》，《敦煌学辑刊》2014年第2期。

75. 王冀青：《关于丝绸之路一词的词源》，《敦煌学辑刊》2015年第2期。

76. 王冀青：《斯坦因探访锁阳城遗址时间考》，《敦煌学辑刊》2016年第1期。

77. 王冀青：《近代印度学体系中牛津大学的佛教研究》，《敦煌学辑刊》2017年第2期。

78. 王冀青：《伯希和1909年北京之行相关事件杂考》，《敦煌学辑刊》2017年第4期。

79. 王冀青：《匈牙利科学院图书馆藏斯坦因第一次中亚考察所持

中国护照照片的史料价值》，《敦煌学辑刊》2017年第4期。

80.王冀青：《陕甘总督升允阻止斯坦因敦煌考古始末》，《敦煌学辑刊》2020年第4期。

81.王云：《二十年代末三十年代初四次中亚科学考察的比较》，《敦煌学辑刊》1998年第2期。

82.魏文斌：《焉耆七个星毗卢遮那佛法界身图像研究》，《敦煌学辑刊》，2020年第1期。

83.王守春：《十九世纪下半叶俄国人对塔里木盆地地理考察》，《中俄关系研究会通讯》1979年第2期。

84.许建英：《拉铁摩尔对中国新疆的考察与研究》，《中国边疆史地研究》2011年第4期。

85.许建英：《英国驻喀什噶尔总领事对苏俄的情报活动》，《西域研究》2008年第2期。

86.许建英：《英国驻迪化临时馆的建立及活动述论》，《中国边疆史地研究》2008年第3期。

87.颜福：《高昌故城摩尼教绢画中的十字架与冠式——以勒柯克吐鲁番发掘品中的一幅绢画为例》，《敦煌学辑刊》2016年第3期。

88.杨富学：《回鹘摩尼教研究百年回顾》，《敦煌学辑刊》1999年第2期。

89.杨镰：《斯文·赫定和他的〈丝绸之路〉》，《新疆大学学报》（社会科学版）1996年第3期。

90.殷晴：《丝绸之路和西域经济——对新疆开发史上若干问题的思考》，《西域研究》2001年第4期。

91.袁澍：《英国驻新疆领事馆始末》，《新疆师范大学学报》2001

年第4期。

92.杨大春：《晚清政府关于外国传教士护照政策概述》，《历史档案》2004年第2期。

93.杨铭：《英藏郭煌藏文写卷选介（一）》，《敦煌学辑刊》1997年第1期。

94.杨铭：《英藏新疆麻扎塔格、米兰出土藏文写本选介（二）——武内绍人〈英国图书馆藏斯坦因收集品中的新疆出土古藏文写本〉部分》，《敦煌学辑刊》2003年第1期。

95.杨铭：《英藏新疆麻札塔格、米兰出土藏文写本选介（三）——武内绍人〈英国图书馆藏斯坦因收集品中的新疆出土古藏文写本〉部分》，《敦煌学辑刊》2005年第3期。

96.严耀中：《关于吐鲁番文书中一些寺名之再探索》，《敦煌学辑刊》2019年第1期。

97.张德明：《斯坦因的"功德钱"》，《敦煌学辑刊》1985年第1期。

98.哲雄：《读斯坦因所获吐鲁番文书研究》，《敦煌学辑刊》1995年第1期。

99.赵剑锋：《晚清俄国驻新疆领事馆考述》，《新疆大学学报》（哲学·人文社会科学版）2014年第3期。

100.郑炳林、杨富学：《敦煌西域出土回鹘文文献所载qunbu与汉文文献所见官布研究》，《敦煌学辑刊》1997年第2期。

101.郑炳林、屈直敏：《粟特人在中国——历史、考古、语言的新探索国际研讨会综述》，《敦煌学辑刊》2004年第1期。

102.郑炳林、魏迎春：《俄藏敦煌写本王玄策〈中天竺国行记〉残卷考释》，《敦煌学辑刊》2005年第2期。

103.郑炳林、曹红：《唐玄奘西行路线与瓜州伊吾道有关问题考察》，《敦煌学辑刊》2009年第4期。

104.郑炳林、曹红：《晚唐五代瓜州都河水道变迁与环境演变》，《敦煌学辑刊》2010年第3期。

105.郑炳林、史志林、郝勇：《黑河流域历史时期环境演变研究回顾与展望》，《敦煌学辑刊》2017年第1期。

106.郑丽颖：《俄藏斯坦因致奥登堡信件研究》，《敦煌学辑刊》2017年第4期。

107.郑丽颖：《奥登堡考察队新疆所获文献外流过程探析——以考察队成员杜丁的书信为中心》，《敦煌学辑刊》2020年第1期。

108.张铁山：《吐鲁番柏孜克里克出土回鹘文刻本〈佛说天地八阳神咒经〉残页研究》，《敦煌学辑刊》2011年第2期。

109.张艳璐：《沙俄天山研究第一人——谢苗诺夫》，《黑龙江史志》2014年第2期。

110.张艳璐：《沙俄的中国西北边疆史地研究》，《西域研究》2016年第2期。

111.赵光锐：《斯文·赫定：游走在德英俄之间的探险者》，《德国研究》2017年第1期。

112.中国第一历史档案馆：《晚清欧洲人在华游历史料》，《历史档案》2002年第4期。

113.朱建军：《新疆龟兹石窟及佛教遗址考察报告》，《敦煌学辑刊》2018年第4期。

114.朱英荣：《关于新疆克孜尔千佛洞的几个问题》，《敦煌学辑刊》1982年第1期。

115.朱英荣：《试论库车石窟壁画中的天象图》，《敦煌学辑刊》1985年第2期。

116.朱英荣：《试论库车石窟壁画》，《敦煌学辑刊》1987年第2期。

117.赵莉：《克孜尔石窟分期年代研究综述》，《敦煌学辑刊》2002年第1期。

118.宗德曼、杨富学：《吐鲁番文献所见摩尼的印度之旅》，《敦煌学辑刊》1996年第2期。

119.艾力江·艾沙：《阿帕克和卓麻扎研究》，新疆大学博士论文，2002年。

120.逯红梅：《1836—1917年俄国铁路修建及其影响》，吉林大学博士论文，2017年。

121.王新春：《中国西北考查团考古学史研究》，兰州大学博士论文，2012年。

122.许建英：《近代英国与中国新疆（1840—1911）》，中国社会科学院博士论文，2002年。

123.张艳璐：《1917年前俄国地理学会的中国边疆史地考察与研究》，南开大学博士论文，2013年。

外文参考文献

专著类：

1.Пржевальский Н.М.*Четвертое путешествие в Центральную Азию.От Кяхты на истоки Желтой реки. Исследование Северной окраины Тибета и путь через Лоб-Нор по бассейну Тарима.*СПб.1888.

普尔热瓦尔斯基：《中亚第四次考察活动：从恰克图到黄河支流》，1888年。

2.Потанин Г.Н. *Тангутско-тибетская окраина Китая и центральная Монголия.* СПб.1893.

波塔宁：《西藏和中央蒙古考察记》，1893年。

3.Грумм-Гржимайло Г.Е. *Описание путешествия в западный Китай. Т. 1. Вдоль южного Тянь-Шаня.*СПб. М. 1896.

格鲁姆·格尔日麦洛：《中国西部行记见闻》第一卷，1896年。

4.Семёнов П.П. *История полувековой деятельности Императорского Русского географического общества. 1845–1895.* СПб. 1896. Т. III.

谢苗诺夫：《1845—1895年俄国皇家地理协会活动概要》，1896年。

5.Серебренников И.И. Сведения, касающиеся стран, сопредельных с Туркестанским военным округом. Ташкент, 1898.

谢列勃列尼科夫：《俄属中亚军区相关见闻》，1898年。

6.Грумм-Гржимайло Г.Е. Описание путешествия в западный Китай. Т. 2. Поперек Бэй-Шаня и Нань-Шаня в долину Желтой реки. СПб.: Тип. В.Киршбаума. М. 1899.

格鲁姆·格尔日麦洛：《中国西部行记见闻》第二卷，1899年。

7.Веселовский Н.И. История Императорского Русского археологического обществаза первое пятидесятилетие его существования. (1846 - 1896). СПб. 1900.

维谢洛夫斯基：《1846—1896年俄国皇家考古协会活动概要》，1900年。

8.Корнилов Л.Г. Кашгария, или Восточный Туркестан. Ташкент. М.1903.

科尔尼洛夫：《喀什噶尔，中国新疆》，塔什干，1903年。

9.Монголия и Кам. Труды экспедиции ИРГО, совершенной в 1899 - 1901 гг. под руководством П.К. Козлова. Т. 1 По Монголии до границ Тибета. СПб.1905.

《1899—1901年俄国皇家地理协会科兹洛夫活动合集》，1905年。

10.Грумм-Гржимайло Г.Е. Описание путешествия в западный Китай. Т. 3. Вокруг Куку-нора, через Нань-Шань, Бэй-Шань и вдоль Восточнаго Тянь-Шаня обратно на родину. С картою на трех листах, 25 фототипиями и 29 цинкографиями в тексте. СПб. 1907. VI.

格鲁姆·格尔日麦洛：《中国西部行记见闻》第三卷，1907年。

11.Козлов П. К. *Монголия и Амдо и мертвый город Хара-Хото*. М.1923.

科兹洛夫：《黑水城考察》，1923年。

12.Грумм-Гржимайло Г.Е. *Западная Монголия и Урянхайский край. Т. 2. Исторический очерк этих стран в связи с историей Средней Азии*. Ученый комитет Монгольской Народной Республики. М.1926.

格鲁姆·格尔日麦洛：《蒙古西部考察见闻》第二卷，1926年。

13.Бартольд В.В. *История культурной жизни Туркестана*. Изд-во АН СССР. М.1927.

巴托尔德：《俄属中亚文化生活史》，1927年。

14.Грумм-Гржимайло А.Г. *Дела и дни Г.Е.Грумм-Гржимайло（путешественника и географа）. 1860–1936*. Изд-во Москова испытателей природы. М.1947.

格鲁姆·格尔日麦洛：《1860—1936年地理考察活动》，1947年。

15.Роборовский В.И. *Путешествие в Восточный Тянь-Шань и в Нань-Шань*. М.1949.

罗伯罗夫斯基：《天山东部考察记》，1949年。

16.Бичурин Н.Я. *Собрание сведений о народах, обитавших в Средней Азии в древние времена*. Т. 1. М. 1950.

比秋林：《古代中亚民族见闻》第一卷，1950年。

17.Мурзаев Э.М. *Средняя Азия. Физико-географический очерк*.М.1957.

穆尔扎耶夫：《中亚地理随笔》，1957年。

18.Лунин Б.В. *Из истории русского востоковедения и археологии в Туркестане*. Ташкент.1958.

鲁宁：《俄国中亚考古史》，1958年。

19.Лунин Б.В. *Научные общества Туркестана и их прогрессивная деятельность* // Акад. наук УзССР. Ин истории и археологии. Изд-во Акад. наук УзССР. Ташкент. 1962.

鲁宁：《俄属中亚社会生活及社会活动》，1962年。

20.*Тангутские рукописи и ксилографы. Список отождествленных и определенных тангутских рукописей и ксилографов коллекции института народов Азии АН СССР* //Составители З.И. Горбачева.Е.И. Кычанов. М. 1963.

格尔巴切瓦、季夏诺夫编：《西夏文献》，1963年。

21.Козлов П.К. *Русский путешественник в Центральной Азии: избранные труды*. М.1963.Воробьева-Десятовская М.И., Гуревич И.С., Меньшиков Л.Н. Спирин В.С., Школяр С.А. *Описание китайских рукописей дуньхуанского фонда Института народов Азии*. Вып. I. М.1963.

科兹洛夫：《俄国中亚考察文选》，1963年。

22.Воробьева-Десятовская М.И. Темкин Э.Н. *Рукописи центральноазиатского фонда* // Востоковедные фонды крупнейших библиотек Советского Союза. М..1963.

瓦洛比耶娃·杰夏托夫斯卡娅：《中亚收集品手稿》，1963年。

23.Кляшторный С.Г. *Древнетюркские рунические памятники как источник по истории Средней Азии*. М.1964.

克梁什托夫：《中亚古代突厥族遗迹》，1964年。

24.Коллектив авторов под ред. Л. Н. Меньшикова. *Описание китайских рукописей Дуньхуанского фонда Института народов Азии*. М. 1963.Вып.1 М.1967.Вып.2.

孟什科夫编：《中国敦煌文献概述》，1963年。

25.Дьяков В.А. *Деятели русского и польского освободительного движения в царскойармии 1856－1865 годов（Библиографический указатель）*. М.1967.

季雅科夫：《1856—1865年俄国解放运动》，1967年。

26.*Биобиблиографический словарь отечественных тюркологов. Дооктябрьский период*//Ред.А.Н. Кононов. 2-е изд. Наука.М.1974.

括诺诺夫编：《苏联突厥学家大辞典》，1974年。

27.Терентьев -Катанский А.П. *Книжное дело в государстве тангутов（по материалам коллекции П.К. Козлова）*. М.1981.

捷列季耶夫·卡塔斯基：《西夏历史》，1981年。

28.Лившиц В.А. Хромов А.Л. *Согдийский язык*//Основы иранского языкознания. Среднеиранские языки. М. 1981.

利弗什茨：《粟特语》，1981年。

29.*Традиционная культура Китая: Сб. статей к 100－летию со дня рождения академика В.М. Алексеева*. М. 1983。

30.阿列克谢耶夫：《中国传统文化》，1983年。

31.Литвинский Б.А. Терентьев -Катанский А.П. *История изучения Восточный Туркестан в древности и раннем средневековье. Очерк истории*. М.1988.

利特维斯基：《俄国的新疆研究史》，1988年。

32.Назирова Н.Н. *Центральная Азия в дореволюционном отечественном востоковедении.* Вост. лит. М. 1992.

彼得罗夫斯基：《十月革命前的中亚》，1992年。

33.Дьяконова Н.В. Шикшин. *Материалы первой Русской Туркестанской экспедиции академика С.Ф. Ольденбурга. 1909— 1910.* М. 1995.

吉娅科诺娃：《1909—1910年奥登堡首次中国考察资料》，1995年。

34.Под ред. Б.А. Литвинского.*Восточный Туркестан в древности и раннем средневековье.* Архитектура, искусство, костюм. М. 2000.

利特维斯基主编：《中世纪时的中国新疆》，2000年。

35.Кычанов Е.И. *Звучат лишь письмена.* Рыбинск. 2002.

凯恰诺夫：《书信自言》，2002年。

36.Козлов П.К. *Дневники Монголо -Тибетской экспедиции 1923 - 1926* // Ред. -сост. Т.И. Юсупова,сост. А.И. Андреев, отв. ред. А.В. Постников. СПб. Наука. 2003.

科兹洛夫：《1923—1926年从蒙古至西藏考察日记》，2003年。

37.Публ. подг. В.Г.Бухерт. *Туркестанские письма Н.Ф. Петровского* // Российский архив. Новая серия. М. 2003.

布海尔特：《彼得罗夫斯基书信》，2003年。

38.Публ. подг. А.А. Колесников. *Из переписки Н.Ф. Петровского с Н.М. Пржевальским*//Н. М. Пржевальский и русские исследователи Кыргызстана.Бишкек. 2004.

科列斯尼科夫：《彼得罗夫斯基和普尔热瓦尔斯基的书信》，2004年。

39.Ремнев А.В. *Россия Дальнего Востока. Имперская география* власти 19 –начала 20 века. Омск: Издание ОмГУ. 2004.

莱蒙涅夫：《19世纪末20世纪初的俄国远东》，2004年。

40.Мясников В.С. По следам Маннергейма // Восток‐Запад. Историко–литературный альманах: 2003‐2004 / Под. ред. акад. В.С. Мясникова. Восточная литература. М. 2005.

密斯尼科夫：《东方—西方，历史文化》，2005年。

41.Постников А.В. Схватка на 《крыше мира》: Политики, разведчики, географы в борьбе за Памир в XIX в. М. 2005.

波斯尼科夫《19世纪的帕米尔之争》，2005年。

42.Сост. М.К. Басханов. Русские военные востоковеды до 1917 года. М.2005.

巴斯哈诺夫编：《十月革命前的俄国东方学发展》，2005年。

43.Колесников А.А. Русские в Кашгарии (вторая половина XIX‐начало XX в.).Бишкек. 2006.

科列斯尼科夫：《19世纪后半叶至20世纪初，喀什噶尔的俄国人》，2006年。

44.Горелов Н.С.Восток в европейской средневековой традиции: формирование представлений и стереотипов / Автореферат дисс. на соиск. уч. ст. д. ист. наук. СПб.2006.

格列洛夫：《中世纪时期的东方社会》，2006年。

45.Матвеева М.Ф.Исследование Центральной Азии –одна из самых ярких страниц в истории Русского Географического общества//Санкт‐Петербург—Китай:три века контактов.СПб. 2006.

马特维耶娃：《中亚研究》，2006年。

46.Самосюк К.Ф. *Буддийская живопись из Хара-Хото XII—XIV веков: между Китаем и Тибетом. Коллекция П.К. Козлова.* СПб. 2006.

萨摩休克：《12至14世纪黑水城的佛像画》，2006年。

47.Мясников В.С. *Из истории российской политики в Центральной и Средней Азии（XVIII-XXвв.）// Постников А.В. Становление рубежей России в Центральной и Средней Азии（XVIII-XIXвв.）.* 2007.

米丝尼科夫：《18至20世纪俄国的中亚政策》，2007年。

48.Воробьева-Десятовская М.И. *Экспедиция М.М. Березовского в Кучу // Российские экспедиции в Центральную Азию в конце XIX-начале XX века.* СПб. 2008.

瓦洛比耶娃·杰夏托夫斯卡娅：《别列佐夫斯基的库车考察》，2008年。

49.Под ред. И.Ф. Поповой. *Российские экспедиции в Центральную Азию в конце XIX-начале XX века // СПб. Славия.* 2008.

波波娃：《19世纪末20世纪初俄国的中亚考察》，2008年。

50.Отв. ред. акад. В.С. Мясников. сост. В.Г. Бухерт. *Петровский Н.Ф. Туркестанские письма // М. Памятники исторической мысли.* 2010.

米丝尼科夫：《彼得罗夫斯基的书信》，2010年。

51.Смирнов А.С. *Власть и организация археологической науки в Российской империи（очерки институциональной истории науки XIX-начала XX века）/ Отв. ред. И.В. Тункина. Инт археологии РАН. М.* 2011.

斯米尔诺夫：《19世纪初至20世纪初俄罗斯帝国的考古活动》，

2011年。

52.Под общ. ред. Попова И.Ф. *Сергей Федорович ОЛЬДЕНБУРГ Учёный и организатор науки*. Москва: Наука–Восточная литература. М. 2016.

波波娃主编：《奥登堡论文集》，2016年。

53.Под общ. ред. М.Д. Бухарин. *Эпистолярные документы из архивов Российской академии наук и Турфанского собрания*. Москва : Памятники исторической мысли. М. 2018.

布哈林主编：《俄罗斯科学院的书信资料和吐鲁番收集品》，2018年。

期刊论文类：

54.Васильев В.П. *Центральная Азия и главные хребты гор в китайских владениях*//ЖМНП.Т. 73. отд. 2. 1852.

瓦西里耶夫：《清政府统治下的中国西北地区》，1852年。

55.Остен-Сакен Ф.Р. *Поездка в Занарынский край летом 1867 года* // ИРГО. 1869. Т. 5.

奥斯丁·萨肯：《1867年纳伦考察》，1869年。

56.Лерх И.И. *Археологическая поездка в Туркестанский край в 1867 году*. СПб.1870.

列尔赫：《1867年中亚考察之行》，1870年。

57.Рейнталь П.Я. *Из путевых записок о Нарыне и Кашгаре* // Военный сборник.1870. № 8.

莱恩塔利：《纳伦和喀什噶尔之行记录》，1870年。

58.Петровский Н.Ф. *Моя поездка в Бухару* // Вестник Европы. 1873. Т. 2. Кн. 3.

彼得罗夫斯基：《布哈拉之行》，1873年。

59.Петровский Н.Ф. *Очерки Коканского ханства* // Вестник Европы. 1875. Кн. 10.

彼得罗夫斯基：《浩罕汗国随笔》，1875年。

60.Белью Х.У. *Кашмир и Кашгар.Дневник английского посольства в Кашгар в 1873–1874 гг.* СПб.1877.

别利尤：《1873—1874年英国驻地代表在喀什噶尔的活动记录》，1877年。

61.Куропаткин А.Н. *Очерки Кашгарии генерального штаба под полковника А. Куропаткина.* СПб.1878.

库洛巴特金：《库洛巴特金所统辖的喀什噶尔总部工作记录》，1878年。

62.Петровский Н.Ф. *По Закавказью и новопокорённым областям* // Древняя и новая Россия. 1879. № 3.

彼得罗夫斯基：《关于外高加索地区》，1879年。

63.Минаев И.П. *Сведения о странах по верховьям Аму-Дарьи （по 1878 год）* // Известия ИРГО. 1879.

米纳耶夫：《阿姆河上游国家概况》，1879年。

64.Куропаткин А.Н. *Кашгария. Историко и географический очерк страны.* СПб. ИРГО. 1879.

库尔巴特金：《喀什噶尔的历史地理概况》，1879年。

65.Регель А.Э. *Путешествие в Турфан.Читано в Отделении*

математической и физической географии ИРГО 10 марта 1881 г. Отд. оттиск из Известий ИРГО за 1881 г. Т.17.

雷格利：《吐鲁番之行》，1881年。

66.Пржевальский Н.М. *Из Зайсана через Хами в Тибет и на верховья Желтой реки*. СПб.1883.

普尔热瓦尔斯基：《由哈密入藏》，1883年。

67.Гронбчевский Б.Л. *Отчет о поездке в Кашгар и южную Кашгарию в 1885 году* // Новый Маргелан.1885.

格罗姆切夫斯基：《1885年喀什噶尔之行考察报告》，1885年。

68.Петровский Н. Ф. *Отчёт о Кашгарии* // Сборник географических, топографических и статистических сведений по Азии. СПб. 1886.

彼得罗夫斯基：《喀什噶尔考察报告》，1886年。

69.Васильев В.П. *О снимке с китайской надписи, полученном Академией от российского консула в Кашгаре г. Петровского*//Записки Академии наук. СПб. 1887. Т. IV. Кн. I.

瓦西里耶夫：《俄国驻喀什领事馆领事彼得罗夫斯基拍摄的手稿照片》，1887年。

70.Петровский Н.Ф. *Венгерский путешественник по Кашгарии г. Берженчей* // Туркестанские ведомости. 1887. 26 мая. No. 21.

彼得罗夫斯基：《威格尔斯基的喀什噶尔之行》，1887年。

71.Потанин Г.Н. *Предварительный отчет об экспедиции в Ганьсу Г. Н. Потанина*. СПб.1887.

波塔宁：《波塔宁甘肃考察报告》，1887年。

72. Петровский Н.Ф. *О снимке с китайской надписи, полученном Академией от Российского консула в Кашгаре г. Петровского* // Записки Академии наук. Спб. 1887. т. 4.

彼得罗夫斯基：《彼得罗夫斯基拍摄的手稿照片》，1887年。

73. Пржевальский Н.М. *Четвертое путешествие в Центральную Азию. От Кяхты на истоки Желтой реки. Исследование Северной окраины Тибета и путь через Лоб-Нор по бассейну Тарима.* СПб. 1888.

普尔热瓦尔斯基：《第四次中亚考察日记》，1888年。

74. Минаев И.П. *Забытый путь в Китай. Рец. на: Четвертое путешествие в Центральной Азии. От Кяхты на истоки Желтой реки, исследование северной окраины Тибета и путь через Лоб-Нор по бассейну Тарима Н.М. Пржевальского.* СПб.1888// Ж.МНП.1889.№ 7.

米纳耶夫：《被遗忘的通向中国的道路》，1888年。

75. Петровский Н. Ф. *Сообщение Н.Ф. Петровского о буддийских памятниках в Кашгаре* // Туркестанские ведомости. 1892. 27 октября. № 43.

彼得罗夫斯基：《彼得罗夫斯基喀什喀尔佛教遗迹报告》，1892年。

76. Петровский Н. Ф. *Библиографическая заметка (Эварницкий Д. И. Путеводитель по Средней Азии от Баку до Ташкента в археологическом и историческом отношении)* //Туркестанские ведомости. 1893. 29 августа. № 67.

彼得罗夫斯基：《巴库到塔什干的历史考察见闻》，1893年。

77. Петровский Н. Ф. *Ответ консула в Кашгаре Н.Ф. Петровского на заявление С.Ф. Ольденбурга* // ЗВОРАО.1893. Т. VII.

彼得罗夫斯基：《喀什噶尔领事彼得罗夫斯基答奥登堡》，1893年。

78.Петровский Н. Ф. *Буддийский памятник близ Кашгара* // ЗВОРАО. 1893. Т. VII, Вып. I–IV.

彼得罗夫斯基：《喀什噶尔周边佛像遗迹》，1893年。

79.Петровский Н. Ф. *Загадочные яркендские монеты* // ЗВОРАО. 1893. Т.VII. Вып. I–IV.

彼得罗夫斯基：《来自莎车县的神秘古钱币》，1893年。

80.Ольденбург С.Ф. *Кашгарская рукопись Н.Ф. Петровского* // ЗВОРАО. 1893. Т. VII. Вып. I–IV.

奥登堡：《彼得罗夫斯基的喀什写本》，1893年。

81.Ольденбург С.Ф. *К кашгарским буддийским текстам* // ЗВОРАО. 1894. Т. VIII. Вып. I–II.

奥登堡：《喀什喀尔的佛教手稿》，1894年。

82.Петровский Н. Ф. *К статье <О христианстве в Туркестане>*// ЗВОРАО.1894. Т. VIII. Вып. I–II.

彼得罗夫斯基：《关于俄属中亚的基督教信徒》，1894年。

83.Ольденбург С.Ф. *Отрывки кашгарских санскритских рукописей из собрания Н.Ф. Петровского* // ЗВОРАО. 1894. Т. 8. Вып. 1–2.

奥登堡：《彼得罗夫斯基收集品中的梵语手稿残片》，1894年。

84.Петровский Н. Ф. *Разъяснение к двум местам второй песни о Худояр-хане*//ЗВОРАО.1894. Т. VIII.Вып. I–II.

彼得罗夫斯基：《关于胡多亚尔汗》，1894年。

85.Петровский Н. Ф. *Башня <Бурана> близ Токмака* // ЗВОРАО. 1894. Т.VIII. Вып. III–IV.

彼得罗夫斯基：《托克马克附近的佛塔》，1894年。

86.Петровский Н. Ф. Ещё заметка к статье В. Бартольда <О христианстве в Туркестане в домонгольский период>// ЗВОРАО.1894. T. VIII. Вып.III-IV.

彼得罗夫斯基：《再叙俄属中亚的基督教信徒》，1894年。

87.Петровский Н. Ф. Древние арабские дорожники по среднеазиатским местностям, входящим в настоящее время в состав русских владений // Пособие для разыскания древних путей и местностей. Ташкент. 1894.

彼得罗夫斯基：《俄属中亚的阿拉伯古代道路》，1894年。

88.Ольденбург С.Ф. Ещё по поводу кашгарских буддийских текстов // ЗВОРАО. 1894. T. VIII. Вып. III-IV.

奥登堡：《再议喀什噶尔佛教写本》，1894年。

89.Ольденбург С.Ф. Отрывки кашгарских санскритских рукописей из собрания Н.Ф. Петровского // ЗВОРАО. 1894. T. VIII. Вып. I-II.

奥登堡：《喀什噶尔的梵语手稿残片》，1894年。

90.Ольденбург С.Ф. Доклад С.Ф. Ольденбурга О геммах Петровского в заседании ВОРАО 14 октября 1894 г //Археологические известия и заметки. 1894. T. II. № 11.

奥登堡：《1894年10月14日彼得罗夫斯基在俄国皇家考古协会东方部的报告》，1894年。

91.Ольденбург С.Ф. К кашгарским буддийским текстам // ЗВОРАО. 1894. T.VIII.

奥登堡：《喀什噶尔的佛教写本》，1894年。

92.Бартольд В.В. Рец. на книгу: *Петровский Н.Ф. Древние арабские дорожники по среднеазиатским местностям, входящим в настоящее время в состав русских владений* // Окраина. 1895. № 40‑41.

巴托尔德：《评彼得罗夫斯基的"俄属中亚的阿拉伯古代道路"》，1895年。

93.Певцов М.В. *Путешествие по Восточному Туркестану, Кун‑Луню, северной окраине Тибетского нагорья и Чжунгарии в 1889 и 1890 гг.* СПб.1895.

别夫措夫：《1889—1890年新疆考察日记》，1895年。

94.Петровский Н.Ф.*Землетрясение в Кульдже и Кашгарии летом 1895 г.*// ИРГО. 1895. Т. XXXI. Вып.5.

彼得罗夫斯基：《1895年喀什噶尔和伊宁的地震》，1895年。

95.Петровский Н. Ф. *Заметки о древностях Кашгара. Вып.1: Хан‑Уй* // ЗВОРАО. 1896. Т. IX. Вып. I‑IV.

彼得罗夫斯基：《喀什的古代遗迹汗诺依》，1896年。

96.Петровский Н. Ф. *Донесение хотанского торгового агента Абду‑с‑Саттара Н.Ф. Петровскому* // ЗВОРАО. 1896. Т. IX. Вып. I-IV.

彼得罗夫斯基：《和田贸易长阿布·萨塔拉的汇报》，1896年。

97.Петровский Н. Ф. *Перевод надписей на исторических памятниках г. Самарканда С.А. Лапина*// Туркестанские ведомости. 1896. 18 февраля （1 марта）.

彼得罗夫斯基：《撒马尔罕历史遗迹上的题字》，1896年。

98.Кизерицкий Г.Е. *Древности из собрания Н.Ф. Петровского* // ЗВОРАО. 1896. Т. IX.Вып. I-IV.

吉泽尔茨基：《彼得罗夫斯基收集品中的文物》，1896年。

99.Ольденбург С.Ф. *Предварительная заметка о буддийской рукописи, написанной письменами kharosthi*,Издание факультета восточных языков Имп. С. -Петербургского университета ко дню открытия XI международного конгресса ориенталистов в Париже. СПб. 1897.

奥登堡：《圣彼得堡大学东方学语言系出版的亚洲佛教手稿》，1897年。

100.*Археологические известия и заметки*. Московское археологическое общество. 1897. Т. 5.

莫斯科考古协会编：《考古见闻》，1897年。

101.Петровский Н. Ф. *Доклад Н.Ф. Петровского 25 февраля 1897 г. в ВОРАО об условиях собирания им древностей в Кашгаре и демонстрация коллекции*//Археологические известия и заметки. 1897. № 3.

彼得罗夫斯基：《1897年2月25日彼得罗夫斯基在俄国科学院东方部的报告：关于喀什噶尔古代手稿和文物的收集条件》，1897年。

102.Роборовский В.И. *Предварительный отчет об экспедиции в Центральную Азию в 1893–1895 гг.* // ИРГО.Т.34. 1898.

拉博罗夫斯基：《1893—1895年中亚考察报告》，1898年。

103.Слуцкий С. *Кашгарские собрания Н.Ф. Петровского （Эрмитаж и Академия наук）* // Археологические известия и заметки.1898. Т. VI. № 1.

斯卢茨基：《艾尔米塔什博物馆藏彼得罗夫斯基的喀什收集品》，1898年。

104.Ольденбург С.Ф. *Востоковедение в новых французских университетах* // ЖМНП. 1898. № 7.

奥登堡：《东方学在法国高校的发展现状研究》，1898年。

105.Петровский Н.Ф.*Землетрясение в Кашгаре 10 июня* // ИРГО. 1898. Т.XXXIV. Вып.3.

彼得罗夫斯基：《6月10日喀什地震》，1898年。

106.Ольденбург С.Ф. *Отрывки кашгарских санскритских рукописей из собрания Н.Ф.Петровского* // ЗВОРАО. Т. VIII. 1899. Т. XI.

奥登堡：《彼得罗夫斯基收集品中分梵语文献》，1899年。

107.Потанин Г.Н. *Очерк путешествия в Сы-Чуань и на восточные окраины Тибета в 1892–1893 гг.* СПб.1899.

波塔宁：《1892—1893年四川和西藏以东考察记录》，1899年。

108.Клеменц Д.А. *Предварительные сведения об археологических результатах Турфанской экспедиции* // ЗВОРАО. Т. XII. Вып. I. СПб. Тип. Императорской Академии наук.1899.

克莱门茨：《吐鲁番考察预期成果》，1899年。

109.Веселовский Н.И., Клеменц Д.А., Ольденбург С.Ф. *Записка о снаряжении экспедиции с археологической целью в бассейн Тарима* // ЗВОРАО. Т. XIII. Вып. I.СПб.:Тип. Императорской Академии наук.1900.

维谢洛夫斯基、克莱门茨、奥登堡：《塔里木盆地考察实录》，1900年。

110.Труды экспедиции ИРГО по Центральной Азии. Ч. 1. *Отчет начальника экспедиции В.И. Роборовского*. СПб.1900. Отдел 1.

《俄国皇家地理协会中亚考察成果汇编》，1900年。

111.Ольденбург С.Ф. *Рец. на: Hornle R. Th eBower Manuscript* // ЗВОРАО.Т.XII.1900.

奥登堡：《评霍恩勒和鲍尔在库车发现的写本》，1900年。

112.Ольденбург С.Ф. *Записка о снаряжении экспедиции с археологической целью в бассейн Тарима* // ЗВОРАО. 1901. Т. XIII.

奥登堡：《塔里木盆地考察随笔》，1900年。

113.Минаев И.П. *Путешествие Марко Поло* // Пер. старофранц. текста. СПб. 1902.

米纳耶夫：《马可波罗游记》，1902年。

114.Ольденбург С.Ф. *Русский комитет для изучения Средней и Восточной Азии* // ЖМНП. 1903. № 9. Отд.4.

奥登堡：《俄国中亚东亚研究委员会》，1903年。

115.Ольденбург С.Ф.*Отрывки кашгарских санскритских рукописей из собрания Н.Ф. Петровского* // ЗВОРАО. 1904. Т.15. Вып. 4.

奥登堡：《彼得罗夫斯基收集品中的梵语文献及残片》，1904年。

116.Ольденбург С.Ф. *Исследование памятников старинных культур Китайского Туркестана. I. Южная часть Китайского Туркестана* // ЖМНП.1904. № 6.

奥登堡：《中国南疆古文化遗迹研究》，1904年。

117.Богоявленский Н.В. *Западный Застенный Китай.Западный Застенный Китай : Его прошлое, настоящее состояние и положение в нем рус. подданных* // Ник. Вячеслав. Богоявленский, б. консул в Зап. Китае. СПб. 1906.

博格亚夫列斯基：《紫禁城的西部，过去和当下》，1906年。

118.Вести из Монголо-Сычуаньской экспедиции под начальством П.К. Козлова （28 марта 1908 г.） // Известия ИРГО. 1908. Т. 44. Вып. 7.

《科兹洛夫蒙古—四川考察记录》，1908年。

119.Кирснер А.Л.Калмыков А.Д. *Н. Ф. Петровский （некролог）* // Туркестанский курьер.1908. 21 ноября.

吉尔斯涅尔：《彼得罗夫斯基（讣告）》，1908年。

120.Снесарев А.Е. *Николай Фёдорович Петровский （некролог）* // Голос правды. 1908.29 ноября.

司聂萨列夫：《尼古拉·费多洛维奇·彼得罗夫斯基（讣告）》，1908年。

121.Семёнов А.А. *Николай Федорович Петровский （некролог）* // Этнографическое обозрение. 1908. Т. LXXIX. № 4.

谢苗诺夫：《尼古拉·费多洛维奇·彼得罗夫斯基（讣告）》，1908年。

122.*Протоколы РКСА*. СПб.1909. Протокол № 3. 22 сентября. §49.

《俄国委员会会议纪要》，1909年。

123.Иванов А.И.Ольденбург С.Ф.,Котвич В. *Из находок П.К. Козлова в г. Хара-Хото*.СПб. 1909.

伊万诺夫、奥登堡、科特维奇：《科兹洛夫在黑水城的发现》，1909年。

124.Ольденбург С.Ф. *О научном значении коллекции Н.Ф. Петровского* // ЗВОРАО. 1909. Т. XIX.

奥登堡：《彼得罗夫斯基收集品的科学意义》，1909年。

125.*Некролог* （Н.Ф. Петровского）//Исторический вестник 1909. № 1.

《彼得罗夫斯基讣告》，1909年。

126.Семёнов А.А. *Памяти Николая Фёдоровича Петровского* // Туркестанские ведомости. 1909. 20 мая （2 июня）. № 103.

谢苗诺夫：《纪念尼古拉·费多洛维奇·彼得罗夫斯基》，1909年。

127.Марр Н.Я. Барон В.Р. *Розен и христианский Восток* // Памяти барона Виктора Романовича Розена. СПб.Тип. Академии наук. 1909.

马尔：《罗曾院士和东方基督教》，1909年。

128.Ольденбург С.Ф. *Памяти Николая Федоровича Петровского 1837－1908* // ЗВОРАО.1910. Т. 10.

奥登堡：《纪念尼古拉·费多洛维奇·彼得罗夫斯基》，1910年。

129. Ольденбург С.Ф. *О научном значении коллекции Н.Ф. Петровского* // ЗВОРАО. 1910. Т.19.Вып.4.

奥登堡：《彼得罗夫斯基收集品的科学意义》，1910年。

130.Ольденбург С.Ф. *Разведочная археологическая экспедиция в китайском Туркестане в 1909－1910 гг.* （Сущность сообщения на заседании Вост. арх.）// ЗВОРАО. Т. XXI. 1911－1912.

奥登堡：《1909—1910年中国新疆考察》，1911—1912年。

131.Ольденбург С.Ф. Разведочная археологическая экспедиция в Китайский Туркестан в 1909–1910 гг.// ЗВОРАО. Т. 21. 1913.

奥登堡：《1909—1910年中国新疆考察》，1913年。

132.Иванов А.И. *Документы из города Хара-Хото. I. Китайское частное письмо XIV века* // ИИАН. 1913. Сер. 4. № 14.

伊万诺夫：《黑水城文献》，1913年。

133.Волков Ф. Человеческие кости из субургана в Хара -Хото// Материалы по этнографии России. Т. 2. СПб.1914.

沃尔科夫：《黑水城古墓发现的人骨》，1914年。

134.Ольденбург С.Ф. *Материалы по буддийской иконографии Хара-Хото*//Материалы по этнографйи России. Т. 2. СПб.1914.

奥登堡：《黑水城佛像文献》，1914年。

135.*Русская Туркестанская экспедиция 1909-1910 гг.*//Краткий предварительный отчет. СПб.1914.

《1909—1910俄国考察队新疆考察》，1914年。

136.*Представление Восточного отделения об избрании в почётные члены Н.Ф. Петровского*//Протоколы общих собраний Императорского Русского археологического общества за 1899-1908 годы. 1915.

《关于增列彼得罗夫斯基为俄国皇家考古协会荣誉会员的决定》，1915年。

137.*Протоколы заседаний РКСА в историческом, археологическом и этнографическом отношении.* 1915 . Протокол № 3. Заседание 2 мая. §52.

《俄国委员会会议纪要1915年5月2日》，1915年。

138.Дудин С.М. *Архитектурные памятники Китайского Туркестана* //Архитектурно-художественный еженедельник. 1916. № 6.

杜丁：《中国新疆的文物古迹》，1916年。

139.Ольденбург С.Ф. Об экспедиции Д.А. Клеменца в Восточный Туркестан в 1898 // Известия Восточно-Сибирского отдела РГО. 1916.

奥登堡：《关于1898年克莱门茨新疆考察》，1916年。

140.Ольденбург С .Ф .Экспедиция Д.А. Клеменца в Турфан в 1898 году // Отдельный оттиск из 45 -го тома 《Известий Восточно - Сибирского отдела Императорского Русского Географического общества》. Иркутск. 1917 .

奥登堡：《关于克莱门茨1898年吐鲁番考察》，1917年。

141.Дудин С.М. *Техника стенописи и скульптуры в древних буддийских пещерах и храмах Западного Китая* // Сборник Музея антропологии и этнографии. 1917. Вып. 5.

杜丁：《中国西部佛教寺庙或洞窟的壁画和雕塑技术》，1917年。

142.Иванов А.И. *Памятники тангутского письма* // Известия Академии наук.1918.

伊万诺夫：《西夏遗迹》，1918年。

143.Ольденбург С.Ф. *Русские археологические исследования в Восточном Туркестане* // Казанский музейный вестник.1921. №1–2.

奥登堡：《俄国在中国新疆的考察活动》，1921年。

144.Дудин С.М. Ковровые изделия Средней Азии // Сборник МАЭ. Т.7. 1928.

杜丁：《中亚的地毯》，1928年。

145.Ольденбург С.Ф.Ольденбург Г.Е. *Гандарские скульптурные памятники Государственного Эрмитажа*//Записки коллегии востоковедов. Л., 1930. Т. V.

奥登堡：《艾尔米塔什博物馆藏犍陀罗雕塑品》，1930年。

146.Ольденбург С.Ф.*Советское востоковедение* // Фронт науки и техники.1931. № 7/8.

奥登堡：《苏联时期的东方学研究》，1931年。

147.Ольденбург С.Ф. *Востоковедение в Академии наук на новых путях* // Вестник Академии наук.1931. № 2.

奥登堡：《俄国科学院东方学的发展道路》，1931年。

148.Малов С.Е. *Уйгурские рукописные документы экспедиции С.Ф. Ольденбурга*//Записки ИВ АН. Вып.1. Л.1932.

马洛夫：《奥登堡考察队收集的维语文献》，1932年。

149.Флуг К.К. *Краткий обзор небуддийской части китайского рукописного фонда ИВ АН СССР* //Библиография Востока. Вып. 7. 1934.

弗路格：《苏联科学院东方部中国收集品的非佛教文献概览》，1934年。

150.Щербатской Ф. И. *Ольденбург как индианист* // Записки ИВ АН СССР. 1935.

谢尔巴茨基：《印度学家奥登堡》，1935年。

151.Флуг К.К. *Краткая опись древних буддийских рукописей на китайском языке из собрания ИВ АН СССР* //Библиография Востока. Вып. 8–9. 1936.

弗路格：《苏联科学院东方部藏汉语佛教文献》，1936年。

152.Грум -Гржимайло Г.Е. *Описание путешествия в Западный Китай* // ОГИЗ. М. 1948.

格鲁姆·格尔日麦洛：《中国西部考察纪实》，1948年。

153.Гумилев Л.Н. *Статуэтки воинов из Туюк-Мазара* // Сборник Музея антропологии и этнографии. Вып. XII. 1949.

谷米列夫：《吐峪沟麻扎中的小雕像》，1949年。

154.Тихонов Д.И.Русский китаевед первой половины XIX века Иакинф Бичурин // Ученые записки Ленинградского государственного университета. № 179. Серия востоковедческих наук. Вып. 4. Л.1954.

季霍诺夫：《19世纪上半叶俄国汉学家比丘林》，1954年。

155.Горбачева З.И. Петров Н.А. Смыкалов Г.Ф. Панкратов Б.И. *Русский китаевед академик Василий Павлович Васильев*（*1818-1900*）// Очерки по истории русского востоковедения. М.1956.

格尔巴切娃、彼得罗夫、斯梅卡洛夫：《俄国汉学家瓦西里·巴甫洛维奇·瓦西里耶夫》，1956年。

156.Семёнов А.А. Нечто о среднеазиатских геммах, их любителях и собирателях（Извоспоминаний прошлого）// Известия Отделения общественных наук АН Таджикской ССР. Душанбе. 1957. Вып. 14.

谢苗诺夫：《关于中亚古钱币的爱好者和收集者》，1957年。

157.Э.М.Мурзаев.*Средняя Азия* // Физико－географический очерк. Гос.издательство. 1957.

穆尔扎耶夫：《地理随笔》，1957年。

158.*Крачковский И.Ю.* Очерки по истории русской арабистики // Крачковский И.Ю.Избр. соч. М.1958. Т. V.

科拉奇科夫斯基：《俄国阿拉伯学研究史》，1958年。

159.Петров Н.А. *Научные связи между востоковедами и путешественниками-географами в конце XIX и начале XX в*//Страны и народы Востока. Вып. I. М. 1959.

彼得罗夫斯基：《19世纪末20世纪初东方学家和探险家之间的科

研联系》，1959年。

160.Лунин Б.В. *Библиографический, именной и географический указатели к протоколам и сообщениям ТКЛА （1895 -1917 гг.）// История материальной культуры Узбекистана I. 1959.

鲁宁：《乌兹别克斯坦文化史料》，1959年。

161.Валиханов Ч.Ч. *О Западном крае Китайской империи*// Собрание сочинений. Т. 2. Алма-Ата.1962.

瓦里汗诺夫：《中国西部边疆》，1962年。

162.Мамедова Э.М. *Из истории развития консульских отношений между Туркестанским генерал-губернаторством и Синьцзяном* // Научные работы и сообщения Академии наук Узбекской ССР. Ташкент. 1963. Кн. 7.

玛梅多娃：《俄属中亚总督和新疆总督外交关系发展史》，1963年。

163.Бонгард-Левин Г.М. Воробьёва-Десятовская М.И. Тёмкин Э.Н. *Фрагменты санскритских рукописей из Занг-Тепе （предварительное сообщение）* // Вестник древней истории. М. 1965.

博佳尔特·莱维、瓦洛比耶娃·杰夏托夫斯卡娅：《梵语文献及残片》，1965年。

164.Бартольд В.В. *История культурной жизни Туркестана* // Бартольд В.В.М.1963. Т. II.

巴托尔德：《俄属中亚文化生活史》，1963年。

165.Меньшиков Л.Н. *Изучение древнекитайских письменных памятников*//Вестник АН СССР. 1967.

孟什科夫：《中国古代铭文题字探究》，1967年。

166.Рагоза А.Н.К истории сложения коллекции рукописей на среднеиранских языках из ВосточногоТуркестана, хранящихся в рукописном отделе ЛО ИВАН // Памятники письменности Востока. Ежегодник. 1969.

拉格扎：《科学院保存的新疆发现的中伊朗尼亚语文献历史》，1969年。

167.Дмитриева Л.В. Древнеуйгурские материалы（уйгурским письмом） в Институте востоковедения АН СССР // Страны и народы Востока. Вып. 8. 1969.

德米特里耶娃：《苏联科学院东方学院保存的古维语资料》，1969年。

168.Лунин Б.В. Николай Фёдорович Петровский//Историография общественных наук в Узбекистане. Ташкент, 1974.

鲁宁：《尼古拉·费多洛维奇·彼得罗夫斯基》，1974年。

169.Люстерник Е.Я. Русский комитет для изучения Средней и Восточной Азии // Народы Азии и Африки. 1975.№ 3.

留斯捷尔尼克：《俄国中亚东亚研究委员会》，1975年。

170.Кляшторный С.Г.Лившиц В.А. Открытие и изучение древнетюркских и согдийских эпиграфических памятников Центральной Азии//Археология и этнография Монголии. Новосибирск.1978.

科梁什托尔内：《中亚古代遗迹上的古突厥语和粟特语碑文研究》，1978年。

171.Назирова Н.Н. Экспедиции С.Ф. Ольденбурга в Восточный Туркестан и Западный Китай （обзор архивных материалов）// Восточный

Туркестан и Средняя Азия в системе культур древнего и средневекового Востока. М..1986.

纳兹洛娃：《奥登堡在中国西部的考察活动（档案资料）》，1986年。

172.Литвинский Б.А. Терентьев -Катанский А.П. *История изучения –Восточный Туркестан в древности и раннем средневековье. Очерк истории.* 1988.

利特维斯基：《中世纪早期新疆研究史》，1988年。

173.Кляшторный С.Г. Колесников А.А. *Восточный Туркестан глазами русских путешественников.* Алма–Ата.1988.

科梁什托尔内：《俄国探险家眼中的新疆》，1988年。

174.Меньшиков Л.Н. *К изучению материалов русской Туркестанской экспедиции 1914－1915 гг*//Петербургское востоковедение. 1993. № 4.

孟什科夫：《1914—1915年俄国新疆考察材料研究》，1993年。

175.Скачков П. Е. *Русская Туркестанская экспедиция 1914－1915 гг.* // Петербургское востоковедение. 1993. № 4.

斯卡奇科夫：《1914—1915年俄国新疆考察》，1993年。

176. Баньковская М.В. *Этнографическая миссия китаиста в 1912 г.（от Русского комитета по изучению Средней и Восточной Азии）. Китай Приморский （4 мая -19 августа 1912 г.）* // Кунсткамера. Этнографические тетради. Вып. 5－6.СПб. 1994.

班可夫斯卡娅：《1912年中亚委员会民族考察团的中国之行》，1994年。

177.Белоголовый Б. *Кашгарские письма Лавра Корнилова* // Московский журнал. 1995.№ 1.

别洛格罗夫：《拉夫罗夫·卡尔尼洛夫的喀什信件》，1995年。

178.Андросов В.П. *Индо-тибетский буддизм. Энциклопедический словарь*. Ориенталия. М. 2001.

安德罗索夫：《西藏的佛教：百科全书》，2001年。

179.Отв. ред. А.А. Колесников и В.М. Плоских. *Н.М. Пржевальский и русские исследователи Кыргызстан. Документы. Материалы. Исследования*. Бишкек. 2004.

科列斯尼科夫、普洛斯基：《普尔热瓦尔斯基和俄国学者：吉尔吉斯斯坦所藏资料》，2004年。

180.Бонгард-Левина Г.М. Воробьевой-Десятовской М.И. Тёмкина. Э.Н. *Памятники индийской письменности из Центральной Азии*. // Изд. текстов，исслед. пер. и коммент. М. ИФ 《Восточная литература》 РАН. 2004.

博加尔德·莱维、瓦洛比耶娃·杰夏托夫斯卡娅：《中亚的印度文献》，2004年。

181.Тёмкин Э.Н. *Новые данные о санскритских рукописях в коллекции Н.Ф. Петровского*//Памятники индийской письменности из Центральной Азии. 2004. Вып. 3

杰姆金：《彼得罗夫斯基收集品中的梵语文献新资料》，2004年。

18,2.Лужецкая Н.Л. *Материалы к истории разграничения на Памире в Архиве востоковедов СПбФ ИВРАН* （фонд А.Е. Снесарева）：《Отчет Генерального штаба капитана Ванновского по рекогносцировке в

Рушане》 // Письменные памятники Востока. 2005.

鲁热茨卡娅：《俄罗斯科学院东方文献研究所圣彼得堡分所东部藏帕米尔界定史料》，2005年。

183.Мясников В.С. *По следам Маннергейма* // Восток – Запад. Историко-литературный альманах. Восточная литература. 2005.

米丝尼科夫：《跟随曼德海姆的足迹》，2005年。

184.Горелов Н.С. *Восток в европейской средневековой традиции: формирование представлений и стереотипов*//Автореферат дисс. на соиск. уч. ст. д. ист. наук. СПб. 2006.

格列洛夫：《欧洲中世纪眼中的东方社会》，2006年。

185.Матвеева М.Ф. *Исследование Центральной Азии–одна из самых ярких страниц в истории Русского Географического общества* // Санкт-Петербург-Китай: три века контактов. СПб. 2006.

马特维耶娃：《俄罗斯地理协会的中亚研究史》，2006年。

186.Акимушкин О. Ф. *К истории формирования фонда мусульманских рукописей Санкт-Петербургского филиала Института востоковедения РАН* // Письменные памятники Востока. 2007. № 1（6）.

阿基木什金：《俄罗斯科学院东方文献研究所圣彼得堡分所藏穆斯林文献》，2007年。

187.Мясников В.С. *Из истории российской политики в Центральной и Средней Азии*（*XVIII–XX вв.*）//Постников А.В. Становление рубежей России в Центральной и Средней Азии（XVIII–XIX вв.）. М. 2007.

米丝尼科夫：《18世纪至20世纪的俄国中亚政策》，2007年。

188.Бажанов В.А. *Научные открытия и специфика их оценки и*

ассимиляции//Вестник института естествознания и техники. 2007. № 3.

巴扎诺夫：《俄国的科研发现及特点》，2007年。

189.Воробьева-Десятовская М.И. *Экспедиция М.М. Березовского в Кучу* // Российские экспедиции в Центральную Азию в конце XIX - начале XX века / Под ред. И.Ф. Поповой. СПб. Славия. 2008.

瓦洛比耶娃·杰夏托夫斯卡娅：《别列佐夫斯基的库车考察》，2008年。

190.Воробьева-Десятовская М.И. *Памятники письменности из Хотана* // Пещеры тысячи будд: Российские экспедиции на Шелковом пути: к 190-летию Азиатского музея: каталог выставки. СПб. 2008.

瓦洛比耶娃·杰夏托夫斯卡娅：《和田手稿》，2008年。

191.Попова И.Ф. *Первая Русская Туркестанская экспедиция С.Ф. Ольденбурга（1909-1910）* // Российские экспедиции в Центральную Азию в конце XIX-начале XX века / Под ред. И.Ф. Поповой. СПб. Славия. 2008.

波波娃：《奥登堡（1909—1910）第一次中国考察》，2008年。

192.Попова И.Ф. *Российские экспедиции в Центральную Азию на рубеже XIX-XX веков* // Российские экспедиции в Центральную Азию в конце XIX-начале XX века / Под. ред. И.Ф. Поповой. СПб. Славия. 2008.

波波娃：《19世纪末20世纪初俄国探险队的中亚考察活动》，2008年。

193.Воробьева-Десятовская М.И. *Великие географические открытия русских ученых в Центральной Азии* // Вестник Русской христианской гуманитарной академии. 2009. Т. 10. Вып. 3.

瓦洛比耶娃·杰夏托夫斯卡娅：《俄国学者在中亚的地理大发现》，2009年。

194.Воробьева –Десятовская М.И. *Российские ученые на тропах Центральной Азии* （открытие забытых письменных культур）// Письменные памятники Востока. 2010.

瓦洛比耶娃·杰夏托夫斯卡娅：《俄国学者的中亚研究》，2008年。

195.Воробьева–Десятовская М.И. *Материалы Н.Ф. Петровского в ИВР РАН* // КОЛЛЕКЦИИ И АРХИВЫ. 2011.

瓦洛比耶娃·杰夏托夫斯卡娅：《俄罗斯科学院东方文献研究所藏彼得罗夫斯基资料》，2008年。

196.Мясников. В.С. *О роли Российской академии наук в исследовании Восточного Туркенстана* // ТАНГУТЫ в центральной Азии. 2012 .

米丝尼科夫：《俄罗斯科学院在新疆研究中的角色》，2012年。

197.Ольденбург С.Ф. *Мысли о научном творчестве* // Ольденбург С.Ф. Этюды о людях науки. РГГУ. 2012.

奥登堡：《关于科研创作的意义》，2012年。

198.Тункина И.В. *Экспедиции С.Ф. Ольденбурга в Восточный Туркестан* （1909–1910, 1914–1915） *в документах Санкт–Петербургского филиала Архива РАН* // Фундаментальная наука: проблемы изучения, сохранения и реставрации документального наследия / Материалы Международной научной конференции. Москва. Архив РАН. М.2013.

图金娜：《奥登堡的新疆考察活动（1909—1910,1914—1915)》，

2013年。

199.Тункина И.В. *Неизданное научное наследие С.Ф. Ольденбурга （к 150 -летию со дня рождения）*//Труды объединенного научного совета по гуманитарным проблемам и историко -культурному наследию. СПб. Наука. 2013.

图金娜：《奥登堡未公布资料研究（纪念奥登堡诞辰150周年）》，2013年。

200.Тункина И.В. *Н.Ф. Петровский как собиратель древних памятников письменности в Восточном Туркестане （по материалам писем к В.Р. Розену и С.Ф. Ольденбургу）*// Восток - Запад: Диалог цивилизаций. Историко -литературный альманах Наука. Восточная литература. 2013.

图金娜：《彼得罗夫斯基在新疆收集的手稿和艺术品》，2013年。

201.Тункина И.В. *Экспедиции С.Ф. Ольденбурга в Восточный Туркестан （1909–1910, 1914–1915） в документах Санкт–Петербургского филиала Архива РАН* // Фундаментальная наука: Проблемы изучения. сохранения и реставрации документального наследия. Материалы Международной научной конференции. Москва, Архив РАН. 4 -7 июня 2013.

图金娜：《俄罗斯科学院档案馆圣彼得堡分馆藏奥登堡新疆考察活动资料（1909—1910,1914—1915）》，2013年。

202.Бухарин М.Д. *Письма А.А. Дьякова С.Ф. Ольденбургу из собрания СПФ АРАН*//Вестник истории, литературы, искусства. Вып. 9. 2013.

布哈林：《俄罗斯科学院档案馆藏季雅科夫给奥登堡的书信》，2013年。

203.Тункина И.В. *О судьбе неопубликованного научного наследия С.Ф. Ольденбурга* // Наука и техника. Вопросы истории и теории. Материалы XXXIV годичной международной конференции Санкт–Петербургского отделения Российского национального комитета по истории и философии науки и техники РАН 《Историко–научный Санкт–Петербург. К 60–летию СПбФ ИИЕТ им. С.И. Вавилова РАН, 100–летию первых академических учреждений по истории науки и 150–летию со дня рождения Владимира Ивановича Вернадского и 125–летию со дня рождения Николая Ивановича Бухарина》（25–29 ноября 2013 г.）. Вып. XXIX. СПб.: СПбФ ИИЕТ РАН. 2013.

图金娜：《未公布的奥登堡资料的去向》，2013年。

204.Бухарин М.Д. "*Изныва́ю в неизвестности…*"：*Письма М.М. Березовского С.Ф. Ольденбургу из собрания ПФА РАН* // Восток–Запад：историко–литературныйальманах.2011–2012 / Ред. В.С. Мясников. Вост.лит. 2013.

布哈林：《俄罗斯科学院档案馆藏别列佐夫斯基给奥登堡的书信》，2013年。

205.Тункина И.В. *Документы по изучению С.Ф. Ольденбургом Восточного Туркестана в Архиве Российской академии наук* // С.Ф. Ольденбург–ученый и организатор науки / Отв. ред. И.Ф. Попова. М. Наука. 2014.

图金娜：《俄罗斯科学院档案馆藏奥登堡新疆考察资料》，2014年。

206.Кузнецов. В.С. *Первооткрыватель кашгарских древностей* // Весник НГУ. Серия: История, филология. 2014. Том 13.

库兹尼措夫：《喀什噶尔古文献的发现》，2014年。

207.Дудин С.М. *Художник С.М. Дудин о своем путешествии в Центральную Азию* (газетная вырезка) // СПФ АРАН. Ф. 208. Оп. 1. Д. 164. Л. 37. 2014.

杜丁：《艺术家杜丁的中亚之旅》，2014年。

208.Бухарин М.Д. *Новые документы к истории изучения Восточного Туркестана*//ВДИ. 2014. № 3.

布哈林：《新疆研究的新资料》，2014年。

209.Бухарин М.Д. Тункина И.В. *Русские Туркестанские экспедиции в письмах С.М. Дудина к С.Ф. Ольденбургу из собрания Санкт-Петербургского филиала Архива РАН* // Восток: Афро-азиатские общества: история и современность. 2015. № 3.

布哈林、图金娜：《俄国中亚考察——以俄罗斯科学院档案馆圣彼得堡分馆藏杜丁给彼得罗夫斯基的书信为中心》，2015年。

210.Hoernle K. *The Weber Manuscripts*//JRASB.1893.Vol.pt.1.

211.Hoernle A.F.R. *The Bower Manuscript. Facsimile Leaves, Nagari Transcript, Romanised Transliteration and English Translation with Notes.* Calcutta: Government of India and under the patronage of the Bengali Government. 1893－1912 （Archaeological Survey of India, New Imperial Series 22, 3 vols）.

212.Bower H. A *Trip to Turkestan* // The Geographical Journal. 1895. No.5.

213.Hoernle A.FR. *Three Further Collections of Ancient Manuscripts from Central Asia*//Journal of the Asiatic Society of Bengal.1897.vol. 66.

214.Hoernle A.F.R. *A Report on the British Collection of Antiquities from central Asia* //Journal of the Asiatic Society of Bengal.1899.

215.Stein M.A. *Preliminary Report on a Journey of Archaeological and Topographical Exploration in Chinese Turkestan.* Eyre and Spottiswoode. 1901.

216.Stein M.A. *A Third Journey of Exploration in Central Asia* // The Geographical Journal. 1916. Vol. XLVIII. No. 2.

217.Bailey H. W. *A half-century of Irano-Indian Studies*//JRAS.1972. № 2.

218.Davidson B. *Turkestan Alive*, 1957; цит. no: Hopkirk, P. *Foreign Devils on the Silk Road.* Oxford, 1980.

219.Stein A. *Pioneer of the Silk Road.* London. 1995.

220.Bukharin M. *Exploration of the Eastern Turkestan in the Archival Heritage of Albert Grünwedel* (*His Letters to S.F. Oldenburg from the Archives of the Russian Academy of Sciences, St.-Petersburg Branch*) // Ancient Civilizations from Scythia to Sibiria. 2014. Vol. 20. No. 2.

221.Bukharin M. *Albert von Lecoq and Russian Explorers of Eastern Turkestan.* Lecoq's Letters to Sergei Oldenburg // Berliner Indologische Studien. 2016.